# Reformpädagogik in Berlin – Tradition und Wiederentdeckung

# STUDIEN ZUR BILDUNGSREFORM
## Herausgegeben von Wolfgang Keim
Universität – Gesamthochschule – Paderborn

## BAND 30

## PETER LANG
**Frankfurt am Main · Berlin · Bern · New York · Paris · Wien**

Wolfgang Keim
Norbert H. Weber
(Hrsg.)

# *Reformpädagogik in Berlin – Tradition und Wiederentdeckung*

**Für Gerd Radde**

PETER LANG
Europäischer Verlag der Wissenschaften

Die Deutsche Bibliothek - CIP-Einheitsaufnahme


Reformpädagogik in Berlin – Tradition und Wiederentdeckung :
für Gerd Radde / Wolfgang Keim / Norbert H. Weber (Hrsg.). -
Frankfurt am Main ; Berlin ; Bern ; New York ; Paris ; Wien :
Lang, 1998
   (Studien zur Bildungsreform ; Bd. 30)
   ISBN 3-631-33766-3

Gedruckt auf alterungsbeständigem,
säurefreiem Papier.

ISBN 3-631-33766-3
© Peter Lang GmbH
Europäischer Verlag der Wissenschaften
Frankfurt am Main 1998
Alle Rechte vorbehalten.

Gerd Radde

# Inhaltsverzeichnis

**Wolfgang Keim/Norbert H. Weber:**
**Zur Einführung** ............................................................................. 11

## 1. Probleme der Berliner Schulreform vor 1933

**Harald Scholtz:**
Berliner Gymnasialreform unter dem Vorzeichen der Aufklärung ......... 13

**Bruno Schonig:**
Zur Verbreitung reformpädagogischer Ansätze in der öffentlichen
Berliner Schule der Weimarer Republik ............................................. 21

**Inge Hansen-Schaberg:**
Koedukation an Berliner Reformschulen in der Weimarer Republik....... 49

**Herbert Bath:**
Zur Organisation von Schulaufsicht und Schulverwaltung in
Groß-Berlin und seinen Verwaltungsbezirken vor 1945 ..................... 67

## 2. Probleme der Berliner Schulreform nach 1945

**Heinrich Scheel:**
Wilhelm Blumes Schulfarm Insel Scharfenberg in der Nachkriegszeit
bis zum Beginn des Kalten Krieges ................................................... 79

**Christa Uhlig:**
Zur Rezeption Paul Oestreichs in der DDR – geehrt und dennoch
ungeliebt........................................................................................ 95

**Gert Geißler:**
Schulämter und Schulreformer in Berlin nach Kriegsende 1945........... 111

3.   Der Berliner Schulreformer Fritz Karsen und seine
     Wiederentdeckung seit den 60er Jahren

     Sonja Karsen:
     Die fortschrittliche Pädagogik meines Vaters Fritz Karsen an seiner
     Reformschule in Berlin-Neukölln, seine Entlassung und seine Flucht
     aus Deutschland ............................................................................. 135

     Wolfgang Keim:
     Die Wiederentdeckung Fritz Karsens ..................................................... 143

4.   Berliner Pädagogik im Umfeld von Fritz Karsen

     Wolfgang Reischock:
     Ein Demokrat mit einer sozialistischen Bildungsidee – Erinnerungen
     an Heinrich Deiters .......................................................................... 161

     Wolfgang Ellerbrock:
     Paul Oestreichs Bedeutung für den reformpädagogischen Neuanfang
     in Berlin nach dem 2. Weltkrieg ......................................................... 175

     Mathias Homann:
     Felix Behrend – ein Antipode Fritz Karsens .......................................... 193

5.   Reformpädagogik und deutsche Erziehungswissenschaft

     Klaus Himmelstein:
     „Diese reiche Bewegung in gesunde Bahnen lenken" –
     Zur Auseinandersetzung Eduard Sprangers mit der Reformpädagogik .. 207

     Kurt Beutler:
     Erich Weniger und die Reformpädagogik ............................................. 223

     Ulrich Wiegmann:
     Robert Alt – Reformpädagogik und Erziehungsbegriff ......................... 233

6.   Zur Aktualität der Reformpädagogik

     Ulf Preuss-Lausitz:
     Aktuelle Aspekte der Reformpädagogik in den 90er Jahren ................. 257

     Benno Schmoldt:
     Gegenwärtige Defizite der Lehrerausbildung und ihre historischen
     Grundlagen .................................................................................... 269

**Norbert H. Weber:**
Berliner Reformpädagogik als Thema erziehungswissenschaftlicher
Lehrveranstaltungen am Fachbereich Erziehungs- und
Unterrichtswissenschaft der TU Berlin.................................................... 275

**Rudolf Rogler:**
Das Heimatmuseum Berlin-Neukölln als Archiv, Forschungsstelle
und Multiplikator reformpädagogischer Praxis...................................... 301

**Auswahlbibliographie zur Reformpädagogik in Berlin**.................. 317

**Lebensdaten und Schriftenverzeichnis von Gerd Radde**............... 323

**Verzeichnis der Autorinnen und Autoren** ........................... 331

# Zur Einführung

Daß Berlin in der Weimarer Zeit ein bedeutendes Zentrum der Reformpädagogik, speziell ihrer demokratisch-sozialistischen Variante, gewesen ist, tritt erst ganz allmählich
ins Bewußtsein einer breiteren pädagogischen Öffentlichkeit. Dies hängt vor allem mit
dem lange Zeit vorherrschenden Verständnis von Reformpädagogik zusammen, die
weithin als „unpolitisch" galt. Anerkannt waren hauptsächlich solche Repräsentanten, die
eher zu anti-aufklärerischen, anti-liberalen, anti-demokratischen und anti-sozialistischen,
teilweise sogar zu anti-semitischen Positionen tendierten. Als Leitbilder fungierten in
Deutschland die Lietzschen Landerziehungsheime, Georg Kerschensteiners Arbeitsschulkonzept, der Jena-Plan Peter Petersens oder die Hauslehrerschule Berthold Ottos, während gesellschaftspolitisch orientierte bzw. akzentuierte Modelle wie Fritz Karsens Karl-
Marx-Schule, die weltlichen und Lebensgemeinschaftsschulen in den Berliner Arbeitervierteln, die demokratisch-liberale Schulfarm Insel Scharfenberg und vor allem der Bund
Entschiedener Schulreformer um Paul Oestreich, der sich explizit als (kultur-)*politische*
Kraft verstand und innere mit *äußerer* Reform verbinden wollte, weithin diskreditiert
wurden. Dieses Verständnis von Reformpädagogik wirkte in der Phase der gesamtgesellschaftlichen Restauration nach 1945 in Westdeutschland weiter, während in der DDR im
Zuge der Stalinisierung Reformpädagogik generell als bürgerliches Relikt bekämpft wurde.

So geriet hier wie dort in Vergessenheit, daß es die „linke" Reformpädagogik gewesen
war, die sich durch die Nazis nicht hat vereinnahmen lassen und deshalb schon in den
ersten Monaten ihrer Herrschaft zerschlagen worden ist. Nicht zufällig war der erste
Schulleiter, der amtsenthoben wurde, Fritz Karsen, Leiter der damals sicherlich renom-
miertesten „linken" Reformschule, der Karl-Marx-Schule in Berlin-Neukölln. Er mußte
aus Deutschland fliehen, ebenso wie etwa Kurt Löwenstein, Paul Oestreich und Siegfried
Kawerau. „Weltliche" und Lebensgemeinschaftsschulen – reformpädagogische Modelle
par excellence – wurden entweder in „normale" Volksschulen umgewandelt oder ganz
aufgelöst, die dort unterrichtenden Lehrer(innen) teils entlassen, teils strafversetzt oder
inhaftiert. Nach 1945 gelang es nur wenigen von ihnen für kurze Zeit in Groß-Berlin
erneut reformerisch tätig zu werden, solange es noch eine gemeinsame Verwaltung der

Stadt gab. Spätestens danach gerieten auch sie und ihre pädagogischen Leistungen in Vergessenheit.

Es bleibt das Verdienst der Studentenbewegung und weniger, unter ihrem Einfluß stehender Pädagog(inn)en, diese verdrängte Berliner Reformpädagogik seit den 60er, vor allem den 70er und 80er Jahren Stück um Stück wiederentdeckt zu haben, so daß sie inzwischen – wie neuere Sammelbände belegen – in den Kanon reformpädagogischer Modelle zumindest einbezogen wird. Maßgeblichen Anteil daran hat Gerd Radde, der – wie an anderer Stelle ausführlich beschrieben – Fritz Karsens Pädagogik in der alten wie der neuen Bundesrepublik wieder zugänglich gemacht und vielfältige Beiträge zur Erschließung von dessen Umfeld geleistet hat, wie zuletzt mit dem von ihm mitherausgegebenen und bearbeiteten 2-bändigen Werk „Schulreform – Kontinuitäten und Brüche. Das Versuchsfeld Berlin-Neukölln" (Opladen 1993).

Diese Leistung Gerd Raddes ließ die Idee entstehen, ihm anläßlich seines 70. Geburtstages eine Festschrift zu widmen. Daß sie erst jetzt erscheint, hängt vor allem mit den vielfältigen alltäglichen Belastungen der Herausgeber zusammen. Der vorliegende Band umfaßt ein breites Spektrum von Themen, das von der Vorgeschichte der Berliner Schulreform zur Zeit der Aufklärung, über schulrechtliche und -organisatorische Fragen, das Verhältnis von Reformpädagogik und deutscher Erziehungswissenschaft am Beispiel zentraler Repräsentanten bis hin zu aktuellen Aspekten der Reformpädagogik in den 90er Jahren reicht. Im Mittelpunkt stehen freilich Beiträge zur Berliner Schulreform in diesem Jahrhundert, zunächst der 20er Jahre, dann ihrer Fortführung nach 1945, zum Schicksal ihrer Repräsentanten während des Kalten Krieges sowie nicht zuletzt zu ihrer Rezeptionsgeschichte seit den 60er Jahren, und zwar bis hin zu ihrer Berücksichtigung im Rahmen von Forschung und Lehre, neuerdings auch im Rahmen von museumspädagogischen Aktivitäten.

Allen Autoren und Autorinnen sei für ihre Geduld gedankt. Nicht vergessen sei, daß diese Festschrift auch jetzt noch nicht vorläge, wenn nicht Regine Jäger und Heike Pestrup viele Stunden lang transkribiert, gescannt, korrigiert, gegengelesen und nicht zuletzt ständig auf Einhaltung von Terminen gedrängt hätten; ihnen gilt deshalb unser besonderer Dank.

Paderborn/Berlin, Mai 1998                            Wolfgang Keim/Norbert H. Weber

# 1. Probleme der Berliner Schulreform vor 1933

Harald Scholtz

## Berliner Gymnasialreform unter dem Vorzeichen der Aufklärung

„Da mir in Ansehung des Verstandes unserer Gymnasiasten nichts so wichtig ist, als sie vor allem Glauben auf ungegründete Autorität zu bewahren, sie vielmehr zu selbstdenkenden, selbsthandelnden, selbsttätigen Menschen zu bilden, mache ich den Lehrer so wenig als möglich. Vielmehr bemühe ich mich, den Unterricht in eine Anleitung zum Selbststudieren, zu eigener Beschäftigung so viel als möglich zu verwandeln" (zit. n. Schwartz, 1911, S. 392).

Das so bezeugte Rollenverständnis eines Berliner Gymnasiallehrers aus dem Jahr 1788 weist als eine der Wurzeln pädagogischer Reformbestrebungen das Ethos der Aufklärungsbewegung aus. Deren Intentionen nachzugehen und als Erbe aus bestimmten lokalen Entstehungsbedingungen anzuerkennen, ist schon deshalb geboten, weil in unserem Geschichtsbewußtsein die Abwertung der Berliner „Popularphilosophie" durch die Partei der „Genies", die sich am Weimarer Musenhof zusammenfanden, immer noch nachklingt. Und politisch scheint jenes Jahr 1788, am Vorabend der Französischen Revolution, für den Abbruch der Hoffnungen der Aufklärungsbewegung durch die kulturpolitische Wende zu stehen, die unter Friedrich Wilhelm II. von Woellner mit seinen Zensur- und Religionsedikten bewirkt wurde. Demgegenüber hat sich das Bewußtsein, daß die Frucht der in Berlin zentrierten „Spätaufklärung" auf pädagogischem Gebiet zu suchen ist und in einem spezifisch preußischen Neuhumanismus kulturell sehr einflußreiche Traditionen gestiftet hat, erst in den letzten Jahrzehnten zumindest unter den Erziehungshistorikern wieder belebt. Die großen Untersuchungen von Karl-Ernst Jeismann (1974), Manfred Heinemann (1974) und Detlef K. Müller (1977) haben zwar die Bedeutung der „Wegbereiter der preußischen Bildungsreform" (Scholtz 1965) vor dem Wirken Wilhelms von Humboldts unterstrichen, von der die Berliner Professoren des ausgehenden 19. Jahrhunderts, Wilhelm Dilthey und Friedrich Paulsen, noch eine klare Vorstellung hatten, aber die Umstellung auf eine pädagogisch-positive Bewertung der Aufklärungsbewegung fällt bei den deutschen Denktraditionen offensichtlich schwer. Kants Formel

„sapere aude" wird zwar anerkannt, aber ihr eine Wirkung auf die pädagogisch-bildende Praxis zuzuerkennen, steht unter dem Vorbehalt, daß diese Praxis doch nur der Räson des Ständestaates nutzbar gemacht wurde, „Brauchbarkeit" die Devise der Aufklärung gewesen sei. Wie durch das Eingangszitat angedeutet wird, ist solchen Verdachtsmomenten die Praxis der Berliner Schulen unter dem Vorzeichen der „Spätaufklärung" entgegenzuhalten. Wurzeln und Realisationen jenes Ethos der Aufklärungspädagogik sind wiederzuentdecken.

„Aufklärung ist kritisches Denken in praktischer Absicht" (Bödecker/Herrmann 1975, S. 5). In Berlin hat sie sich der Auseinandersetzung mit den Schultraditionen des Humanismus wie der vom Merkantilismus geforderten Ausbildung in den „Realien" gestellt und nicht einseitig Partei ergriffen. Das Siegel des „Berlinischen Gymnasiums zum Grauen Kloster" zeigte im 19. Jahrhundert und bis zur Zeit der Naziherrschaft Athene und Hermes vereint: utrique carum, also den Wissenschaften wie den Geschäften gleicherweise zugewandt. Die Berliner Aufklärung zielte darauf ab, die Vorzüge der öffentlichen Schule gegenüber der Privaterziehung zu erweisen und die Institution Schule der gesamten Gesellschaft dienstbar zu machen, für eine erst herzustellende Öffentlichkeit. Über die Darstellung der Gymnasialreform in den „Schulprogrammen" sollte das Bewußtsein geweckt werden, daß es einen Zusammenhang zwischen den Bedürfnissen des Schulpublikums, den Reformbestrebungen im Schulwesen und den in der Staatsverwaltung wirksamen gesellschaftspolitischen Vorstellungen gab. In ihren programmatischen Reden anläßlich öffentlicher Prüfungen wirkten die Direktoren, vornehmlich Friedrich Gedike, auf eine solche politische Bewußtseinsbildung in der „Mittelschicht" hin. Zu Recht hat Wilhelm Richter in seiner „Berliner Schulgeschichte" (1981, S. 38) darauf hingewiesen, daß die Berliner Direktoren der Gymnasien „höchst individuell" die für notwendig erachteten Reformen in Angriff nahmen. Ob sie dabei „auf die Intentionen des Ministers" von Zedlitz „spontan" eingingen, wie noch Friedrich Paulsen meinte (Bd. II, S. 84), oder „die beginnende staatliche Schulverwaltung aus ihren eigenen Schulerfahrungen heraus mitprägten", so Richter, muß eindeutig im Sinne einer keineswegs konfliktfreien Partnerschaft zwischen Staatsmacht und Schulpraxis beantwortet werden.

Friedrich II. hatte 1769 den kurmärkischen Gymnasien in einem Brief über Erziehung vorwerfen können:

„... daß sie einzig darauf bedacht sind, das Gedächtnis der Schüler anzufüllen, daß sie dieselben nicht an eigenes Denken gewöhnen, daß man ihre Urteilskraft nicht frühzeitig genug übt, daß man verabsäumt, ihre Seele zu erheben und ihnen edle und tugendhafte Empfindungen einzuflößen" (zit. n. Bona Meyer 1985, S. 229).

Erste Ansätze zu Veränderungen in der vom König geforderten Richtung waren in Berlin seit 1766 in Gang gekommen, als Büsching die Leitung des Berlinischen Gymnasiums übernommen und es mit dem Cöllnischen vereinigte hatte, während gleichzeitig Jean Pierre Erman das Collège francais neu organisierte. Beide waren Geistliche, die nun ihre Berufung zum „Schulmann" erkannt hatten und an ihr festhielten. Beide suchten ihren Gymnasien das Gepräge einer öffentlichen Institution zu geben: Abschaffung der Privatlektionen im Gymnasialunterricht, Festlegung von breitgefächerten Lehrplänen, Einladung des Schulpublikums zu öffentlichen Examen statt zu den Festreden von Schülern, in denen diese ihre rhetorischen Künste vorgeführt hatten. Wilhelm Richter hat dargestellt, wie sich daraus eine für die vier Berliner Gymnasien verbindliche Tradition entwickelte.

Ein zweites Element fügte Meierotto durch die Lehrverfassung für das Joachimsthalsche Gymnasium von 1779 hinzu: die Berücksichtigung der Bildungsbedürfnisse jener Schüler, die vom Privatunterricht an die öffentlichen Gymnasien übergingen. Ein System von Fachklassen wurde eingeführt, das der unterschiedlichen Vorbildung auf den verschiedenen Wissensgebieten gerecht zu werden versuchte, freilich zugleich einen hohen Bedarf an Lehrkräften erzeugte. Durch die Angliederung eines Seminars für reformierte zukünftige Theologen ließ sich in den Fachklassen auch das Griechische stärker verankern. Im Aufgreifen der Bemühungen Heynes (an der damals modernsten Universität Göttingen) um die Erneuerung der Traditionen des Humanismus sahen die Berliner ein Gegengewicht zu der vom Hof bevorzugten Zentrierung des Bildungsangebotes auf Rhetorik und Logik.

Damit ist bereits ein drittes Element der Berliner Gymnasialreform angesprochen, das insbesondere von Friedrich Gedike ausformuliert und weiterentwickelt worden ist. Er hatte sich in jungen Jahren durch Übersetzungen und Interpretationen antiker griechischer Dichtung und Philosophie in der gelehrten Welt einen Namen gemacht. Ihm, der 1779, 25jährig, die Leitung des Friedrichswerderschen Gymnasiums im Rathaus auf dem Friedrichswerder übernahm, lag an der Denkschulung durch Übersetzungen aus den alten Sprachen, um die „Suche nach Wahrheit", das Streben nach einer angemessenen Übersetzung anzuregen. Dies sollte gleicherweise den Bedürfnissen von Gelehrten wie „Geschäftsmännern" entsprechen, mit größerem Nachdruck auf die von der Antike vermittelten Sachverhalte als auf die früher so betonte Grammatik. Durch das „Herauswickeln der Bedeutung eines Wortes aus der Etymologie oder aus dem Zusammenhang einer Stelle" wollte er in „der Kunst des Auslegers" üben, die später nicht nur den Philologen, auch Theologen und Juristen nützlich sein würde (Paulsen 1921, S. 87). Begriffe mit Anschauung zu füllen, erschien ihm in der Sprachschulung wichtiger als rhetorische Formenvielfalt. Damit hatte er offenbar den Kern der Erwartungen an die gymnasiale Bildung in seinem Umfeld getroffen, denn sein Gymnasium blühte auf, er wurde mit 30 Jahren als pädagogisches Mitglied ins Konsistorium berufen (obwohl er aus seinen Neigungen zum Deismus keinen Hehl machte) und konnte nach Friedrichs II. Tod trotz des ihm feindlich gegenüberstehenden Ministers Woellner seinen bildungspolitischen Einfluß weiterhin geltend machen (vgl. das Nachwort zu Gedike 1987).

Das vierte Element, das ebenfalls in Gedike seine besondere Ausprägung fand, ist in seiner erzieherischen Ausgestaltung des Schulunterrichts zu sehen, obwohl er verbal den Auftrag zur Erziehung dem Elternhaus zugesprochen hat. Er nannte es „moralische Bildung", wenn seine Lehrer von den Schülern „Privatfleiß" verlangen sollten (1784), indem sie eine Vorbereitung auf die Klassenlektüre forderten. Der Ehrgeiz wurde analog zur Praxis in den Philanthropinen in den unteren Klassen durch Verteilung von verschiedenfarbigen Zeugnissen, je nach dem Grad der „Zufriedenheit" der Lehrer, angestachelt. Die Unterrichtsleistungen kontrollierte der Direktor durch „Privatexamen", durch seine Revision der Klassenarbeiten und durch öffentlich durchgeführte Prüfungen. In den unteren Klassen sind Schüler zur Aufsicht herangezogen worden, „nicht um Ankläger und Relatoren ihrer Mitschüler zu werden, sondern mehr um Unordnung zu verhüten und bei vorfallenden Zänkereien und Neckereien Frieden zu stiften". Die Primaner werden mit Sie angeredet, zum Gebrauch ihrer Freiheit angeleitet und in die Umgangsformen des Gelehrtenstandes eingeführt. Gedike läßt sie über Aufsätze von Mitschülern Rezensionen schreiben, die er dann mehr beurteilt als den eigentlichen Aufsatz: „Neckereien und Bitterkeiten bei der Beurteilung wird durch die Revision ein Riegel vorgeschoben" (Scholtz 1965, S. 147f.).

Wenn auf diese Weise soziale Lernprozesse eingeleitet werden sollten, war dazu ein grundlegender Wandel im Rollenverständnis der Lehrer erforderlich:

„Der gewöhnliche Orakelton vieler Lehrer, die gleichsam auf Unfehlbarkeit Anspruch machen und nur sich allein das Recht zu entscheiden zueignen, ihren Schülern aber blinden Köhlerglauben zumuten, ist nicht nur pädagogisch unweise, sondern auch moralisch verderblich."

Als notwendiges Korrelat zur Reformpraxis der Schulen ist daher das Seminar für gelehrte Schulen anzusehen, das Gedike 1788 an seinem Friedrichswerderschen Gymnasium einrichten konnte. Er hatte beantragt, Kandidaten sowohl für den gelehrten als auch den elementaren Unterricht ausbilden zu können, je drei für die Ober- und die Unterklassen, dazu Förderung von vier Gymnasiasten, die zum Schulamt „Neigung und Talent" hätten. Die zuletzt genannte Forderung ließ sich nicht durchsetzen, doch gibt sie zu erkennen, daß Gedikes Planung zunächst in der Tat auf ein „Gesamtschulsystem" abzielte (D. Müller 1977, S. 98 ff.). Da jüngst dieses Seminar mehrfach dargestellt worden ist (Schäffner 1988; Mandel 1989), bleibt hier nur hervorzuheben, daß Gedike die besonderen Anforderungen an den Lehrer in der „Bürgerschule" herausstrich, „desto mehr Geschmeidigkeit des Geistes, Munterkeit des Vortrages, Geschicklichkeit, sich zu den Fähigkeiten und dem engen Ideenkreise der kleineren Jugend herabzulassen", zu zeigen (Gedike 1795, Bd. II, S. 118). Diese Eigenschaften verkörperte für ihn übrigens sein Freund Karl Philipp Moritz (Gedike 1987, S. 122). In dessen „Unterhaltungen mit meinen Schülern" (1779) haben diese Fähigkeiten sich ebenso dokumentiert wie in dem „Versuch einer kleinen praktischen Kinderlogik" (1786).

Die Bemühung um ein der kindlichen Entwicklung angemessenes Lehrangebot ist als ein weiterer Grundzug der Reformpraxis zu nennen. Die Verwendung der Lieberkühnschen Übersetzung des „Robinson" von Campe ins Lateinische im Schulunterricht ist wohl das markanteste Beispiel für den Wandel in der Unterrichtsmethodik. Seinem Schulpublikum hat Gedike 1791 „Einige Gedanken über Ordnung und Folge des jugendlichen Unterrichts" vorgetragen, die bereits bei Überlegungen zum Erstunterricht und zur Methodik des Lesenlernens einsetzten. Aufklärung tritt hier in den Dienst der Wahrnehmung der kindlichen Natur unter Berücksichtigung der Kulturentwicklung der Menschheit und wird dadurch im modernen Sinn pädagogisch. Von da her wird verständlich, daß für ihn das schulische Abschlußexamen, an dessen Durchsetzung als verbindliches „Abitur" Gedike 1788 mitwirkte, eine „Reifeprüfung" werden sollte, nicht nur ein Abprüfen schulischen Wissens. Sie war als notwendige Folge des Fachklassensystems bereits von

Meierotto am Joachimsthalschen Gymnasium zur Überprüfung der Studierfähigkeit eingeführt worden (Joost 1982, S. 32).

Die von Wilhelm von Humboldt verfochtene Maxime der Trennung von Allgemein- und
Berufsbildung auf der Stufe der Schulausbildung ist bereits von Gedike 1791 vertreten
worden, wie Richter am Beispiel der Absage öffentlicher Unterstützung bei der Gründung einer kombinierten Bürger- und Handelsschule durch J. M. Schulze aufgezeigt hat
(Richter 1981, S. 36). Öffentliche Schulen sollten die Menschen- und Bürgerbildung ab-
sichern und weiterführen in eine der Allgemeinheit dienliche gelehrte Bildung, die von
Kastengeist und Pennalismus freizuhalten war. Nicht zufällig warnte gerade im Jahr 1788
in der von Gedike herausgegebenen „Berlinischen Monatsschrift" eine anonyme Zuschrift
davor, daß „eine despotische Ungleichheit und eine Art erblicher Aristokratie" entstehen
würde, „wenn nur reich geborene Leute die Zivilstellen bekämen, welche Anteil an der
Landesadministration geben" (Scholtz 1987, S. 64). Leistungen, die unter öffentlicher
Kontrolle erbracht worden waren, sollten Zugang zur Macht im Staat eröffnen. Das Ge-
sellschaftsbild der „wahren Aufklärung" (Schneiders 1974) bezog aus dem pädagogischen Anspruch, über öffentlich institutionalisierte Bürgerbildung zur Reifung von Ur-
teils- und Kritikfähigkeit in den Grenzen des „guten Geschmacks" hinführen zu können,
die Legitimation zu der Forderung, daß die so Gebildeten an der Machtausübung im
Staat zu beteiligen seien. Doch im Gelehrtenstand überwog bald die Angst vor der eigenen Courage. Es war Friedrich August Wolf, der 1803, unmittelbar nach Gedikes Tod,
zur Verbannung der „Philosophie" aus dem Lehrplan der Gymnasien riet (Jeismann 1974,
S. 196), womit nachweisbar die Schulung der politischen Urteilskraft getroffen wurde
(ebd., S. 204).

Wohl nicht zufällig hat Berlin in seinen Straßennamen zwar vieler Direktoren seiner be-
rühmten Gymnasien gedacht, nicht aber jenes Friedrich Gedike, der als „Schulpädagoge,
Publizist und Bildungspolitiker" (vgl. Scholtz 1991) einer Reform des öffentlichen
Schulwesens zu dienen trachtete, die zwar schulpraktisch und kulturpolitisch verbindliche
Tradition entwickelte, gesellschaftspolitisch jedoch von einer Brisanz war, welche man
lieber nicht wahrnahm. Deshalb wohl ist es der zweiten deutschen Republik und der
Spätphase der DDR (vgl. Weber 1986) vorbehalten geblieben, an den Beitrag Berlins
zum Aufbruch in die pädagogische Moderne wieder zu erinnern.

Reformpädagogik wird sich in Berlin zu den hier aus dem Ethos der Aufklärung heraus entwickelten Traditionen verhalten müssen:

– in der Bestimmung des Verhältnisses der Schule zur Öffentlichkeit;

– in der Flexibilität gegenüber den Bildungsbedürfnissen der Gesellschaft;

– gegenüber der Zentrierung gymnasialer Bildung auf Hermeneutik;

– zur Forderung eines erziehlichen Unterrichts und zur Förderung sozialen Lernens;

– zur Absicherung der Reformpraxis durch eine entsprechende Lehrerausbildung und -fortbildung;

– in einer Didaktik und Methodik, die der Entwicklung der Heranwachsenden angepaßt ist;

– zu einer Zielstellung der öffentlichen Schule, die der „Bestimmung" des Menschen als eines vernunftbegabten, urteilsfähigen und zugleich sozialen Wesens gerecht zu werden sucht und

– in der Einbeziehung insbesondere politischer Urteilsfähigkeit in die Bildungskonzeption.

**Literatur:**

BÖDECKER, H.E./HERMANN, U.: Aufklärung als Politisierung – Politisierung der Aufklärung. Studien zum 18. Jahrhundert. Hamburg 1987

BONA MEYER, JÜRGEN: Friedrichs des Großen Pädagogische Schriften und Äußerungen, übers. u. hrsg. Langensalza 1885 (Reprint Königstein 1978)

GEDIKE, FRIEDRICH: Gesammelte Schulschriften II, Berlin 1795
DERS.: Über Berlin. Briefe „von einem Fremden" in der Berlinischen Monatsschrift 1783-1785, hrsg. v. Harald Scholtz. Berlin 1987

HEINEMANN, MANFRED: Schule im Vorfeld der Verwaltung. Die Entwicklung der preußischen Unterrichtsverwaltung von 1771-1800. Göttingen 1974

JEISMANN, KARL-ERNST: Das preußische Gymnasium in Staat und Gesellschaft. Die Entstehung des Gymnasiums als Schule des Staates und der Gebildeten, 1787-1817. Stuttgart 1974

JOOST, SIEGFRIED: Das Joachimsthalsche Gymnasium. Wittlich 1982

MANDEL, HANS-HEINRICH: Geschichte der Gymnasiallehrerbildung 1787-1987. Berlin 1989

MÜLLER, DETLEF K.: Sozialstruktur und Schulsystem. Göttingen 1977

PAULSEN, FRIEDRICH: Geschichte des gelehrten Unterrichts Bd. II, 1921[3]

RICHTER, WILHELM: Berliner Schulgeschichte. Berlin 1981

SCHÄFFNER, KLAUS: Die Gründung des Gymnasiallehrer-Seminars am Friedrichswerderschen Gymnasium in Berlin durch Friedrich Gedike vor 200 Jahren. In: ZfPäd 34 (1988), H. 6, S. 839-860

SCHNEIDERS, WERNER: Die wahre Aufklärung. Zum Selbstverständnis der deutschen Aufklärung. Freiburg 1974

SCHOLTZ, HARALD: Friedrich Gedike (1754-1803), ein Wegbereiter der preußischen Reform des Bildungswesens. In: Jahrbuch für die Geschichte Mittel- u. Ostdeutschlands 13/14. Berlin 1965, S. 128-181

DERS.: Begabung und gesellschaftliche Förderung der Intelligenz. In: Niemitz, Carsten (Hrsg.): Erbe und Umwelt. Frankfurt a.M. 1987, S. 55-72

DERS.: Friedrich Gedike, ein Schulpädagoge, Publizist und Bildungspolitiker im Dienste der Aufklärung. In: Schmoldt, Benno (Hrsg.): Pädagogen in Berlin. Hohengehren 1991, S. 23-48

SCHWARTZ, PAUL: Die Gelehrtenschulen Preußens unter dem Oberschulkollegium und das Abiturientenexamen Bd. 2. Berlin 1911

WEBER, PAUL: Die Berlinische Monatsschrift als Organ der Aufklärung. In: Berlinische Monatsschrift (1783-1796). Eine Auswahl. Leipzig 1986, S. 356-452

**Bruno Schonig**

# Zur Verbreitung reformpädagogischer Ansätze in der öffentlichen Berliner Schule der Weimarer Republik

## 1. Widersprüche zwischen reformpädagogischem Anspruch und Unterrichtsrealität

Schulerinnerungen wie die folgenden, die drei ehemalige Mitschülerinnen erzählen, die am Ende der Weimarer Republik, in den Jahren 1931/32, in die 3. Berliner Gemeindeschule in Berlin-Friedrichshain eingeschult worden sind, bestätigen auf den ersten Blick die Feststellung Wilhelm Richters, daß die Reformpädagogik „das Berliner Schulwesen in erstaunlich geringem Maße" durchdrang (Richter 1981, S. 94). Schon der erste Schultag, wie er in diesen Erinnerungen vorgestellt wird, zeigt einige jener Merkmale, die die Reformpädagogen an der „alten Schule" mit Heftigkeit kritisierten:

„Jeder bekam seinen Platz", berichtet eine der ehemaligen Schülerinnen: „jeder wurde aufgerufen und mußte sich dann eben entsprechend hinsetzen. Dann hieß es auch gleich: Hände falten! Das wurde uns gleich beigebracht, und daß man in der Schule sittsam zu sitzen hätte. Was haben wir immer gebetet: Wie fröhlich bin ich aufgewacht, wie sanft hab ich geschlafen die Nacht. Du warst mit deinem Schutz bei mir. Oh Vater im Himmel, hab Dank dafür. Behüte mich auch diesen Tag, daß mir kein Leid geschehen mag. – Das wurde jeden Morgen gebetet" (AG Päd. Museum 1993, S. 27 f.).

Von einem Schulanfang, wie ihn sich die Reformpädagogen wünschten und vielleicht auch praktizierten, bei dem die Kinder ihre Unruhe und Lebendigkeit erst einmal zum Ausdruck bringen dürfen und sich ihre Plätze selbst aussuchen, ist hier keine Rede: ordentliches Sitzen, Namensappell, gefaltete Hände und das Schulgebet bestimmen den ersten Eindruck von einer Schule, in der es ordentlich zugehen soll. Die weiteren Erinnerungen der ehemaligen Schülerinnen verstärken noch dieses Bild: „Also bei uns war noch die Prügelstrafe und zwar bei Fräulein Galewski. Ich habe ein einziges Mal 'was bekommen'. Und zwar hatte die einen Rohrstock. Ich weiß nicht – hatte ich geschwatzt, jedenfalls bekam man hier vorne etwas 'drauf', auf die Fingerspitzen. Also das hat sehr weh getan" (a.a.O., S. 28). Zu dieser Erinnerung wird ein ganzer Katalog von üblichen Schulstrafen hinzugefügt: „Eckenstehen, Nachsitzen oder draußen Stehen, das war ja ganz schlimm. – Vor der Tür, das war schlimm. Wenn der Rektor durch die Gänge ging, da hatten wir Angst. – Man wurde vor die Tür gestellt. Das war schon schlimm. Und in der Ecke stehen, das war ja auch schon ein bißchen eine Schande. – Ja, man hat sich geschämt" (a.a.O., S. 29). Nun mag das Bild einer, aus der Sicht der Reformpädagogen, repressiven Schule, das mit diesen Erinnerungen gezeichnet wird, für eine Vielzahl Berliner Grund- und Volksschulen am Ende der Weimarer Republik – und sicherlich auch für die Zeit davor und die Zeit danach – zutreffen; aber kann es die 3. Berliner Gemeindeschule im Bezirk Friedrichshain kennzeichnen, die seit dem Jahr 1923 – also seit neun Jahren – von einem dezidiert reformpädagogisch orientierten Rektor, Willy Gensch, geleitet worden war? In seiner Antrittsrede als Schulleiter hat er „den Menschen, dessen Kräfte geweckt und belebt werden müssen," und die „stetige und gleichmäßige Förderung der kindlichen Gesamtentwicklung" (Chronik, 1925, S. 39) in den Mittelpunkt der pädagogischen Arbeit an der 3. Gemeindeschule gestellt. In vielen Konferenzen hat sich das Kollegium dieser Schule unter seiner Leitung mit der Erarbeitung eines „Stoffverteilungsplans" beschäftigt, in dem das „Leben der Kinder" die Basis und das Kriterium für die Auswahl des Lehrstoffs sein sollte:

„Dazu ist es notwendig, daß die Kinder die Lebensfülle in ihrer engeren und weiteren Umgebung und des Weltganzen empfinden lernen und sich mit ihr innerlich verbunden fühlen. Daraus soll das Bewußtsein der eigenen Kräfte erwachsen und der Wille, sie im Dienst der Menschen zu gebrauchen, weil das die höchste Lebenssteigerung ist. Also erwächst der 3. Schule die Aufgabe, nur solche Stoffe in ihren Plan aufzunehmen, die schon mit dem Leben des Kindes in Verbindung stehen, und sie möglichst allseitig mit dem Kinde in Beziehung zu setzen, damit alle Gegenstände seiner Umgebung von Leben durchdrungen sind" (Chronik, 1925, S. 44).

Wie ist dieser Widerspruch zwischen reformpädagogisch-curricularem Anspruch und repressiver Erziehungs- und Unterrichtsrealität zu erklären? Kann er darin begründet sein, daß die Erinnerungen der Schülerinnen von einzelnen negativen Erfahrungen bestimmt sind und daß gerade diese „Eindrücke" besonders in der Erinnerung haften bleiben, oder handelt es sich um eine einzelne Lehrerin an dieser Schule, deren Verhalten nicht verallgemeinert werden darf? Welchen Aussagewert für die Charakterisierung von Erziehungs- und Unterrichtsrealität haben Schülererinnerungen? Diese Fragen können hier nicht beantwortet werden; ich werfe sie auf, weil ich auf die Schwierigkeiten aufmerksam machen möchte, die einer Klärung der Frage nach der Verbreitung oder gar Wirksamkeit reformpädagogischer Ansätze in Schulen, die nicht als reformpädagogische Versuchsschulen – in welcher Form auch immer – deklariert wurden, sondern „Normalschulen" waren, entgegenstehen.

## 2. Reform von „unten" und Reform von „oben"

Denn anders als die zu Versuchsschulen (Lebensgemeinschaftsschulen) in Berlin erklärten, reformpädagogisch bestimmten Schulen, verfügen die Berliner „Normalschulen" nicht über eine spezifisch reformpädagogische Legitimationsbasis. Die Berliner Versuchsschulen basieren auf den vom Stadtschulrat Wilhelm Paulsen 1921 vorgelegten „Leitsätzen zum inneren und äußeren Ausbau unseres Schulwesens" (Paulsen 1924, S. 126 ff), in denen nicht nur der Charakter der Schule als „Lebensstätte der Jugend", sondern auch ihre pädagogische und didaktische Struktur als „Arbeitsschule", „Gemeinschaftsschule", „Freie Schule" und „Einheitsschule" sowie ihre Organisation im „Geist der Selbstverwaltung" (Paulsen a.a.O.) bestimmt werden (vgl. Haubfleisch 1994, S. 118 f.). Diese Leitsätze Paulsens werden im Jahr 1923 vom Provinzialschulkollegium als „Richtlinien und Grundsätze, nach denen die Versuchsschulen (Lebensgemeinschaftsschulen) einzurichten sind" (Paulsen 1926, S. 118-122), verabschiedet und spezifiziert: Methodisch-didaktische Basis ist der „Gesamtunterricht", auf verbindliche „Stoffpläne" wird verzichtet und auf „Stundenpläne" auch. An ihre Stelle tritt der von den Schulen selbst zu entwickelnde „Arbeitsplan". Die Schulen, die als Versuchsschulen nach diesen Richtlinien arbeiten wollten, beantragten ihren Reformstatus (Haubfleisch 1994, S. 118), d.h. die Reformintention ging von den entsprechenden Kollegien selbst aus und war über zwei Jahre hin in „geradezu dramatischen Auseinandersetzungen" (Nydahl 1928, S. 53) vorbereitet worden. Ein überzeugendes Beispiel für dies Reformengagement der Lehrer- und Elternschaft ist ein Grundschulversuch in einer weltlichen Schule in Spandau, den die Lehrerin und Schriftstellerin Tami Oelfken 1922 auf der 9. Tagung des Bundes entschiedener Schulreformer vorstellt.[1]

„In Spandau haben wir reformfreudigen Menschen uns zusammengefunden. Das Ziel unserer Arbeit möchte ich kurz in zwei Sätzen fixieren. Wir wollen mit Kindern, Eltern und Gemeinde zum kulturbetonten Miteinander. Wir vermitteln nicht Kenntnisse, sondern fördern in Kindern und uns die Fähigkeit zum Erkennen, wir erhalten die Kraft, die Dinge der Umwelt nicht als gegeben hinzunehmen, sondern immer Ursachen und Zu-

sammenhängen im Wirtschaftlichen nachzuspüren und letzten Endes die Kraft, aus körperlicher und geistiger Bedarfswirtschaft, das Leben zu formen" (Oelfken 1922, S.142).

Der Reformprozeß, wie ihn die Berliner Versuchsschulen anstrebten, hat seine Grundlage
im Reformwillen von Lehrerinnen und Lehrern wie Tami Oelfken, die sich als „Freund"
ihrer Schulkinder verstand: „Der Lehrer als Freund seiner Gemeinschaft muß die Möglichkeit haben, mit seiner Klassengemeinschaft zusammen zu bleiben, so viele Jahre ihn
Freude und Freundschaft trägt" (Oelfken a.a.O.). Der Stadtschulrat Jens Nydahl hat dies
Reformengagement, das die Berliner Lebensgemeinschafts- und Sammelschulen auszeichnete (vgl. Haubfleisch 1994, S. 117 ff.), 1928 zutreffend als „Wille zur Neugestaltung" (Nydahl 1928, S. 47) charakterisiert.

Kann bei diesen Schulreformversuchen also von einer „Reform von unten", von der Leh-
rer- und Elternschaft aus, gesprochen werden, so sah die Ausgangslage für Reformpro-
zesse im Normalschulwesen – und das meint die bei weitem größte Anzahl der Berliner
allgemeinbildenden Schulen – gänzlich anders aus. Grundlage einer Reform des Berliner
Grund- und Volksschulwesens bildeten die vom Ministerium für Wissenschaft, Kunst und
Volksbildung in den Jahren 1921, 1922 und 1923 erlassenen „Richtlinien zur Aufstellung
von Lehrplänen für die Grundschule" und „für die oberen Jahrgänge der Volksschule"
sowie der „Grundlehrplan für die Volksschulen der Stadt Berlin" (vgl. Richtlinien 1924).
Die „Richtlinien" hoben die seit fünfzig Jahren geltende „Verfügung über Einrichtung,
Aufgabe und Ziel der preußischen Volksschule" aus dem Jahr 1879 auf (Richtlinien
1924, S. 9) und proklamierten pädagogische Zielsetzungen, die von reformpädagogischen Grundsätzen wie „Erlebnis" und „Selbsttätigkeit" geprägt waren und als didak-
tisch-methodisches Prinzip einen „lebensvollen Gesamtunterricht" (Richtlinien 1924, S.
3) forderten. Als Kriterium für die „Auswahl der Unterrichtsstoffe" wurde – ganz in reformpädagogischem Verständnis – „die Fassungskraft und das geistige Wachstumsbedürfnis der Kinder" (a.a.O., S. 4) gefordert. Die „Auswahl der Stoffe", „ihre Verteilung" und den „Zeitraum" für den „Gesamtunterricht" überließ man der „Festsetzung
durch die Lehrpläne für die einzelnen Orte oder Bezirke" (a.a.O.), wobei allerdings in
den „Richtlinien" schon weitgehende Vorgaben für die Ziele und Inhalte des Grund- und
Volksschulunterrichts gemacht wurden. Der „Grundlehrplan für die Volksschulen der
Stadt Berlin", der auch eine Stundentafel enthielt, schrieb die „Stoffpläne" für die einzelnen Fächer vor und machte – mit Ausnahme des „Gesamtunterrichts" für das erste

Schuljahr, der „von einer strengen Scheidung nach Fächern" absah, „vielmehr die Unterrichtsgegenstände zwanglos abwechseln" ließ und „die Lehrstoffe aus den verschiedenen
Fächern in lebensvolle Verbindung miteinander" brachte (Richtlinien 1924, S. 25) – keinerlei didaktisch-methodische Vorschriften oder Angaben. Es blieb also den einzelnen
Schulen, ihren Kollegien und letztlich der einzelnen Lehrerin und dem einzelnen Lehrer
selbst überlassen, in welcher pädagogischen Weise der Lehrstoff im Unterricht umgesetzt
wurde.

Im Unterschied zu den Versuchsschulen, die ohne verbindliche Stoff- und Stundenpläne
arbeiteten und ihre „Arbeitspläne" selbst entwickeln sollten, wurde für die „Normalschulen" einerseits der Lehrstoff bis ins Einzelne vorgeschrieben, andererseits die pädagogische und didaktisch-methodische Arbeitsform fast völlig offen gelassen. Diese zwiespältige curriculare Ausgangssituation der „Normalschulen" kann als wichtiges Struktur-
merkmal für die Widersprüchlichkeit – oder auch das gänzliche Ausbleiben – ihrer inneren, von reformpädagogischen Zielsetzungen bestimmten Reform angesehen werden. Da
außer den, in didaktisch-methodischer Hinsicht sehr allgemein gehaltenen Richtlinien
strukturell keine weiteren Reforminstrumente vorgegeben worden waren, blieb es den
einzelnen Schulen überlassen, in welcher Weise sie, d.h. Schulleitung und Kollegien, die
„Richtlinien" reformpädagogisch interpretierten und umsetzten. Die „Schulreform von
oben", die sich in den „Richtlinien" manifestierte, war, sollte sie denn wirksam werden,
auf eine „Schulreform von unten" (vgl. Haubfleisch 1994, S. 125) angewiesen. Bezogen
auf die Bedingungen der einzelnen „Normalschule" bedeutete dies, daß dem Reformin-
teresse der Schulleitung und dem Reformengagement der Lehrerschaft bzw. einzelner
Lehrerinnen- und Lehrerpersönlichkeiten entscheidende Bedeutung beizumessen war,
wenn reformpädagogische Zielsetzungen, Auffassungen, pädagogische Haltungen und
Arbeitsweisen in diesem Rahmen realisiert werden sollten.

Damit komme ich zu dem eingangs am Beispiel der 3. Gemeindeschule dargestellten Widerspruch zwischen reformpädagogisch-curricularem Anspruch und repressiver Unterrichtsrealität zurück; offensichtlich ist in dieser Schule der Reformanspruch vorrangig
nicht vom Kollegium oder einer Gruppe von Lehrerinnen oder Lehrern formuliert worden, sondern vom Schulleiter, d.h. der Reformprozeß „von oben" setzte sich auf der
Ebene der Einzelschule nicht fort: reformpädagogische Ansprüche standen einem reform-
unwilligen, routinierten und in diesem Fall repressiven Erziehungsverhalten der Lehrer-

schaft gegenüber. Neben dieser Form eines reformpädagogischen Umstrukturierungsprozesses „von oben", von seiten der Schulverwaltung und Schulleitung, lassen sich aber auch Reforminitiativen in einzelnen „Normalschulen" feststellen, die von kleinen, reformorientierten Gruppen im Kollegium oder von einzelnen Lehrerinnen- und Lehrerpersönlichkeiten initiiert und getragen wurden.[2] Beide Formen reformpädagogischer Umstrukturierung bzw. reformpädagogischer Erziehungs- und Unterrichtspraxis in „Normalschulen" möchte ich im folgenden beispielhaft zu skizzieren versuchen.[3]

**3. Reformpädagogische Umstrukturierung einer Normalschule: Das Beispiel des Schulleiters Willy Gensch.**

Als der Sozialdemokrat und Vorsitzende der „Jugendschriftenprüfungsausschüsse Großberlins und der Provinz Brandenburg" Willy Gensch (1882-1959) mit der Leitung der 1. Berliner Gemeindeschule, einer Mädchen-Volksschule im Berliner innerstädtischen Bezirk Friedrichshain, im Jahr 1923 beauftragt wird, übernimmt er eine in verschiedener Hinsicht schwierige Aufgabe: Das Kollegium ist nach jahrelangen Streitigkeiten um die Wahl einer Rektorin bzw. eines Rektors heillos zerstritten; die Schule selbst, was ihre Ausstattung mit Lehrmitteln und der Zustand ihrer Räumlichkeiten betrifft, in außerordentlich schlechtem Zustand und – ein Problem, das den neuen Schulleiter und das Kollegium vorrangig beschäftigen wird – eine große Anzahl der Schülerinnen lebt in größter Armut und unter bedrückenden familiären Verhältnissen.[4] Willy Gensch, der schon in seiner Lehrerzeit publizistisch hervorgetreten ist[5], dokumentiert seine Amtszeit und damit den Umstrukturierungsprozeß, den er an seiner Schule in Gang setzt, ausführlich in der Chronik der 3. Gemeindeschule[6] und zum Teil auch, insbesondere die soziale und seelische Not der Schülerinnenschaft, in der Tagespresse. Sein Amtsantritt wird von Gensch, unter Hinzuziehung von Konferenzprotokollen und persönlichen Kommentaren, besonders ausführlich in der Chronik dargestellt, offensichtlich deshalb, weil der neue Schulleiter schon in seiner ersten Konferenz keinen Zweifel im Kollegium darüber aufkommen lassen will, wie er seine Rolle als Rektor verstanden wissen will. Er stützt sich dabei auf die Ausführungen in der „Dienstanweisung für die Lehrerkonferenzen und die Schulleiter an den Volks- und Mittelschulen der Stadt Berlin" aus dem Jahr 1922, in denen es heißt: „Der Schulleiter ist nicht Vorgesetzter der an der Schule angestellten Lehrer, sondern steht zu seinen Mitarbeitern im Verhältnis eines Ersten unter Gleichen. Er vertritt die Schule nach außen, trägt als Vorsitzender der Konferenz mit dieser die Verantwortung für den gesamten Schulbetrieb, sorgt für die Durchführung der behördlichen Anordnungen und die Ausführung der Konferenzbeschlüsse und sucht die Schularbeit sowohl durch eigene Anregungen sowie durch verständnisvolles Eingehen auf die von anderen Mitgliedern des Lehrkörpers gegebenen auf jede Weise zu fördern" (Dienstanweisung lll, S. 13).

In seiner ersten Konferenz beruft sich Gensch, wie das Konferenzprotokoll verzeichnet, auf jene Ausführungen in der „Dienstanweisung", die neben der Rolle des Schulleiters auch die pädagogischen Anforderungen an die Lehrerschaft definieren:

„Die Dienstanweisung zeichnet das Idealbild einer Schulleitung, an der alle Lehrenden beteiligt sind, die in freiem und freudigem Schaffen, das auf Selbstverantwortung und Pflichtbewußtsein gegründet ist, die Schule als ihr Ein und Alles auffassen. Das rege Leben, das dadurch entsteht, wird sich außer in den Gesamtkonferenzen auch in den Fach- und Klassenkonferenzen zeigen, denen besondere praktische und theoretische Bedeutung zukommt. Die Dienstanweisung geht so weit in der Sicherung lebensvollen Schaffens, daß sie dem einzelnen ein Einspruchsrecht gegen die Gesamtkonferenz zubilligt. Sie setzt überragende, für ihren Beruf begeisterte Persönlichkeiten voraus, begabt mit einem Weitblick, der alles dem Gemeinschaftsgeist Schädliche zu erkennen weiß" (Chronik, 1925, S. 38).

Im Vergleich mit den Ausführungen in der „Dienstanweisung", die vorrangig das Wechselverhältnis von „Konferenz" und einzelner, von „freudigem und freiem, auf Selbstverantwortung und eigenem Pflichtbewußtsein" (Dienstanweisung II, S. 11) bestimmter Lehrerpersönlichkeit regeln, setzt Gensch den Akzent auf das pädagogische Engagement des einzelnen Kollegiumsmitglieds und stellt ihm den Schulleiter als „Mittelpunkt und Führer dieses geistigen Lebens" (Chronik, 1925, S. 38) gegenüber. Damit nimmt er eine eigenwillige, den demokratisch-kollegialen Geist der „Dienstanweisung" unterlaufende Interpretation vor: Die Rolle der Konferenz, „die die Mitglieder des Lehrkörpers zu einer von lebendigem Gemeinschaftsgeiste durchdrungenen Arbeitsgemeinschaft zusammenschließen" soll (Dienstanweisung II, S. 11), wird durch ein eher autokratisches Verständnis des Schulleiters als „Mittelpunkt" und „Führer" ersetzt.[7]

Unter dem Aspekt des intendierten Umstrukturierungsprozesses der Schule betrachtet, kommt diesem „Rollenverständnis" des neuen Schulleiters besondere Bedeutung zu; er hat es mit einem überalterten und vermutlich in seinen pädagogischen Überzeugungen nicht gerade progressiven Kollegium zu tun: Von den 12 Lehrerinnen und drei Lehrern, die bei seinem Amtsantritt an der Schule unterrichten, stammen sechs Lehrerinnen aus dem Gründungskollegium dieser 3. Gemeindeschule aus dem Jahr 1897, arbeiten also seit über 26 Jahren an dieser Schule; die übrigen neun Lehrerinnen und Lehrer sind im Laufe der ersten 25 Jahre des Bestehens der Schule hinzugekommen. Der Reformprozeß, den Gensch mit diesem Kollegium in Gang setzen wird, umfaßt deshalb in seiner ersten Phase auch nicht pädagogische und didaktisch-methodische Veränderungen, die das Kollegium vielleicht überfordern würden, sondern setzt bei der sozialen Notlage der Schülerinnenschaft an. Damit allerdings wird ein – im Nachhinein betrachtet – wichtiger reformpädagogischer Akzent gesetzt, der den gesamten Prozeß der Umstrukturierung der Arbeit an der 3. Gemeindeschule kennzeichnet: Das Kind, seine soziale, materielle und psychische Lage, wird in den Mittelpunkt der Reform gestellt und damit in das Zentrum des Schullebens. Es geht in der ersten Phase des Reformprozesses also nicht um einen, wie die reformpädagogische Konzeption fordert, kindzentrierten Unterricht, sondern um kind- und familienbezogene sozialpädagogische Hilfsmaßnahmen. Angesichts der Not, die im Jahre 1923 und auch in der Folgezeit in vielen Berliner Arbeiterfamilien herrschte, mögen diese Hilfsmaßnahmen als unumgänglich erscheinen; sie werden aber – wenigstens vom Rektor der Schule – auch in reformpädagogischem Sinn verstanden:

„Das Kollegium", schreibt Gensch in der Schulchronik, „legt deshalb so viel Gewicht auf die Wohlfahrtspflege, weil der körperliche Zustand des Kindes die Bedingungen gibt für die geistige Entwicklung. In all diesen Jahren findet eine Umstellung des Unterrichtsbetriebes statt. Der Mensch tritt immer mehr hervor, die Stoffe immer mehr zurück" (Chronik, 1925, S. 43).

Das sozialpädagogische Engagement führt zu wirksamer Hilfe an der 3. Gemeindeschule[8] und wird, wie Gensch vermerkt (Chronik, 1925, S. 39), durch das Kollegium getragen. Eine solch intensive sozialpädagogische Kooperation verändert nicht nur das Klima innerhalb des Kollegiums und die Beziehungen zwischen Lehrerschaft und Elternschaft, sondern führt auch zu einer größeren Akzeptanz der Schule innerhalb der Arbeiterelternschaft des Bezirks. Für die Einstellung der Lehrerinnen und Lehrer ihren Schülerinnen gegenüber mag sie auch zu einer anderen, nämlich – um die Bemerkung von Gensch zu variieren – „menschlicheren" Haltung geführt haben, die – wie der Schulleiter es sich wünschte – Grundlage für die „Umstellung des Unterrichtsbetriebes" wird.

Die zweite Phase des Reformprozesses an der 3. Gemeindeschule, die teilweise parallel zu den jahrelangen sozialpädagogischen Aktivitäten verläuft, umfaßt nämlich eine schulspezifische Lehrplanreform, soweit das im Rahmen der „Richtlinien zur Aufstellung von Lehrplänen" und des „Lehrplans für die Volksschulen der Stadt Berlin" aus den Jahren 1922 bzw. 1924 möglich ist. Gensch erarbeitet mit seinem Kollegium einen schulspezifischen „Stoffverteilungsplan", der auch vom zuständigen Schulrat bestätigt wird.[9] Grundlage dieses Plans, der heftige Kontroversen im Kollegium auslöst, ist wiederum die soziale Lage der Schülerinnen: Gensch bezieht sich bei dieser Argumentation auf einen Passus in den „Richtlinien"[10], den er eigenwillig auslegt: Der Stoffverteilungsplan soll der Sonderart der betreffenden Schule Rechnung tragen. Sie ist durch den Lebenskreis bedingt, aus dem die Kinder stammen (Chronik, 1925, S. 43). Damit rückt Gensch, wie bei der Initiierung der sozialpädagogischen Hilfsmaßnahmen an seiner Schule, wiederum die soziale Lage der Schulkinder in den Mittelpunkt der Überlegungen, die sich zunächst auf das allgemeine Erziehungsziel konzentrieren, nach dem gearbeitet werden soll:

„Der Unterricht an der 3. Schule muß die Kinder zu einer Weltanschauung führen, die das Leben auch in schlimmer Lage als lebenswert erscheinen läßt, die versteht sich am spärlichen Licht im Dunkel zu erfreuen, die selbst an üblen Dingen noch Gutes zu finden weiß" (Chronik, 1925, S. 44).

Diese von einem heute naiv wirkenden pädagogischen Optimismus gekennzeichneten Zielsetzungen sind vor dem Hintergrund der hoffnungslosen und deprimierenden sozialen und psychischen Lage geschrieben, in der sich viele der Schülerinnen an der 3. Gemeindeschule befinden, wie Gensch außerordentlich sensibel und genau am Beispiel einzelner Kinderportraits darstellt.[11] Anders als zum Beispiel bei Fritz Karsen, der die Entwicklung des schulspezifischen Curriculums auch auf den sozialen Lebensgebieten der Schülerschaft aufbaut und dabei zu sozialpolitischen Forderungen gelangt[12], formuliert Willy Gensch eine besondere sozialdemokratisch-idealistische Moralpädagogik[13] als Basis der Schulpädagogik:

„Wesentlicher Gegenstand muß durchaus der Mensch sein, dessen Schwächen zu Verständnis gebracht und dessen notwendige Entwicklung zum Segen der Allgemeinheit zuversichtlich gezeichnet werden muß. Dabei muß der feste Glaube gepflanzt werden, daß auch im verworfenen Menschen noch Liebenswertes, also Göttliches, vorhanden ist. Zur gegenseitigen, richtig angewandten Hilfe und Unterstützung sollen die Kinder im gesamten Unterrichte angeleitet werden" (Chronik, 1925, S. 44). Diese allgemeinen moralischen Leitlinien scheinen im Kollegium nicht strittig gewesen zu sein; ihre pädagogische Umsetzung allerdings erfordert, wie Gensch notiert, Umstellung und Zeit: „Die notwendig werdende Umstellung der einzelnen Mitglieder des Kollegiums wird freilich noch einige Zeit erfordern; aber der Weg liegt klar vor uns, der Wille ist im allgemeinen vorhanden, das Ziel eines tiefen Menschentums unbestreitbar" (Chronik, 1925, S. 44). Konfliktreicher scheint die Auseinandersetzung im Kollegium der 3. Gemeindeschule um die Bestimmung des Verhältnisses von, abgekürzt formuliert, „Kind" und „Lehrstoff" verlaufen zu sein. „Richtlinien" und „Lehrplan" formulieren als Kriterium für die Auswahl der Unterrichtsstoffe die „Fassungskraft" der Kinder, ihr „geistiges Wachstumsbedürfnis" und die „Bedeutung (der Stoffe) für das Leben"; in der Curriculumsdiskussion im Kollegium der 3. Gemeindeschule werden drei Bedenken vorgetragen, die sich schließlich auch durchsetzen:

„Das Kind muß gewisse Fähigkeiten für den Kampf ums Dasein erwerben und darf daher bestimmter Kenntnisse nicht entbehren. Dann aber haben alle Stoffe ihre Eigengesetzlichkeit, die Unterordnung verlangt, wenn Fortschritte erzielt werden sollen. Drittens muß die Schule darauf Rücksicht nehmen, daß die Arbeitsfähigkeit der Mädchen durch die Notlage stark eingeschränkt ist" (Chronik, 1925, S. 44). Anders als in den Versuchsschulen, in denen – wie zum Beispiel Tami Oelfken radikal formuliert – „nicht Kenntnisse", sondern Kindern die „Fähigkeit zum Erkennen" (Oelfken 1925, S. 44) vermittelt werden soll, setzen sich in dieser Schule die Befürworter der „Eigengesetzlichkeit der Stoffe" durch:

„Gegengewicht gegen die Stoffülle ist, die Kinder dahin zu bringen, selbständig die Dinge zu erarbeiten, die für sie notwendig sind. Indes fehlen der Schule und den Kindern die allernotwendigsten Hilfsmittel (Buchmangel) dazu. So bleibt zunächst nur übrig, die amtlichen Stoffpläne zur Grundlage der Schularbeit zu machen in dem Bewußtsein, daß für die Schule eigentlich eine weit größere Stoffbeschränkung nötig wäre, wenn sie ihren erziehlichen Aufgaben gerecht werden will. Auch in der Stoffanordnung mußte der Gang der amtlichen Vorschriften befolgt werden, weil schwere Gewissensbedenken vorliegen,

ob dem Kinde durch Umgehen der Eigengesetzlichkeit der Stoffe nicht für sein Fort-
kommen geschadet wird" (Chronik, 1925, S. 44). Es kommt also letztlich nicht zur Verabschiedung eines schulspezifischen Stoffverteilungsplans, sondern nur zu einer Grund-
satzentscheidung über die Erziehungsziele der Schule; dennoch verzeichnet der Schulleiter am Ende des Jahres 1925, zwei Jahre nach seinem Amtsantritt, neben der sozialpädagogischen Aktivität seines Kollegiums ein hohes Maß an Identifikation mit der
Schule, das sich in der Beschaffung von Lehrbüchern, Lehrmitteln und im Angebot un-
entgeltlicher Werk- und Buchbinderkurse und besonders in der Einrichtung eines Ju-
gendclubs für die schulentlassenen Mädchen äußert. Die Schule befindet sich, wie der
zuständige Schulrat 1925 bestätigt, „in erfreulicher Gärung". Zusätzlich zu seiner Arbeit
als Schulleiter wird Gensch zum Stadtrat für Volksbildung in Berlin-Friedrichshain gewählt und kann damit seine Aktivität über die Schule hinaus auf den Bezirk ausdehnen.
Er versucht in der dritten Phase des Umstrukturierungsprozesses, seiner Schule eine Art
Vorbildfunktion für den Bezirk Friedrichshain zu geben. Das bezieht sich sowohl auf die
innere Arbeit in der Schule als auch auf ihre Außendarstellung.[14]

Bisher waren Reformen im Bereich der Unterrichtsarbeit, der didaktisch-methodischen
Praxis, nicht direkter Gegenstand des Interesses. Wie schon erwähnt, enthalten die
„Richtlinien", der Berliner „Lehrplan" und auch der in der Schule selbstverfaßte
„Stoffverteilungsplan" keine oder fast keine Aussagen in dieser Richtung. Einzig der
Hinweis auf den „Gesamtunterricht" als Arbeitsform des Anfangsunterrichts wird in den
„Richtlinien" vorgeschrieben; wie diese Arbeitsform allerdings praktiziert worden ist,
bleibt ungeklärt. Diese Unklarheit wird auch im „Stoffverteilungsplan" der Schule regi-
striert und zum Ausgangspunkt der unterrichtspraktischen Arbeit erklärt: „Vorsichtige
Arbeit muß erst erweisen, wie vorgegangen werden muß, wobei gleichzeitig noch die
Beziehung der Stoffe untereinander im Auge behalten wird, um die zerstreuende und
zersplitternde Wirkung des außerschulischen Lebens der Kinder nicht noch durch den
Unterricht zu vervielfachen" (Chronik, 1925, S. 44 f.).

Das Kollegium der 3. Gemeindeschule beginnt mit einer Art von Selbstfortbildung; es
werden „Lektionen" vorgestellt, Vorführstunden, an denen ein Teil des Kollegiums teil-
nimmt und die später gemeinsam diskutiert werden. Einige Themen dieser Stunden werden in der Schulchronik verzeichnet:

„Bildbetrachtung, Einführung in die Sütterlin-Schrift, Fleckenbeseitigung (chemische Arbeitsstunde), Intelligenzprüfung" (Chronik, 1928, S. 46). Das ist zwar eine bunte Mischung von Unterrichtsthemen, und es wird an der Themenstellung allein nicht klar, in welcher Weise diese Themen in Unterrichtspraxis umgesetzt worden sind. Die Themen „Bildbetrachtung" und „Fleckenbeseitigung" (chemische Arbeitsstunden) lassen einen gewissen Bezug zu reformpädagogischen Aspekten, nämlich Kunsterziehungs- und Arbeitsschulbewegung, erkennen; die beiden anderen Themen entsprechen offensichtlich aktuellen Neuerungen. Es werden auch Studienreisen nach Frankfurt und Wien erwähnt, auch ein frauenpsychologisches Referat einer Kollegin. Dazu kommt der Hinweis auf eine kollegial-freundschaftliche Umgangsform im Kollegium: In „zwangloser Weise bei Kaffee und Kuchen" finden gesellschaftliche Nachmittagsveranstaltungen statt. Als Ausdruck der Gemeinschaftlichkeit des Kollegiums erhält jedes Mitglied ein Buch „mit einer Widmung des Kollegiums" zum Geburtstag. Diese Entwicklung entspricht der Intention des Schulleiters Gensch, der, wie er das Kollegium in der Schulchronik charakterisiert, „aus einer meist aus verwaltungstechnischen Gründen zusammengesetzten Gesellschaft" eine „Gemeinschaft" durch „Bindung in der gemeinsamen Arbeit" sich entwickeln sehen möchte.[15] Diese pädagogischen Aktivitäten des Kollegiums, die weiterhin von einer breitangelegten sozialen Hilfstätigkeit der Lehrerschaft begleitet werden, finden ihren Ausdruck in der Außendarstellung der Schule. Das betrifft nicht nur die sozialen Hilfsmaßnahmen, die die Schule immer mehr zu einem „sozialpolitischen Faktor" (Grundschulwoche Friedrichshain 1927, S. 386) werden lassen, sondern betrifft auch eine Reihe kulturpädagogischer Projekte, die die Schule initiiert bzw. an denen sie sich beteiligt: Es beginnt mit einer Blumenausstellung, die eine Lehrerin der Schule durchführt, um Schülerinnen und Eltern Anregungen dazu zu geben, ihre Wohnungen freundlicher zu gestalten; darüber hinaus beteiligt sich die Schule im Jahr 1928 an einer Ausstellung „Bildkitsch und Bildkultur", 1929 am Ausstellungsthema „Kindliches Schaffen und Kunstwerk" und 1929 an einer Ausstellung mit dem Thema „Die billige und schöne Wohnung". Daneben veranstaltet Gensch als Stadtrat für Volksbildung im Jahr 1928 eine groß angelegte „Grundschulwoche" im Bezirk Friedrichshain, die in seiner Schule stattfindet. Auf dieser Ausstellung wird ein breites reformpädagogisches Spektrum von Unterrichtspraxis deutlich: Im Mittelpunkt stehen drei Klassenräume der 3. Gemeindeschule, in denen Ausstattung und Praxis der Montessori-, der Fröbel- und der reformpädagogisch orientierten „Normal"-pädagogik ausgestellt und mit Unterrichtsvorführungen praktisch demonstriert werden. Besonders ein „Grundschulzimmer für Normalschulen" zeigt beispielhaft die reformpädagogischen Vorstellungen und Ansprüche der Lehrerschaft des Bezirks Friedrichshain und des zuständigen Stadtrats Gensch: „In seinem äußeren Gewande soll dieser Raum den Übergang der kleinen Schulrekruten von der Häuslichkeit zum Schulleben möglichst unmerklich und freundlich gestalten. Deshalb der lichte Anstrich der Wände, die Ausstattung der Fenster mit hellen, lichtdurchtränkten Gardinen. Hier gibt es keine festen Bankreihen mehr, sondern leichtbewegliche Tische für je vier Schüler, die auf bequemen, leicht zu befördernden Stühlen sitzen. Der Hygiene dienen noch im besonderen die an der Oberwand angebrachten Waschbecken mit Seife und Handtüchern. Ein an der Wand befindlicher Linoleumbelag zum Schreiben und Malen ermöglicht die gleichzeitige Beschäftigung vieler Kinder" (Grundschulwoche Friedrichshain 1927, S. 386).

Für den Schulleiter und Stadtrat Gensch ist die „Grundschulwoche", auf der auch eine Fülle von Unterrichtsprodukten und eine „lebendige Klasse", die jeden Abend für die Besucher Unterricht vorführt, gezeigt werden, ein wichtiger Schritt dazu, die 3. Gemeindeschule zu „einem Mittelpunkt der Volksbildungsbestrebungen des ganzen Bezirks" auszugestalten, d.h. außen und innen so zu modernisieren und einzurichten, daß sie über alle Lehrmittel und räumlichen, hygienischen und ästhetischen Bedingungen verfügt, die ein „zeitgemäßer Unterricht" verlangt. 1932, als Gensch diese Überlegungen notiert, ist der Reformprozeß an der 3. Gemeindeschule weit vorangeschritten:

„War die Schule so (mit verschiedenen Ausstellungen, d.V.) bemüht, die Umwelt des Kindes zugunsten ihrer Erziehungspläne zu beeinflussen, so versäumte sie doch nicht ihren inneren Ausbau. Das ganze letzte Jahr stand z.B. unter dem Thema: 'Das freie Unterrichtsgespräch', das in Lektionen und Vorträgen Gegenstand der meisten Konferenzen war" (Chronik, 1932, S. 52).

Mit dem Thema des freien Unterrichtsgesprächs steht eine zentrale reformpädagogische Arbeitsweise im Mittelpunkt der Selbstfortbildung des Kollegiums, die zu einer veränderten Haltung den Kindern gegenüber, zur Anerkennung ihrer Erkenntnis- und Ausdrucksfähigkeit und damit zu einer kindbezogenen Unterrichtsgestaltung führen kann. Dieser von Gensch über einen Zeitraum von fast zehn Jahren entwickelte Reformprozeß an der

3. Gemeindeschule wird 1933 durch seine zwangsweise Entlassung aus dem Schuldienst abgebrochen.[16]

Gensch gehörte als Sozialdemokrat zu der Gruppe von Beamten, die in Berlin Schlüssel-stellungen im Schulwesen innehatten und die von den Nationalsozialisten unverzüglich durch „geeignete Parteigenossen" (AG Päd. Museum 1983, S. 44) ersetzt wurden. Wie der Friedrichshainer Schulleiter Gensch werden in ganz Berlin die sozialdemokratisch-sozialistisch-kommunistischen Träger der Schulreform – angefangen mit dem Stadtschul-rat Jens Nydahl und den prominenten Schulreformern Kurt Löwenstein, Fritz Karsen und Adolf Jensen in Berlin-Neukölln (Mischon-Vosselmann 1993, S. 311 ff.) – als Vertreter einer von den Nationalsozialisten schon vor 1933 in Berlin heftig bekämpften und ver-ketzerten Schulreform entlassen. Am Tag seiner Entlassung machte Willy Gensch seine letzte Chronikeintragung:

„Mit dem 24. Mai 1933 wurde ich zwangsweise von der Leitung der 3. Städtischen Volksschule beurlaubt und nehme an, daß meine Tätigkeit hiermit zu Ende ist" (Chronik, 1933, S. 53). Auf der nächsten Seite der Chronik hat er in großen Zügen seiner Hand-schrift, die die ganze Seite ausfüllen, seine Abschiedswünsche für die Schule vermerkt: „Als letzte Amtspflicht nehme ich hierdurch Abschied von meiner Schule, die ich 10 Jah-re geleitet, und wünsche, daß das mich betreffende Leid ein Nichts ist gegenüber dem Glück, das die Zukunft der Schule und unserem Volke bringen möge" (Chronik, 1933, S. 54).

Aus der Schulchronik ist nicht zu entnehmen, inwieweit die reformpädagogischen inne-ren und äußeren Veränderungen, die Gensch an der 3. Gemeindeschule durchgesetzt hat, fortgesetzt, erhalten oder rückgängig gemacht worden sind.[17] Mit der Entlassung von Willy Gensch verliert der an dieser Schule langfristig initiierte Reformprozeß auf jeden Fall seine treibende konzeptionelle und organisatorische Kraft; und das entsprach der ersten Phase der nationalsozialistischen Schulpolitik in Berlin: Zerschlagung personeller und – insbesondere bei den Lebensgemeinschaftsschulen – auch organisatorischer Strukturen (vgl. Mischon-Vosselmann 1993, S. 310 ff.).

## 4. Reforminitiativen einzelner Lehrerinnen und Lehrer an „Normal-schulen" in Berlin.

In den Erinnerungen alter, um 1900 geborener Berliner Volksschullehrerinnen und -lehrer, die ich – wenn auch nur in relativ geringer Anzahl – gesammelt und zum Teil publiziert habe[18], spielen reformpädagogische Haltungen den Schulkindern gegenüber und auch Versuche, den Unterricht anders, als in der Ausbildung gelernt, zu gestalten, eine wichtige Rolle. Die alten Lehrerinnen und Lehrer schildern – wenn auch in sehr unterschiedlicher Form und Ausführlichkeit -, wie sie versucht haben, selbst entwickelte und selbst verantwortete Umgangs- und Arbeitsweisen mit den Schülerinnen und Schülern zu praktizieren. Bei der Dokumentation und kommentierenden Auswertung dieser Erinnerungen stellen sich allerdings nicht nur Fragen nach Wahrheitsgehalt, sondern insbesondere auch nach dem reformpädagogischen Gehalt von Erzählsequenzen und Unterrichtsszenen, die sich nicht auf ein reformpädagogisches Konzept – jedenfalls nicht ausdrücklich – berufen. Eine methodische Lösung dieses Problems hat Hanno Schmitt (Schmitt 1993, S. 22) mit der Entwicklung eines pragmatischen Katalogs von „Indikatoren für reformpädagogische Einflüsse an einer Schule"[19] vorgelegt; gemeint sind damit schul- und unterrichtsorganisatorische Maßnahmen und Arbeitsweisen, die entweder genuin reformpädagogischen Charakters sind, bzw. Reformpädagogisches bei der Arbeit ermöglichen. Dieser Katalog ist nur ansatzweise bei der Auswertung biographisch-pädagogischer Erinnerungen, in denen ein Gemisch von pädagogischer Haltung und Wertung einerseits, pädagogischer Praxis andererseits zum Ausdruck gebracht wird, anwendbar; ich habe mich deshalb – in Ergänzung des Indikatoren-Katalogs von Schmitt – dazu entschlossen, aus dem biographischen Erzählmaterial exemplarische Erinnerungssequenzen herauszulösen, in denen nicht nur eine szenische Struktur, sondern auch institutionelle und didaktisch-methodische Merkmale von Schule und Unterricht enthalten sind, die freilich 'im Gewand' der subjektiven Erinnerung erzählt werden.[20] Um also wenigstens einen Eindruck davon zu vermitteln, wie einzelne Lehrerinnen und Lehrer an „normalen" Berliner Volksschulen in der Zeit der Weimarer Republik versucht haben, reformpädagogische Elemente in ihre pädagogische und methodisch-didaktische Arbeit aufzunehmen, werde ich zwei Beispiele aus biographischen Erzählungen der Lehrerin Elise F. (Berlin 1981) und des Lehrers Fritz Saager (Berlin 1981) exemplarisch vorstellen. Die Lehrerin Elise F. (geb. 1899) erinnert sich an ihren ersten Tag als Lehrerin und die Konfrontation mit einem Männerkollegium: „Der Rektor war erkrankt, und ich sollte in seiner Klasse unterrichten. Traditionsgemäß hatten die Direktoren immer die letzte Abschlußklasse: Jungens also. Dieses Kollegium, ein ausgesprochenes Männerkollegium, war rührend. Als ich dahin kam, scharten sie sich um mich und sagten: 'Keine Angst, Mädchen, wenn irgend jemand was anstellt, Sie hauen nicht, wir hauen!' – 'Ich haue auch nicht und Sie brauchen auch nicht zu hauen.' Ich muß sagen, es ist auch nicht nötig geworden. Der Kollege, der den Rektor vertrat, war ein Bullenmeister sozusagen. Die Jungs zitterten vor ihm und waren nun natürlich von mir sehr angetan. Ich habe selten so eine nette Klasse gehabt" (Elise F. 1981, S. 19 f.). Diese Situation spielt sich im Jahre 1920 ab und zeigt, wie sehr das Merkmal der „alten Schule", die Prügelstrafe, noch selbstverständliche Praxis war; die kleine Geschichte zeigt aber auch, wie sich die junge Lehrerin von den Ratschlägen der männlichen Kollegen mit Entschiedenheit distanziert. Sie praktiziert, wie eine ihrer ersten pädagogischen Handlungen Schülern und Lehrern deutlich macht, einen anderen pädagogischen Stil: „Nach Unterrichtsschluß führte ich die Kinder 'runter, das war üblich in dem Hause, ist ja auch gut so. Ein Junge war das, was man den Kasper nennt. Dem sprang der Übermut geradezu aus den Augen. Die Schule war fertig – 'wat kann nu noch passieren?' Und da machte er eine Bewegung außerhalb des Reglements. Sie waren gewöhnt, herunterzugehen und an der Ecke stehenzubleiben und dann nur 'rum. Und da guckte er so fröhlich zu mir zurück – und das sieht der Kollege, weil er sich unten hingestellt hatte. Der winkte den heran, und die ganze Klasse flüsterte: 'Auweia! Der kriegt was!' Da habe ich gesagt: 'Was soll der denn kriegen?' Da dämmerte mir was und ich sagte: 'Ihr geht jetzt weiter und wartet auf dem Hof auf mich! Ich komme zurück, aber bitte ...' Ich bin dem Jungen ins Amtszimmer nachgegangen, wo er schon war, habe mit dem Kollegen gesprochen und gesagt: 'Das ist ja so ein tüchtiger Kerl. Er hat es wirklich nicht böse gemeint. Ich habe nicht die geringste Klage über ihn.' Und dann sagte der Kollege wie Jupiter tonans: 'Ne, wenn deine Lehrerin sich für dich so verwendet, dann sollst du noch mal davonkommen! Wissen Sie, was der Junge gemacht hat? Der ist am Nachmittag an den Landwehrkanal gegangen und hat für mich Krebse gefangen. Der kam dann am Nachmittag mit dem triefenden Beutel. 'Det is für Sie.' Ist es nicht rührend? Er kam zur Spielstunde" (Elise F. 1981, S. 20 f.). Die neue Lehrerin verzichtet nicht nur auf die Anwendung der Prügelstrafe, sie verhindert auch, daß ihre Kollegen sie ausüben, indem sie sich vor den Schüler stellt, seine Anwältin wird, der nichts – so hat sie die unbotmäßige Geste interpretiert – als „eine Bewegung außerhalb des Reglements" gemacht hat. Sie hat, wie die Szene zeigt, einen anderen Blick für die Schulkinder; sie sieht das fröhliche Gesicht des Schuljungen und kann sich in ihn hineinversetzen, in seinen kleinen Übermut, weil die Schule aus ist. Im Gespräch mit dem Kollegen ergreift sie auf eine geschickte Weise Partei. Sie gibt ein gutes Zeugnis über ihn ab und läßt sich auf die kritische Situation nicht weiter ein. Die Fähigkeit, sich in ein Schulkind hineinversetzen zu können, die Genauigkeit der Beobachtung und die Parteinahme für die Kinder sind Kompetenzen, die die neue, „menschliche" Beziehung zu den Kindern, wie sie die Reformpädagogen (Jensen/Lamszus 1921, S. 80) fordern, erst als pädagogische Praxis möglich machen. Ergebnis einer solchen pädagogischen Haltung ist, wie die Szene auch zeigt, eine neue Beziehung der Schulkinder zu ihrer Lehrerin. Es kommt, und das wird an verschiedenen Erinnerungen der Lehrerinnen deutlich (Schonig 1994, S. 100 ff.), zu einem Vertrauensverhältnis, das nicht nur die Unterrichtszeit kennzeichnet, sondern sich auch auf das Leben der Kinder außerhalb der Schule, in ihren Familien, bezieht. Elise F. erfährt von ihren Schulkindern, wie schwer sie es zu Hause haben, und sie versucht – wie viele andere Lehrerinnen auch – sich helfend einzumischen: „Es waren aber immer schwere, schwere Verhältnisse. Wenn Sie diese Verbindung sehen wollen: die Schwierigkeit des Elternhauses mit den Kindern, da habe ich auch im Bezirk Kreuzberg etliche Fälle sehr böser Art gehabt. Der Junge, von dem ich vorhin sprach, der hatte einen Vater, der Trinker war. Als der Junge dann, der sehr stämmig war, sich das erste Mal wehrte, von ihm geschlagen zu werden, hat der Vater ihn mit einem Riemen an das Tischbein gefesselt. Dann hat er losgeschlagen, so daß ich den Schularzt in Anspruch nehmen mußte, um das festzustellen. Dabei haben wir, bloß als kleine Anmerkung, nicht immer die nötige Unterstützung bei solchen Fällen gehabt. Ich habe damals eine Anzeige geschrieben, ich habe die Fürsorge in Gang gesetzt. Fürsorge, Schularzt und ich, wir waren uns einig, aber der entscheidende Amtsrichter sagte: 'Gnädige Frau, so ein Bagatellfall.' Da ist man manchmal am Rand seiner Geduld gewesen" (Elise F. 1981, S. 23 f.). Ähnlich wie der Rektor Gensch und sein Kollegium an der 3. Gemeindeschule in Berlin-Friedrichshain, wo es vorrangig um soziale Hilfsmaßnahmen geht, versucht auch die Lehrerin Elise F. ihre schulpädagogische Parteinahme für die Schulkinder mit sozialpädagogischen Interventionen zu ergänzen. Die Sorge und Unterstützung der Kinder wird nicht auf Schule und Unterricht begrenzt, sondern das Kind wird – im reformpädagogischen

Verständnis als „Anerkennung des kindlichen Rechts auf seine Persönlichkeit" (Gläser 1920, S. 16) – als Persönlichkeit in ihrem ganzen Lebenszusammenhang verstanden. Darum grenzten sich Elise F. und andere Lehrerinnen so eindeutig von den auf Gewalt beruhenden Erziehungspraktiken der „alten Schule" und vieler Elternhäuser ab. Erst vor diesem Hintergrund der Veränderung der Erziehungshaltung können die neuen Lehrformen, die diese Lehrerinnen entwickeln (vgl. Friedländer 1987, S. 42), angemessen interpretiert werden; werden sie von diesen sozialpädagogischen Handlungen isoliert betrachtet, so bleiben einige – gemessen an der „alten Schule" – neue Unterrichtstechniken übrig, die mit dem umfassenden Konzept einer kindzentrierten Reformpädagogik nichts zu tun haben (vgl. Schonig 1994, S. 104 ff.). Das trifft auch für die veränderte Erziehungshaltung vieler Lehrer zu. Fritz Saager (geb. 1899) berichtet über eine ähnliche Szene wie Elise F. als erste Begegnung mit seinem Kollegium: „Am 7.1.25 trat ich meinen Dienst an der weltlichen Schule Oberschöneweide an. Der Rektor L. empfing mich sehr freundlich und führte mich in eine Abschlußklasse, die (wie ich später erfuhr) kein Kollege mehr haben wollte. Schockierend war allerdings, wie er mich den 14/15-jährigen Jungen und Mädeln vorstellte! Er drückte mir einen derben Rohrstock in die Hand und sagte: 'Diese beiden Lümmel (2. Bank vorn) müssen Sie mindestens jeden zweiten Tag gleich vor der ersten Stunde durchhauen, wenn Sie Ruhe haben wollen. Und hier vorn (1. Bank) sitzen zwei Strolche, die ich erst von der Polizei holen lassen muß. Die kriegen dann ihre Tracht gleich unten beim Empfang.' Ich war zunächst sprachlos, denn darauf war ich nicht vorbereitet. Aber dann fand ich mich wieder, reichte den beiden Angeprangerten den Rohrstock hin mit den spöttischen Worten: 'Dieses Instrument verstehe ich nicht zu spielen. Wenn's Not tut, genügt mir meine rechte Hand! – Zur rechten Zeit! Sucht mal ein Versteck dafür, ich kenne ja euren Klassenraum nicht.' Die ganze Klasse schmunzelte, während die beiden Übeltäter den Stock hinter den Klassenschrank schoben" (Saager 1981, S. 40 f.).

Die Übereinstimmung der Situation bis in Details mit dem Bericht von Elise F. ist frappierend; es gibt allerdings einige Unterschiede: Die Schule, an der der Lehrer Fritz Saager 1925 seinen Dienst antritt und auf den von der Notwendigkeit der Prügelstrafe so überzeugten Rektor trifft, ist eine weltliche Schule. Dabei handelte es sich zunächst um eine Reihe von Berliner Volksschulen, die sich von den übrigen nur dadurch unterschieden, daß in ihnen kein Religionsunterricht erteilt wurde. Im Laufe der Zeit wurden sie aber, wie der Stadtschulrat Nydahl 1928 feststellt, „der Hort und die Stützpunkte der Schulreform" (Nydahl 1928, S. 49; vgl. Haubfleisch 1994, S. 117), weil sie versuchten, eigene Reformwege zu gehen. Die Schule in Oberschöneweide gehört zum damaligen Zeitpunkt offensichtlich noch nicht dazu. Die Initiationssituation, in der der neue, junge Lehrer in seine Arbeit vom Rektor eingeführt wird, ist auch anders als bei der Lehrerin Elise F., nämlich förmlicher: Der Rektor unterweist den neuen Lehrer vor der Schulklasse in den Ritus der Prügelstrafe. Saager lehnt dies Ritual mit einer überzeugenden Geste ab, indem er das Prügelinstrument ironisch zurückweist und von den Schülern verstecken läßt, also in ihre Verwaltung übergibt. Er bleibt aber nicht dabei stehen, sondern versucht, seine andere Erziehungshaltung seinen Schülerinnen und Schülern im ersten Umgang mit ihnen erfahrbar werden zu lassen:

„Dann machte ich mich mit jedem Einzelnen bekannt", berichtet er weiter. „Ich habe in den drei Monaten bis zur Entlassung zu Ostern keine Schwierigkeiten bekommen. Zum Erstaunen des Rektors kamen sogar die beiden Schüler der vordersten Bank, ohne von der Polizei geholt zu werden. Im dritten Monat wagte ich sogar einen Ausflug in die Müggelberge, obgleich das Kollegium mich warnte. Ich brauchte dies nie zu bereuen, im Gegenteil, es sollte das schönste Geschenk für mich werden" (Saager 1981, S. 41 f.). Wie an anderer Stelle auch einige Lehrerinnen berichten (vgl. Schonig 1994, S. 100 ff.), ist die Art und Weise, in der die Beziehung zu den Kindern einer Schulklasse vom Lehrer aufgenommen wird, eine wichtige Basis für die weitere Entwicklung eines pädagogischen Verhältnisses. Die Kinder sind es in der „alten Schule" nicht gewöhnt, daß sie mit ihren Vornamen angesprochen werden oder daß die Lehrer überhaupt ihre Vornamen kennen; wie beim Militär werden sie mit ihren Familiennamen aufgerufen. Mit dem kleinen Satz, „... dann machte ich mich mit jedem einzelnen bekannt", deutet Fritz Saager seine andere, schülerzentrierte Haltung an, die – wie sich herausstellt – von den Schülern mit Vertrauen honoriert wird. Fritz Saager praktiziert nicht nur eine andere, auf Achtung und Vertrauen basierende pädagogische Haltung zu den Schulkindern, er praktiziert auch eine neue Art und Weise des Unterrichtens.[21] Er demonstriert seine andere Auffassung von Unterricht in einer heiklen Situation, bei seiner 2. Lehrerprüfung, in der – angesichts der Anwesenheit eines konservativen Vertreters des Provinzialschulkollegiums – die Gegensätze zwischen traditioneller und reformpädagogischer Konzeption von Unterricht aufeinandertreffen: „Als sich das Provinzialschulkollegium zur Prüfung angesagt hatte, bestellte mich der Schulrat in Treptow zum Rathaus, um mir Ratschläge zu erteilen. So ganz nebenbei meinte er, ich solle doch morgen zur Prüfung nicht im Schillerkragen erscheinen! Ich lehnte ab mit der Begründung: Meine kleinen ABC-Schützen würden mich ja nicht wiedererkennen!" (Saager 1981, S. 45). Es geht also nicht nur um Gegensätze in methodisch-didaktischer Hinsicht, sondern auch um die Kleiderordnung; der offene Kragen, mit dem der Lehrer Saager sich als Sympathisant der Jugendbewegung und zugleich als Kritiker der bürgerlichen Etikette zu erkennen gibt, paßt nicht ins Bild des Lehrerbeamten. Da Saager aber keine Zugeständnisse machen will und das auch noch pädagogisch begründet, ist der Konflikt vorprogrammiert:

„Am 28.6.1928 kam dann der hohe Herr, aber nicht erst zur zweiten Stunde zu meinen Kleinen, sondern er erschien schon um acht Uhr, als ich in der Klasse meines Mentors, 7. Schuljahr, Naturkunde zu erteilen hatte, völlig unerwartet. Der hohe Herr nahm Platz am Katheder und nahm zunächst Einsicht in die Klassenlisten. Ich schritt von Bank zu Bank, beantwortete Schülerfragen und gab Ratschläge. Nach etwa zehn Minuten – der hohe Herr rutschte schon unruhig auf seinem Stuhl hin und her – sagte er stirnrunzelnd: 'Na, nun fangen Sie doch endlich an!' Ich erwiderte: 'Ich bin ja schon mitten drin!' Die Schüler und Schülerinnen hatten zu zweit ein Mikroskop, unter dem sie den Blütenstaub verschiedener mitgebrachter Gartenpflanzen besichtigten und die typischen Formen auf ein Zeichenblatt übertrugen. Besonders charakteristische ließ ich an der Wandtafel anzeichnen. Der hohe Gast begriff nichts, sondern verlangte jetzt meine schriftlichen Unterlagen. Ich entnahm meiner Aktentasche meine Vorarbeiten fürs ganze Jahr, und kaum hatte er sie gelesen, da sprang er empört auf und platzte los: 'Ich breche die Prüfung ab!'„ (Saager 1981, S. 45 f.). In dieser Szene stoßen offensichtlich zwei konträre Auffassungen des Unterrichtens zusammen: Der Vertreter des Provinzialschulkollegiums verkörpert die herkömmliche Konzeption; er orientiert sich zunächst, über den Schülerinnen und Schülern auf dem Katheder thronend, über den Zustand der Klasse mit Hilfe der Akten; dabei würde ihm ein Blick, die Beobachtung der aktiven Schülerinnen und Schüler sehr viel weiter geholfen haben. Sein Aktenstudium und ein verfestigtes Bild davon, wie Unterricht „nach den hergebrachten Gewohnheiten" (Petrat 1987, S. 305) auszusehen habe, macht ihn blind gegenüber einer Praxis von Arbeitsunterricht, wie er vor seinen Augen abläuft. Der junge Lehrer Fritz Saager praktiziert nämlich einen auf „Selbsttätigkeit" basierenden und auf Beobachtung und Vermutung im Sinne Kerschensteiners

aufbauenden (vgl. Kerschensteiner 1928, S. 48 ff.) naturwissenschaftlichen Unterricht.
Damit beweist er nicht nur Mut, sondern stellt auch die Durchsetzungsfähigkeit unter
Beweis, die im Jahr 1928 noch notwendig war, wenn reformpädagogische Konzepte von
Erziehung und Unterricht in der „normalen" Schule realisiert werden sollten. Saager be-
zahlt dieses Engagement mit einer schlechten Note („Mit 'genügend' bestanden") und
war, wie er noch fast sechzig Jahre später notiert, „um eine bittere Erfahrung reicher"
(Saager 1981, S. 47).

## 5. Stärken und Schwächen des Neuen.

Die beiden Beispiele, die ich hier – exemplarisch für viele – bis heute weitgehend unbe-
kannten und unerforschten persönlichen, nicht institutionellen Versuche, das Leben und
die Arbeit in den Schulen zu verändern, vorgestellt habe, lassen keine verallgemeinerba-
ren Schlüsse über das Ausmaß der Durchsetzung der „Reformpädagogik" an Berliner
„Normalschulen" zu. Sie verdeutlichen zum einen Forschungsdefizite (vgl. Haubfleisch
1994, S. 127), aber zum anderen können sie als Bestandteile jener „vielen kleinen Totali-
täten" (Petrat) verstanden werden, in denen es darum ging, nach dem grauenvollen 1.
Weltkrieg Lebensverhältnisse zu schaffen, in denen die Menschen „in die Nähe des anderen" (Petrat 1987, S. 348) gelangen konnten. Unter dem Aspekt dieses gesellschaftlichen
(nicht nur persönlichen) Bedürfnisses ist folgerichtig, daß in den hier vorgestellten Re-
formbeispielen nicht nur die Reform des Unterrichts praktiziert wird, sondern daß es um
„Lebensreform" (Oelkers 1989, S. 189) geht. Darum steht bei diesen Lehrerinnen und
Lehrern, die in ihrer pädagogischen Arbeit eine „Verbindung von Erkenntnis und Leben"
(Tenorth 1989, S. 113) suchen, die Veränderung der materiellen und psychischen Lebensverhältnisse, also sozialpädagogische Arbeit, gleichwertig neben der kindzentrierten
Unterrichtsarbeit. Aber es geht bei diesem Verständnis von Schulpädagogik nicht nur um
eine Veränderung der Beziehungen zwischen Lehrer/innen und Schüler/innen, die Verbesserung ihrer Lebensverhältnisse und eine Umgestaltung der Unterrichts- und Lernar-
beit, sondern – wie das Beispiel des Rektors Willy Gensch an der 3. Gemeindeschule
zeigt – als Voraussetzung dafür auch um eine Humanisierung der sozialen, psychischen
und ästhetischen Lebensverhältnisse von Kindern, Eltern und Lehrern (vgl. Schonig
1995, S. 141 f.). Das komplexe Verständnis von „Reform" und „Reformpädagogik", das
an diesen Versuchen ablesbar ist, kann als Hinweis darauf verstanden werden, daß auch
in der „normalen" Berliner Schule der Weimarer Zeit in Ansätzen die Erkenntnis des ra-

dikalen Konzeptors der Berliner Schulreform, Wilhelm Paulsen, wirksam werden konnte: „Es überkommt uns die Gewißheit unabweisbarer Notwendigkeit, daß mit dem Um- und Neubau der Schule sofort begonnen werden muß, in dem Sinne, daß eine Angleichung der Lebensreformen unserer Jugend an die der erwachsenen Gesellschaft erfolge" (Paulsen 1926, S. 106 f.). Und vielleicht hatte Paulsen mit seiner optimistischen Feststellung aus dem Jahr 1926 recht und gleichzeitig unrecht: „Die alte Schulform ist bereits durchbrochen. Es fehlt nur der einheitliche Plan und der große Gedanke, die alles innerlich zusammenfügen. Sowie das Neue, das bereits mitten unter uns ist, nach leitenden Ideen und beherrschenden Grundsätzen ausgebaut wird, ist die Entwicklung vollzogen" (Paulsen 1926, S. 109). Das „Neue" erwies sich aber als nicht stark genug gegenüber den seit dem Jahr 1933 durchgesetzten Grundsätzen einer „totalen deutschen Erziehung" (Petrat 1987, S. 380).

## Anmerkungen:

1    Den Hinweis auf die Arbeit und Schriften der Lehrerin und Schriftstellerin Tami Oelfken verdanke ich Dr. Inge Hansen-Schaberg (Berlin). Tami Oelfken, 1888 in Blumenthal/Bremen geboren und 1957 in München gestorben, unterrichtete seit 1908 in Bremen, Hellerau und Berlin (vgl. Budke, Petra/Schulze, Jutta: Schriftstellerinnen in Berlin 1871 bis 1945. Berlin 1995).

2    Vgl. z.B. die Reforminitiative in der Fortbildungsarbeit der Spandauer Lehrerschaft: *Hansen-Schaberg, Inge/Schonig, Bruno*: „Auch in der alten Schule wurde gearbeitet und in der neuen Schule muß auch gelernt werden". Das Beispiel einer selbstorganisierten reformpädagogischen Fortbildung für Lehrerinnen und Lehrer in Berlin-Spandau 1921-1929. In: Pädagogik und Schulalltag, 52 (1997), H. 2, S. 199-209.

3    Bei der hier vorgelegten Skizze, die in erheblich gekürzter Fassung unter dem Titel: „Reformfreudige Menschen" in der Zeitschrift „Neue Sammlung" (37 [1997], H. 1, S. 27-44) erschienen ist, stütze ich mich auf einige meiner früheren Veröffentlichungen zum Thema, insbesondere auf: Reformpädagogik im Prozeß Berliner Schulreform 1923 – 1933. Das Beispiel des Rektors Willy Gensch an der 3. Gemeindeschule in Berlin-Friedrichshain. In: Ambivalenzen der Pädagogik. Hrsg. v. P. Drewek u.a., Weinheim 1995. S.117-144; und: Krisenerfahrung und pädagogisches Engagement. Lebens- und berufsgeschichtliche Erfahrungen Berliner Lehrerinnen und Lehrer 1914 – 1961. Frankfurt/M. 1994. Hinweisen möchte ich auch auf meinen ersten Versuch, mich mit dem Thema dieses Aufsatzes zu beschäftigen: Berliner Reformpädagogik in der Weimarer Republik. Personen, Konzeptionen, Unterrichtsansätze. In: Schmoldt, Benno (Hrsg.): Schule in Berlin gestern und heute. Berlin 1989, S. 31-53.

4    Bei der Untersuchung der Geschichte der 3. Gemeindeschule in Berlin-Friedrichshain und den Lebensbedingungen der Kinder dieser Schule habe ich mit Prof. Christine Holzkamp (TU Berlin) und Dr. Rita Weber (Arbeitsgruppe Päd. Museum Berlin) zusammengearbeitet und ver-

danke besonders Rita Weber eine Reihe wichtiger Vorarbeiten zur Geschichte der Schule, der Biographie und Bibliographie von Willy Gensch.

5 Meine Darstellung stützt sich quellenmäßig auf die für den Zeitraum von 1839 bis 1945 geführte Chronik der 3. Berliner Gemeindeschule; zu ihrer Bedeutung vgl. Schonig 1995, S. 132

6 Gensch hat ein breites Spektrum von Publikationen zu Fragen der Schulreform, Schularchitektur und der Jugendliteratur hinterlassen, die noch eingehend untersucht werden müßten; vgl. die im Literaturverzeichnis angegebenen Texte.

7 Vgl. dazu den Artikel 11 der „Dienstanweisung": „Die Konferenz hat die Aufgabe, über alle dem Gedeihen der Schule und der Förderung der Erziehung und des Unterrichts dienlichen Maßnahmen und Einrichtungen zu beraten und zu beschließen. Sie soll die Mitglieder des Lehrkörpers zu einer vom lebendigen Gemeinschaftsgeiste durchdrungenen Arbeitsgemeinschaft zusammenschließen und die für die Gesamtarbeit notwendige Einheitlichkeit wahren, ohne indes das freie und freudige auf Selbstverantwortung und eigenes Pflichtbewußtsein gegründete Schaffen des einzelnen Lehrers zu beeinträchtigen."

8 In der Chronik wird für das Jahr 1925 eine umfangreiche Wohlfahrtsstatistik geführt. Sie verzeichnet tägliches, von der Schwiegermutter des Schulleiters gekochtes, Mittagessen für 75 Kinder; eine tägliche Frühstücksspeisung für 100 Kinder, die vom Werner-Siemens-Gymnasium in Berlin-Schöneberg unterstützt wird mit täglich 150 Paar belegter Brote; dazu Kleider und Schuhspenden, so daß in der Chronik vermerkt wird: „Die Schule kann wohl in Anspruch nehmen, mindestens 75 Kinder ein halbes Jahr lang aus eigenen Kräften erhalten zu haben" (Chronik, 1925, S. 39). Daß diese Hilfsmaßnahmen kein Einzelfall im Berliner Schulwesen waren, verdeutlicht ein Zeitungsbericht (auf den mich dankenswerter Weise Dietmar Haubfleisch hingewiesen hat) von Bertha Gerhardt, Direktorin der 1. Städtischen Studienanstalt, aus dem Jahr 1924: „Zu einem wichtigen Mittelpunkt der Schulgemeinschaft ist die gemeinsame Mahlzeit geworden. Ein erwerbsloser Vater schildert in einer Elternversammlung die Not, die ihn zwingt, sein Kind den stundenweisen Schulweg zu Fuß und mit ganz ungenügender Ernährung machen zu lassen; trotzdem ist das Kind nicht zu Hause zu halten. Größere Schülerinnen hören davon – sofort ist ein Stullenfrühstück organisiert. Warmherzige Frauen hören wieder hiervon – und schon erscheint als märchenhaftes Tischlein-deck-dich ein herrlicher Mittagstisch, der täglich 25 bis 30 junge Mädchen (auch aus Akademikerfamilien) zu Gast lädt und zu dem sich schon längst viele Zahlende gesellt haben" (Gerhardt 1924).

9 Das „Prinzip der Heimatkunde", das in den „Richtlinien" von 1923 für die Grundschule formuliert wird, versteht Gensch als auf die „Heimat" bezogen, in der seine Schülerinnen in dem Arbeiterbezirk Berlin-Friedrichshain leben, und formuliert so den städtischen sozialen „Lebenskreis" der Schülerinnen als Grundlage des „Stoffverteilungsplans" seiner Schule.

10 In den „Richtlinien" heißt es: „Das Maß der zu behandelnden Stoffe wird je nach dem Aufbau der Schule verschieden sein müssen" (Richtlinien 1924, S. 4).

11 Die eindringlichen Sozialportraits, die Gensch von einigen seiner Schülerinnen zeichnet, habe ich in meinem Gensch-Aufsatz ausführlich zitiert; vgl. Schonig 1995, S. 125.

12 Vgl. dazu die Lehrplankonzeption von Fritz Karsen: „Der Lehrplan dieser Schule kann nicht eine Sammlung von mehr oder weniger interessanten Stoffen oder Stoffkomplexen sein, die für die verschiedenen Reifestufen interessant oder wenigstens verständlich sind, von Stoffen, deren Wert als sogenanntes Kulturgut durch die verschiedensten Gesichtspunkte bestimmt wird. Dieser Lehrplan geht von Lebensgebieten aus, in die den Schülern jetzt oder später aktives Eingreifen möglich ist" (Karsen 1930, S. 112).

13    Auf diese Aspekte weist Bendele mit dem Rückgriff auf die „antiken Ideale des Schönen und Guten" in der Bildungsideologie von Wilhelm Liebknecht hin (Bendele 1979, S. 25).

14    In einer Chronikeintragung aus dem Jahr 1928 schildert Gensch ausführlich den Zustand seines Kollegiums; der jüngste Lehrer ist damals 45 Jahre alt und Gensch schreibt: „Aus diesem Alter des Kollegiums ergibt sich, daß die pädagogische Umstellung der Lehrtätigkeit an der Anstalt sich mit dem Sprichwort gedulden muß: Gut Ding will Weile haben. Es liegt auch eine sehr große Schwierigkeit darin, gegen eine 30jährige Amtsgewohnheit anzugehen. Trotzdem darf festgestellt werden, daß die allgemein menschliche Einstellung zu den Kindern erfreulich gewachsen ist. Das ist um so höher zu werten, weil der Zwang fortbesteht, bestimmte Stoffe in vorgeschriebenem Maße zu bewältigen. In vielen Klassen werden auch die persönlichen Beziehungen zu den Eltern durch besondere Veranstaltungen gepflegt" (Chronik, 1932, S. 46).

15    Daß das Kollegium der 3. Gemeindeschule auf einem als „reformpädagogisch" zu charakterisierenden Weg ist, macht ein Blick in den Katalog an Ausstattungen und Einrichtungen deutlich, den Wilhelm Paulsen als Notwendigkeit einer „ersten Umwandlung des Unterrichtsbetriebs" einer Schule bezeichnet; vgl. Paulsen 1926, S. 108 f.

16    Hingewiesen werden muß auch auf den hohen Preis, den das Kollegium, wie Gensch in der Chronik 1932 verzeichnet, für sein widersprüchliches Reformengagement zahlen muß: Auch im Jahr 1932 besteht das Kollegium „durchweg aus alten Jahrgängen"; eine Lehrerin erleidet einen Schlaganfall mitten in einer Konferenz, die ihr zu Ehren in ihrem Garten stattfindet; ein Lehrer stirbt im Alter von 43 Jahren und Gensch vermerkt als eine mögliche Ursache seines Todes das Leiden „unter den schweren Auseinandersetzungen zwischen alter und neuer Methode" (Chronik, 1932, S. 52).

17    Aus den eher statistischen Eintragungen in der Schulchronik nach dem Amtsantritt eines kommissarischen Leiters für das Jahr 1933 lassen sich vor allem NS-Schulfeiern als erste Phase der Nazifizierung der Schule feststellen: Feier zur Erinnerung an Schlageter; Versailles-Feier; 250-Jahrfeier der Befreiung von der „Türkengefahr"; Gemeinschaftsempfang der Rede des „Führers"; Feier zur „Nagelung des Hitlerjugend-Bildes"; Tag der deutschen Hausmusik; Weihnachtsfeier mit Bescherung der „armen Kinder". Außerdem wird die Teilnahme der Lehrer an der Volkszählung (Unterrichtsausfall) vermerkt; ein Besuch der „Arbeitsgemeinschaft der Junglehrer des Schulkreises" an der Schule zur Auswertung des Films „Blutendes Deutschland"; die Gründung einer Schulgruppe des „Vereins für das Deutschtum im Ausland" (V.D.A.); die Teilnahme am „Tag der Schulen" (Sportfest); die Teilnahme der Schule an einer Werbeveranstaltung für Deutsche Jugendherbergen; die Schließung der Klasse 7 wegen Scharlacherkrankung; die Pensionierung einer Lehrerin aus Altersgründen, die Versetzung einer Lehrerin und die Revision der Schule durch den Schulrat Pech. Eine Untersuchung weiterer Veränderungen, insbesondere auch in der Art und Weise des Unterrichts und der Erziehungshaltung der Lehrerschaft, ist allein auf dem Hintergrund der Chronik nicht möglich, sondern müßte – wie in den Untersuchungen von Amlung (1993) und Link (1993) sowie in dem von Lehberger herausgegebenen Band (Lehberger 1994) in ersten Ansätzen geschehen – das komplizierte Verhältnis von reformpädagogischer Praxis und nationalsozialistischer pädagogischer Ideologie und Schulpraxis für die Berliner Verhältnisse überhaupt zu differenzieren und aufzuklären versuchen. Zu den Problemen einer solchen Untersuchung vgl. Lehberger 1994, S.16 ff.

18    Vgl. zu dieser Arbeit mit alten Berliner Lehrerinnen und Lehrern die bei Schonig (1994) , S.183-186 angegebene Projektliteratur.

19    Hanno Schmitt schlägt den folgenden Katalog von „Indikatoren für reformpädagogische Einflüsse an einer Schule vor": „Schulgemeinde, Schülerselbstverwaltung, arbeitsunterrichtliche Lehr- und Lernformen, Schulgarten, Schülerwerkstätten, Gesamt- und Gruppenunterricht, Arbeitsgemeinschaft, Studientage, gegenseitige Unterrichtsbesuche von Lehrern, schülernahe Archi-

tektur, Schulfeste und Monatsfeiern, Schülerzeitungen, Schülertheater, Wandertage, Schulland-
heimaufenthalte, Auslandsstudienreisen" (Schmitt 1993, S. 22).

20 Dabei beziehe ich mich insbesondere auf die methodischen Ansätze einer Nacherzählung
biographischer Berichte, wie sie Albrecht Lehmann (1983) ausgearbeitet hat.

21 Bei einem vorsichtigen Vergleich der Erinnerungen von Lehrerinnen mit denen von Lehrern
an ihre reformpädagogischen Arbeitsversuche fällt auf, daß Lehrerinnen sich eher an neue Be-
ziehungsformen zu ihren Schülerinnen und Schülern, Lehrer eher reformpädagogische, vor allem
von Kerschensteiner angeregte andere Unterrichtsweisen erinnern (vgl. Schonig 1994, S.107;
Händle/Schonig 1996, S. 58-88).

## Literatur:

AMLUNG, ULRICH: Adolf Reichweins Alternativschulmodell Tiefensee 1933-1939. Ein
reformpädagogisches Gegenkonzept zum NS-Erziehungssystem. In: Amlung, Ul-
rich/Haubfleisch, Dietmar/Link, Jörg/Schmitt, Hanno (Hrsg.): „Die alte Schule
überwinden". Reformpädagogische Versuchsschulen zwischen Kaiserreich und
Nationalsozialismus. Frankfurt a.M. 1993, S. 268-288

Arbeitsgruppe Pädagogisches Museum (Hrsg.): Heil Hitler, Herr Lehrer. Volksschule
1933-1945. Das Beispiel Berlin. Reinbek bei Hamburg 1983

Dies. (Hrsg.): Mädchenkindheit in Friedrichshain in den zwanziger Jahren. Berlin 1993
(internes Mskr.)

BENDELE, ULRICH: Sozialdemokratische Schulpolitik im Wilhelminischen Deutschland
(1890-1914). Eine historisch-empirische Analyse. Frankfurt a.M./New York 1979

BUDKE, PETRA/SCHULZE, JUTTA: Schriftstellerinnen in Berlin 1871 bis 1945. Berlin 1995

CHRONIK DER 3. GEMEINDESCHULE BERLIN 1839 – 1945 (maschinenschriftl. Abschrift)

DIENSTANWEISUNG FÜR DIE LEHRERKONFERENZEN UND DIE SCHULLEITER AN VOLKS-
UND MITTELSCHULEN DER STADT BERLIN vom 11. Oktober 1922 (Landes-Archiv
Berlin, Rep. 01 -02, Nr. 347, Bl. 65 u B. 65 RS)

F., ELISE: Notizen zum Lebenslauf einer Berliner Lehrerin Jahrgang 1899. Berlin 1981
(Lehrerlebensgeschichten 2)

FRIEDLAENDER, SOPHIE: „...am meisten habe ich von meinen Schülern gelernt". Erinnerungen einer jüdischen Lehrerin in Berlin und im Exil. Berlin 1987
(Lehrerlebensgeschichten 8)

GENSCH, WILLY (gemeinsam mit Häußler): Grundsätze, Arbeiten und Pläne des Berliner
Ausschusses zur Bekämpfung der Schmutz- und Schundliteratur und des Unwe-
sens im Kino. Berlin 1922

DERS.: Farbe in die Schule. In: Berliner Lehrerzeitung 7 (1926), S. 146 f.

DERS.: Wohnungsgerät und Menschentum. In: Die billige und schöne Wohnung. Berlin
1929

DERS.: Die Schulen des Berliner Ostens. In: Gensch, Willy u.a. (Hrsg.): Der Berliner Osten. Berlin 1930

DERS.: Was liest unsere Jugend? Ergebnisse einer Umfrage. In: Siemering, H. u.a. (Hrsg.): Was liest unsere Jugend? Ergebnisse von Feststellungen an Schulen aller Gattungen und Erziehungsanstalten sowie bei Jugendorganisationen und Jugendlichen. Berlin 1930

DERS.: Volksbildungsarbeit im Bezirk Friedrichshain. In: Heimat-Kalender für den Bezirk Friedrichshain. Berlin 1931

GERHARDT, BERTHA: Das Ziel meiner Anstalt. In: 8-Uhr-Abendblatt. Nationalzeitung vom 15.2.1924, 2. Beiblatt

GLÄSER, JOHANNES: Vom Kinde aus. In: Ders. (Hrsg.): Vom Kinde aus. Arbeiten des Pädagogischen Ausschusses der Gesellschaft der Freunde des vaterländischen Schul- und Erziehungswesens zu Hamburg. Hamburg/Braunschweig 1920, S. 11-30

Grundschulwoche Friedrichshain. In: BERLINER LEHRERZEITUNG 8 (1927), S . 386-387

HÄNDLE, CHRISTA/SCHONIG, BRUNO: Reformpädagogik in Lebensgeschichten alter Berliner Lehrerinnen und Lehrer. In: Mut zur Reformpädagogik. Hrsg. v. Klaus Meißner. Berlin 1996, S. 59-88

HANSEN-SCHABERG, INGE/SCHONIG, BRUNO: „Auch in der alten Schule wurde gearbeitet und in der neuen Schule muß auch gelernt werden." Das Beispiel einer selbstorganisierten reformpädagogischen Fortbildung für Lehrerinnen und Lehrer in Berlin-Spandau 1921-1929. In: Pädagogik und Schulalltag 52 (1997), H. 2, S. 199-209

HAUBFLEISCH, DIETMAR: Berliner Reformpädagogik in der Weimarer Republik. Überblick, Forschungsergebnisse und -perspektiven. In: Röhrs, Hermann/Pehnke, Andreas (Hrsg.): Die Reform des Bildungswesens im Ost-West-Dialog. Frankfurt a.M. 1994, S. 117-132

JENSEN, ADOLF/LAMSZUS, WILHELM: Schul-Kaserne oder Gemeinschaftsschule. Berlin 1921 (2. Aufl. von „Poesie in Not". Hamburg 1913), S. 100-119

KARSEN, FRITZ: Sinn und Gestalt der Arbeitsschule. In: Grimme, Adolf (Hrsg.): Wesen und Wege der Schulreform. Berlin 1930

KERSCHENSTEINER, GEORG: Wesen und Wert des naturwissenschaftlichen Unterrichts. Leipzig/Berlin 1928[3]

MISCHON-VOSSELMANN, DORIS: Machtübernahme an den Schulen. In: Radde, Gerd u.a. (Hrsg.): Schulreform – Kontinuitäten und Brüche. Das Versuchsfeld Berlin-Neukölln. Opladen 1993, S. 310-326

LINK, JÖRG W.: Das Haus in der Sonne. Eine Westerwälder Dorfschule im Brennpunkt internationaler Landschulreform. In: Amlung, U. u.a. (Hrsg.): „Die alte Schule überwinden". Reformpädagogische Versuchsschulen zwischen Kaiserreich und Nationalsozialismus. Frankfurt a.M. 1993, S. 247-267

LEHMANN, ALBRECHT: Erzählstruktur und Lebenslauf. Autobiographische Untersuchungen. Frankfurt a.M./New York 1983

LEHBERGER, REINER: Weimarer Reformschulen im Nationalsozialismus. In: Ders. (Hrsg.): Weimarer Versuchs- und Reformschulen am Übergang zur NS-Zeit. Hamburg 1994, S. 8-19

NYDAHL, JENS (Hrsg.): Das Berliner Schulwesen. Berlin 1928

OELFKEN, TAMI: Grundschulversuche. In: Danziger, G./Kawerau, S. (Hrsg.): Jugendnot. Vorträge auf der IX. öffentlichen Tagung des Bundes Entschiedener Schulreformer. Leipzig 1922, S. 141-145

OELKERS, JÜRGEN: Reformpädagogik. Eine kritische Dogmengeschichte. Weinheim/München 1989

PAULSEN, WILHELM: Die Überwindung der Schule. Begründung und Darstellung der Gemeinschaftsschule. Leipzig 1926

PETRAT, GERHARDT: Schulerziehung. Ihre Sozialgeschichte in Deutschland bis 1945. München 1987

RADDE, GERD U.A. (Hrsg.): Schulreform – Kontinuitäten und Brüche. Das Versuchsfeld Berlin-Neukölln. Bd. I: 1912-1945. Opladen 1993

RICHTER, WILHELM: Berliner Schulgeschichte. Von den mittelalterlichen Anfängen bis zum Ende der Weimarer Republik. Berlin 1981

RICHTLINIEN ZUR AUFSTELLUNG VON LEHRPLÄNEN FÜR DIE GRUNDSCHULE UND DIE OBEREN JAHRGÄNGE DER VOLKSSCHULE mit dem Lehrplan für die Volksschulen der Stadt Berlin vom Jahre 1924. Berlin o.J.

SAAGER, FRITZ: Jahrgang 1899, in Briefen. Berlin 1981 (Lehrerlebensgeschichten 3)

SCHMITT, HANNO: Topographie der Reformschulen in der Weimarer Republik: Perspektiven ihrer Erforschung. In: Amlung, U. u.a. (Hrsg.): „Die alte Schule überwinden". Frankfurt a.m. 1993, S. 9-31

SCHONIG, BRUNO: Berliner Reformpädagogik in der Weimarer Republik. Personen, Konzeptionen, Unterrichtsansätze. In: Schmoldt, B. (Hrsg.): Schule in Berlin gestern und heute. Berlin 1989, S. 31- 53

DERS.: Krisenerfahrung und pädagogisches Engagement. Lebens- und berufsgeschichtliche Erfahrungen Berliner Lehrerinnen und Lehrer 1914-1961. Frankfurt a.m. 1994

DERS.: Reformpädagogik im Prozeß Berliner Schulreform 1923-1933. Das Beispiel des Rektors Willy Gensch an der 3. Gemeindeschule in Berlin-Friedrichshain. In: Drewek, Peter u.a. (Hrsg.): Ambivalenzen der Pädagogik. Zur Bildungsgeschichte der Aufklärung und des 20. Jahrhunderts. Weinheim 1995, S. 117-143

DERS.: „Reformfreudige Menschen". Zur Verbreitung reformpädagogischer Ansätze in der öffentlichen Berliner Schule in der Weimarer Republik. In: Neue Sammlung 37 (1997). H. 1, S. 27-44

TENORTH, HEINZ-ELMAR: Pädagogisches Denken. In: Langewiesche, D./Tenorth, H.-E. (Hrsg.): Handbuch der deutschen Bildungsgeschichte. Ed. V: 1918-1945. München 1989, S. 111-154

**Inge Hansen-Schaberg**

**Koedukation an Berliner Reformschulen in der Weimarer Republik**

„Bei Wanderungen und im Landheim wird aus den Kindern eine Gruppe mit familienmäßiger Arbeitsteilung: die Mädchen nähen, kehren aus, waschen ab, die Jungen holen Essen, schütteln Decken, tragen Feuerholz."[1]

Diese an archaische Zeiten erinnernde geschlechtsspezifische Arbeitsteilung wurde in der Untertertia der Aufbauschule des Kaiser-Friedrich-Realgymnasiums in Berlin-Neukölln beobachtet und dem Provinzialschulkollegium und dem preußischen Minister für Wissenschaft, Kunst und Volksbildung als Beispiel gelungener Koedukation berichtet. Daß es sich bei dem Berichterstatter um Fritz Karsen (1885-1951; vgl. Radde 1973) handelt, der die Gemeinschaftserziehung von Jungen und Mädchen propagierte und sie als einer der ersten an einer höheren öffentlichen Schule als bewußte pädagogische Maßnahme erprobte, unterstreicht die Tatsache, daß sich hinter dem Begriff der Koedukation ein durchaus problematisches Verständnis der gemeinsamen Erziehung von Mädchen und Jungen verbergen kann und fordert zur Überprüfung geschlechtsdifferenzierender Grundannahmen und der Realität koedukativer Unterrichts- und Erziehungspraxis in den 20er Jahren heraus.[2]

**Die sozialistisch orientierte Bildungspolitik und die Relevanz der Koedukation in Berliner Schulen**

Berlin spielte neben Hamburg, Bremen, Leipzig und Dresden eine Sonderrolle hinsichtlich der Ausprägung einer schulreformerischen Bildungspolitik. Nach der Gründung Groß-Berlins 1920 existierten zehn sozialistisch ausgerichtete Arbeiterbezirke und eine Stadtverordnetenversammlung, die in der Anfangszeit mehrheitlich von der SPD und USPD, dann kurzzeitig bürgerlich-liberal und schließlich von der SPD und KPD geprägt war (Richter 1981, S. 103 ff.). Für den Aufbau eines einheitlichen Schulsystems wurde das Amt eines Oberstadtschulrats geschaffen, das mit den profilierten Sozialdemokraten Wilhelm Paulsen (1921-1924) und Jens Nydahl (1926-1933) besetzt wurde. Insbesondere Paulsens „Leitsätze zum inneren und äußeren Ausbau unseres Schulwesens" (1921), nach denen alle Schulen den Charakter von Arbeits- und Lebensgemeinschaftsschulen bekommen sollten und der Schulbesuch nicht mehr vom Stand und Vermögen der Eltern abhängen sollte, erregten die konservativen Kreise. Gleichwohl konnte Paulsen die Einrichtung von Versuchsschulen erreichen. So wurden 1923 neun weltliche Volksschulen, die bereits reformpädagogisch orientiert und z.T. koedukativ gearbeitet hatten, als „Lebensgemeinschaftsschulen" deklariert. Diesen Status bekamen in den Folgejahren zwar nur noch wenige Schulen (Radde 1993, S. 93 f.), aber der Reformgedanke wurde in der Amtszeit Jens Nydahls in das allgemeine Schulwesen getragen (Nydahl 1928).

Um Bildungsreserven aus ländlichen Gebieten und Kleinstädten zu mobilisieren, wurde der Übergang nach der 7. Volksschulklasse zu den zum Abitur führenden Aufbauschulen für „geistig befähigte, physisch kerngesunde Jungen beziehungsweise Mädchen" (Radde 1973, S. 73) geschaffen. Von der Funktion sollten diese Schulen zur ländlichen Elitebildung beitragen und als „Gegengewicht zur rationalistisch geprägten Großstadtkultur wirksam werden" (ebd.). Dem Neuköllner Volksbildungsrat Kurt Löwenstein (1921-1933; vgl. Dyno Löwenstein 1976) und Fritz Karsen gelang es, diese Schulform auch in Berlin-Neukölln am Kaiser-Friedrich-Realgymnasium zu institutionalisieren[3]; sie begriffen sie – entgegen der eigentlich national-konservativen Intention – „im Sinne sozialistischer Bildungspolitik als die potentielle höhere Schule für die Masse des Volkes" (Radde 1973, S. 74). 1922 nahm die Aufbauschule unter der Leitung Fritz Karsens ihre Arbeit mit männlichen Volksschülern auf. Erst drei Jahre später wurden die ersten Schülerinnen versuchsweise zugelassen, wenn sie schon vorher koedukative Schulen besucht hatten (Erlaß vom 9.4.1925), und Ende 1928 – wurde im Gegensatz zur sonstigen preußischen Praxis – die generelle Aufnahme von Mädchen verfügt (Erlaß vom 19. 11. 1928).[4] Innerhalb weniger Jahre entwickelte Fritz Karsen einen Schulenkomplex, bestehend aus Aufbauschule, Deutscher Oberschule, Reformrealgymnasium, Arbeiter-Abiturienten-Kursen und angegliederter Volksschule, der den Charakter einer Gesamtschule hatte und 1930 den programmatischen Namen Karl-Marx-Schule bekam.

Der Besuch von Mädchen an höheren Knabenschulen wurde in Preußen erst seit 1919 und dann nur in Ausnahmefällen gewährt.[5] Die Koedukation fand eine grundsätzliche Ablehnung, obwohl in ländlichen und kleinstädtischen Volksschulen Mädchen und Jungen seit Jahrzehnten aus finanziellen Gründen gemeinsam unterrichtet worden waren und es auch weiterhin wurden. Es hat allerdings in der Zeit der Weimarer Republik mehrfach den Versuch gegeben, die Koedukation auf parlamentarischem Wege einzuführen, wie aus den Akten der Preußischen Landesversammlung bzw. des Preußischen Landtags ersichtlich wird. Schon am 29.11.1919 lag der Antrag der USPD auf die Einführung der

„Gemeinschaftserziehung der Geschlechter" (Antrag Nr. 1362) vor. Tatsächlich faßte die
Preußische Landesversammlung am 12.12.1919 den Beschluß einer weiteren Ausdehnung der Koedukation (81. Eingabenbericht, 22.9.1920). Darauf erfolgte eine lawinen-
artige Eingabe von Petitionen, in denen der massive Protest von katholischen Lehrerin-
nen-, Mütter-, Jungfrauen-, Männer- und Jünglingsverbänden gegen die Koedukation
artikuliert wurde. Zur Begründung wurde u.a. angeführt, daß die „Gemeinschaftserziehung weder unterrichtlich noch erzieherisch der Eigenart und der künftigen Le-
bensaufgaben der Mädchen gerecht zu werden vermöge", daß „sehr ernst zu nehmende
sittliche Gefahren" beständen und daß es „zu einer weitgehenden Ausschaltung und Verdrängung der Lehrerinnen führen müsse" (ebd.). Diese Eingaben wurden mit dem Hinweis auf die Zuständigkeit des Ministeriums für Wissenschaft, Kunst und Volksbildung
und mit der einstweiligen Beibehaltung der oben formulierten Ausnahmebestimmungen
zurückgewiesen (ebd.). Die USPD stellte am 18. 2. 1922 einen zweiten und letzten Antrag, die Aufnahme von Schülerinnen in die höheren Knabenschulen allgemein zuzulas-
sen, neu zu gründende höhere Schulen von vornherein auf koedukativer Grundlage einzurichten und die Koedukation im Schulwesen im weitesten Umfange zu fördern (Antrag
Nr. 2099). Zwei Tage später forderte die KPD, der Landtag solle beschließen: „Beide
Geschlechter sind gemeinschaftlich zu erziehen" (Antrag Nr. 2113). Die KPD unternahm
noch 1925, 1926 und 1931 Versuche, die gemeinsame Erziehung zu etablieren (Antrag
Nr. 1061, 3357, 6740), während es aus den Reihen der Sozialdemokratie keine weiteren
Vorstöße gab. Daraus kann zum einen der Schluß gezogen werden, daß die Separierung
der Mädchen- von der Knabenbildung allgemein befürwortet wurde, zum anderen deutet
aber die in einzelnen Bezirken Berlins vorherrschende sozialistische Bildungspolitik auch
auf eine Umgehung des parlamentarischen Weges unter Nutzung des Verwaltungsweges
und der Ausnahmebestimmungen hin.

Über das tatsächliche Ausmaß der in Berlin von 1920 bis 1933 praktizierten Koedukation
müssen in diesem Kontext die folgenden Hinweise genügen:

Von 34.812 Mädchen an höheren Lehranstalten in Berlin besuchten nur 484 Mädchen am
1.5.1931 ein öffentliches Knabengymnasium, das sind 1,3 % (Große-Lordemann 1933,
Tabelle 14, S. 77). Davon waren allein 351 Mädchen auf der Karl-Marx-Schule (Bericht
über das Schuljahr 1931/32).[6] Im Vergleich dazu erhielten in Brandenburg 23,2 % der
Mädchen an höheren Lehranstalten (von 8291 Mädchen insgesamt) ihre Bildung an Kna-

benschulen (Große-Lordemann 1933, Tabelle 14, S. 77), weil ein gleichwertiges Mädchenschulwesen wie in Berlin fehlte.

Bei den öffentlichen Mittelschulen Berlins gab es die Einrichtung von Mädchen- und Knabenklassen in einem Gebäude und nur in der Ausnahme gemischte Klassen, die aus pragmatischen und kostengünstigen Lösungen bei geringen Schülerinnen- und Schülerzahlen vor allem in den unteren Klassen eingerichtet wurden.

Die Auswertung des Berliner Lehrerverzeichnisses von 1931 hat die folgenden interessanten Befunde für den Volksschulbereich erbracht: Von den 579 Volksschulen in Berlin waren 1931 467 evangelische Regelschulen, 56 katholische Schulen, 56 weltliche Schulen (Sammelschulen), unter denen sich 12 Versuchsschulen (meist mit dem Status „Lebensgemeinschaftsschule") befanden. Von den 56 weltlichen Schulen und Versuchsschulen hatten 35 Schulen in allen Klassen die Koedukation eingeführt, und lediglich neun Schulen waren ohne gemischte Klassen. Aber auch die meisten katholischen Schulen und ca. ein Drittel der evangelischen Regel-Volksschulen hatten ebenfalls jeweils eine bis mehrere gemischte Klassen. Angesichts dieser Tatsache stellt sich die Frage, ob sich hier nach über einem Jahrzehnt sozialdemokratischer Berliner Bildungspolitik der Beginn einer allgemeinen Einführung der Koedukation in der Volksschule abzeichnet oder ob lediglich finanzielle Zwänge für die Zusammenlegung der Klassen verantwortlich waren.

**Die schulreformerische Bewegung und ihre Ideen zur Koedukation**

In Berlin erlebte die Reformpädagogik während der 20er Jahre eine Blütezeit in den Versuchsschulen (Richter 1981), die auch auf das Regelschulwesen eine ausstrahlende Wirkung hatte (Kästner 1928; Nydahl 1928; Schonig 1989; Haubfleisch 1994 und der Beitrag von Bruno Schonig in diesem Sammelband). Wie zuvor aufgezeigt, spielte der Koedukationsgedanke eine Rolle bei der Durchsetzung der Einheitsschule und der inneren Reform im Sinne von reformpädagogisch organisierten Lebens- und Arbeitsschulen. Seine untergeordnete Bedeutung wurde aber bereits auf der Reichsschulkonferenz, die 1920 in Berlin stattfand, darin sichtbar, daß die Frage der Koedukation dem 11. Ausschuß, der sich mit „Schülerfragen" befaßte, zugewiesen wurde. In der Debatte dieses Ausschusses wurden die pädagogischen Erfahrungen aus den Landerziehungsheimen thematisiert. So sprach sich Alfred Andreesen (1886-1944; vgl. Koerrenz 1992), der Leiter der Lietz-Schulen, entschieden gegen die gemeinsame Erziehung aus (Reichsschulkonferenz 1921,

S. 278 und S. 285 ff.), während Gustav Wyneken (1875-1964; vgl. Kupffer 1970), der Gründer von Wickersdorf, ebenso vehement dafür eintrat (Die Reichsschulkonferenz 1921, S. 789).[7] Gertrud Bäumer (1873-1954), ehemalige Vorsitzende des „Bundes Deutscher Frauenvereine", führendes Mitglied des „Allgemeinen Deutschen Lehrerinnenvereins" und Ministerialrätin der Abteilung für Bildung und Schule im Reichsministerium des Inneren, vertrat die Auffassung, daß Mädchen und Jungen alle die ihnen von ihrer Begabung her gemäßen Bildungsgänge besuchen können müßten und die Geschlechtertrennung aufgehoben werden müsse, „wo sie der sachlichen Differenzierung und besseren Ausgestaltung des Bildungswesens hinderlich ist" (Die Reichsschulkonferenz 1921, S. 289). Ihre Forderung, Gemeinschaftsschulen für beide Geschlechter „als Schultypus mit eigenen Erziehungswerten von dazu berufenen Pädagogen" einzurichten, wurde schließlich als Leitsatz vereinbart (ebd., S. 793), aber nur ansatzweise mit der Einrichtung von Lebensgemeinschaftsschulen und in der Karl-Marx-Schule in Berlin verwirklicht.

Gertrud Bäumer hatte schon 1913 nicht nur die Zulassung von Mädchen zu Jungenschulen angestrebt, sondern sah den gemeinsamen Unterricht als Bildungsideal: „Es ist einmal die Sehnsucht nach 'der Männer Bildung, Kunst, Weisheit und Ehre' ... Aber es ist noch ein tiefer gerichteter Wunsch: der nach einer fester begründeten Kameradschaft der Geschlechter, nach einem lebendigeren geistigen Austausch zwischen männlicher und weiblicher Wesensart auf allen Kulturgebieten" (Bäumer 1913, S. 3).[8] Sie ging also von unterschiedlichen Geschlechtscharakteren aus, die in der gemeinsamen Erziehung ihre Ergänzung finden. Für Fritz Karsen waren Wickersdorf und insbesondere die von Edith Cassirer-Geheeb (1885-1982) und Paul Geheeb (1870-1961; vgl. Schäfer 1960) gegründete Odenwaldschule sowie die Hamburger Gemeinschaftsschule in der Telemannstraße die Vorbilder, als er in seinem Büchlein „Die Schule der werdenden Gesellschaft" (1921) seine Position zur Koedukation verdeutlichte: „Aber die neue Schule als schöpferische Jugendgemeinschaft, als erzieliches Miteinanderleben, produktives Aufeinandereinwirken jugendlicher Menschen ist nicht möglich, ehe nicht die unnatürliche Trennung der Geschlechter aufgehoben und die Welt der Jugend aus zwei Hälften zur Einheit geführt wird" (ebd., S. 53). Durch zwei nicht belegte Zitate, von denen das erste von Paul Geheeb (1914) stammt, wies sich Karsen aber als Vertreter einer rigiden Geschlechterpolarisierung aus: „Ein weichlicher Knabe ist ja bei den Mädchen ebenso unbeliebt wie ein burschikoses Mädchen bei den Knaben. Darin besteht gerade das Wunderbare der gegenseitigen Beeinflussung der Geschlechter, daß der männliche Einfluß im Mädchen die gesunde Entfaltung der weiblichen Eigenart hervorlockt und umgekehrt, – die Wirkung der Koedukation auf die Eigenart der Geschlechter also keineswegs eine nivellierende, wohl aber – im Sinne körperlicher und geistiger Gesundheit – ausgleichende ist" (ebd., S. 54). Und: „Befürchtungen moralischer und sexueller Natur erwiesen sich bisher als grundlos, von Verweichlichung der Knaben und Verrohung der Mädchen kann nicht die Rede sein. Die spezifisch männlichen und weiblichen Eigenschaften treten in Erscheinung: Mütterlichkeit der Mädchen, Ritterlichkeit der Knaben. Das Mädchen näht dem Jungen die zerrissene Tasche; der Knabe wendet sich, darum bittend, vertrauensvoll an seine Nachbarin" (ebd., S. 54).

Diese Geschlechterpolarisierung, die in der Tradition der deutschen Klassik (Blochmann 1966, S. 42 ff.) und des deutschen Idealismus stand, war, von wenigen Ausnahmen abgesehen, typisch für die pädagogische Reformbewegung und die damalige bürgerliche Frauenbewegung. Sie wirkte in die sozialistische Bildungspolitik ebenso hinein wie in die reformpädagogische Praxis der Versuchsschulen und wurde ein durchgängiges Muster bei der gemeinsamen Erziehung und Unterrichtung der Jungen und Mädchen im ersten Drittel unseres Jahrhunderts. An Beispielen aus der koedukativen Praxis der Rütli-Schule in Neukölln und der 308. Schule im Wedding, die 1923 bzw. 1929 als sog. „Lebensgemeinschaftsschulen" anerkannt wurden, und der Aufbauschule am Kaiser-Friedrich-Realgymnasium in Neukölln, der späteren Karl-Marx-Schule, soll dies nachgewiesen werden.

**Beispiele koedukativer Praxis**

Der Gedanke der Gemeinschaftserziehung war zwar auf der Ebene der Konzeption entfaltet worden, aber für eine praktische Umsetzung in die Schulrealität fehlte jede Konkretisierung. Somit wurde die Koedukation in den reformpädagogisch orientierten Schulen ohne theoriebezogene Aufarbeitung durchgeführt und beruhte entweder auf geschlechterpolarisierenden Vorstellungen oder auf einer völligen Ignorierung der Tatsache, daß sich gemischte Klassen aus Mädchen und Jungen zusammensetzen. Erstere Tendenz, die ich mit dem Begriff „Heterogenität" kennzeichne, zeigt sich sowohl bei der Differenzierung in einzelnen Unterrichtsfächern (Werken, Nadelarbeit, Hauswirtschaft, Sport) als auch bei der inneren Differenzierung in den restlichen Fächern hinsichtlich der Zuschreibung geschlechtsspezifischer Fähigkeiten und Fertigkeiten. Letztere Tendenz

charakterisiere ich mit dem Begriff „Homogenität" und meine damit, daß koedukative
Erziehung und koedukativer Unterricht unausgesprochen auf männlich dominierte The-
menbereiche, Einflußsphären und gesellschaftliche Perspektiven bezogen sind.

## 1. Tendenz zur Heterogenität

Trotz des proklamierten Gemeinschaftsunterrichts galt für den Regelfall eine geschlechtsspezifische Zuweisung zu einzelnen Unterrichtsfächern: „Knaben und Mädchen werden
gemeinsam unterrichtet. Eine Trennung findet nur in den Leibesübungen auf der Oberstufe statt. Im Werkunterricht einerseits und in Nadelarbeit und Hauswirtschaft andererseits
wird von einer strengen Scheidung Abstand genommen. Der Werkunterricht ist für die
Knaben, der Nadelarbeits- und Hauswirtschaftsunterricht für die Mädchen verbindlich,
doch dürfen Mädchen an dem Knabenfach und Knaben an den Mädchenfächern teilnehmen, wenn Anlage und Neigung eine Sonderentwicklung bedingen" (Organisation und
Arbeit, S. 4). Auch über diese äußere Differenzierung hinaus wurden zwischen Mädchen
und Jungen Unterschiede gemacht, wie sich die 1926 dort eingeschulte Friedel Pottgießer erinnert: „Es gab aber keine gleiche Behandlung von Jungen und Mädchen, es ging
vielmehr nach den Kräften, die wir hatten. Wer stark war, konnte schwer tragen, wer
schwach war, nicht. Dafür hat der Schwächere etwas anderes gemacht, es ging eben nach
den Möglichkeiten und Fähigkeiten des einzelnen. Jede brachte das ein, was sie bringen
konnte ... Ein Teil der Jungs machte mit in unserem Handarbeitsunterricht, sie haben
Socken gestrickt und Murmelbeutel genäht ... Wir Mädchen haben auch Werkunterricht
mitgemacht. Die Werklehrerin – eine Tischlermeisterin – machte mit uns sowohl Holzar-
beiten als auch Buchbindearbeiten ... Kochunterricht hatten nur wir Mädchen" (Con-
radt/Heckmann-Janz 1985, S. 94 und S. 96). Auch bei kritischer Bewertung dieser ge-
schlechtsspezifischen Differenzierung muß als Besonderheit hervorgehoben werden, daß
nicht nur Mädchen am Werkunterricht teilnahmen, sondern Jungen traditionell weibliche
Fertigkeiten erlernen durften. Dabei wurden „Anlage und Neigung" als Begründung angeführt, was letztendlich darauf hindeutet, daß auch das „burschikose Mädchen" und der
„weichliche Knabe" dann eine Chance erhielten, wenn das Individuum im Zentrum der
Pädagogik stand. Die gewünschte normative Geschlechtsidentität wird allerdings deutlich, wenn auch der außerunterrichtliche Bereich hinzugezogen wird. Gerd Radde stellte
bei der Untersuchung der vom Lehrer Bruno Stephan geführten Schulbücher fest: „Wir
erfahren daraus, daß die an dieser Schule mit Hilfe eines Spendenbeitrages eingerichtete

Milch- und Mittagsküche von Müttern und Schülerinnen gemeinsam, zeitweilig auch von Schülerinnen und Schülern ganz eigenverantwortlich betrieben wurde. Die koordinierte Schulgartenarbeit von Lehrern und Schülern führte zur Bereicherung des Essens mit Gemüse und Obst, hatte zuvor einen klassenweise wechselnden Gießdienst eingerichtet und für eines der Mädchen jeweils das Amt einer 'Gartenmutter' geschaffen. Als Pendant dazu kann das ähnlich hilfreiche Amt der sogenannten 'Hausmutter' in der 'Lebensgemeinschaftsgruppe' gelten. Das hierzu gewählte oder ohnehin bereite Mädchen besserte z.b. zerrissene Kleidungsstücke aus, wenn die abgehetzten Arbeiterfrauen dazu keine Zeit mehr gefunden hatten" (Radde 1992, S. 94).

Auch in den Fächern, die gemeinsam unterrichtet wurden, zeigt sich eine innere Differenzierung. So beobachtete Friedrich Weigelt, Lehrer an der Rütli-Schule, Unterschiede: „Niemand, der je in einer reinen Knaben- oder Mädchenklasse unterrichtet hat und dann in einer gemischten Klasse lehrt, wird den Vorteil dieses letzten Unterrichts abstreiten können, der darin liegt, daß die gegenseitige Ergänzung in der besonderen Auffassung aller Gebiete zu einer ungeheuren Bereicherung, Belebung und Steigerung der ganzen geistigen Arbeit führt. In meiner Klasse gestaltete sie sich folgendermaßen: Die Jungen haben die Führung, denn sie sind in der Mehrzahl, die Realien (Naturkunde, Geschichte, Erdkunde), Mathematik und praktische Betätigung stehen im Vordergrund. Aufsätze, Zeichnungen, Dichtungen werden in der Hauptsache verstandesgemäß aufgefaßt und bearbeitet. Die Mädchen besitzen vielfach nicht die innere Verbindung dazu und ihr Interesse fehlt. Dafür ergänzen sie gerade in Musik und Dichtung die einseitige Knabenarbeit und schaffen manche genußreiche Erlebnis-Stunde" (Weigelt 1925, S. 165). Den Mädchen wird hier idealtypisch die Zuständigkeit für Gefühl, Gemüt und Genuß und eine emotionale Herangehensweise zugeschrieben, während die Jungen die intellektuelle Verarbeitung und Führung übernehmen. Auch Fritz Karsen stellte in seinen Berichten über die gemischten Aufbauklassen dementsprechende geschlechtsspezifische Unterschiede fest: Die Jungen bevorzugten schaurige Balladen bzw. revolutionäre Gedichte und die Mädchen Lyrik und „stimmungsmäßige schöne Literatur". Während die Schülerinnen eine anregende und fördernde Wirkung im Englisch-, Geschichts- und Musikunterricht ausübten, gilt umgekehrt: „Mädchen erkennen mehr die Überlegenheit der Knaben in Mathematik und den naturkundlichen Fächern an und nehmen gern ihre Hilfe in Anspruch" (Karsens Bericht, Nov. 1926). Ilse Thilo erinnert sich zudem an eine gewisse

Dominanz der Jungen im Unterricht an der Karl-Marx-Schule: „Die Mädchen waren vielleicht zum großen Prozentsatz ruhiger als die Jungen. Ich weiß noch, daß Lewinnek oft gesagt hat 'Du mußt dich auch mal ausdrücken, du bist so gut'. Die Mädchen taten sich schwerer – bis auf einzelne ...“ (K. Hoffmann 1993, S. 306).

## 2. Tendenz zur Homogenität

Bei der völligen Gleichbehandlung von Mädchen und Jungen setzten sich meist patriarchalische Strukturen durch, wie z.b. die einseitige Thematisierung männlich orientierter Inhalte. So schlug Bruno Stephan für das 7. Schuljahr das Gesamtthema „Industrie" vor: „Für Deutsch ergäbe das mannigfaltige Lese- und Lernstoffe, wie Schilderungen aus der frz. Revolution, von 1848, aus der Geschichte der Arbeiterbewegung, es ergäbe auch Schilderungen aus modernen Industriewerken, dadurch führte es in die Arbeiterdichtung. Nebenhergehen sollte das Besichtigen von Industriewerken ..." (Stephan o.J., S. 7). Im 8. Schuljahr sollte die Lage der Schule in einem Arbeiterviertel Berücksichtigung finden: „Es ergeben sich ... gewisse Forderungen und Fragen, die die Lehrerschaft solcher Viertel auf jeden Fall ihren Kindern mitgeben muß: Wohnungsreform, Bodenreform, Antialkoholismus, Sozialgesetzgebung, Umwälzung der gesellschaftlichen Verhältnisse aus dem Untertanenverhältnis zum freien Arbeitsmenschen ..." (ebd., S. 8). Diese politische und soziale Orientierung der deutsch- und gesellschaftskundlichen Themen wurde auch in den Erinnerungen von Erna Nelki erwähnt, die nach dem Besuch der Rütli-Schule 1927 auf die Aufbauschule Fritz Karsens kam: „Die Schule war koedukativ, aber es waren mehr Jungen als Mädchen in der Klasse, zu meiner Zeit war das Verhältnis 8:1. ... Unsere Klassenlehrerin machte uns mit Werken von Zola, Hauptmann, Arnold Zweig, Toller, Nexö, Tolstoi, Dostojewski, Gorki, Jack London und Upton Sinclair bekannt. Das waren alles Schriftsteller, die sich mit sozialen Problemen und Konflikten beschäftigten. In Geschichte haben wir nicht die Geschichte der Könige, sondern die Kämpfe unterdrückter Gesellschaftsschichten behandelt" (Nelki 1991, S. 33 f.). Im Zentrum der Lektüre des Oberstufen-Deutsch- und Geschichtsunterrichts standen also sozialkritische Themen sowie die Arbeiterbewegung und -dichtung, was angesichts der überwiegenden Herkunft der Schülerinnen und Schüler aus Arbeiterfamilien durchaus seine Berechtigung haben könnte, wenn gleichzeitig auch die gesellschaftliche Situation und Erwerbstätigkeit von Frauen behandelt worden wäre. Die Unterdrückung der Frau wurde jedoch kaum thematisiert. Eine Durchsicht der Schulhefte Friedel Pottgießers aus den Jahren von 1928 bis 1934 an der 308. Schule bestätigte diese Vermutung. Wenn überhaupt, wurde im Unterricht die männlich orientierte Arbeitswelt thematisiert, z.b. Berufsbeschreibungen zum Zimmermann, zum Architekten, zum Feuerwehrmann, Nachrichten über ein Bergwerks- und ein U-Bootsunglück, aber auch die Schilderung eines Stierkampfes. Im Rahmen der Vorbereitung einer Fahrt in die Sächsische Schweiz – auf der die Jungen übrigens Bindfaden, die Mädchen Nähzeug mitbringen sollten – wurde die Arbeit im Sandsteinbruch, nämlich die des Bruchmeisters, des Hohlmachers, des Steinhackers und des Steinhauers, sowie die sog. „Steinbrecherkrankheit", die „Staublunge", behandelt. In dem Bericht Friedel Pottgießers über das Sommerfest der Schule im Jahr 1930, das unter dem Motto „Es war einmal" stand, werden die Kostüme und Darbietungen zu den Themen „Germanen", „Seefahrer und Indianer des Columbus", „Rattenfänger von Hameln", „Schützen-Verein" und „Landsknechte und Kriegsvolk (30jähriger Krieg)" erwähnt. Die Studienarbeit mit dem Titel „Frauenberufe", die, angeregt durch den Lehrer Weigelt, von der Rütli-Schülerin Hilde Beckmann angefertigt wurde, darf somit als eine Ausnahme darstellt werden (vgl. V. Hoffmann, o.J., S. 170 f.). Die Schülerin schrieb über Frauenarbeit in der Industrie und im Handwerk, über Heimarbeit, über Akrobatinnen und Ärztinnen und über das Recht der Frau nach der Revolution. Allerdings betonte sie trotzdem: „Aber der beste und schönste Beruf der Frau ist wohl immer der, Gattin und Mutter zu sein."[9]

Während in den bisherigen Beispielen eine Dominanz in der Berücksichtigung sachbezogener Interessen der Jungen festzustellen war, beschrieb der Schulrat Max Kreuziger eine in diesem Kontext außergewöhnliche Unterrichtsstunde des Schulamtsbewerbers Willi Maaß in einer Anfangsklasse der 308. Schule: „Die Kinder haben Puppen mitgebracht. Singen eines Puppenliedes. Wir erzählen unserer Puppe, was wir in der Schule arbeiten. Wir rechnen, was Puppen kosten. Freies Unterrichtsgespräch: Wenn ich groß bin. Die Tatsachen eigenen Erlebens (Arbeitslosigkeit, Hunger, Kostgeld des großen Bruders, Verdienstmöglichkeiten) spielen eine große Rolle" (Besichtigung der 308. Volksschule, S. 5). Unter dem Aspekt der Öffnung angeblich weiblicher Spiel- und Arbeitsbereiche für beide Geschlechter ist auch der Kindergarten an dieser Schule interessant. Er wurde eingerichtet, weil Fehlzeiten von Schülerinnen und Schülern damit entschuldigt wurden, daß sie kleine Geschwister beaufsichtigen müßten (Organisation und Arbeit ..., S. 8). Friedel Pottgießer erinnerte sich: „1931 kam ein neues Amt hinzu. Im Mittelraum unserer Baracke wurde ein Kindergarten für kleinere Geschwister eingerichtet, die wir Schülerinnen und Schüler – meist ein Junge und ein Mädchen gemeinsam – abwechselnd betreuten. Die Woche, die wir dadurch im Unterricht fehlten, mußten wir irgendwie aufholen" (Conradt/Heckmann-Janz 1985, S. 93).

**Bewertung und aktuelle Bedeutung**

Bezeichnenderweise beurteilen die von mir befragten Zeitzeuginnen [10] es überhaupt nicht als Mangel, daß die gesellschaftliche Situation und Erwerbstätigkeit von Frauen im Unterricht kaum Berücksichtigung fanden. Die Gründe dafür liegen sicher darin, daß diese Schulen für Mädchen und Jungen eine ungeheure Chance darstellten, bislang vorenthaltene Bildungsinhalte und Schulabschlüsse zu erwerben und sich zu selbständigen Persönlichkeiten und zu mündigen Staatsbürgerinnen und Staatsbürgern zu entwickeln. Auf der Ebene der praktischen Pädagogik war durch die Arbeitsformen die Chance gegeben, den Widerspruch zwischen der Orientierung am Geschlechtscharaktermodell und dem politischen Anspruch einer einheitlichen Bildung für alle aufzuheben. Durch den selbsttätigen Umgang mit verschiedensten Materialien, die selbständige Erarbeitung von Themen des eigenen Interesses, die Arbeit in kleinen und großen Gruppen und die Diskussion bestand für die Mädchen auch bei Dominanz patriarchalischer Strukturen die Möglichkeit, sich mit den Inhalten zu identifizieren bzw. Nischen zu finden. Die Gemeinschaftspädagogik ließ die Integration im Sinne einer Sammlung zur Einheit als auch Differenzierung und Förderung von individueller Vielfalt wirksam werden, entfesselte die Produktivität des Kindes und beabsichtigte die Einübung solidarischen Helfens und sozialen Verhaltens (vgl. Radde 1993, S. 94 ff.). Insofern hatte Karsen recht mit der Feststellung: „Die neue Schule, die nicht von vorgefaßten Begriffen ausgeht, sondern nur dem Leben, das sich entfalten will, zu Hilfe kommt, hilft – nicht der Frau, sondern – jedem einzelnen Mädchen zum Ausdruck ihrer menschheitlichen Kraft in der Gemeinschaftserziehung" (Die Reichsschulkonferenz 1921, S. 107). Darüber hinaus muß auf die Bedeutung einzelner Lehrerinnen und Lehrer hingewiesen werden, die durch ihre Persönlichkeit und ihr pädagogisch-politisches Engagement Vorbilder waren und eine prägende Wirkung hatten.

Die schulische Praxis der reformpädagogisch organisierten Schulen könnte also uneingeschränkt Vorbild für heutige Schulversuche sein, wenn sog. weibliche bzw. männliche Anteile bei Jungen bzw. Mädchen gefördert und eine Emanzipation von der jeweiligen „wesensmäßigen Bestimmung" angestrebt worden wäre. Lydia Stöcker (1877-1942; vgl.

Hansen-Schaberg 1995 a, b) nahm in der zeitgenössischen Diskussion über die Koedukation eine Minderheitenposition ein, indem sie sich auf Freuds Erkenntnisse von der Bipolarität und Bisexualität des Menschen berief und den Mädchen und Jungen gegengeschlechtliche Wesensmerkmale zugestand und in der Gemeinschaftserziehung sogar eine Parteilichkeit für die Mädchen forderte: „Für die Frau aber gilt noch besonders, daß in dem heranwachsenden Mädchen ein Gefühl von Stolz, von Selbstachtung, von Würde erzeugt werde, das niemals zu hoch sein kann. Das war ja gerade der Fluch unserer alten Erziehung, daß, während man im Knaben männliches (nicht persönliches) Selbstbewußtsein züchtete bis zur Brutalität, man das Mädchen als Mensch duckte und immer mehr duckte, und so gewaltsam jene Minderwertigkeitsgefühle heraufbeschwor ..." (Stöcker 1922, S. 442).

Die damals und noch bis in die jüngste Vergangenheit praktizierte Koedukation hatte jedoch nicht nur die Reproduktion der Geschlechterpolarität zur Folge, sondern auch eine Anpassung der Mädchen an männliche Normen. Damit ging einher, die kognitive Entwicklung der Mädchen als defizitär zu beschreiben und auf dieser Basis eine gezielte Mädchenförderung zu begründen.[11] Erst durch die feministische Schulforschung und die erneut initiierte Koedukationsdebatte (z.B. Pfister 1988; Faulstich-Wieland 1991; Glumpler 1994) werden Ansätze deutlich, tradierte Vorstellungen aufzubrechen und zur Identitätsfindung der Mädchen und der Jungen beizutragen. Nun muß es auch darum gehen, das Verhältnis der Reformpädagogik zur Mädchenbildung und Koedukation historisch aufzuarbeiten, nicht um die Reformbewegung zu diskreditieren, wohl aber um auf die Versäumnisse der bisherigen Rezeption hinsichtlich der Geschlechterproblematik aufmerksam zu machen.


**Anmerkungen:**


1    Karsen: Bericht vom 19.11.1927 (Bundesarchiv Berlin).

2    Es handelt sich um Ergebnisse aus meinem DFG-Forschungsprojekt zum Thema „Die Realisierung des Koedukationsgedankens in ausgewählten staatlichen Reformschulen der Weimarer Republik", das inzwischen als Habilitationsschrift (Hansen-Schaberg 1997) mit einem Jahresstipendium des Förderprogramms Frauenforschung des Senats von Berlin abgeschlossen werden konnte.

3   Weitere Aufbauschulen in Berlin 1930: für Knaben am Lessing-Gymnasium im Wedding und am Köllnischen Gymnasium und der Kämpfschule, für Mädchen die Aufbauschule Friedrichshain und die Käthe-Kollwitz-Schule in Neukölln (Führer durch das deutsche Bildungswesen: Berlin, 1930).

4   Schon nach drei Jahren waren 351 Mädchen neben 842 Jungen an der Karl-Marx-Schule (Jahresbericht über das Schuljahr 1931/32).

5   Anna Siemsen nannte 1920 diese Ausnahmebestimmungen: „Preußen läßt nach einer Erklärung des Ministers vom 3. Juni 1919 jetzt Mädchen zu Knabenanstalten zu. Aber unter Einschränkung. 1. Da wo Lyzeen oder voll entwickelte höhere Mädchenschulen vorhanden sind, haben die Mädchen erst diese durchzumachen, ehe sie in eine ihrer Vorbildung entsprechende Knabenschule eintreten. 2. Studienanstalten und Oberlyzeen erschließen den Mädchen den Zugang zur Universität. Wo diese vorhanden sind und solange sie noch Platz haben, werden die Mädchen an diese verwiesen. 3. Da jedoch, wo keine höheren Lehranstalten für die weibliche Jugend zur Verfügung stehen, kann der Zutritt geistig und körperlich geeigneter Mädchen in Klassen der höheren Knabenschulen eröffnet werden. 4. Auch zum Besuch der dem Ministerium für Handel und Gewerbe unterstehenden Fachschulen werden Mädchen zugelassen, wenn sie den Aufnahmebedingungen entsprechen, insbesondere die vorgeschriebene praktische Tätigkeit nachzuweisen vermögen. Die Erklärung hält aber an dem Grundsatz fest, daß für die Mädchen in erster Linie die für das weibliche Geschlecht bestehenden Bildungsanstalten in Frage kommen, deren Lehrpläne und Einrichtungen auf den körperlichen und geistigen Entwicklungsgang der Mädchen besondere Rücksicht nehmen" (Siemsen 1920, S. 48).

6   Auf der Schulfarm Scharfenberg waren Mädchen nicht zugelassen (Haubfleisch 1993, S. 76), allerdings zeigte der Schulleiter Wilhelm Blume sich offen für die Aufnahme von Mädchen, wenn eine Unterstufe ab dem neunten Lebensjahr aufgebaut werden könnte (Nydahl 1928, S. 160).

7   Zum Umgang der pädagogischen Reformbewegung mit der Koedukation s. Hansen-Schaberg 1996.

8   Sie bezog sich dabei auf Friedrich Schleiermachers „10 Gebote" (Schleiermacher 1798 in: Dauzenroth 1964, S. 104) und auf Johann Gottlieb Fichtes „Erziehungsstaat" (Fichte 1808): „Die kleinere Gesellschaft, in der sie zu Menschen gebildet werden, muß ebenso wie die größere, in die sie einst als vollendete Menschen eintreten sollen, aus einer Vereinigung beider Geschlechter bestehen; beide müssen erst gegenseitig ineinander die gemeinsame Menschheit anerkennen und lieben lernen und Freunde haben und Freundinnen, ehe sich ihre Aufmerksamkeit auf den Geschlechtsunterschied richtet und sie Gatten und Gattinnen werden. Auch muß das Verhältnis der beiden Geschlechter zueinander im ganzen – starkmütiger Schutz von der einen, liebevoller Beistand von der anderen Seite – in der Erziehungsanstalt dargestellt und in den Zöglingen gebildet werden" (zit. n. Bäumer 1913, S. 2).

9   In einem selbstverfaßten Gedicht zum Abschluß ihrer Studienarbeit unterstreicht sie dies noch einmal nachdrücklich: „Zur Frauenberufsausstellung am Zoo. / Ich bin durch viele Säle spaziert / und habe mir vieles schönes notiert, / was der Frauenberuf geschaffen hat, / von all dem Sehen ward ich matt. / Ich ging hinaus auf den Treppenflur. / Ich sehnte mich nach ein wenig Natur. / Wißt Ihr, was ich da draußen sah? / Mit ihrem Baby eine junge Mama. Sie hielt ihr Kindelein in seliger Lust, / an die treue, nährende Mutterbrust. / Lang blieb ich vor Entzücken stehn. / Das war das Schönste was ich dort gesehn" (Hilde Beckmann, Klasse 2 = 8./9. Klasse, o.J.).

10   Z.B. in 1993/94 von mir geführten Gesprächen mit den ehemaligen Schülerinnen Ilse Thilo, Nadja Bunke, Friedel Pottgießer und den Lehrerinnen Marion Löffler und Lotte Zier.

11  Zu den verschiedenen Ansätzen der Mädchenförderung s. Kahlert, Heike/Müller-Balhorn, Sigrid (1994), insbes. S. 69 ff.

**Unveröffentlichte Quellen:**

Bundesarchiv Berlin:
  REM 4696
  Fritz Karsen: Berichte über die gemischten Aufbauklassen vom November 1925, 1926, 1927
  Erlaß des Kultusministers v. 9.4.1925: Aufnahme von Mädchen nach bereits erfolgtem koedukativem Unterricht
  REM 4731
  Erlaß des Kultusministers v. 19.11.1928: Aufhebung der einschränkenden Bestimmungen für Mädchen

Archiv des Berliner Instituts für Lehrerfort- und -weiterbildung und Schulentwicklung (BIL) Berlin: Jahresbericht der Karl-Marx-Schule in Berlin-Neukölln 1931/32

Geheimes Preußisches Staatsarchiv, Berlin:
  I. Rep. 169 D xd A6: Akten über die Gemeinschaftserziehung. Koedukation. Unterlagen der Preußischen Landesversammlung/des preußischen Landtags

Privatbesitz Nele Güntheroth, Berlin:
  Besichtigung der 308. Volksschule, vollzogen durch Schulrat Max Kreuziger im Jan./Feb. 1931 (Abschrift)
  Organisation und Arbeit der 308. Volkschule in Berlin o.J.
  Stephan, Bruno: Arbeitsplan der 308. Schule. Berlin-Wedding, o.J.

Privatbesitz Volker Hoffmann, Berlin: Studienarbeit „Frauenberufe" von Hilde Beckmann

Privatbesitz Friedel Pottgießer, Berlin: Schulhefte aus den Jahren von 1928 bis 1934

**Gedruckte Quellen:**

BÄUMER, GERTRUD: Der gemeinsame Unterricht der Geschlechter. Leipzig 1913

CONRADT, SYLVIA/HECKMANN-JANZ, KIRSTEN: „... du heiratest ja doch!" 80 Jahre Schulgeschichte von Frauen. Frankfurt a.M. 1985

DIE REICHSSCHULKONFERENZ 1920. Ihre Vorgeschichte und Vorbereitung und ihre Verhandlungen. Amtlicher Bericht, erstattet vom Reichsministerium des Innern. Leipzig 1921

FÜHRER DURCH DAS DEUTSCHE BILDUNGSWESEN: BERLIN, hrsg. v. Zentralinstitut für Erziehung und Unterricht. Berlin/Leipzig 1930

GEHEEB, PAUL: Koedukation als Lebensanschauung (1914). In: Mitarbeiterkreis der Odenwaldschule (Hrsg.): Erziehung zur Humanität – Paul Geheeb zum 90. Geburtstag. Heidelberg 1960, S. 116-127

GROßE-LORDEMANN, BERNHARD: Die Koedukation im Lichte der Statistik. In: Schröteler, Josef (Hrsg.): Geschlechtertrennung oder Geschlechtermischung. Beiträge zum Koedukationsproblem. Düsseldorf 1933, S. 53-93

KAESTNER, PAUL: Die Volksschule im Aufbau des deutschen Bildungswesens. In: „Die neuzeitliche deutsche Volksschule". Bericht über den Kongreß Berlin 1928. Berlin 1928, S. 38-52

KARSEN, FRITZ: Die Schule der werdenden Gesellschaft. Berlin 1921
DERS. (Hrsg.): Die neuen Schulen in Deutschland. Langensalza 1924

Lehrerverzeichnis der Stadtgemeinde Berlin: Berliner Lehrerverzeichnis, hrsg. v. Lehrerverband Berlin, Jg. 80 (1931)

NELKI, ERNA: Autobiographie eines Arbeitermädchens. In: Erna und Wolfgang Nelki: Geschichten aus dem Umbruch der deutschen Geschichte zwischen Assimilation und Asyl. Hannover 1991, S. 31-44

NYDAHL, JENS (Hrsg.): Das Berliner Schulwesen. Berlin 1928

PAULSEN, WILHELM: Leitsätze zum inneren und äußeren Ausbau unseres Schulwesens. Berlin 1921. In: Karsen 1924, S. 162-164

SCHLEIERMACHER, FRIEDRICH: Katechismus der Vernunft für edle Frauen (1798). In: Dauzenroth, Erich (Hrsg.): Frauenbewegung und Frauenbildung. Aus den Schriften von Helene Lange, Gertrud Bäumer, Elisabeth Gnauck-Kühne. Bad Heilbrunn 1964, S. 104

SIEMSEN, ANNA: Die gemeinsame Erziehung der Geschlechter. In: Die deutsche Schulreform. Ein Handbuch für die Reichsschulkonferenz, hrsg. v. Zentralinstitut für Erziehung und Unterricht Berlin. Leipzig 1920, S. 48-56

STÖCKER, LYDIA: Über gemeinsame Erziehung. In: Epstein, Max (Hrsg.): Die Erziehung im schulpflichtigen Alter nach der Grundschule. Karlsruhe 1922, S. 436-444

WEIGELT, FRIEDRICH: Gemeinsame Erziehung von Knaben und Mädchen. Aus den Erfahrungen einer Gemeinschaftsschule. In: Lebensgemeinschaftsschule 1925, S. 161-167

## Literatur:

BLOCHMANN, ELISABETH: Das „Frauenzimmer" und die „Gelehrsamkeit". Eine Studie über die Anfänge des Mädchenschulwesens in Deutschland. Heidelberg 1966

EBERT, NELE: Zur Entwicklung der Volksschule in Berlin in den Jahren 1920 – 1933 unter besonderer Berücksichtigung der Weltlichen Schulen und der Lebensgemeinschaftsschulen. Diss. Humboldt-Universität Berlin 1990

FAULSTICH-WIELAND, HANNELORE: Koedukation – enttäuschte Hoffnungen? Darmstadt 1991

GLUMPLER, EDITH (Hrsg.): Koedukation. Entwicklungen und Perspektiven. Bad Heilbrunn 1994

HANSEN-SCHABERG, INGE: Zur koedukativen Praxis in Berliner Reformschulen der 20er Jahre (Weimarer Republik). Typoskript, International Standing Conference for the History of Education (ISCHE), Amsterdam, 13. 8. 1994

DIES.: Lydia Stöcker. Einführungstext. In: Kleinau, Elke/Mayer, Christine (Hrsg.): Erziehung und Bildung des weiblichen Geschlechts. Quellenedition zur Geschichte der Mädchenbildung. Deutscher Studienverlag 1995 (1995a), S. 177 f.

DIES.: Die Pädagogin Lydia Stöcker (1877-1942) und ihr Beitrag zur Mädchenbildung und Koedukation in der Weimarer Republik. In: Mitteilungen & Materialien 43/1995 (1995b), S. 34-63

DIES.: Die pädagogische Reformbewegung und ihr Umgang mit der Koedukation. In: Kleinau, Elke/Opitz, Claudia (Hrsg.): Geschichte der Mädchen- und Frauenbildung in Deutschland, Bd. 2. Frankfurt a.M. 1996, S. 219-229

DIES.: Koedukation und Reformpädagogik. Untersuchung zur Unterrichts- und Erziehungsrealität in Berliner Versuchsschulen der Weimarer Republik. Habil. Schrift. Berlin 1997

HAUBFLEISCH, DIETMAR: Schulfarm Insel Scharfenberg. Reformpädagogische Versuchsschularbeit im Berlin der Weimarer Republik. In: Amlung, Ullrich u.a. (Hrsg.): „Die alte Schule überwinden" – Reformpädagogische Versuchsschulen zwischen Kaiserreich und Nationalsozialismus. Frankfurt a.M. 1993, S. 65-88

DERS.: Berliner Reformpädagogik in der Weimarer Republik. Überblick, Forschungsergebnisse und -perspektiven. In: Röhrs, Hermann / Pehnke, Andreas (Hrsg.): Die Reform des Bildungswesens im Ost-West-Dialog: Geschichten, Aufgaben, Probleme. Frankfurt a.M./Berlin/Bern/New York/Paris/Wien 1994, S. 117-132

HAUSEN, KARIN: Die Polarisierung der „Geschlechtscharaktere"- eine Spiegelung der Dissoziation von Erwerbs- und Familienleben. In: Conze, Werner (Hrsg.): Sozialgeschichte der Familie in der Neuzeit Europas. Stuttgart 1976, S. 363-393

HOFFMANN, KAREN: Die natürlichste Sache der Welt? Erfahrungen mit der Koedukation. In: Radde, Gerd u.a. (Hrsg.): Schulreform. Kontinuitäten und Brüche. Das Versuchsfeld Berlin-Neukölln 1912-1945. Opladen 1993, S. 299-309

HOFFMANN, VOLKER: Die Rütli-Schule – zwischen Schulreform und Schulkampf (1908-1950/51). Berlin o. J. (Selbstverlag)

KAHLERT, HEIKE/MÜLLER-BALHORN, SIGRID: Mädchenförderung (nicht nur) in Naturwissenschaften und Technik. In: Glumpler 1994, S. 61-85

KOERRENZ, RALF: Landerziehungsheime in der Weimarer Republik. Alfred Andreesens Funktionsbestimmung der Hermann-Lietz-Schulen im Kontext der Jahre von 1919 bis 1933. Frankfurt a.M./Paris/Bern/New York 1992

KUPFFER, HEINRICH: Gustav Wyneken 1875-1964. Stuttgart 1970

LÖWENSTEIN, DYNO: Kurt Löwenstein. Eine biographische Skizze. In: Löwenstein, Kurt: Sozialismus und Erziehung. Eine Auswahl aus den Schriften 1919-1933, neu hrsg. v. Ferdinand Brandecker und Hildegard Feidel-Mertz. Berlin/Bonn-Bad Godesberg 1976, S. 364-377

PFISTER, GERTRUD (Hrsg.): Zurück zur Mädchenschule? Beiträge zur Koedukation. Pfaffenweiler 1988

RADDE, GERD: Fritz Karsen. Ein Berliner Schulreformer der Weimarer Zeit. Berlin 1973

Ders.: Ansätze eines Kursunterrichts an Berliner Lebensgemeinschaftsschulen während der Weimarer Zeit. In: Keim, Wolfgang (Hrsg.): Kursunterricht – Begründungen, Modelle, Erfahrungen. Darmstadt 1987, S. 177-193

DERS.: Schulreform in Berlin am Beispiel der Lebensgemeinschaftsschulen. In: Beller, E. Kuno (Hrsg): Berlin und pädagogische Reformen. Berlin 1992, S. 83-101

DERS.: Schulreform in Berlin am Beispiel der Lebensgemeinschaftsschulen. In: Amlung, Ullrich u.a. (Hrsg.): „Die alte Schule überwinden" – Reformpädagogische Versuchsschulen zwischen Kaiserreich und Nationalsozialismus. Frankfurt a.m. 1993, S. 89-106

DERS. U.A. (Hrsg.): Schulreform. Kontinuitäten und Brüche. Das Versuchsfeld Berlin-Neukölln, Bd. 1: 1912-1945. Opladen 1993

RICHTER, WILHELM: Berliner Schulgeschichte. Von den mittelalterlichen Anfängen bis zum Ende der Weimarer Republik. Berlin 1981

SCHÄFER, WALTER: Paul Geheeb – Mensch und Erzieher. Stuttgart 1960

SCHONIG, BRUNO: Berliner Reformpädagogik in der Weimarer Republik. Personen – Konzeptionen – Unterrichtsansätze. In: Schmoldt, Benno (Hrsg): Schule in Berlin gestern und heute. Berlin 1989, S. 31-53

Herbert Bath

# Zur Organisation von Schulaufsicht und Schulverwaltung in Groß-Berlin und seinen Verwaltungsbezirken vor 1945[1]

Obwohl Berlin im Verlaufe des 19. Jahrhunderts zur ersten deutschen Millionenstadt angewachsen war, verwandelten sich die Verwaltungsstrukturen der Metropole nur in geringem Maße. Dies geschah erst in der Anfangsphase der Weimarer Republik. Aus Berlin wurde 1920 durch umfassende Eingemeindungen die „neue Stadtgemeinde Berlin", in der Umgangssprache, aber auch von Behörden „Groß-Berlin" genannt. Sie war in zwanzig Verwaltungsbezirke eingeteilt, von denen sechs zum alten Berlin, der Innenstadt, gehörten und vierzehn weitere durch Eingemeindungen entstanden, darunter vormalige Großstädte mit erheblichem Eigengewicht.

Die Gründung Groß-Berlins war keineswegs ein euphorischer Akt, sondern nach langjährigem Bemühen eher eine politische „Zangengeburt". Als das „Gesetz über die Bildung einer neuen Stadtgemeinde Berlin (BlnG)" am 27.04.1920 in der preußischen Landesversammlung verabschiedet wurde, stimmten 164 Abgeordnete dafür und 143 dagegen.[2] Die Gründe für die Meinungsunterschiede waren in erster Linie politischer Natur und lagen in der sozialen Struktur begründet: Während das alte Berlin (und die neuen Bezirke im Osten) überwiegend durch ein Arbeitermilieu geprägt waren, hatten die westlichen Vororte bürgerlichen Charakter.[3] Hinzu kamen allerdings auch mentale Widerstände gegen eine Eingemeindung, da die neuen Stadtteile auch wegen ihres Wohlstandes ein entsprechendes Selbstbewußtsein ausgeprägt hatten. Die neue Stadtgemeinde konnte daher überhaupt nur entstehen, wenn weitgehend Rücksicht auf Vorgaben der neuen Bezirke genommen wurde. Schon durch ihre Existenz waren die Bezirke ein Gegenstück zu den zentralen Gemeindekörperschaften, andererseits bestand jedoch kein Zweifel an der zentralistischen Vorherrschaft von Magistrat und Stadtverordnetenversammlung, daher wurde von Beginn an auf einen engeren Zusammenhalt des alten Berlins mit seinen sechs Bezirken hingearbeitet. Die Art der städtischen Verwaltung, die 1920 entstand, konnte vor diesem Hintergrund nur eine komplizierte sein, die sich dem Betrachter nicht ohne weiteres erschloß. Das gilt auch und gerade für die Schulverwaltung, bei der es nicht nur um das Zusammenwirken städtischer und bezirklicher Organe in den kommunalen Aufgaben ging, sondern auch um eine Neuregelung der Zusammenarbeit mit den staatlichen Schulaufsichtsbehörden, deren bisherige Zuständigkeiten für das neue Groß-Berlin nicht zugeschnitten waren.

Die Komplexität des Vorgangs wie die daraus entstandenen Verwaltungsstrukturen mögen ein Grund dafür sein, daß in neueren Arbeiten zur Berliner Schulgeschichte der Weimarer Zeit die Dimension der Kompetenzen von Schulaufsicht und Schulverwaltung unterbelichtet bleibt.[4] Infolgedessen kann man sich heute von den damals herrschenden Verhältnissen nur schwer ein zutreffendes Bild machen. Vor allem ist es nicht leicht, das relativ komplizierte Gefüge in angemessener Kürze vorzustellen. In vielen Darstellungen tritt zudem die Neigung auf, allzu vorschnell Verhältnisse von damals und heute gleichzusetzen, eine Herangehensweise, die gerade in Konfliktsituationen immer wieder anzutreffen ist. Hinzu kommt, daß die neue, durch das BlnG geschaffene Rechtslage erst nach und nach verwirklicht wurde, wobei sich zeigte, daß wichtige Punkte nur ungenau geregelt waren, und darüber die beteiligten Seiten Ansatzpunkte fanden, um ihre Kompetenzen zu erweitern. Ein beteiligter fachkundiger Zeitgenosse bezeichnete die damaligen Verhältnisse als einen „latenten Schwebezustand".[5] Schließlich muß gesehen werden, daß das neue System der Stadtverwaltung und der hier behandelten Schulverwaltung nur zwölf Jahre bis zur Machtübernahme des Nationalsozialismus andauerte, also einen episodischen Charakter besaß. Zwar änderten sich die Zuständigkeiten für Schulaufsicht und Schulverwaltung in der NS-Zeit pro forma nicht, aber wegen des nun angewandten Führerprinzips wurde die Schule in allen entscheidenden Angelegenheiten anders geleitet, hierbei fristeten die Bezirksvertretungen wie auf anderen Gebieten nur noch ein Schattendasein.

**Kompetenzfragen**

Für die höheren Schulen änderte sich durch die Gründung Groß-Berlins nichts, sie unterstanden weiterhin dem Provinzialschulkollegium Berlin-Brandenburg (PSK), das seinen Sitz nunmehr in der ehemaligen Hauptkadettenanstalt Lichterfelde hatte und sowohl die Schulaufsicht als auch die Personalangelegenheiten regelte. Auch für die Lehrer an Volks-, Mittel- und Sonderschulen des *alten* Berlin war das PSK zuständig, was sich aus dem Fehlen eines Regierungspräsidenten in Berlin erklärt; normalerweise unterstanden in den preußischen Provinzen diese Lehrergruppen den Regierungspräsidenten als Dienstbehörden. Zu regeln war die Zuständigkeit für die Volks-, Mittel- und Sonderschulen der *neuen* Verwaltungsbezirke und diejenige für die Berufs- und Fachschulen in ganz Berlin.

Probleme entstanden durch die Zusammenarbeit der Schulaufsicht mit den einzelnen Verwaltungsbezirken, die quasi-kommunale Verwaltungseinheiten sui generis waren, ebenso auf seiten der Stadtgemeinde Berlins durch Kompetenzstreitigkeiten zwischen den *zentralen* Gemeindeinstanzen und den Verwaltungsorganen der *Bezirke*. Letztere sollten einerseits möglichst viel Spielraum für die Regelung kommunaler Verwaltungs-, einschließlich Schulverwaltungsaufgaben entsprechend den örtlichen Bedingungen erhalten, andererseits sollte jedoch den Gemeindekörperschaften Berlins die Zuständigkeit für grundsätzliche Fragen vorbehalten bleiben, zumindest dort, wo es Probleme von überbezirklicher Bedeutung waren. Hinzu kam, daß Berlin großes Interesse daran hatte, seine bisherige städtische Entwicklung auf dem Gebiet des Schulwesens kontinuierlich fortzusetzen und zu diesem Zweck die Verwaltung für die sechs Innenstadtbezirke (Mitte, Tiergarten, Wedding, Prenzlauer Berg, Friedrichshain und Kreuzberg) einheitlich zu gestalten, womit im übrigen von vornherein an ein Ungleichgewicht zwischen den alten und neuen Bezirken gedacht war.

**Lösungen**

Die grundsätzliche Regelung der Organisation von Schulaufsicht und Schulverwaltung erfolgte durch das erwähnte Berlingesetz vom 27.04.1920, das am 01.10.1920 in Kraft trat. Die Schulaufsicht über die Volks-, Mittel- und Sonderschulen wurde dem PSK übertragen, das dafür eine Abteilung II erhielt, die Zuständigkeit über die Berufs- und Fachschulen ebenfalls einer Abteilung III unterstellt, die dem preußischen Handelsministerium zugeordnet war. Das PSK Berlin-Brandenburg hatte damit eine besondere Struktur, seine Abteilungen II und III waren nur für Berlin zuständig.[6]

Grundlage für die Schulverwaltungsaufgaben der Bezirke war § 42 des Berlingesetzes, der lautete, daß die Bezirke die Zuständigkeit für die Angelegenheiten des Volks-, Mittel- und höheren Schulwesens übernehmen sollten, „soweit sie nach den gesetzlichen Bestimmungen sonst in Preußen von den Gemeindebehörden zu verwalten sind". Es handelt sich damit vorwiegend um die sogenannten äußeren Schulangelegenheiten. Die Bezirksverwaltungen hatten sich dabei an die „von den städtischen Körperschaften aufgestellten Grundsätze" zu halten.[7] Dies betraf vor allem die Regelung des Innenverhältnisses zwischen Bezirk und Stadt. Zur Erledigung der örtlichen Verwaltung wurden in jedem der vierzehn Außenbezirke und gemeinsam für die sechs Innenbezirke eine Bezirksschuldeputation für die Volks- und Mittelschulen sowie ein Bezirksschulausschuß für die höheren Schulen eingerichtet. Bezirksschuldeputation und Bezirksschulausschuß waren im Prinzip ähnlich zusammengesetzt aus Mitgliedern des Bezirksamtes, der Bezirksversammlung, der Lehrerschaft und des Schulwesens kundigen Personen.[8]

Die Bezirksschuldeputation hatte nach dem Volksschulunterhaltungsgesetz und seinen Ausführungsbestimmungen Zuständigkeit in zwei Bereichen, nämlich erstens in Gemeinde-angelegenheiten und zweitens gemeinsam mit dem zuständigen Schulrat in einigen Ange-legenheiten, die der Schulaufsicht oder der Dienstaufsicht über die Lehrer zuzurechnen und damit staatliche Aufgaben waren. Soweit Aufgaben letzterer Art erledigt wurden, handelte die Bezirksschuldeputation als Organ der Schulaufsicht. Diese Aufgabenverteilung galt auch für die gemeinsame Bezirksschuldeputation für die Bezirke 1 bis 6. Bei den Gemeinde-angelegenheiten handelte es sich um die äußeren Angelegenheiten des Volks- und Mittelschulwesens, vor allem die Beschaffung und Unterhaltung der Schulgrundstücke und Schulgebäude. Damit zusammen hing die Bewirtschaftung der im Schulhaushalt des Bezirks enthaltenen Mittel. Eine Besonderheit war die Vorbereitung der Wahl von Lehrpersonen, wobei über den Vorschlag endgültig das Bezirksamt beschloß. Die Bezirke hatten also, was die Lehrer der Volks- und Mittelschulen betraf, das Recht, dem PSK einen Vorschlag für die Einstellung zu machen, die beamtenrechtlich vom PSK selbst vorgenommen wurde. Auf den Charakter der Tätigkeit des PSK wird später noch zurückzukommen sein.

Bei den Aufgaben der Bezirksschuldeputation im staatlichen Bereich handelte es sich vor allem um Organisationsaufgaben im Bezirk wie die Festlegung der Schulbezirke, die Ein-richtung neuer Klassen und Schulen und die Verteilung der Lehrer auf die Schulen sowie bestimmte Schulpflichtangelegenheiten wie Einschulung, vorzeitige Aufnahme und Zurück-stellung. Die beiden Zuständigkeitsbereiche erinnern an die übertragenen Vorbehaltsaufgaben in der heutigen Durchführungsverordnung zum Allgemeinen Zuständigkeitsgesetz (DVO-AZG). Die Weisungs- und Aufsichtspflicht gegenüber den Lehrern betraf die Beurlaubung bis zur Dauer von sechs Monaten und die Genehmigung zur Übernahme von Nebenämtern[9], Angelegenheiten von minderer Bedeutung.

Bei der Aufgabenstellung für den Bezirksschulausschuß ging es analog um die Gemeinde-angelegenheiten einschließlich Vorbereitung der Lehrerwahl, wohingegen staatliche Aufga-ben, die denen der Bezirksschuldeputation entsprochen hätten, nicht erwähnt wurden.

Nun erwies sich schnell, daß es über die Bezirksgrenzen hinausreichende Angelegenheiten und Fragen von grundsätzlicher Art gab, die der Entscheidung durch die Gemeindekör-

perschaften der Stadt Berlin bedurften. Gleichsam im Wege der Nachbesserung wurde zur
Vorbereitung dieser Entscheidungen eine (zentrale) „Deputation für das Schulwesen" geschaffen, die sich in die Abteilungen für das höhere Schulwesen, das Volksschulwesen und
das Berufs- und Fachschulwesen gliederte.[10]

Die kommunalen Verwaltungsangelegenheiten für das Berufs- und Fachschulwesen waren
dagegen von Anfang an nicht den Bezirken zugewiesen worden, sondern wurden von den
städtischen Körperschaften zentral für ganz Groß-Berlin verwaltet.[11] Auch aus der
Deputation für das Schulwesen schied das berufliche Schulwesen Ende 1924 aus und erhielt
eine eigene Deputation. Den Vorsitz in beiden Deputationen führte der Stadtschulrat.[12] Zu
den sachlichen Aufgaben der Deputation für das Schulwesen gehörten u.a. alle städtischen
Organisationsfragen des Schulwesens und der Schulverwaltung von grundsätzlicher
Bedeutung, Richtlinien für die Aufstellung von Schulhaushaltsplänen (der Bezirke),
Richtlinien für die Aufstellung von Schulbauplänen (der Bezirke), Aufstellung des zentralen
Schulhaushaltsplanes, die Regelung der Pflichtstunden, das Lehrerfortbildungswesen und die
Förderung von Schulversuchen durch Zuwendungen aus dem Zentralen Versuchsschul-
fonds.[13] Wie man sieht, war durch die Deputation für das Schulwesen die gemeindliche
Schulverwaltung in allen grundsätzlichen Fragen zentral gesichert. Die Rechte der Bezirke
waren demgegenüber schwach, weil die Zentrale in strittigen Fragen die übergeordnete
Kompetenz besaß.

**Städtische Schulräte**

An der Spitze des Schulwesens, soweit es um die Wahrnehmung städtischer Aufgaben ging,
stand der Stadtschulrat. Er war Magistratsmitglied und vertrat das Schulressort in den
Gemeindekörperschaften. Zu seiner Unterstützung waren ihm je ein Magistratsoberschulrat
für die höheren Schulen, die Volksschulen und die beruflichen Schulen zugeteilt, ferner einige
schulfachliche, juristische und Verwaltungsreferenten.[14] Diese Beamten waren Gemeindebeamte der Schulverwaltung, Schulaufsichtsaufgaben übten sie nicht aus. Die Per-
sonalausstattung war entsprechend sparsam. In der Geschäftsstelle der Deputation für das
Schulwesen waren Ende der zwanziger Jahre 21 Beamte und Angestellte tätig, in den
Bezirksschuldeputationen und -ausschüssen der Bezirke 262 Beamte und Angestellte, was im
Schnitt dreizehn Verwaltungsangehörige pro Bezirk bedeutete.[15] Etwas unübersichtlicher war
die Lage hinsichtlich der Schulräte in den Bezirken. Schulräte, die für Berufs- und
Fachschulen zuständig waren, gab es in den Bezirken nicht, da die Schulaufsicht vom PSK

oder vom Ministerium direkt ausgeübt wurde und die Schulverwaltungsaufgaben – wie dargestellt – vom Magistrat wahrgenommen wurden. Ebenso fehlten Schulräte für die höheren Schulen in den Bezirken, weil die Schulaufsicht hier ebenfalls gänzlich beim PSK lag, dies schloß übrigens für die sieben staatlichen höheren Schulen in Berlin auch die Zuständigkeit für die Verwaltung der äußeren Schulangelegenheiten ein.[16]

Für die Schulaufsicht über die Volks- und Mittelschulen gab es in den Bezirken Schulräte in unterschiedlicher Rechtsstellung. Grundsätzlich waren Schulräte staatliche Beamte, die in Berlin dem PSK unterstanden und in den zwanziger Jahren z.T. noch aus den Städten bzw. Landkreisen stammten, die 1920 eingemeindet worden waren. Daneben werden von Nydahl „Magistratsschulräte" als Gemeindebeamte erwähnt, denen vom preußischen Kultusministerium die staatliche Schulaufsicht im Nebenamt übertragen worden war, um eine enge Verbindung zwischen staatlicher und städtischer Verwaltung zu schaffen. Diese Magistratsschulräte waren den Schuldeputationen zugeordnet, d.h. für Volks- und Mittelschulen zuständig.[17] Nydahl erwähnt, daß in den meisten Verwaltungsbezirken derartige Magistratsschulräte bestellt worden seien – insgesamt 26 – und daß zusätzlich, bei Vakanz, sechs staatliche Schulratsstellen zu Magistratsschulratsstellen umgewandelt werden sollten.[18] Die Schulstadträte der Bezirke hatten keine Schulaufsichtsbefugnisse, traten aber in der Regel einmal monatlich als „Konferenz der Schuldezernenten" zu informellen Gesprächen zusammen, um die Durchführung der Schulverwaltung nach einheitlichen Grundsätzen zu fördern.[19]

**Das Provinzialschulkollegium**

Die 1825 in Preußen gegründeten Provinzialschulkollegien waren die für das höhere Schulwesen zuständige Schulaufsichts- und Schulverwaltungsbehörde, in der Systematik des Verwaltungsaufbaues selbständige Provinzialbehörden neben den Oberpräsidenten und nur dem preußischen Kultusminister unterstellt. Die Zuständigkeit für das Volks- und Mittelschulwesen, auch für die Berufsschulen, lag bei den Regierungspräsidenten, die in Fragen der Schulaufsicht als Mittelinstanz zwischen dem Kultusministerium und den Kreisschulräten fungierten.[20] Das PSK war für die Lehrer der höheren Schulen nicht nur Aufsichts-, sondern auch Anstellungsbehörde. Durch das BlnG wurde diese Kompetenz auch auf die Berliner Lehrer an Volks- und Mittelschulen sowie an Berufs- und Fachschulen mit Wirkung vom 01.01.1922 ausgedehnt.[21] Dieser Zeitpunkt entsprach auch der sonstigen Umsetzung des BlnG, daher sind einzelne Bezirke erst im Laufe des Jahres 1922 zur Bildung der gesetzlich

vorgesehenen Bezirksschuldeputationen und Bezirksschulausschüsse geschritten.[22] Alle
wesentlichen beamtenrechtlichen Entscheidungen wie Anstellung, Entlassung, Versetzung,
Beförderung, Festsetzung der Besoldung und Pensionierung erfolgten nunmehr durch das
PSK. Dieses war somit für sämtliche Lehrer der öffentlichen Schulen in Berlin von 1922 bis
zu seiner Auflösung in der Terminologie gegenwärtiger Beamtengesetze „Dienstbehörde",
und zwar unabhängig davon, daß es in den Bezirken z.T. auch städtische Schulräte gab und
die Bezirksschuldeputationen für einige weniger wichtige Angelegenheiten beamtenrechtlich
zuständig waren.[23] Die Lehrer sämtlicher öffentlicher Schulen waren mithin unmittelbare
Staatsbeamte. Die Zusammenarbeit zwischen den Bezirken und dem Berliner Magistrat
einerseits und dem PSK andererseits war so geregelt, daß Anträge und Anregungen der
Bezirke an das PSK zur Entscheidung zu richten waren. Sofern die Bedeutung über die
Interessen eines einzelnen Bezirkes hinausgingen, hatte das PSK vor der eigenen
Entscheidung den Magistrat zu hören.[24] Konflikte gab es weniger mit den Bezirken als mit der
Schulpolitik des Magistrats. Nydahl beklagte sich denn auch, daß dem PSK gegenüber der
städtischen Schulverwaltung einer 4-Millionen-Stadt die gleiche Stellung eingeräumt sei wie
sonst einer provinziellen Regierungsabteilung für Schulwesen gegenüber einer Dorfgemeinde.
Vorstellungen im Magistrat von einem Berliner Schulamt, unmittelbar dem Kultusministerium
unterstellt, fanden bei den Regierungsbehörden keine Gegenliebe.[25] Insgesamt sollten jedoch
das Ausmaß der Konflikte Berlins mit dem PSK nicht überschätzt werden. Wenn Richter das
PSK als „bürgerlich-konservativ" und das preußische Kultusministerium als „bürgerlich-
demokratisch" bezeichnet und darin retardierende Tendenzen gegenüber der sozialistischen
Kommunalpolitik sieht, muß doch beachtet werden, daß wichtige Reformen wie die
Einrichtung der weltlichen Schulen bereits vor der Unterstellung des Berliner Schulwesens
unter das PSK begannen. Im übrigen gab es von 1921 bis 1925 in der Berliner
Stadtverordnetenversammlung auch keine Mehrheit für eine sozialistische Schulpolitik, und
nach 1925 konnte von einer sozialistisch orientierten Bildungspolitik wegen der
Auseinandersetzungen zwischen KPD und SPD kaum noch die Rede sein.[26]

**Auswirkungen der NS-Zeit**

Das Heraufziehen der NS-Zeit kündigte sich nach dem sogenannten Preußenschlag zunächst
so an, daß durch Verordnung vom 03.09.1932 die Provinzialschulkollegien aufgelöst und ihre
Aufgaben den Oberpräsidenten übertragen wurden – zum Zweck der Vereinfachung des
Verwaltungsaufbaues, wie es hieß.[27] Kurz nach der Machtübernahme wurde für Berlin ein

Staatskommissar eingesetzt, der zugleich die Berlin betreffenden Aufgaben des Oberpräsidenten der Provinz Brandenburg übernahm. Die diesem Staatskommissar unterstehende Behörde wurde dadurch die zuständige Schulaufsichtsbehörde von Groß-Berlin. Die Schulaufsicht wurde weiterhin getrennt nach Abteilungen vorgenommen; in den Ministerialerlassen figurierte der „Staatskommissar für die Hauptstadt Berlin" je nach Zusammenhang als Oberpräsident oder Regierungspräsident.[28] Obwohl Oberbürgermeister und Magistratsmitglieder zunächst noch im Amt blieben, wurden die Befugnisse der städtischen Körperschaften rapide beschränkt, ebenso die der Bezirksvertretungen. Für die Rolle der Bezirke ist das Gesetz über die Aufhebung von Schuldeputationen vom 26.03.1935 bedeutsam, durch das auch die Bezirksschuldeputationen und -ausschüsse wegfielen[29], allerdings hatten diese schon seit 1933 faktisch keine Rolle mehr gespielt. Ende 1935 trat der Oberbürgermeister zurück, und kurz danach erhielt der Staatskommissar durch Gesetz den Titel „Oberbürgermeister und Stadtpräsident".[30] Damit war die Einführung des „Führerprinzips" in der Stadtverwaltung abgeschlossen.

Die Bezirke haben danach bis 1945 wie auf allen anderen Gebieten auch in der Schulverwaltung keine besondere Rolle mehr gespielt. Die Bezirksbürgermeister wurden vom Oberbürgermeister ernannt. Nach dem Urteil des Historikers Richard Dietrich wurden „in allen bedeutsamen Angelegenheiten die Bezirksverwaltungen zu Abteilungen der Zentralverwaltung degradiert".[31]

**Fazit**

Es ist unschwer zu verstehen, daß die Aufgabenstellung der Bezirke im Blick auf die Schule vor 1945 eine grundsätzlich andere war als heute, denn die Bezirke übten damals Gemeindeaufgaben aus, soweit diese nicht von vornherein beim Berliner Magistrat lagen. Die inneren Schulangelegenheiten und die Personalangelegenheiten der Lehrer waren Angelegenheit des Staates und dem preußischen Kultusministerium sowie dem PSK als Verwaltungsbehörde unterstellt.

Auch bei der Erledigung der kommunalen (äußeren) Schulangelegenheiten war die Rolle der Bezirke nicht uneingeschränkt. Einmal wurden im Unterschied zu den Außenbezirken in den sechs Innenbezirken die kommunalen Schulangelegenheiten einheitlich (gemeinsam) verwaltet, was zu einem Bedeutungsverlust des einzelnen Innenstadtbezirks in Schulangelegenheiten führte, zum anderen gab es die Deputation für das Schulwesen des Magistrats als zentrale Verwaltungsinstanz, die praktisch alle gemeindlichen Schulangelegenheiten an sich ziehen konnte. Keine bezirkliche Zuständigkeit gab es für Berufs- und Fachschulen sowie für staatliche Gymnasien. Soweit die Bezirke im Volks- und Mittelschulwesen Organisationsaufgaben erledigten, taten sie es auftragsgemäß und im Einvernehmen mit dem PSK. Dementsprechend gab es keine den Bezirksvertretungen unterstellten Schulräte; die Schulaufsicht über die Volks- und Mittelschulen wurde in unterer Instanz grundsätzlich von staatlichen Schulräten oder von Magistratsschulräten im staatlichen Auftrag ausgeübt. Zwar konnten die Bezirke ihre Lehrer wählen, doch handelte es sich rechtlich nur um ein Vorschlagsrecht, da es „vorbehaltlich der Rechte der Schulaufsichtsbehörde" ausgeübt wurde.[32]

Erst nach 1945, mit der Zerschlagung des Landes Preußen und der Übernahme weitreichender Funktionen durch die Stadt Berlin, jetzt territorial identisch mit dem Land Berlin[33], konnten den Bezirken als Teilen von Berlin und den Bezirksämtern als Außenstellen des Senats Staatsaufgaben übertragen werden. Dabei handelt es sich im Schulwesen vor allem um die Dienstbehördeneigenschaft über die Lehrer aller öffentlichen Schulen und um die Erledigung (ständig) übertragener Vorbehaltsaufgaben, die eigentlich zur Schulaufsicht gehören, allerdings unter Fachaufsicht der Hauptverwaltung. Soweit die Schulräte in den Bezirken Schulaufsicht in inneren Schulangelegenheiten ausüben, ist es bei der alten Zweiteilung geblieben – sie unterstehen insoweit der Hauptverwaltung.

**Anmerkungen:**

1    Erstveröffentlichung unter dem Titel: Die Organisation von Schulaufsicht und Schulverwaltung in Groß-Berlin und seinen Verwaltungsbezirken vor 1945. In: Pädagogik und Schulalltag 1 (1994); leicht veränderte Fassung.

2    Vgl. *Holmsten, Georg*: Die Berlin-Chronik. Düsseldorf 1984, S. 326.

3    Vgl. *Richter, Wilhelm*: Berliner Schulgeschichte. Berlin 1981, S. 101 f. Einzelheiten des politischen Verfahrens, der sachlichen Argumentation und über die beteiligten Persönlichkeiten bei Ribbe, Wolfgang (Hrsg.): Geschichte Berlins. München 1987, S. 814 ff.

4    Gilt auch für Richter, der die neue Verwaltungsstruktur zwar kurz erwähnt, aber wesentliche Fragen offen läßt.

5    Alfred Zettl in einem Telefongespräch mit dem Verfasser am 09.08.1993. Zettl, geb. 1899, trat 1922 in den Schuldienst ein, zunächst im Bezirk Neukölln, und war am Ende seiner Dienstzeit Bezirksstadtrat für Volksbildung im Bezirk Wedding.

6    *Nydahl, Jens* (Hrsg.): Das Berliner Schulwesen. Berlin 1928, S. 6.

7    Ebd., S. 1.

8    Ebd., S. 1 ff.

9    Ebd., S. 2 f.

10   Ebd., S. 4 f.

11   *Nydahl, Jens*, a.a.O., S. 1.

12   Ebd., S. 6.

13   Ebd., S. 5 f.

14   Ebd., S. 6.

15   Bei den .Geschäftsstellen handelt es sich um die kommunalen Schulämter.

16   Pädagogisches Zentrum – Gutachterstelle für deutsches Schul- und Studienwesen, Stellungnahme Regierungsdirektor Lockemann vom 11.06.1993; im Besitz des Verfassers, zit. künftig als Lockemann.

17   *Nydahl, Jens*, a.a.O., S. 3. Wenn Nydahl diese Magistratsschulräte als „Organe der Schuldeputation" bezeichnet, kann nur gemeint sein, daß sich ihre Zuständigkeit auf Volks-, Mittel- und Sonderschulen erstreckte, denn in Schulaufsichtsfragen unterstanden alle Schulräte dem PSK. Im übrigen war geregelt, daß die Schulräte an den Sitzungen der Bezirksschuldeputationen beratend teilnahmen und bestimmte Aufgaben nur im Einvernehmen mit ihnen erledigt werden konnten. Nach Lockemann war Dienstbehörde der Magistratsschulräte der Magistrat (also nicht die Bezirke), worauf die Amtsbezeichnung auch schließen läßt.

18   *Nydahl, Jens*, a.a.O., S. 3. Die Zahl von 26 Magistratsschulräten in 20 Bezirken erscheint gering. Sie dürfte sich z.T. daraus erklären, daß es daneben auch noch oder weiterhin staatliche Schulräte auf der unteren Schulaufsichtsebene gab. Ob sich damit auch Nydahls Mitteilung erklärt, daß „in den meisten" Verwaltungsbezirken Magistratsschulräte „bestellt" worden seien, muß ebenso wie der Modus dieser Bestellung dahingestellt bleiben.

19   *Lockemann*, a.a.O. Auch bei Nydahl werden Schulaufsichtsbefugnisse, die möglicherweise im Nebenamt übertragen worden wären, nicht erwähnt.

Nydahl spricht von den „Schuldezernenten der Bezirke", kurz danach von ihm unterstellten „Schulfachdezernenten" (bei Richter, S. 109, fälschlich „Fachschuldezernenten"), so daß unklar bleibt, ob die Bezirksamtsmitglieder damals eine geregelte Amtsbezeichnung hatten, ggf. welche. Irritierend ist auch die Mitteilung Nydahls (S. 4), daß in jeder „Bezirksschulverwaltung" ein oder zwei Bezirksamtsmitglieder als Schulfachdezernenten tätig seien, die „meist" auch den Vorsitz in der Bezirksschuldeputation oder dem Bezirksschulausschuß führen. Danach darf angenommen werden, daß es in der Geschäftsverteilung der Bezirksämter, soweit sie sich auf die Schulverwaltung auswirkte, erhebliche Unterschiede gab. Die Frage nach den Amtsbezeichnungen ist kein bloßer Formalismus, sondern führt wegen ihrer Ungeklärtheit zu Verwirrungen. So finden sich bei Richter für den in Neukölln gewählten Schuldezernenten Dr. Löwenstein folgende Bezeichnungen: „Stadtrat für das Schulwesen" (S. 110), „Volksbildungsstadtrat" (S. 118), „Stadtschulrat" (S. 128), „Schulrat" (S. 129) und „Leiter des Neuköllner Bezirksschulamtes" (S. 140). Lockemann spricht vom Stadtschulrat als Dezernent. Bestimmte Fragen der Schulverwaltung nach dem BlnG scheinen auch 1928 noch nicht geklärt gewesen zu sein.

20    *Thiemann, Gustav* (Hrsg.): Die Amtsführung des Lehrers. Düsseldorf 1937, S. 252.

21    *Richter, Wilhelm*, a.a.O., S. 112.

22    *Nydahl, Jens*, a.a.O., S. 8.

23    Nach Lockemann traten alle Lehrer an öffentlichen Schulen, soweit sie nicht schon bisher dem PSK unterstanden, durch Ausführungsverordnung zum BlnG vom 24.11.1920 unter die Dienstaufsicht des PSK. Über die den Regierungspräsidenten, in Berlin nunmehr dem PSK, vorbehaltenen dienstrechtlichen Angelegenheiten vgl. Thiemann, S. 256. Die von Lockemann den Bezirksämtern widersprüchlich zugeschriebene Rolle als „Dienstbehörde für die Volks-, Sonder- und Mittelschullehrer" trifft also nicht zu. Nach Zettl wurde z.B. die Einstellung von Lehrern durch das PSK vorgenommen.

24    *Nydahl, Jens*, a.a.O., S. 6.

25    Ebd., S. 7.

26    Vgl. *Richter, Wilhelm*, a. a. O., S. 103 ff. und 128 ff.

27    Vereinf. VO vom 03.09.1932, § 3.1: „Die Aufgaben der Provinzialschulkollegien gehen auf die Oberpräsidenten über" (zit. n. Thiemann., a.a.O., S. 267).

28    *Holmsten, Georg:* Die Berlin-Chronik, a.a.O., S. 353; *Thiemann, Gustav* (Hrsg.): Die Amtsführung des Lehrers, a.a.O., S. 226.

29    Gesetz über die Aufhebung von Schuldeputationen, Schulvorständen und Schulkommissionen und die Berufung von Schulbeiräten vom 26.03.1935 (GS. S. 45).

30    *Holmsten, Georg*, a.. a. O., S. 363.

31    Ebd.

32    *Nydahl, Jens*, a.a.O., S. 4.

33    Verfassung von Berlin, Art. 1, Abs. 1.

# 2. Probleme der Berliner Schulreform nach 1945

**Heinrich Scheel**

## Wilhelm Blumes Schulfarm Insel Scharfenberg in der Nachkriegszeit bis zum Beginn des Kalten Krieges

Blumes berühmte Schulfarm Insel Scharfenberg im Tegeler See gehörte zu den herausragenden Leistungen der Weimarer Reformpädagogik. 1922 entstanden, wurde sie 1934 ein Opfer der barbarischen Gleichschaltungspolitik der Nazis. Blume zog sich auf die Leitung der Humboldtschule in Tegel zurück; viele Schüler folgten ihm. Ich, sein Schüler seit 1929, legte dort bei ihm das Abitur ab. Diese Zeit ist ausführlich in meiner Autobiographie für den Zeitabschnitt von 1915 bis 1945/46 behandelt.[1] Als ich Ende 1946 – nach Studium, Militärdienst, Verhaftung, Verurteilung, Moorlager, Bewährungsbataillon und amerikanischer Kriegsgefangenschaft – mich bei Blume wieder meldete, traf ich auf einen Mann, der nach unserer letzten Begegnung zwar sichtlich älter geworden war, aber noch genauso besessen und ideenreich seinen Beruf ausübte.

Blume hatte zu keiner Zeit der Nazipartei angehört, so daß er auch unter Besatzungsbedingungen seine Schularbeit fast nahtlos fortsetzen konnte. Schon am 17.5.1945 beauftragte ihn der Bezirksbürgermeister von Reinickendorf mit der kommissarischen Leitung der Humboldtschule; darüber hinaus verpflichtete er ihn, „auch die Schulfarm Scharfenberg wieder instand zu setzen".[2] Eine amtliche Bescheinigung vom 24. Mai bevollmächtigte ihn, das der Schulfarm gehörende Inventar sicherzustellen und alle Vorarbeiten zu ihrer Wiedereröffnung durchzuführen; die Ortsbürgermeister in Tegel und Tegelort wurden ebenso zur Unterstützung Blumes aufgefordert wie die entsprechenden russischen Dienststellen. Noch vorhandene handschriftlich ausgefertigte Vollmachten sowjetischer Offiziere vom 2. Juni bestätigen den Erfolg dieser Bitte. Am 4.8.1945 meldete Blume seiner Behörde, daß noch in diesem Monat der Unterricht aufgenommen werden könnte, wenn der geeignete Mann für die Leitung der Schulfarm gefunden würde: „Er muß lieber jung als alt, frisch sein und für Gesamtunterricht eingenommen, ein Mann, der in seinem Beruf aufgeht; mit einer Aufbauklasse zusammenzuleben, muß ihm Lust und nicht Last sein; er soll mit Familie, wenn er solche hat, auf der Insel leben, eine schöne Wohnung ist vorhanden. Solche Naturen sind nicht dicht gesät; für Hinweise auf solche wäre ich dankbar; aber es muß bald, *recht bald* sein; wir wollen in diesem Monat noch anfangen. Ich nehme auch zwei, wenn wir sie finden; die neben dem Gesamtunterricht stehenden Fächer wie Sprachen und Mathematik kann ich gut besetzen; aber die ausgesprochenen *pädagogischen* Kräfte fehlen, da meine Leute noch nicht heimgekehrt oder gefallen sind."[3] Noch im gleichen Monat feierte die Schulfarm mit 70 Volksschülern ihre fröhliche Auferstehung.

Wie Blume unter den gegebenen Bedingungen die ihm übertragene Aufgabe meisterte, verdient höchste Anerkennung; und doch äußerte sich darin nur ein Bruchteil des pädagogischen Elans, den er in sich trug. An dieser Stelle ist auf einen Brief zu verweisen, den er zwei Monate später – am 29.10.1945 – an Paul Wandel schrieb, der der Zentralverwaltung für Volksbildung, einem Beratungsorgan der sowjetischen Militäradministration, vorstand. Wandel hatte in einem Referat die notwendige Schulreform in eine Beziehung zur Bodenreform gesetzt, was Blume zu der kühnen Aussage veranlaßte: „Ich halte mich für verpflichtet und in einem gewissen Sinne beinah für berechtigt, an eine noch engere Zusammengehörigkeit der beiden Bewegungen zu erinnern".[4] Schon nach dem 1. Weltkrieg hatte Blume dem Kultusminister Haenisch vorgeschlagen, Schlösser mit Landareal zur Ausbreitung der Schulfarmidee zu beschlagnahmen. Die Antwort vom 23.3.1919 entsprach der extremen Zaghaftigkeit, die die Regierenden damals generell auszeichnete.

Blumes Traum nach dem 2. Weltkrieg: „Heute bieten sich solche Gelegenheiten noch ungesuchter und zahlreicher; denn wahrscheinlich stehen Restgütchen, bestimmt aber leer gewordene geräumige Gutshäuser inmitten großer Gartenanlagen zur Verfügung – die beste und einfachste Möglichkeit, Schulgemeinschaften im Sinne Scharfenbergs einzurichten, das heißt: Arbeit des Geistes organisch mit der Hand zu verbinden, städtische Jugend aus dem Milieu der Trümmer und Ansteckungsherde in eine Umgebung zu bringen, die Geist und Körper gesunden läßt, sie mehr als sonst möglich den Infektionen des früheren Regimes zu entziehen, bei richtiger freierer Lehrerauswahl in kleinen Kollegien Keimzellen für das Heranbilden eines neuen Lehrerstandes zu schaffen, die uns so bitter und so eilig nottun. Statt der Schulungskurse nach nationalsozialistischem Vorbild würden hier das Zusammenleben in wirklichen Schulgemeinschaften, das ungeschminkte Zusammensein mit der Jugend, das Untertauchen in all die Schönheiten und Schwierigkeiten solcher pädagogischer Provinzen wirklich überzeugte und in der Pionierarbeit erprobte Erzieher schaffen, die nach meinen Erfahrungen in der Junglehrerausbildung im früheren Scharfenberg sogar in den üblichen Pennen die Jugend für sich gewinnen, die unvermeidliche Schulverdrossenheit der Oberschüler vertreiben und die bisher neutralen Teile der Kollegien durch Erfolg und Beispiel revolutionieren können. Außerdem können die Söhne der Bodenreformteilhaber den Unterricht dieser Schulfarmen als Externe mitmachen und diese selbst kleine Kulturzentren für ihre Eltern werden."

Diese kühne Vision beschloß Blume mit zwei grundsätzlichen Bemerkungen: „Auf die Besonderheit der Schulfarmform hinzuweisen, wäre das eine: Sie ist kein Landerziehungsheim im Lietz-Wynekenschen Sinne; denn sie sucht ihre Schüler bewußt in den armen und ärmsten Schichten. Sie ist keine Fürstenschule im Sinne Schulpfortas, die sich von dem Ernteanfall des Dominiums erhalten lassen. Ihre Insassen sollen das, was zu ihrer Ernährung gehört, nicht passiv hinnehmen, sei es aus den hohen Zuschüssen der Eltern, sei es aus dem, was der Administrator ihnen schickt, sondern es sich selbst erarbeiten, woraus sich neben einem neuen Ethos der Arbeit ein stipendienfreies Selbstbewußtsein entwickelt und gleichzeitig akademischer Bildungshochmut, intellektuelle Abkapselung vermieden wird." Die andere Bemerkung drängte mit Allgewalt zur Tat: „Die einstige Schulfarm ist entstanden im Kampf mit einem reaktionären Stadtschulkollegium als secessio plebis in insulam; die Stadtverordneten haben sich erst zu interessieren begonnen, als die Farm schon blühte und von sich reden gemacht hatte. Zum zweiten Mal kann so viel Zeit und Kraft auf äußere Schwierigkeiten nicht verwandt werden; dann wäre der beste Moment zur fortzerrenden Weiterwirkung verpaßt; dann könnte sie erst nach Jahren den stabilen Stand erreichen, der Junglehrer anzuziehen und sie zu Sendlingen für Tochtergründungen *weiter draußen im Land* auszubilden vermöchte! Daran hängt zum Teil also auch das Sichfinden von Boden- und Schulreform."

Als ich mich ein Jahr später bei ihm als einer „seiner Leute" meldete, nahm er mich mit offenen Armen auf. Das Reinickendorfer Schulamt wies mich am 23.10.1946 der Humboldtschule als Hilfslehrer zu, der trotz des 1940 abgelegten Staatsexamens als Pädagoge eben noch ein blutiger Anfänger war. In dem gehobenen Gefühl, das sich aus der Übereinstimmung von Wunsch und Wirklichkeit im Beruflichen ergab, traf ich damals auch die politische Entscheidung, die von mir in Jahren ersehnte und praktizierte Zusammenführung aller sozialistischen Kräfte in einer gemeinsamen Partei mitzutragen. Mit Blume habe ich darüber nicht gesprochen, weil es hier um meine ureigenste persönliche Entscheidung ging; im übrigen hätte er sich bei meiner Vergangenheit höchstens gewundert, wenn ich diesen Weg nicht gegangen wäre. Er selbst hat am 28.11.1946 dem Berliner Landesvorstand der SED brieflich bekannt: „Nicht mit allen Zielen der SED bin ich einverstanden. Aber bei den kommenden Wahlen muß jeder, dem daran liegt, daß die Reaktion nicht wieder den kulturellen und menschheitlichen Fortschritt hintertreibt, sich für die SED einsetzen; die anderen antifaschistischen Parteien werden ohne weiteres und vielleicht auch gegen ihren Willen von der Reaktion als Vorspann benutzt!"[5]

Parallel mit meinen Stunden, die ich in der Humboldtschule zu halten hatte, liefen von Anfang an wöchentlich sechs Gegenwartskundestunden auf Scharfenberg. Ab 20.1.1947 übernahm ich den gesamten Deutschunterricht auf der Insel, so daß ich bald mit Sack und Pack auf Scharfenberg einzog. Die Lebensbedingungen waren hart. Wie anderswo auch fehlte es nahezu an allem. Das Kardinalproblem bestand darin, die heranwachsenden Mädchen und Jungen satt zu bekommen, was mit den ihnen zustehenden Lebensmittelkarten allein nicht zu schaffen war. Die Äcker konnten noch nicht bestellt werden, denn es fehlte an Ackergerät und Saatgut. Besser sah es mit der Gartenwirtschaft aus, wo notfalls auch mit bloßen Händen gearbeitet werden konnte, wenn beispielsweise Kartoffeln zu legen oder Unkraut zu bekämpfen waren. Die Gartenerträge halfen durchaus, und dennoch habe ich Mädchen und Jungen immer wieder einmal mit Körben hinausschicken müssen, um Melde einzusammeln, die von der Küche als Spinatersatz verarbeitet wurde. Zur Ernte stellten sich damals naturgemäß auch Diebe ein, die nachts mit Booten anlegten und es vor allem auf unsere Kartoffeln abgesehen hatten. Eine mir vorliegende Aktennotiz erinnert mich, einmal bei der Abteilung Wirtschaft des Hauptschulamts telefonisch die Erlaubnis erwirkt zu haben, Kohlrüben für 110,00 Mark pro Zentner einzukaufen, wenn die Rechnung ihre Herkunft „aus freien Spitzen" bestätigte, die über dem Ablieferungssoll lagen. Ganz allmählich nur füllte sich der Stall: Eine kleine Ziegenherde, angeführt von einem stinkenden Bock, wurde regelmäßig ausgetrieben; eine Schar Gänse suchte sich hinter der Scheune ihr Futter; zwei, drei Kühe wuchsen heran; die Schweinezucht litt unter Futtermangel, so daß wir einmal vier Ziegen gegen Futtermittel eintauschen mußten. Einen schweren Rückschlag erlitten wir durch eine Bande von Dieben, denen trotz Alarmanlage der Einbruch in die Ställe gelang, wo sie von sämtlichen

Gänsen nur deren Köpfe zurückließ und eine Sterke* entführten, die sie nahe ihrem Boot fachgerecht schlachteten; uns blieben nur die Kaldaunen und das unlösbare Rätsel, warum kein Alarm ausgelöst worden war.

Nicht nur der Hunger, sondern auch der Mangel auf allen denkbaren anderen Gebieten – angefangen bei der Seife zur Körperpflege über Wischlappen, Besen und Müllschippen zur Reinigung der Gebäude bis hin zu Materialien wie Leim, Farbe und Zement zur Beseitigung alter und neuer Schäden aller Art – machte die Durchsetzung so mancher alter Scharfenberger Prinzipien zunächst durchaus unmöglich. Das früher heilige Gebot, keine zusätzlichen Lebensmittel zu halten und das gesamte persönliche Eigentum unverschlossen zu lassen, wäre undurchführbar gewesen. Was sollte mit einem des Mundraubs Überführten geschehen, der seinen durch ländliche Beziehungen gut versorgten Mitschüler um ein Stück Wurst erleichtert hatte? Den Geschädigten zu größerer Solidarität zu ermahnen, fiel mir leichter, als seinem hungrigen Kumpanen eine Moralpauke zu halten. Selbst der Schwarzmarkt reichte von Tegel gelegentlich bis in die Scharfenberger Schülerschaft hinein. Bevor ich dahinter kam, daß im Umkleideraum der abgeschlossenen Turnhalle – das Turnen war als halbmilitärisches Fach strikt verboten – noch Naziliteratur verborgen war, hatten sich einige findige Burschen schon längst mit solchen „Souvenirs" eingedeckt, für die französische Soldaten gute Preise zahlten.

Die Schulfarm zählte damals etwa 80 Schüler, von denen rund ein Drittel Mädchen und zwei Drittel Jungen waren. Die Koedukation bereitete keine besonderen Schwierigkeiten, zumal es an Baracken nicht mangelte, die eine getrennte Unterbringung der Geschlechter ermöglichte. Die Gesamtheit der Schüler gliederte sich in die Gruppen A, B, C und D, die in etwa den Klassen Quarta bis Untersekunda entsprachen, wobei der Krieg und seine Folgen für ein beliebiges Durcheinander im Ausbildungsstand gesorgt hatten; die Oberstufe, aus der sich 1922 die Gründergeneration rekrutiert hatte, fehlte also noch total. dieser Mangel hatte zur Folge, daß den Schülern so manche Verpflichtung – wie früher beispielsweise der Fährdienst – nicht oder nur eingeschränkt zugeordnet werden konnte. Den Schülerausschuß stellten darum auch nicht die Jahrgangsgruppen A, B, C und D; er

---

* „Sterke" ist eine Kuh, die noch nicht gekalbt hat.

wurde vielmehr von den Innungen durch Obleute beschickt, also von den Landwirten, Schlossern, Gärtnern, Tischlern, Schnitzern, Drechslern und Buchbindern.

Problematisch war nach wie vor die Situation im Kollegium. Nicht ohne das Zutun Wilhelm Blumes erfolgte darum mit dem 1.7.1947 die Unterstellung der Schulfarm als eines besonderen Schulversuchs unter das Hauptschulamt, das unter Wildangels Leitung eine ganze Schar alter Reformpädagogen der Weimarer Zeit wie Leo Regener, Jacques Rabau, Gertrud Panzer und andere an sich gezogen hatte. Die Unterstützung, die ein Hauptschulamt leisten konnte, war in vieler Hinsicht wirkungsvoller als die des Bezirksamts Reinickendorf mit seinem sehr viel kleineren Einzugsgebiet.

Als erstes beendete das Hauptschulamt die faktische Nichtexistenz des Schulleiters, der so schwer erkrankt war, daß ich ihn nie amtierend erlebt hatte. Am 14.8.1947 teilte Rabau lakonisch mit: „Als Stellvertreter für den erkrankten Leiter wird bis auf weiteres Herr Scheel mit sofortiger Wirkung bestimmt".[6] Ich kann nicht sagen, daß ich darob gejubelt hätte. Immerhin gab es auf der Insel gestandene Lehrkräfte, die mir an Erfahrung weit überlegen waren wie die Englischlehrerin Dr. Elisabeth Schnack oder die sehr viel jüngere Mathematikerin Dr. Gertrud Stankiewicz, die jedoch andere Pläne verfolgten. Es war mir ein Trost, daß ich mich nach Einreichung einer schriftlichen Arbeit am 15.10.1947 der Pädagogischen Prüfung für das Lehreramt an höheren Schulen unterziehen konnte. Der Prüfungskommission stand Frau Dr. Gertrud Panzer vom Hauptschulamt vor; als Protokollant fungierte Dr. Wilhelm Richter, der Ende 1946 die Nachfolge Blumes als Leiter der Humboldtschule und ihres Ausbildungsseminars angetreten hatte – Blume hatte inzwischen die Direktion der im Oktober 1946 gegründeten Pädagogischen Hochschule von Groß-Berlin übernommen und die Tegeler Schule seinem einstigen Schüler Wilhelm Richter überlassen, der mich als Junglehrer schon im alten Scharfenberg unterrichtet hatte. An meine beiden Probelektionen schloß sich eine intensive Auswertung an, die Richter protokollierte. Sie gab mir Gelegenheit, mich uneingeschränkt zum Gesamtunterricht zu bekennen. „Er sei also wesentlich anderer Meinung als Schtscherbow," so notierte Richter, „dessen Eintreten für das Klassen- und Fächerunterrichtsprinzip zwar für Rußland notwendig sein möge, im deutschem Schulwesen aber könnten wir durchaus freie Zusammensetzungen verschiedener Fächer in der Art der Projektmethode uns leisten." Über meine Stellung zur politischen Diskussion in Internaten befragt, erklärte ich laut Protokoll: „Das Wichtige sei, daß der Lehrer sich ehrlich verhalte, daß er als ganzer Mensch für seine Überzeugung eintrete und auch für sie werbe, ohne aber den Schülern gegenüber diktatorisch zu verfahren. Er selbst bekannte sich über eine demokratische Anschauung hinaus zu einer sozialistischen."[7] Das Gesamtergebnis der Prüfung wurde mit dem Prädikat „mit Auszeichnung" bedacht.

Unter meiner Ägide vergrößerte sich das Kollegium, wobei unsere besonderen Beziehungen zur Humboldtschule unter Richter und zur PH unter Blume dabei sehr hilfreich waren. Meine wichtigste „Erwerbung" war Erwin Kroll, ein Uraltscharfenberger, der schon in den 20er und 30er Jahren die Arbeit in den Werkstätten geleitet, sich in der Zwischenzeit zum Ingenieur herangebildet hatte und jetzt wieder seine Hilfe anbot. Er hatte „goldene Hände" und einen sicheren Blick, wie und wo zugepackt werden mußte, um Schäden zu beheben oder zu vermeiden, Entbehrtes zu substituieren, Neuerungen zu entwickeln. Die Autorität Blumes, der schon immer der Idee zuneigte, Schüler mit unterdurchschnittlichen Leistungen ihren Spitzenunterricht in der Werkstatt oder im landwirtschaftlichen Bereich finden zu lassen, bewirkte die behördliche Anerkennung Krolls als Werklehrer. Neben dem Englischen, das durch Dr. Schnack bestens besetzt war, begannen wir auch den Russischunterricht mit dem jungen Erwin Bekier, der die Sprache perfekt beherrschte, aber ohne pädagogische Vorbildung war; seine sportlichen Aktivitäten brachten ihm jedoch Pluspunkte ein, die auch seinem Fach zugute kamen. Als Reinfall erwies sich der Biologe Dr. Herbert Hahn, der uns durch die Fülle zoologischer und botanischer Mitbringsel von einer Afrikareise bestach; da ich ihn nicht voll auslasten konnte, räumte ihm Blume an der PH eine Teilbeschäftigung ein. Obwohl ihm die Insel tausendfach Gelegenheit bot, sein Fach zum Erlebnis zu machen, dozierte er pausenlos und war auch durch das demonstrative Desinteresse der Schüler nicht zu belehren. Ein schwerwiegender Mangel blieb das Fehlen eines Zeichenlehrers und Kunsterziehers. Unser alter unverwüstlicher Erich Scheibner stand zwar auf dem Sprung, aber ich hatte keine volle Planstelle, und eine stundenweise Beschäftigung war keine Lösung für ihn. Auch Dr. Stankiewicz verließ uns, weil ihr die Oberstufe fehlte; sie wechselte allmählich zur Bertha-von-Suttner-Schule über, deren Leitung sie später übernahm. An ihre Stelle trat Ernst Pannewitz, der bereits Anfang der 30er Jahre als Referendar auf Scharfenberg tätig gewesen war. Um mit einer alten Sprache wenigstens zu beginnen, übernahm ich zusätzlich zum Gesamtunterricht in allen Stufen auch die Lateiner, was mir mehr Mühe bereitete als gedacht. Wie aus dem Protokoll einer Elternversammlung am 8.2.1948 hervorgeht, bot Blume ein halbes Dutzend Hilfskräfte aus seiner PH an; nicht alles ließ sich realisieren, aber immerhin konnte ich bei dieser Gelegenheit durch einen einen echten Lateiner ersetzt werden.

Was meinen eigenen Anteil an der Gesamtgestaltung des Unterrichts anging, so betrachtete ich sie als meine wichtigste Aufgabe. Mein Vorbild blieb Blume, für den die Unterrichtsverpflichtung nicht die geringsten Abstriche vertrug – keine Krankheit und erst recht kein Ruf oder Besuch einer vorgesetzten Behörde. Er folgte seinem pädagogischen Gewissen bedingungslos; das machte ihn zum „Chef". Mein Vorteil als Lehrer war die nahezu unbegrenzte Breite meines Fachs, das zwar unter Deutschunterricht lief, aber ein Gesamtunterricht war, der unter seinem Dach nicht nur alle kulturkundlichen Fächer, sondern gelegentlich auch naturwissenschaftliche versammeln konnte. Das galt beispielsweise für die Geographie, die wegen der neuen Grenzziehungen vom Alliierten Kontrollrat ebenso wie die Geschichte als Fach noch nicht toleriert wurde. Gesamtunterricht mit Deutsch als Schwerpunkt war jedoch nicht machbar ohne gelegentliche Einbeziehung der Geographie und schon ganz und gar nicht ohne Geschichte. Die in meinen Papieren noch auffindbaren Notizen zur Vorbereitung meines Unterrichts sind recht umfangreich und dennoch bruchstückhaft; sie stammen ausnahmslos aus dem Jahr 1948 und beziehen sich auf drei Altersklassen, die ich jedoch nicht mehr scharf voneinander zu trennen vermag. Ganz eindeutig geht aus ihnen hervor, daß ich als Lehrer vollständig mein eigener Herr und durch keinerlei Themen- oder Stundenplanung gebunden war. Ich konnte mich völlig meiner pädagogischen Phantasie hingeben, die allerdings ein sehr konkretes Objekt hatte, nämlich die sehr lebendigen Mädchen und Jungen auf Scharfenberg mit ihren unterschiedlichen Neigungen und auch unterschiedlichen schulischen Voraussetzungen. Orthographie und phonetische Übungen gehörten zum Alltag, aber sie beherrschten ihn ebensowenig wie die Grammatik, die sich keinesfalls bis zur Qual verselbständigen durfte. Im Zentrum hatte immer das Thema zu stehen, von dem aus die jeweiligen Übungen abgeleitet wurden und zu dem man schleunigst zurückkehrte, wenn sich Überdruß und Langeweile einzunisten drohten.

Es waren die eigenen, in diesem Unterricht gewonnenen Erfahrungen, aus denen heraus ich mich in der Zeitschrift „die neue schule" zu Wort meldete. Energisch widersprach ich Ernst Hadermann von der Zentralverwaltung für Volksbildung, der die Beendigung der Grundschule durch eine Abschlußprüfung krönen zu müssen meinte. Ich nannte diese

Idee schlicht reaktionär, weil sie faktisch an die Standesschule anknüpfte, die durch die Einheitsschule eigentlich überwunden sein sollte. Eine Schlußnote bedurfte keiner Abschlußprüfung, sondern war aus der Gesamtleistung des Schülers zu ziehen, die jeder Lehrer zu beurteilen in der Lage sein mußte, wenn er das in ihn gesteckte Lehrgeld wert sein wollte.[8] Blume stimmte mir in einem Brief vom 13.11.1948 voll zu, nannte mich seinen „lieben Mitkämpfer" und meinen Artikel „einen forsch und überzeugend formulierten Aufsatz". Allerdings warnte er mich schon damals davor, im Kampf gegen die „Bieridee eines Grundschulabituriums" auf sowjetische Bundesgenossen zu setzen: „Es ist ja eine fast tragische Antinomie, daß zwischen den von uns von jeher vertretenen sozialpädagogischen Grundansichten und den methodischen Anschauungen der Karlshorster eine Einheit nicht herzustellen ist".[9] Der Hinweis war mir wichtig, aber entmutigte mich nicht. Ich setzte auf die Reformpädagogen des Hauptschulamtes mit Ernst Wildangel an der Spitze. Er hatte im März 1948 zwei Tage auf der Insel verbracht, größtes Interesse an allem bekundet und Hilfeleistung zugesagt. Last not least hielt ich mich an die von Blume formulierte Grunderfahrung: Wer die Schüler gewinnt, gewinnt die Eltern und auch die Kollegen.

Das bereits erwähnte Protokoll der Elternversammlung vom 8.2.1948 mit meiner Rechenschaftslegung über unsere Entwicklung seit September 1945 berichtete zugleich von der Wahl des Elternausschusses. Von den acht Kandidaten, die sich zur Wahl stellten, bildeten die ersten fünf mit den meisten Stimmen den Ausschuß; die restlichen drei stellten eine Reserve dar. Wenn drei der Ausschußmitglieder der SED angehörten, so war dies das Ergebnis eines sauberen demokratischen Willensaktes. Unter meiner Ägide hat es nie gesonderte Zusammenkünfte von SED-Mitgliedern unter den Lehrern oder den Eltern gegeben, um irgendwelche politischen Linien für irgendwelche Aktivitäten im Hinblick auf die Schulfarm festzuklopfen. Von seiten der Schüler machten sich derartige Organisationsbestrebungen allerdings schon bemerkbar. Eine Aktennotiz aus dem Schularchiv vom 22.2.1948 berichtet von der Gründungsabsicht einer FDJ-Wohngruppe: „Der Schulleiter erklärte, daß die Schulfarm eine Schule und keine Wohnstätte sei, daß also höchstens eine Schulgruppe gegründet werden könnte. Die Genehmigung einer solchen muß jedoch von der Schulleitung verweigert werden, da die Alliierte Kommandantur derartige Schulgruppen nicht gestattet habe. Der Schulleiter untersagte die Gründung einer FDJ-Gruppe auf Scharfenberg, gleichgültig unter welchem Namen (Betriebs-, FDJ-

Wohn- oder Schulgruppe) sie laufe".[10] Es war nicht nur das Gebot der Alliierten, das eine solche Reaktion erklärte. In mir lebte zugleich die Erinnerung an das alte Scharfenberg, das politische Interessen nicht allein duldete, sondern weckte und förderte, aber organisierte Zusammenschlüsse nicht zugelassen hatte, um den Meinungsstreit offenzuhalten und ihn nicht vorzeitig zu kanalisieren. Auf der Insel gab es unter meiner Ägide lediglich eine Interessenvertretung der in Wirtschaft, Küche Verwaltung und Schule Beschäftigten, die als Betriebsgemeinschaft zusammentreten konnte und so am 10.4.1948 auch einen Betriebsobmann in Gestalt des Fährmanns Neuenfeld wählte; die in dieser Gemeinschaft gewerkschaftlich Organisierten wählten denselben Kandidaten Neuenfeld zum Betriebsgewerkschaftsobmann.

Dieser Obmann nahm übrigens seine Funktion sehr ernst und stellte schon vier Tage nach seiner Wahl Unredlichkeiten des damaligen Verwaltungsleiters Borchert fest. Borchert hatte sich eine für die Schulfarm bestimmte 150-Liter-Lieferung flüssiger Seife einfach „unter den Nagel gerissen". Eine solche Verfehlung in dieser Funktion war damals gewiß kein Einzelfall, sondern eher die Regel. Die Dreistigkeit, mit der er die Sache anging, andere zu Komplizen machte – den Biologen Hahn beteiligte er mit 25 Litern – und den unbestechlichen Neuenfeld einzuschüchtern versuchte, blieb jedoch nicht mehr tolerabel. Ich verzichtete auf Borcherts weitere Mitarbeit, der verständlicherweise beim Arbeitsgericht Einspruch erhob. Bevor es zu einer Entscheidung kam, hatte er jedoch schon die Pferde gewechselt. Im Gefolge des zunehmenden Ost-West-Gegensatzes drifteten sukzessive auch die beiden Teile der Stadt auseinander. In den Westsektoren scherte die Unabhängige Gewerkschaftsopposition (UGO) aus dem bislang gemeinsamen Großberliner Gewerkschaftsbund aus und konstituierte sich als selbständige Westberliner Gewerkschaft. Borchert machte jetzt die UGO zu seinem Vehikel, um seinen Hinauswurf durch mich als politische Verfolgung zu denunzieren. Tegeler UGO-Funktionäre, die diesem Vorwurf nachgingen, stießen auf einen einzigen Parteigänger Borcherts, nämlich dessen Komplizen Hahn. Blume, dessen PH von den wachsenden west-östlichen Spannungen ebensowenig unberührt blieb, reagierte aufs Hahns verlogenen Umtriebe ausgesprochen böse. Am 13.11.1948 schrieb er mir: „Bei uns, um auch vom Augenblicklichen zu reden, will die politische Krise noch nicht zur Ruhe kommen, da unüberlegte Jüngelchen aus der Studentenschaft Tatarennachrichten im Tagesspiegelschundblatt lancieren; wie steht es bei Euch mit UGO- und Biofreunden ähnlichen Kalibers? Es wäre übrigens nicht allzu schwer, den Agitator loszuwerden; ich kann ihn entbehren, ja, bin sogar in Etatsschwie-rigkeiten, brauche Geld für Einzelstunden, und wenn wir ihn ganz dem Schuletat über-weisen, taucht die Panzern mit ihren Prüfungs- und Seminarforderungen als unbedingt wirksames Schreckgespenst auf ..." Er zeichnete diesen Brief als „Ihr immer noch mit-sorgender, alter, stets viel umkämpfter 'Chef '".[11]

Die politische Krise kam nicht nur nicht zur Ruhe, sondern steigerte sich rasant in den Tagen bis zur Spaltung der Stadt. Da die UGO mit ihrem angeblich von mir Verfolgten und seinem Biofreund auf der Insel keinen Boden fand, kam gröbstes Geschütz zum Ein-satz. Bislang hatte sich die französische Besatzungsmacht nie um unsere Schulfarm ge-kümmert; Frankreichs extrem konservatives Schulwesen hatte für reformpädagogische Bestrebungen kein Gespür. Da tauchten wie aus heiterem Himmel am 24.11.1948 zwei Herren der französischen Militärregierung zu einem Inspektionsgang auf, den zu be-gleiten ich in wenig freundlicher Weise aufgefordert wurde. Wirkliche Probleme, die uns beschäftigten, interessierten sie überhaupt nicht; ihnen ging es ausschließlich darum, Mängel festzustellen – eine zerbrochene Fensterscheibe da, einen unzureichend gereinig-ten Flur dort und dergleichen mehr. Dieser Besuch endete abrupt in dem Moment, als man im Privatbesitz der Schülerin Sonja Lippert auf ein Schulbuch für Geographie aus dem Jahre 1936 stieß, das man beschlagnahmen konnte. Mir war bewußt, daß ich als Schulleiter letztlich dafür verantwortlich gemacht und am Ende gar bestraft werden konnte. Beide Herren legten beim Abschied entschiedenen Wert darauf, daß ich dessen auch wirklich eingedenk war.

Diese winzige Maßnahme paßte exakt in den großen Trend, der Ende November/Anfang Dezember zur verwaltungsmäßigen Spaltung der Stadt führte. Ich informierte umgehend Blume, der in einer Denkschrift den Franzosen den Schulfarmgedanken zu erläutern ver-suchte, die ohne Echo blieb, aber als Abschrift im Schularchiv überlebte. Immerhin ge-lang eine Rücksprache mit den beiden Kulturoffizieren, die keinen guten Eindruck von mir gewonnen und mich ersetzt wissen wollten. Natürlich hatte für Blume wie für mich die Weiterexistenz der Schulfarm unbedingte Priorität. Es war unser gemeinsamer Kurs, als meinen Nachfolger Dr. Wolfgang Pewesin ins Spiel zu bringen, einen Uraltscharfen-berger, der damals als Dozent an der PH Blumes arbeitete und als Germanist und Histo-riker wie ich die günstige Fachkombination für meine Nachfolge mitbrachte. Zu dritt haben wir bei Blume in Frohnau freundschaftlich zusammengesessen und entsprechende

Pläne geschmiedet. Da die französische Militärverwaltung ihren Part gespielt hatte, nahm sie an den Folgeerscheinungen nicht mehr teil. Das überließ sie dem neu gegründeten Westberliner Hauptschulamt und dem Bezirksschulamt Reinickendorf, dem die Schulfarm nun wieder unterstellt wurde. Hier erst setzte mein entschiedener Widerstand ein.

Mit dem Reinickendorfer Schulrat Weiß hatte ich auf der Insel zwei oder drei Begegnungen. Bei der ersten deutete er mir an, daß ein Parteiaustritt bzw. -wechsel für mich eine völlig neue Situation schaffen könnte. Ich empfand eine solche Zumutung als schamlos und sagte es ihm auch. Noch empörender war das Ansinnen an mich, mit Hand anzulegen, um eine Liste von Schülern aufzustellen, die den an sie künftig gestellten Aufgaben angeblich nicht gerecht würden. Ich nannte eine solche Ausgrenzung – noch dazu mitten im Schuljahr – schlicht verantwortungslos. Das vom Reinickendorfer Schulamt ausgearbeitete Drehbuch für den großen Kehraus, der den Leiterwechsel mit dem Hinauswurf mißliebiger Schüler verband, war so elend, daß sich fast zwangsläufig ein Sturm erhob. Ohne mein Wissen und Zutun erschien am 30. Januar 1949 ein für Schüler und Eltern bestimmtes hektographiertes Flugblatt, das an die Amtsenthebungen nach 1933 und an den Scharfenberger Hanno Günther erinnerte, der wegen seiner Gesinnung 1936 von der Insel flog und Jahre später von den Nazis ermordet wurde. Das Blatt endete mit den Worten: „Wir fragen Euch, sollen wir unseren 'Vati' verlieren, nur weil er eine Meinung hat, die mißfällt? Sollen wir zum Spielball einer leider vorhandenen West-Ost-Auseinandersetzung werden? Sollen wir und die gesamte deutsche Jugend unter der von ihr nicht verschuldeten Situation leiden? Auf alle diese Fragen antworten wir: NEIN und nochmals NEIN!" Außerdem ließen die Schüler an alle Eltern den handschriftlichen Aufruf ergehen: „Liebe Eltern! Wir Scharfenberger Schüler und Schülerinnen bitten, Euch für das Verbleiben Herrn Scheels als Schulleiter unserer Insel einzusetzen. Helft uns mit den Euch zur Verfügung stehenden Kräften, unseren Wunsch bei den maßgeblichen Stellen durchzusetzen ..."[12] Es folgen hier die eigenhändigen Unterschriften sämtlicher auf der Insel anwesenden Mädchen und Jungen, also insgesamt 81 Namen.

Am selben 30. Januar beschloß der Elternausschuß die Einberufung einer Elternvollversammlung zum 13. Februar. In der Zwischenzeit ließ der in Westberlin für die Volksbildung verantwortliche Stadtrat May die Eltern per Rundschreiben immerhin so viel wissen, daß die Schulfarm „vom 1. März ab unter neuer Leitung anders geartete, zeitgemäße Aufgaben" übernehme und „weder für das Lehrerkollegium noch für die Schüler der

Schulfarm ... daher eine Fortführung der Ausbildung nach dem 1. März in bisheriger Weise möglich" sei.[13] Schulrat Weiß machte schon Nägel mit Köpfen, indem er mit unbekannter Hilfe eine Liste von 32 Jungen und Mädchen aufstellte, die die Insel zu verlassen hätten. Die Elternversammlung fand am 13. Februar statt. Ich leitete sie und begrüßte als Beauftragten des Westberliner Hauptschulamts Wolfgang Pewesin, dem man die undankbare Aufgabe zugeschoben hatte, den May-Brief zu erläutern. Die Allgemeinplätze über neue Aufgaben nahmen die Eltern noch hin, aber als die Rede auf Entlassungen kam, brach der Sturm los. Die Elternschaft beschloß die Bildung einer Deputation, die am 16. Februar beim Bezirksamt die Forderung erheben sollte: „Kein Lehrer und kein Schüler verläßt die Insel!"

Die Deputation wurde vor schleunigst vollendete Tatsachen gestellt. Am 14.2.1949 erhielt ich das vom 11.2.1949 datierte Schreiben des Stadtrats May, das von zeitgemäßeren Aufgaben auf der Grundlage des Berliner Einheitsschulgesetzes sprach und meine weitere Mitarbeit als „nicht angängig" bezeichnete. „Wir entbinden Sie also vom 16.2.1949 ab von der Leitung der Schulfarm Scharfenberg und überweisen Sie zur weiteren Dienstleistung in den Ostsektor von Berlin. Die Wahl des Bezirks überlassen wir Ihnen. May."[14]

Ich war ein echter Westberliner mit Wohnsitz in Neukölln und Arbeit in Reinickendorf, über den westbehördlich verfügt wurde, im Ostsektor zu sehen, wo er bliebe. Immerhin war Schulrat Weiß so ehrlich, mir auf meinen Protest hin telefonisch zuzugestehen: „Wir brauchen einander nichts vorzumachen – dies ist eine politische Entscheidung". Wilhelm Blume, der damals unmittelbar vor seinem 65. Geburtstag stand, parierte die vertrackte Situation auf seine Weise: Vor der überfüllten Aula in der Schönfließer Straße erklärte er den Studenten, daß sie selbst entscheiden müßten, ob sie hier weiter studieren oder zur West-PH nach Lankwitz wechseln wollten. Er „könne sich 'zweierlei Lehrerbildung in einer Stadt' nicht denken und wolle deshalb nicht mehr mitmachen".[15] Er ging in die Rente. Mich grüßte er am 7.2.1949, dem Vortage seines 65. Geburtstages, „in der unerschütterlichen Gewißheit, wenigstens die Insel auf einigermaßen neutral-menschlicher Linie halten zu wollen, und der noch unerschütterlicheren, daß wir alten Scharfenberger trotz Spaltung innerlich nie auseinander kommen können. Ihr alter Blume".[16]

Am 15.2.1949 trat Pewesin sein neues Amt an. Zu der am folgenden Tage anberaumten Versammlung erschienen die Schüler nicht und begannen einen Proteststreik, der keinen geregelten Unterricht möglich machte. Das Schulamt hatte auf Gewalt gesetzt; selbst wenn Pewesin das Zeug dazu gehabt hätte, den Schülern die gebührende Hochachtung für ihren mutigen Einsatz zu konzedieren, blieb ihm dafür wenig Raum. Auf seinen Antrag hin schloß Stadtrat May die Schulfarm am 19. Februar, um sie am 1. März – von allen unliebsamen Elementen „gereinigt" – wieder neu zu eröffnen. Es konnte nicht ausbleiben, daß insbesondere die Eltern der geschaßten Schüler von Wildangel Gegenmaßnahmen verlangten; am 26. Februar versprach er ihnen, in der Schorfheide bei Groß-Dölln, wo der einstige „Großjägermeister" seinem obersten Forstbeamten ein dreistöckiges geräumiges Haus hingesetzt hatte, den 31 verjagten Mädchen und Jungen eine erste Heimstätte zu geben und so zu einem neuen Scharfenberg zu gelangen. Ich hatte an dem Geschehen nach dem 15. Februar auf der Insel ebensowenig Anteil wie an der Vorbereitung des Schorfheideprojekts. In der absoluten Gewißheit, über kurz oder lang von der Insel geworfen zu werden, hatte ich bereits im Januar fest zugesagt, im gegebenen Moment die Leitung eines außerschulischen pädagogischen Experiments zu übernehmen. Die Aufgabe forderte den ganzen Mann, so daß ich bei der Eröffnung in Groß-Dölln am 5. März mit meinem Grußwort nach Wildangel und Paul Oestreich lediglich ein Stückchen Kontinuität zu verkörpern hatte.

Natürlich griff auch die Presse den Fall Scharfenberg auf, wobei die Ostgazetten den Westen und die Westgazetten den Osten attackierten. Was den Wahrheitsgehalt der dabei mitgeteilten Informationen angeht, so stand ihm der „Tagesspiegel" eindeutig am fernsten. Seine Stories, wonach die Schulfarm „drei Jahre lang als kommunistisches Versuchsobjekt gedient" hätte, wo „Schüler nicht mehr nach Fähigkeiten und Begabung, sondern nach ihrer oder der Eltern politischer Haltung ausgesiebt" worden wären und „die sowjetdeutsche FDJ ... eine 'Pioniergruppe'" gebildet und „Schulungsabende" veranstaltet hätte[17], stellten die Spitze aller Verleumdungen dar. Pewesin, der es besser wissen mußte, wurde durch diese Kampagne derart verunsichert und verstört, daß er noch lange darunter litt. So schrieb er mir am 22.5.1949: „Hier in Scharfenberg taucht die Tendenz auf, allmählich wieder in Verbindung mit Groß-Dölln zu kommen. Ich selber bin der Meinung, daß es wünschenswert wäre". Was jedoch darauf folgte, war weise Rücksichtnahme auf „wichtige Stellen der politischen Öffentlichkeit" und die Einsicht, „daß die Zeit eines immerhin nicht ganz harmlosen Gegeneinander noch nicht lange genug vorbei ist für solche Dinge". Der eingangs beteuerte Herzenswunsch erwies sich als rigorose Abgrenzung, wofür er sogar mich einspannen wollte: „Vielleicht wäre es gut, wenn

Du von Dir aus den vormals Deinen in Groß-Dölln in diesem Sinne einen Rat geben könntest".[18] Ich habe selbstverständlich keinen Finger gerührt. Ein gutes Jahr später erlebte ich Pewesin in angstschlotternder Hochform. Im Sommer 1950 besuchte ich, von meinem alten Mitstreiter Erwin Kroll herzlich empfangen, allein die Insel und klopfte bei dieser Gelegenheit bei Pewesin an. Er erschien in größter Erregung vor seiner Tür, vermied jede Form der Begrüßung und forderte mich auf, die Insel auf schnellstem Wege zu verlassen. Ich versprach, diesem seinem Gebot ganz gewiß nicht zu folgen – er müßte denn Gewalt aufbieten -, und kehrte ihm ungerührt den Rücken zu. Am 7.8.1950 meldete sich Blume bei mir: „Mon cher! Via Kroll hörte ich gestern von Ihrem peinlichen, diplomatisch und menschlich unverständlichen Rencontre auf unserer Insel. Es wäre mir schmerzlich, wenn Sie mich damit identifizierten; deshalb teile ich Ihnen einige Tatsachen mit". Fünf Punkte führte er auf, von denen nur der eine zitiert werden soll: „Verschiedene Aussprachen mit W. Pewesin und den Schulräten Reinickendorfs hatten kein weiteres Ergebnis, als daß ich mir eine Gallenkolik zugezogen habe".[19]

Es bedurfte erst der Feier des 75. Geburtstags des „Chefs", die von den Scharfenbergern gestaltet wurde, um mich auf der Insel – und das für immer – wieder als persona grata zu akzeptieren. Auf der Strecke jedoch blieb hüben wie die drüben die zuvor gemeinsam erkämpfte Einheitsschule von Groß-Berlin.

**Anmerkungen:**

1 *Scheel, Heinrich*: Vor den Schranken des Reichskriegsgerichts. Mein Weg in den Widerstand, Berlin 1993, S. 85-123.

2 Schulfarm-Scharfenberg-Archiv.

3 Neue Scharfenberg-Hefte, Nr.6 v. 8. Februr 1984, S. 36.

4 Ebd., S. 37-39.

5 Im Privatbesitz des Verfassers.

6 Ebd.

7 Landesarchiv der Stadt Berlin, Außenstelle Straßburger Str. 52, Personal- und Versorgungsakten des Magistrats, Akte Arnold.

8 Vgl. die neue schule, 3 (1948), Nr. 20, S. 655 f.

9 Im Privatbesitz des Verfassers.

10 Schulfarm-Scharfenberg-Archiv.

11    Im Privatbesitz des Verfassers.

12    Ablichtungen im Privatbesitz des Verfassers.

13    Im Privatbesitz des Verfassers.

14    Im Privatbesitz des Verfassers.

15    *Radde, Gerd*: Kontinuität und Abbruch demokratischer Schulreform. Das Beispiel der Einheitsschule in Groß-Berlin. In: Lingelbach, Karl-Christoph/Zimmer, Hasko (Red.): Öffentliche Pädagogik vor der Jahrhundertwende (Jahrbuch für Pädagogik 1993) Frankfurt a.M., S. 42.

16    Im Privatbesitz des Verfassers.

17    Tagesspiegel 5 (1949), Nr. 52 v. 3.3.1949.

18    Im Privatbesitz des Verfassers.

19    Im Privatbesitz des Verfassers.

Christa Uhlig

## Zur Rezeption Paul Oestreichs in der DDR – geehrt und dennoch ungeliebt

„Denen, die die Vollendung suchen und denen 'Leben' bedeutet: Verantwortlich sein!" (Oestreich 1947)

Am 30. März 1978 – anläßlich des 100. Geburtstages Paul Oestreichs – veranstaltete die Akademie der Pädagogischen Wissenschaften der DDR (APW) gemeinsam mit der Humboldt-Universität zu Berlin in der Kongreßhalle am Alexanderplatz ein auf Repräsentation angelegtes Kolloquium mit dem Thema „Prof. Dr. h.c. Paul Oestreich – ein Kämpfer gegen die Reaktion und für den Fortschritt in der Schulpolitik und Pädagogik". Kurz zuvor hatte die UNESCO auf Antrag der DDR den 100. Geburtstag Paul Oestreichs in ihren Gedenkkalender berühmter Persönlichkeiten aufgenommen. Das Kolloquium war der Schlußpunkt einer Reihe von Aktivitäten im Umfeld des Jubiläums: Paul Oestreichs Schriften wurden in einer Auswahl herausgegeben. Studentenzirkel befaßten sich an verschiedenen Lehrerbildungseinrichtungen mit Leben und Werk des Pädagogen. An der Paul Oestreich-Schule in Berlin-Weißensee wurde ein Traditionszimmer eröffnet. Am Grab Paul Oestreichs in der Gedenkstätte der Sozialisten in Berlin-Friedrichsfelde fanden Kranzniederlegungen statt. Geehrt wurde Paul Oestreich aber auch schon vorher – mit Auszeichnungen und Orden, als Ehrendoktor der Universitäten Greifswald (1948) und Berlin (1958) und schließlich mit Nachrufen von höchsten Stellen und in lobreichen Worten nach seinem Tod am 28. Februar 1959. „Die fortschrittlichen Gedanken seines Lebenswerkes wurden mit der sozialistischen Erziehung in der DDR verwirklicht", hieß es in einem dieser Nachrufe (Kolloquium 1978, S. 13). Nicht in der BRD, sondern in der DDR sei Oestreichs Erbe zu Hause, so habe das Kolloquium 1978 „augenfällig erwiesen" (ebd., S. 97). Es solle „Impulse auslösen, das Werk Paul Oestreichs zu studieren, es für unsere gegenwärtige Arbeit fruchtbar zu machen und uns durch das leidenschaftliche Engagement Paul Oestreichs anspornen zu lassen" (ebd., S. 11).

Wie wahrhaftig war diese Art der Beschäftigung mit Paul Oestreich? Wie ernsthaft der kritische Bezug auf die Gegenwart der DDR? Aus der heutigen Perspektive wäre es gewiß ein Leichtes und entspräche durchaus dem Zeitgeist, der Rezeption Paul Oestreichs in der DDR a priori Unwahrhaftigkeit und Funktionalisierung zu unterstellen. Als Augenzeuge der damaligen Auseinandersetzungen um Paul Oestreich kann man jedoch einer solchen Annahme nicht folgen. Zu deutlich ist die Erinnerung an die emotionale Bewegtheit und die warmherzigen Worte jener, die Paul Oestreich selbst noch erlebt hatten – in der Weimarer Republik, während des Nationalsozialismus, aus den Debatten um ein demokratisches Berliner Schulgesetz, aus den Initiativen für Frieden und demokratische Wiedervereinigung Deutschlands. Und noch immer wirkt die Faszination der Oestreichschen pädagogischen und politischen Gedanken nach, sofern man sich die Mühe machte, sie nicht aus zweiter Hand, sondern im Original zur Kenntnis zu nehmen. Aber auch eine latent ambivalente Haltung zu Paul Oestreich drängt sich in die Erinnerung, unausgesprochene Spannungen und Differenzen zwischen seinen Ideen und der erlebten und mitgestalteten pädagogischen Realität, auch Scheu vor den möglichen unbequemen Konsequenzen seines pädagogischen und moralischen Rigorismus.

1978, zum Zeitpunkt des erwähnten Kolloquiums, war Paul Oestreich unter der jüngeren, dritten Nachkriegsgeneration in der DDR als Pädagoge beinahe unbekannt. Aber auch in der Pädagogengeneration, der Paul Oestreich noch aus eigenem Erleben im Gedächtnis war – Befragungen bestätigten es -, gehörten zur primären Erinnerung jene an Oestreichs „Querdenken", an seine bild- und metapherreiche Sprache, an sein Beharrungsvermögen (manche nannten es Sturheit), seine Unduldsamkeit, seinen schwierigen Charakter. Erst unterhalb dieser Ebene traten seine pädagogischen Ansichten in die Erinnerung – die elastische Einheitsschule, Produktions- und Lebensschule, Kern- und Kursunterricht, Totalität als Menschenbild, Religiosität als Ethik. Selbst von der wechselvollen Lebensgeschichte Paul Oestreichs war wenig bekannt. Woran lag es, daß dieser Pädagoge wie kaum ein anderer seiner Zeitgenossen und seines Umkreises in das Spannungsverhältnis zwischen Annahme und Abgrenzung, zwischen Verehrung und Kritik, zwischen Totschweigen und Erinnern geriet?

Gründe hierfür ergeben sich vermutlich zum einen aus Oestreichs politischen und pädagogischen Auffassungen selbst, zum anderen aus seinem Engagement für die demokratische Reformierung des Berliner Schulwesens nach 1945 und später für die deutsche Einheit und schließlich aus der Unmöglichkeit, ihn – zumindest zu seinen Lebzeiten – für irgendwelche Zwecke dauerhaft und verläßlich funktionalisieren bzw. vereinnahmen zu können. Dies galt sowohl für seine Tätigkeit als Hauptschulrat in Berlin-Zehlendorf als auch für sein Wirken in der DDR.

Die bildungspolitischen Aktivitäten und die ihnen zugrunde liegenden pädagogischen Auffassungen Oestreichs sind in der Literatur vielfach und aus verschiedenen Perspektiven beschrieben (u.a. Radtke 1961; Böhm 1973; Reintges 1977; König/Radtke 1978; Pajung 1979; Neuner 1980; Uhlig 1980; Ellerbrock 1992; Bernhard 1993). Im vorliegenden Zusammenhang soll vor diesem Hintergrund vor allem der Frage nachgegangen werden, inwiefern und wodurch Paul Oestreich in der sich etablierenden Pädagogik und in der Schuladministration des Nachkriegs-Berlins Irritationen und Konflikte auslöste, die letztendlich dazu führten, daß er nicht nur im Westteil der Stadt scheiterte, sondern auch im Osten Berlins, wo er nach seiner Amtsentlassung in Zehlendorf zunächst Arbeit und soziale Unterstützung erhielt, relativ wenig Einflußmöglichkeiten bei der realen Gestaltung des Bildungswesens erringen konnte. Einige der in diesem Zusammenhang relevanten Momente seiner pädagogischen und politischen Ansichten sollen im folgenden exemplarisch betrachtet werden.

**1. Paul Oestreichs Vorstellungen von Struktur und Inhalt der Einheitsschule**

Paul Oestreich sah in einem einheitlichen Schulaufbau die wirksamste Möglichkeit, sozialer Ungerechtigkeit im Zugang zum Bildungserwerb zu begegnen und eine bildungspolitische und pädagogische Basis für die Entfaltung und Entwicklung der individuellen Lernvoraussetzungen jenseits von Besitz und Stand zu schaffen. Seine Einheitsschulauffassungen konstituierten sich zwischen 1919 und Mitte der zwanziger Jahre zu einem strukturierten und in sich schlüssigen, wenngleich nicht unumstrittenen reformpädagogischen Schulmodell – der elastischen Einheitsschule (vgl. Oppermann 1992, S. 369 ff.). Elastisch ist die Schule, so Paul Oestreich, „die statt der Unterweisung der Kinder nach dem Einkommen, dem Stand, der Konfession, dem Vorurteil, dem Ehrgeiz, der Opferkraft der Eltern, dem Geschlecht der Kinder, der Art der erreichbaren Schulen, also nach im Grunde erziehungsfremden Milieugesichtspunkten, die Unterweisung gemäß der zu erprobenden Eigenart des Kindes setzt" (Oestreich 1978, S. 84). Die Schule soll einerseits alle Kinder möglichst lange beisammen halten und andererseits der individuellen Vielfalt der Heranwachsenden Raum und Entwicklungsmöglichkeiten bieten (vgl. Schulen, die anders waren 1990, S. 28 f.). Oestreichs Einheitsschulmodell war nicht für vereinzelte Schulversuche konzipiert. Dieser Umstand führte nicht nur zum Konflikt mit Fritz Karsen (vgl. Radde 1973, Neuner 1980), sondern stellte auch das Selbstverständnis des Bundes Entschiedener Schulreformer, dessen Vorsitzender Paul Oestreich von 1919 bis 1933 war, permanent auf die Probe. Er wollte die elastische Einheitsschule vielmehr als Schultyp einer künftigen, im Verhältnis zur Weimarer Republik radikal-demokratisch veränderten Gesellschaft verstanden wissen. Nach dem Ende der nazistischen Barbarei hielt er eine solche gesellschaftliche Entwicklung in Deutschland nicht nur für dringend geboten, sondern sah dafür besonders in Berlin gute Voraussetzungen. Deshalb vor allem versuchte er, sein Bildungskonzept und sich selbst – immerhin zählte er bereits 67 Jahre – in die Debatten um die Neugestaltung von Gesellschaft, Erziehung und Schule einzubringen. In Ansätzen gelang ihm dies sowohl bei der Konzipierung des Berliner Einheitsschulgesetzes von 1947/48 als auch des „Gesetzes zur Demokratisierung der deutschen Schule", das für die Länder in der Sowjetischen Besatzungszone (SBZ) am 12. Juni 1946 in Kraft trat (vgl. u.a. Klewitz 1971; Oppermann 1982, S. 438 ff.; Lemm 1994). Mit Beginn der Konfrontationen des Kalten Krieges, der beide Teile Deutschlands in eine besondere politische Situation stellte, die Neuordnung politischer Strukturen und die Hegemonie traditioneller politischer Kräfte in Ost und West ebenso begünstigte wie Restaurationstendenzen auf der einen und Dogmatisierungstendenzen auf der anderen Seite, blieb es jedoch bei diesen Ansätzen. Das Gesamtberliner Schulgesetz fand nicht die erhoffte Realisierung. Es wurde durch die Spaltung Berlins blockiert. Für Paul Oestreich mußte dies eine bittere Enttäuschung bedeutet haben. 1948, im Zusammenhang mit seinem 70. Geburtstag, der auch von den Alliierten gewürdigt wurde, schrieb er: „Wenn einer der beiden alliierten Freunde aufgestanden wäre und gesagt hätte: 'Ich gebe dir das Berliner Schulgesetz als Geburtstagsgeschenk', dann hätte ich auf alles andere verzichtet" (Die neue Schule 1948, Nr. 8, S. 249).

Aber auch im Wirkungsbereich des „Gesetzes zur Demokratisierung der deutschen Schule" geriet die ursprüngliche Konzeption für die Entwicklung des Bildungswesens in das Spannungsfeld unterschiedlicher politischer und pädagogischer Traditionslinien und Ziele. Blieb auf der einen Seite der historisch tradierte Sinn der Einheitsschulidee, Chancengleichheit im Bildungserwerb herzustellen und den Zugang zur Bildung vor allem für vormals sozial benachteiligte Bevölkerungskreise zu öffnen, für die DDR-Schule grundlegende Motivation und Legitimation, wurde auf der anderen Seite das Einheitsprinzip immer mehr auch als Möglichkeit konzipiert, politische Herrschaftsinteressen einheitlich durchzusetzen. Demzufolge bezogen sich die Einheitlichkeitsvorstellungen auf alle Bereiche und Stufen des Bildungssystems, auf die Bildungs- und Erziehungsziele, auf die

Lerninhalte, auf die Verbindung der Schule mit der Arbeitswelt durch polytechnische Bildung, auf die pädagogischen und methodischen Vermittlungs- und Lernstrategien. Dies aber gerade wollte Paul Oestreich mit seinem Schulmodell nicht. Mit der Präferenz politischer Begründungszusammenhänge und dem Verzicht auf pädagogische Differenzierung wurden wesentliche Momente des Oestreichschen Einheitsschulkonzeptes eliminiert. Das Prinzip der Elastizität – Oestreich vermied bewußt, in Abgrenzung vor allem von Kerschensteiner, den Begriff Differenzierung – machte die Besonderheit seines Einheitsschulmodells aus. Er strebte damit eine offene, entwicklungsorientierte Schulstruktur an, die primär an den Entwicklungsbedürfnissen der Kinder orientiert sein und soziale wie pädagogische Gerechtigkeit immer neu definieren und anstreben sollte. Diese Seite aber blieb in der DDR seit Ende der vierziger Jahre unterbelichtet. Paul Oestreich wurde zwar zur Legitimation der Einheitsschule herangezogen, seine Ansichten zu deren pädagogischer Begründung und innerer Gestaltung allerdings schienen nicht in das sich etablierende Bildungskonzept zu passen. Paul Oestreich registrierte diese aus seiner Sicht gefahrvolle Perspektive schon frühzeitig. In einem Brief an einen Freund schrieb er 1946, freilich nicht ganz ohne Selbstüberhebung:

„Mit 'Einheitsschule' *jagt* man alle Eltern (auch die besseren Proletarier), wenn sie ohne reichen Inhalt ist. *Mein* Schulprogramm ist das einzige sozialistische, das der SED und SPD ist liberalistischer Aufstieg ... Ja, die 'entschiedene Schulreform' täte not. Aber ohne Demokratie sinnlos und – Oestreich ist alt und verbraucht. Ja, nur die elastische, innerlich differenzierte E. Sch. könnte retten. *Diese* 'Einheitsschule' *vernichtet* die Einheitsschule!" (Brief vom 4. Nov. 1946).

Natürlich konnte es nicht Sinn und Zweck der Schulreform sein, nunmehr Paul Oestreichs Schulkonzept zu realisieren. Es war *ein* Modell in einer breiten Einheitsschultradition. Es allerdings, wie auch andere Ansätze, in einen offenen Diskurs über die Gestaltung des Bildungswesen einzubeziehen, wäre ebenso denkbar wie anregend gewesen.

**2. Die integrative Verbindung zwischen allgemeiner und beruflicher Bildung, zwischen Schule, Leben und Arbeitswelt**

Neben seinen Auffassungen zur notwendigen Elastizität der Einheitsschule gehörten vermutlich auch Oestreichs Vorstellungen von einer integrativen Verbindung zwischen allgemeiner und beruflicher Bildung zu jenen Momenten, die das generell ambivalente Verhältnis zu seinem Schulplan bewirkten. Mit der Produktionsschulidee hatte er nicht nur verschiedene Richtungen der Arbeitsschule aufgegriffen, sondern vor allem an P. P. Blonski angeknüpft, der davon ausgegangen war, daß ein neuer Gesellschaftstyp, dem die Vision veränderter Arbeits- und Reproduktionsbedingungen zugrunde läge, auch einen neuen Schultyp verlange. Oestreich lehnte die einseitig auf geistige Bildung ausgelegte Schule kategorisch ab und plädierte statt dessen nicht nur für ein gleichwertiges Neben- und Miteinander von allgemeiner und beruflicher Bildung, sondern vor allem für eine neue Qualität schulischer Arbeit als Integration theoretischen, praktischen und sozialen Lernens. Von dieser Position aus kritisierte er besonders die an gymnasialer Bildung orientierte Oberstufe des Einheitsschulsystems und den Verzicht auf eine produktive Auseinandersetzung mit alternativen Auffassungen. Die bis Ende der vierziger Jahre praktizierten Formen des Kern- und Kursunterrichts reichten nicht an seine Vorstellung von Elastizität bzw. Differenzierung heran, sondern waren nach Oestreichs Urteil verschleierte Formen frühzeitiger Gabelung nach alten Mustern (vgl. Ellerbrock 1992, S. 130 f., 295 f.). Die Schule müsse, gerade auch wegen der Erfahrung von Nazismus und Krieg, darauf angelegt sein, daß jeder Jugendliche „nach seinen Begabungen in einer Sphäre sozialer Verantwortung zu einem standfesten und rauschfreien Menschen" ausgebildet werden könne, „der sich der Verpflichtung zu weltkultureller Haltung bewußt ist" (zit. n. Ellerbrock 1992, S. 129). Das sei nur möglich in einer „durchgeistigten Produktionsschule, die alle Kinder des Volkes zusammenhält", allen Begabungen ihre „volle Höchstausbildung zu Teil werden läßt" und „den menschlichen Lebensrhythmus unverkrampft und ohne Rekorde ausschwingen läßt" (ebd.). Einen Grund für die Distanz zur Arbeitsschule und für die Orientierung an der Lernschule in der SBZ und späteren DDR sah Oestreich im Einfluß der Sowjetischen Militäradministration (SMAD). Man werfe ihm vor, er wolle das, „was die Russen 1920/21 gewollt hätten. Jetzt aber wollen die Russen die ausgemachte Quantitäten-Lernschule. Ein primitives Volk frißt 'Bildung'. Daher die Lehrpläne ..." (Brief vom 21. Dez. 1946).

Inwieweit die ab 1948/49 durchgesetzte Orientierung der Schule auf Wissensvermittlung und rezeptives Lernen tatsächlich allein aus sowjetischen Einflüssen und nicht ebenso aus deutschen Bildungstraditionen erklärbar ist, soll an dieser Stelle nicht erörtert werden. Wichtiger scheint im vorliegenden Zusammenhang, daß Paul Oestreich einen entscheidenden Anteil daran hatte, daß in die Überlegungen zur Neugestaltung der Schule in der

SBZ und späteren DDR *überhaupt reformpädagogische Elemente*, insbesondere aus der internationalen Arbeitsschulbewegung, einflossen, obgleich sie sich auch zu dieser Zeit gegen das traditionelle Bildungsverständnis in Deutschland nicht generell durchsetzen konnten. Mit seinem bildungstheoretischen Ansatz mußte Paul Oestreich auf diese Weise zwangsläufig in jene Auseinandersetzungen geraten, die Ende der vierziger, Anfang der fünfziger Jahre zur politischen Abgrenzung von der Reformpädagogik und zu ihrer Stigmatisierung als spätbürgerlich, reaktionär und sozialismusfeindlich, weil angeblich leistungshemmend, führten. Zwar wurde Paul Oestreich in diesen Auseinandersetzungen, die mit vernichtender Schärfe vor allem auf dem IV. Pädagogischen Kongreß 1949 von Hans Siebert initiiert wurden, nicht vordergründig erwähnt – das verbot der Respekt vor seiner internationalen Reputation und seinen gesamtdeutschen politischen Aktivitäten –, gemeint waren er und seine Anhänger jedoch allemal. Mit „pseudodemokratischen Phrasen" würde die Arbeitsschule das „reaktionäre Erziehungsziel im Interesse der Imperialisten" verschleiern. Die „reaktionäre Arbeitsschulmethodik des Gruppenunterrichts, des Lehrergesprächs usw." bedeute „Absinken in feudalbürgerliche, individualistische Ideen der 'Eliteerziehung' ... Rückfall in nihilistische und anarchistische Denkweisen" (Siebert 1949, S. 45). Man blickt aus der heutigen Perspektive einigermaßen ratlos auf diese jeglicher Sachlichkeit entbehrenden, teilweise grotesken Anwürfe gegen die Arbeitsschule und ihre Vertreter. Kann man diese demagogischen Auseinandersetzungen einerseits nicht aus dem zeithistorischen Kontext des entstehenden Kalten Krieges lösen, muß man andererseits jedoch auch nach den Verletzungen fragen, die aufrechten demokratischen Pädagogen damit zugefügt wurden – ganz zu schweigen von den Chancen, die durch Selbstbegrenzungen dieser Art ungenutzt blieben.

**3. Politischer Demokratismus contra parteipolitischen Karrierismus**

Bereits in der Zeit der Weimarer Republik lehnte Paul Oestreich die Annahme öffentlicher Ämter für sich kategorisch ab, weil er darin die Gefahr von Opportunismus, Einschränkung politischer Handlungsfreiheit und Karrierismus zu sehen glaubte. Nicht wenige Konflikte im Bund Entschiedener Schulreformer hatten in dieser Haltung ihre Ursachen – bei Paul Oestreich oft mit harten, teilweise ungerechten Urteilen über jene Entschiedenen Schulreformer verbunden, die durchaus einen Sinn darin erkennen konnten, in bestimmten bildungspolitischen und pädagogischen Ämtern, als Schuldirektoren, Schulräte oder in der Schulverwaltung an der konkreten Gestaltung pädagogischer Praxis mitzuwirken. Diese Haltung – wie immer man sie beurteilen mag – prägte auch nach 1945 Oestreichs Persönlichkeit. Obwohl er nunmehr persönlich bereit war, öffentliche bildungspolitische Funktionen zu übernehmen und unter den gegebenen Verhältnissen die Wahrnehmung von konkreter politischer Verantwortung für wichtig und richtig hielt, vermutete er in der Herausbildung der neuen gesellschaftlichen Strukturen in allen vier Besatzungszonen zugleich neue Ansätze für Opportunismus und Karrierismus. Durch das opportunistische Verhalten nicht weniger Pädagogen während des Nationalsozialismus sensibilisiert und verhärtet, wurde er zu einem schonungslosen Kritiker neuer Anpassungstendenzen und -muster. Ein prägnantes Beispiel hierfür ist seine Auseinandersetzung mit Peter Petersen im Jahre 1947 (König 1978; Uhlig 1994 u.a.). So berechtigt seine kritische Haltung auch war, richtete sie sich jedoch mitunter – nicht ganz ohne Selbstüberschätzung, Selbstmitleid und Maßlosigkeit – blindlings gegen alles und jeden. Die „Bonzen der Zentralverwaltung" hätten „keine Ahnung von der Wirklichkeit, orakeln andauernd und sind ohne Civilcourage". Die SED sei „instinktlos russenhörig", die SPD „grenzenlos verbürgerlicht", die „SPD-Lehrer wollten nur Posten" ... „Karriere a tout prix!" sei das Lebenswort. „Die Petersen- und Karsen-Typen beherrschen das Feld" ... Nur Paul Oestreich sei „ein freier Mensch" – aber, so resümiert er: „Mein Leben ist viel tragischer als das Pestalozzis ... Sich durchfressen durch einen Misthaufen" (Brief vom 21. Dez. 1946). Mit ähnlich groben Worten bedachte er vor allem ehemalige Kollegen, „alles Bundesflüchtlinge", wobei er besonders den Sachsen gram war. „Weshalb ich den Sachsen gram bin? Nun, weil sie vor 1933 sich vor Entschiedenheit überschlugen und die allertreusten, auch dem Bunde und mir gegenüber sein wollten und nachher so restlos versagten und verstummten ... Sie hatten sich dort alle getarnt und ergeben, während ich hier in völliger Einsamkeit keinen Augenblick die Todfeindschaft gegen Hitler aufgegeben hatte" (Brief vom 5. Jan. 1946). Diese Bemerkungen Oestreichs werden nicht in denunzierender Absicht erwähnt, sondern weil sie neben seiner Unbestechlichkeit und Aufrichtigkeit zugleich seine Grenzen, die ihm zugefügten Beschädigungen und psychischen Belastungen verdeutlichen, die auch zur Persönlichkeit Oestreichs gehörten und den Umgang mit ihm, vor allem seine Einbindung in die bildungspolitischen und pädagogischen Entscheidungsprozesse, nicht erleichterten. Oestreichs kritische Haltung war nicht selten mit dem Gefühl verbunden, auf ein Abstellgleis geschoben zu sein, nicht ernst genug genommen und nur als Repräsentationsfigur gebraucht zu werden. „Man will mich *nur* zur 'inneren Diskussion', mich *ein*organisieren und ausbeuten, aber *nicht* ein Buch herauskommen lassen. Ich muß erst sterben. Dann wird man mich zitieren. Ich kann mich ja dann nicht mehr wehren ... Man mißbraucht mich, meinen Namen" (Brief vom 4. Nov. 1946).

Nach mehreren Interventionen Oestreichs bei der Deutschen Verwaltung für Volksbildung wegen der nicht rasch genug erfolgenden Neuauflage seiner Schriften sah sich Paul Wandel zu einer deutlichen Antwort veranlaßt: „Ich habe es allerdings sehr bedauert, das Sie in Ihrem Schreiben neben einigen verständlichen Forderungen auch eine Reihe unberechtigter Beschuldigungen erheben, die so gar nicht zu Ihrem Gerechtigkeitssinn passen. Teils aus Papiermangel, teils weil uns die geeigneten Bearbeiter fehlen, ist unser schon lange geplantes Programm der Herausgabe einer Schriftenreihe wirklich demokratischer und fortschrittlicher Pädagogen ... noch nicht verwirklicht worden ... Es bestand bei uns niemals auch nur die geringste Absicht, Sie in irgendeiner Weise zu benachteiligen. Ebensowenig wie wir die Absicht hatten, *keine* Werke von Paul Oestreich herauszubringen, ebensowenig konnten und können wir *nur* Werke von Paul Oestreich herausbringen ... Besonders schmerzlich berührte mich die Beschuldigung an die Adresse von Dr. Wolf, der von Ihnen einfach mit einer Bemerkung als „Petersen-Schüler" abgetan wird. Dr. Wolf, der 8 Jahre als aufrechter Antifaschist im Konzentrationslager war, hat zu Petersen mindestens eine ebenso kritische Einstellung wie Sie, lieber Paul Oestreich, und hat daraus noch nie ein Hehl gemacht. Entschuldigen Sie, wenn ich auf diese Dinge hinweise, aber ich fühle in Ihren Schreiben oft doch manchen unberechtigten Vorwurf ..." (Brief vom 1. Okt. 1947).

Das Wissen um diese Hintergründe ist deshalb notwendig, um aus der subjektiv eingefärbten Kritik Oestreichs an den Zuständen jener Zeit den rationalen Kern herauslesen zu können: sein Gespür für politischen Dogmatismus, Bürokratismus, Opportunismus und Karrierismus, für Verhaltensweisen, denen er einen radikalen politischen Demokratismus entgegenzusetzen versuchte, denn: „Was soll die ganze 'Demokratie', wo *keiner* sich wagt, sondern *alles* klebt!" (Brief vom 9. Febr. 1946). Seine in vielem berechtigte Haltung bot jedoch auch leicht Vorwände, um ihn in den auf Tempo und Kompromisse angewiesenen Prozessen praktischer Bildungspolitik als störend und seine scharfe Kritik als skurril abtun zu können. Hinzu kam, daß Paul Oestreich, wie schon zu Zeiten der Weimarer Republik, zwar die Schule stets in politische Zusammenhänge stellte und Schulpolitik nicht außerhalb der politischen Auseinandersetzungen wissen wollte, aber ihre parteipolitische Funktionalisierung strikt ablehnte. Daran änderte auch seine Entscheidung für eine Mitgliedschaft in der SED nach 1945 nichts. Zu einer übermäßigen Loyalität sah er sich dadurch keineswegs veranlaßt. Er habe eigentlich in der SED nichts zu suchen, bleibe „aber bei der Partei der stärksten Sozialisierung, so sehr die auch verlogen, diktatorisch und oft armselig ist" (Brief vom 4. Nov. 1946). „Leider hat die SED, die jetzt die angenehmste Position hat, nichts zugelernt. Sie verscherzt alles mit ihrer Russenhörigkeit, leider. Aber ich wechsle keineswegs die Partei, obwohl mir die Parteipresse glatt verschlossen ist" (Brief vom 21. Dez. 1946).

Paul Oestreich blieb der unangepaßte Querdenker. In dem Maße, in dem seit Anfang der fünfziger Jahre die bildungspolitischen Linien für die DDR vorgezeichnet schienen, wußte man mit Paul Oestreich immer weniger anzufangen.

**4. Im eigenen Auftrag für eine gesamtdeutsche demokratische Bildungsreform**

Nachdem in den ersten Jahren der Schulreform mehrere seiner Schriften neu aufgelegt, seine Auffassungen in Artikeln und zahlreichen Rundfunkansprachen popularisiert und seine Expertenmeinung eingeholt worden waren, wurde es in den folgenden Jahren stiller um Paul Oestreich. Nur kurze Zeit, von seiner Zwangsversetzung in den Ostteil Berlins bis zu seiner Pensionierung im September 1950, arbeitete er hier als Dezernent für Oberschulen im Hauptschulamt des Magistrats. Besonderen Einfluß jedoch erlangte er nicht mehr. Noch einmal wurde er 1955 durch das Deutsche Pädagogische Zentralinstitut zur Mitarbeit herangezogen, offensichtlich im Umfeld jener Diskussion um Ziele, Inhalte und Wege der Schule in der DDR, die 1958 abgebrochen wurde und als „Revisionismusdebatte" in die Schulgeschichte der DDR einging. Soweit Alter und Gesundheit es zuließen, verlagerten sich seine Aktivitäten auf Initiativen zur Herstellung des Dialogs zwischen Pädagogen aus beiden Teilen Deutschlands mit dem Ziel einer demokratischen gesamtdeutschen Bildungsreform und der politischen Mobilisierung der deutschen Pädagogen für die Erhaltung des Friedens. 1954 wurde er Mitglied des Ausschusses für deutsche Einheit (vgl. Ellerbrock 1992, S. 319 ff. u. 322). Er war nicht nur Mitinitiator, sondern auch stets Redner auf den Ostertagungen deutscher Pädagogen in den fünfziger Jahren (Drefenstedt 1994). Sein diesbezügliches Engagement wußte man in der DDR ebenso zu schätzen wie seine Autorität und Akzeptanz unter reformorientierten Pädagoginnen und Pädagogen in Westdeutschland. An Traditionen des Bundes Entschiedener

Schulreformer anknüpfend, nahm Paul Oestreich eine beachtliche integrative Funktion
wahr und hatte wesentlichen Anteil an der Entwicklung dieses heute oft unterbewerteten
Prozesses deutsch-deutscher Annäherung in den fünfziger Jahren (vgl. z.B. Dudek 1993;
dazu Geißler 1994). Buchstäblich bis zum Ende seines Lebens bemühte er sich gemeinsam mit Fritz Helling u.a. über den 1952 gegründeten Schwelmer Kreis um eine gesamtdeutsche demokratische Kultur- und Bildungsperspektive und um gesamtdeutsche Frie-
densverantwortung. Fritz Helling, Mitstreiter Paul Oestreichs im Bund Entschiedener
Schulreformer, beschrieb später die Intentionen dieses Engagements: „Als wir Anfang
1952 unsere erste Ostertagung in Schwelm vorbereiteten, luden wir von den Pädagogen
aus der Deutschen Demokratischen Republik  diejenigen ein, die uns von früher her als
Schulreformer persönlich bekannt und befreundet waren. Wir Älteren kamen fast alle aus
der reformpädagogischen Bewegung der Weimarer Zeit und waren uns trotz aller Tren-
nungen geistig nah geblieben ... Gemeinsam waren uns auch die Erfahrungen, die wir im
Laufe der Zeit gemacht hatten. Wir alle hatten den individualistischen Utopismus, zu dem
wir uns früher mehr oder weniger hatten verleiten lassen, überwunden. Wir waren insofern Realisten geworden, als wir die Bedeutung der gesellschaftlichen Umwelt für das
pädagogische Gelingen erkannt hatten ... Während wir in der Schule um des Kindes willen radikale Neuerungen probten, gingen die Gesellschaft, in der wir lebten, und die Politik, die gemacht wurde, ganz andere Wege ... Diese Erfahrungen hatten uns ... zu der
Einsicht gebracht, daß jede fortschrittliche Pädagogik ihre Ziele nur dann erreichen kann,
wenn auch die Gesellschaft und ihre Politik sich in fortschrittlicher Bewegung befinden ...
Als wir nach 1945 an dem pädagogischen Neubeginn wieder teilnahmen, war uns allen
diese Zusammengehörigkeit des Pädagogischen mit dem Gesellschaftlich-Politischem
klar. Als dann die Spaltung Deutschlands kam, war es unmöglich, die Enge einer fach-
pädagogischen Selbstgenügsamkeit zu ertragen. Wir erkannten die neue politisch-
pädagogische Aufgabe, Deutschland, seine Jugend und seine Lehrer wieder zu einigen,
und wollten ihr dadurch dienen, daß wir ... die Schulreformer aus beiden Teilen Deutschlands zusammenzubringen suchten ... Wir alle bejahen den Weg der ehrlichen gewollten
Verständigung und Annäherung als den einzigen realistischen Weg, der zu unserer Wiedervereinigung führen kann ..." (Helling 1958, S. 52 f.).

Da sowohl in Ost- als auch in Westdeutschland später dieses konstruktive Aufeinander-
zugehen im Interesse einer demokratischen Perspektive für ganz Deutschland massiven

Verdrängungsprozessen unterlag, gerieten auch die Persönlichkeiten von damals unter das Verdikt des Schweigens und Vergessens.

Dennoch entstand Anfang der sechziger Jahre eine wissenschaftliche Arbeit zu Leben und Werk Paul Oestreichs (Radtke 1961). 1960 wurde in Berlin eine Schule nach Paul Oestreich benannt. Weiterreichende Konsequenzen für die Popularisierung Oestreichs in pädagogischer Forschung und Lehre gab es allerdings kaum. Sein Bekanntheitsgrad reduzierte sich auf die in der „Geschichte der Erziehung", dem Standardwerk historischer Pädagogik in der DDR, dargestellten Fakten und Fragmente (Geschichte der Erziehung 1987, S. 566 f.). Erst in Vorbereitung seines 100. Geburtstages setzte eine vertiefte Auseinandersetzung mit Paul Oestreich ein, deren Resultate eingangs beschrieben wurden. Einerseits der mittlerweile weniger verstellten und eingeengten Sicht auf die eigene Geschichte zu verdanken, war die nunmehr einsetzende Beschäftigung mit Leben und Werk Paul Oestreichs andererseits vor allem auch Reaktion auf das wachsende wissenschaftliche Interesse an Oestreich in der Bundesrepublik im Umfeld einer breiteren Reformpädagogik-Rezeption seit den siebziger Jahren. Der pädagogischen Geschichtsschreibung in der DDR wurden dadurch Defizite im Umgang mit den eigenen pädagogischen Traditionen vor Augen gestellt, die im Wettstreit der Traditionsbeanspruchung so nicht hingenommen werden konnten. Die Besinnung auf Paul Oestreich wurde zumindest zeitweilig wieder populär und ermöglichte, nicht zuletzt durch die Herausgabe einer Auswahl seiner Texte, eine breitere Thematisierung seiner Auffassungen beispielsweise in der pädagogischen Aus- und Weiterbildung. Ob und wie diese Möglichkeit aufgegriffen wurde, hing wesentlich von der subjektiven Motivation der Pädagogen selbst ab. In den offiziellen, verbindlichen Lehrprogrammen blieb Paul Oestreich bis zum Ende der DDR unberücksichtigt – zuletzt weniger aus politischem Kalkül als vielmehr wegen nachlässiger Verharrung in herkömmlichen Denkmustern.

Als Paul Oestreich kurz vor Weihnachten 1948 in Zehlendorf entlassen wurde, fand er ganz selbstverständlich Aufnahme und soziale wie juristische Unterstützung in der DDR. Ob er aber jemals wirklich angekommen ist? Ob er seine Heimat gefunden hat? Eher ist zu vermuten, daß ihn auch dieses System, wie die anderen, die er durchlebt hatte, enttäuschte, trotz der ihm zuteil gewordenen Ehrung. Dennoch, welch innovativer Chancen man sich in der DDR-Pädagogik durch den Verzicht auf die kritisch-konstruktive Integration der Gedanken und Erfahrungen eines Paul Oestreichs auch selber beraubte: *er hatte sich entschieden.* Trotz aller Widersprüche und Halbherzigkeiten, trotz seiner Kritik hielt er das Schulsystem der DDR in seinen Grundlagen für eine verteidigungswürdige Alternative zur traditionellen deutschen Schule.

Paul Oestreichs Lebensgeschichte reflektiert das vielfach zerrissene Jahrhundert, das so reich war an Visionen von Vernunft, Gerechtigkeit und Menschlichkeit – und das wie nie in der Geschichte durch Kriege, Barbarei, Faschismus und Völkermord Hoffnungen und menschliches Leben zerstörte. Wie aber würde er ertragen, daß die nach ihm benannte Schule seinen Namen ablegte – wegen seines Engagements und wegen seiner Entscheidungen nach 1945, die er für sich als Lebenskonsequenz aus Krieg und Faschismus, aber auch aus seinen politischen und pädagogischen Erfahrungen aus der Weimarer Zeit traf? Und vor allem, welche Verantwortung ist uns heute auferlegt im Umgang mit Paul Oestreich? So umstritten seine Auffassungen zu allen Zeiten waren und heute noch sind: die Beschäftigung mit Paul Oestreich fordert zur Auseinandersetzung heraus, schärft den Blick auf die Konflikte der pädagogischen wie der politischen Gegenwart und mahnt individuelle Aufrichtigkeit und Verantwortung an. Angesichts der Schwierigkeiten und Vorurteile zwischen Ost und West nach der Vereinigung, angesichts der wieder einmal ungenutzten Chancen für eine Gesellschafts- und Bildungsreform, angesichts mancher Verletzungen der in der DDR gelebten Leben sei an Paul Oestreichs Worte auf der Ostertagung deutscher Pädagogen auf der Wartburg 1954 erinnert:

„Also, liebe Kolleginnen und Kollegen, unser Weg und Wille sind klar: Erlösung der Menschheit von der Teufelei der Herrschsucht, des Krieges, der Ausbeutung, des Hasses, Hinführung zu den Methoden der Liebe, der Güte, der Verhandlung. Wir Lehrer haben die Jugend dazu zu erziehen. Unsere Eisenacher Verhandlungen haben uns darin bestärkt, es sind viele Löcher in den Eisernen Vorhang gerissen worden, die Lügen über den Satanismus des Ostens sind widerlegt ... Ihr habt erlebt, wie wir arbeiten und leben ... Kommt immer wieder zu uns, damit wir uns kennenlernen und zusammenwachsen" (Oestreich 1954, S. 53).

**Literatur:**

BERNHARD, ARMIN: Erziehungsreform zwischen Opposition und Innovation. Der Bund Entschiedener Schulreformer: Zur kritischen Bewertung einer pädagogischen Tradition 1919-1933. In: Neue Sammlung, 33 (1993) 4, S. 557-574

BÖHM, WINFRIED: Kulturpolitik und Pädagogik Paul Oestreichs. Heilbrunn 1973

Brief von Paul Wandel an Paul Oestreich vom 1. Oktober 1947. Bundesarchiv, DR-2, 6247, Bl. 52

Die neue Schule. Jg. 3 (1948)

DREFENSTEDT, EDGAR: Der Schwelmer Kreis in den 50er Jahren. In: Weißbuch 3. Bildungswesen und Pädagogik im Beitrittsgebiet. Berlin 1994, S. 479-484

DUDEK, PETER: Gesamtdeutsche Pädagogik im Schwelmer Kreis. Geschichte und politisch-pädagogische Programmatik 1952-1974. Weinheim und München 1993

ELLERBROCK, WOLFGANG: Paul Oestreich. Porträt eines politischen Pädagogen. Weinheim 1992

GEIßLER, GERD: Rezension zu Peter Dudeks „Gesamtdeutsche Pädagogik im Schwelmer Kreis". In: Jahrbuch für Pädagogik 1994. Frankfurt a.M. u.a. 1994, S. 417-419

Geschichte der Erziehung. Autorenkoll. unter Ltg. v. Karl-Heinz Günther. Berlin 1987

HELLING, FRITZ: Schulreform in der Zeitenwende. Eine Auswahl aus Reden und Aufsätzen aus der Zeit von 1926 bis 1958. Schwelm 1958

KLEWITZ, MARION: Berliner Einheitsschule 1945-1951: Entstehung, Durchführung und Revision des Reformgesetzes von 1947/48. Berlin 1971

KÖNIG, HELMUT: Eine Anfrage an Herrn Professor Peter Petersen in Jena. Persönliche Erinnerungen und Gedanken zu einem Brief von Paul Oestreich. In: Jahrbuch für Erziehungs- und Schulgeschichte. Berlin 1978, S. 133-138

LEMM, WERNER: Berliner Schulen und Schüler – schon einmal Opfer von Anschlußpolitik. In: Weißbuch 3. A.a.O., S. 473-478

Menschheitspädagogik. Paul Oestreich zum Dank. Hrsg. von seinem Freundeskreis anläßlich des 70. Geburtstages. Rudolstadt 1948

NEUNER, INGRID: Der Bund Entschiedener Schulreformer 1919 – 1933. Programmatik und Realisation. Heilbrunn 1980

OESTREICH, PAUL: Aus dem Leben eines politischen Pädagogen. Selbstbiographie. Leipzig 1947

DERS.: Briefe an Siegel 1946. Privatarchiv Ch. Uhlig

DERS.: Die Schule zur Volkskultur. Rudolstadt 1947 (2)

DERS.: Die Technik als Luzifer der Pädagogik. Rudolstadt 1947

DERS.: Die Welt braucht Frieden. Rudolstadt 1947

DERS.: Entschiedene Schulreform. Schriften eines politischen Pädagogen. Eingeleitet, ausgewählt u. erläutert von Helmut König u. Manfred Radtke. Berlin 1978 (Pädagogische Bibliothek)

DERS.: Rede auf der Ostertagung deutscher Pädagogen auf der Wartburg 1954. In: Der Pflüger, Sonderheft Juli 1954

OPPERMANN, DETLEF: Gesellschaftsreform und Einheitsschulgedanke. 2 Bde. Frankfurt a.M. 1982

PAJUNG, SABINE: Das Wirken Paul Oestreichs für den politischen und schulpolitischen Fortschritt nach 1945. Berlin 1979 (Diss., unveröffentl.)

Prof. Dr. h.c. Paul Oestreich. 1878 – 1959. Materialien des Kolloquiums anläßlich des UNESCO-Gedenktages am 30. März 1978

RADDE, GERD: Fritz Karsen. Ein Berliner Schulreformer der Weimarer Zeit. Berlin 1973

RADTKE, MANFRED: Paul Oestreichs Kampf für die Demokratisierung des deutschen Schulwesens. Greifswald 1961 (Habil., unveröffentl.)

REINTGES, BERNHARD: Paul Oestreich und der Bund Entschiedener Schulreformer. Rheinstetten 1977[2]

Schulen, die anders waren. Hrsg. v. Andreas Paetz u. Ulrike Pilarczyk. Berlin 1990

UHLIG, CHRISTA: Reformpädagogik contra Sozialistische Pädagogik – Aspekte der reformpädagogischen Diskussion in den vierziger und fünfziger Jahren. In: Hoffmann, Dietrich/ Neumann, Karl (Hrsg.): Erziehung und Erziehungswissenschaft in der BRD und der DDR. Bd. 1: Die Teilung der Pädagogik (1945-1965). Weinheim 1994, S. 251-273

**Gert Geißler**

## Schulämter und Schulreformer in Berlin nach Kriegsende 1945

In Darstellungen zur Berliner Schulgeschichte gilt die Auffassung, daß es seit Mai 1945 den in der Stadt herrschenden politischen Kräften gelang, die „Volksbildungsdezernate bevorzugt mit Kommunisten" zu besetzen (vgl. Klewitz, S. 33). Solchen summarischen Feststellungen steht entgegen, daß die biographische Identität der im Sommer 1945 in den 21 Bezirken von Groß-Berlin tätigen Leiter der Abteilungen für Volksbildung, ebenso der 21 Leiter und der Mitarbeiter der Bezirksschulämter (insgesamt 55 benannte Personen) bislang nur ausgesprochen sporadisch bekannt ist.[1] Wenig bekannt und nur ausnahmsweise sicher festgestellt sind auch die Parteizugehörigkeiten der einzelnen Dezernatsleiter, und gänzlich unbekannt ist, wodurch die Personalauswahl – mit Ausnahme der Position Otto Winzers als Leiter der Abteilung Volksbildung des Magistrats – jeweils konkret bedingt war. Es soll im folgenden deshalb versucht werden, aufgrund neuerer Untersuchungen mehr Licht in dieses noch wenig aufgehellte Kapitel Berliner Schulgeschichte zu bringen. Dabei wird insbesondere darzustellen sein, wie das seit 1933 durch Entlassung und Verfolgung, durch Gleichschaltung des Verbandswesens der Lehrer und schließlich durch die Kriegsereignisse weitgehend zerbrochene Kommunikationsgefüge Berliner Schulreformer und Reformpädagogen 1945 neu entstand. Es wieder herzustellen, pädagogisch wie schulreformerisch nun chancenreicher als bis 1933 wirksam werden zu können, in neuer Sicht der Dinge auch politisch neu entscheiden zu können, war im Mai 1945 drängendes Verlangen all derer, deren Überlebenskampf die Masse im Jubelschrei der „nationalen Revolution" nicht wahrgenommen hatte.

**Die personalpolitischen Ziele der „Gruppe Ulbricht"**

Schon am 9. Mai waren in allen Bezirken Berlins die provisorischen Bezirksverwaltungen und damit zumindest teilweise die Schulämter durch umgehende Entscheidungen der sowjetischen Kommandanten provisorisch konstituiert (vgl. Keiderling 1993, S. 47 f.). Bei diesen Entscheidungen für das Bürgermeisteramt hatten sich die Kommandanten zumeist auf ortsansässige, als Antifaschisten beleumundete Personen gestützt. Oft schlug der zum Bürgermeister Bestimmte entsprechend seines politischen Beziehungsfeldes die übrigen Mitglieder seiner Verwaltung vor. Das konnten vornehmlich Kommunisten sein, im Falle der Köpenicker Verwaltung waren es zu einem guten Teil frühere

Mitglieder der Deutschen Demokratischen Volkspartei, unter ihnen auch der Schulrat *Otto Dumstrey*.[2] Erst nachträglich erfolgte eine eingehendere personalpolitische Überprüfung der Ausgewählten.

Im Auftrag und Gefolge der Roten Armee hatte seit dem 30. April 1945 die „Gruppe Ulbricht" (Keiderling 1993), die aus Moskau eingeflogenen Spitzenfunktionäre der KPD, nach sorgsam ausgearbeiteter politischer Linie versucht, die wichtigsten Personalverhältnisse zu ordnen. Die „Gruppe" beeinflußte mit der ihr zufallenden Personalauswahl für den Magistrat und mit der Besetzung von Schlüsselstellungen im Magistrat auf lange Zeit maßgeblich die Gesamtpolitik in der Stadt und damit auch die der Bezirksämter. Ihre am 17. Mai in einem Schreiben von Ulbricht an Georgi Dimitroff formulierte Absicht war es, daß in den Bezirksverwaltungen neben den Abteilungen für Personalfragen und Verwaltung, für Verbindung und für Arbeitsvermittlung auch die für Volksbildung „nur von Kommunisten besetzt werden sollen" (vgl. ebd., Dok. 065, S. 352). Diese Ausschließlichkeit war jedoch – bedingt zum einen durch die bereits erfolgte Ämtervergabe, zum anderen durch sich rasch zeigende Personalprobleme – nicht zu erreichen.

**Auf der Suche nach Personal für den Magistrat und das Schulamt Berlin**

Alle Kandidatenvorschläge, die der Besatzungsmacht über die „Gruppe Ulbricht" für die leitenden Schulämter vorgebracht wurden, hatten Beziehungskreise aus dem politischen und pädagogischen Leben in der Stadt bis 1933 und teils auch danach zur Voraussetzung. In Berlin verbliebene und überlebende Lehrer aus dem Reformlager vor 1933 fanden sich rasch wieder. Man kannte sich aus den früheren überparteilichen und parteilichen Bildungsveranstaltungen, aus der Arbeiterbildung, dem Lehrerverein, der Gewerkschaftsarbeit, der Arbeit in den Schuldeputationen, in den Stadtverordnetenversammlungen, aus dem „Bund der Freien Schulgesellschaften", der „Arbeitsgemeinschaft Sozialdemokratischer Lehrer", der „Arbeitsgemeinschaft für marxistische Pädagogik", aus weiteren Zusammenschlüssen und überhaupt aus dem zurückliegenden politischen Leben, verschiedentlich auch als Nachbarn von Wohnung und Gartenparzelle. Kontakte hatten nach 1933 fortbestanden, auch wenn die organisierte politische Widerstandtätigkeit nach 1941 nahezu zum Erliegen gekommen war.[3] Manche der Pädagogen waren sich zuletzt im Zellenbau oder in der KZ-Baracke begegnet, andere waren unentdeckt geblieben, hatten noch diese oder jene konspirative Verbindung gehalten oder sich in Freundeskreisen, vielleicht auch in der Nähe eines Rundfunkempfängers, „privat" getroffen. Um

die Erfahrung zwölf leidvoller Jahre reicher, traten zwischen kommunistischen und sozialdemokratischen Pädagogen beim ersten Beseitigen der Schultrümmer die alten parteipolitischen Hadersachen zurück. Sie schienen mitunter fast vergessen, und das Tor zum
„Sozialismus", zur weltlichen Einheitsschule und zu wahrer Menschenbildung aller schien
endlich aufgestoßen.

In den ersten Maitagen war Ulbricht von seinen sowjetischen Vorgesetzten insbesondere
beauftragt, personelle „Vorschläge für die Schaffung der Stadtverwaltung für Berlin", für
den neuen, am 19. Mai dann berufenen Magistrat der Stadt Berlin zusammenzustellen
(vgl. ebd., S. 57 ff.). Die Suche nach geeigneten Personen war schwierig. Zwar konnte
Ulbricht am 6. Mai dem zuständigen sowjetischen General bereits drei Kandidaten für die
Führung der Stadtverwaltung benennen, ein vierter, der ein „linker Sozialdemokrat oder
ein Demokrat" sein sollte, der „freundlich zur Sowjetunion" stehe, war aber noch nicht
zu benennen. Jedoch versicherte der KPD-Führer den sowjetischen Stellen, er werde
einen entsprechenden Kandidaten „bis morgen" vorschlagen (vgl. ebd., Dok. 047, S.
301). Dabei gerieten Personen aus Lehrerkreisen in Erwägung.

Dem von „Genossen in Reinickendorf" unterbreiteten Vorschlag, den früheren Magistratsschulrat und „linken Demokrat(en)" *Otto Schulz*, der sich für „enge Freundschaft
mit der Sowjetunion" (vgl. ebd., Dok. 050, S. 314) erklärt hätte, zum Oberbürgermeister[4] zu ernennen, wurde nicht entsprochen, nachdem am 12. Mai mit *Dr. Arthur Werner*
ein geeigneter Oberbürgermeisterkandidat ausgemacht worden war. Für den Posten des
(4.) stellvertretenden Bürgermeisters konnte nach weiteren Erkundigungen *Karl Schulze*[5]
benannt werden, der sich „für enge Freundschaft mit der Sowjetunion und für die Ein-
heitsfront von Kommunisten und Sozialdemokraten" erklärt habe (vgl. ebd., Dok. 050,
S. 315). Schulze, geboren am 9.8.1891, 1911 Absolvent des Lehrerseminars in
Schweidnitz, 1929 bis 1931 Lehrer an der 20. Volksschule (Lebensgemeinschaftsschule)
in Spandau, dann Direktor einer Schule in Berlin-Mitte, Mitglied der SPD, 1933 dauerhaft aus dem Schuldienst entlassen (vgl. ebd., Dok. 050, S. 315; Dok. 056, S. 329; Dok.
065, S. 352; vgl. Lehrer-Verzeichnis 1931, S. 182, 292), war auf Ulbrichts Vorschlagsliste[6] vom 9. Mai bereits als Leiter des Schulamts der Stadt Berlin benannt. Tatsächlich übernahm der in die große Politik gezogene Lehrer mit der Gründung des Magistrats beide Aufgaben. Als Galionsfigur verlor Schulze[7], in seinem Amt offenbar auch
überfordert, später rasch an Wert. Ihm, der schon im Herbst 1945 sein Schulamt auf-

gegeben und der nach der Wahl im Herbst 1946 auch die 4. stellvertretende Bür-
germeisterwürde verloren hatte, wurde schließlich am 31. Januar 1949 nach zweijähriger
Tätigkeit als Abteilungsleiter in der Präsidialabteilung der Deutschen Zentralverwaltung
für Volksbildung mit den internen Verwaltungsvermerken KS und Kf gekündigt.[8]

Zum Stadtrat für Volksbildung mit Zuständigkeit auch für Hochschulwesen, Kultur und
Propaganda berufen wurde *Otto Winzer*[9], über den als Mitglied der in Moskau zusam-
mengestellten „Gruppe" sofort verfügt werden konnte. Stellvertretender Leiter des
Schulamtes in der Abteilung Volksbildung des neuen Berliner Magistrats[10] wurde zum
15. Mai *Karl Sothmann*, der in seinem Personalfragebogen Otto Winzer als Bürgen benannte.[11] Winzer und Sothmann waren sich aus der Arbeit im Kommunistischen Ju-
gendverband vor 1933 bekannt. Offenbar hatte der gelernte Schriftsetzer Winzer, 1928
bis 1930 Funktionär im Exekutivkomitee der Kommunistischen Jugendinternationale,
aber ohne besondere Kenntnis der kommunistischen Lehrerkreise, kurzfristig keinen anderen kommunistischen Pädagogen als Sothmann für dieses Amt in seiner Verwaltung
benennen können, gleichwohl eine begrenzte Auswahlmöglichkeit bestanden hätte.

KPD-Mitglied seit März 1920, gehörte der 1895 als Pfarrerssohn in Mecklenburg geborene Gewerbeoberlehrer Sothmann zum Gründungsbestand seiner Partei, nicht zu jenen
Kadern, die als junge Neuzugänge seit 1927 von Anfang an Bolschewisierung und stren-
ge Parteidisziplin erlebt hatten.[12] Von 1927 bis 1930 hatte er als Leiter des Kommunistischen Kinderverbandes im Zentralkomitee des Kommunistischen Jugendverbandes
Deutschland gewirkt und sich für die Anwendung „kindgemäßer", reformpädagogisch
inspirierter „Arbeitsmethoden" im Pionierverband eingesetzt. Im Jahre 1930 als Redakteur der „Roten Fahne" zu fünfzehn Monaten Festungshaft wegen Vorbereitung zum
Hochverrat verurteilt, war er im Dezember 1932 amnestiert worden, ohne die Haft infolge Unfalls angetreten zu haben. Sothmann hatte die NS-Herrschaft in Berlin überstan-
den, von 1933 bis 1936 als Werklehrer an der Schule der sowjetischen Botschaft, nach
Abschaffung des sowjetischen Werkunterrichts als Mitarbeiter im Reformhaus seiner
Ehefrau und seit 1944 als Psychotherapeut mit selbständiger Praxis. Er offerierte sich im
Mai 1945 als „Gewerbelehrer. Mitglied des Deutschen Instituts für psychologische Forschung und Psychotherapie". In diesem außeruniversitären Institut, zu dem ärztliche wie
nichtärztliche Psychotherapeuten zur Mitgliedschaft zugelassen waren (vgl. Ash 1985, S.
136), hatte Sothmann sich von 1932 bis 1944 zum Psychotherapeuten ausbilden lassen.

1945 gab er an, während der Nazizeit „illegale Arbeit mit SPD und Wissenschaftlern"
geleistet zu haben. Er wurde verantwortlich für alle laufenden Arbeiten im Schulamt.
Unmittelbar war ihm dabei das Dezernat Personal und Verwaltung sowie ein Spezialrefe-
rent (*Müller*) für Personalfragen unterstellt.[13]

**Die Dezernatsleiter**

Nach Sothmanns zutreffender Erinnerung[14] kamen unmittelbar nach ihm – einige der bisherigen, vormals nicht der NSDAP angehörende Bedienstete wurden noch bis Juni für
bestimmte Arbeiten herangezogen[15] – zunächst *Dr. Karl Fischer*[16] und *Fritz Schmidt*[17] **
[18] in das Schulamt. Fischer, einer der profiliertesten sozialdemokratischen Schulpolitiker
im Berlin der Weimarer Zeit, war 1933 als sozialdemokratischer Magistratsoberschulrat
entlassen worden und wurde nun als Referatsleiter für höhere Schulen und Lehrerbildung
wieder eingestellt. Schmidt, 1933 als Rektor ebenfalls entlassen, Mitglied der SPD und
des „Internationalen Sozialistischen Kampfbundes" (ISK), übernahm das Dezernat für
Volks- und Mittelschulen. Fischer wie Schmidt waren ihrem Vorgesetzten persönlich
bekannt. Fischer und Sothmann kannten sich sehr wahrscheinlich vom Deutschen Institut
für psychologische Forschung und Psychotherapie her. Schmidt war für Sothmann seit
der gemeinsamen Teilnahme an einer pädagogischen Studienreise 1925 in die Sowjetunion (vgl. Fünfzig Jahre, S. 219; vgl. Dokumente, S. 147 f.) ein Begriff..

Der nicht gemaßregelte Diplomhandelslehrer *Willi Mann*, im Mai/Juni 1945 einer der
Schulräte in Neukölln, später einer der maßgeblichen Berufsschulpädagogen der DDR,
wurde Dezernent für Berufs- und Fachschulen. Für „Lehrerumschulung" war zunächst
*Ernst Wildangel* eingesetzt, vor 1933 Studienrat an der damals von Fritz Karsen (vgl.
Radde 1973) geleiteten Karl-Marx-Schule in Berlin-Neukölln, seit 1930 KPD-Mitglied,
nach wechselvollem Schicksal im Widerstand und der französischen Emigration Ende
April 1945 vom örtlichen Antifa-Ausschuß in Rudow mit der Organisierung eines provisorischen Schulbetriebs beauftragt.

Auf den Willen, an die pädagogische Reformkultur vor 1933 anzuschließen, deutet hin,
daß im Schulamt der Stadt Berlin auch ein Dezernat für „Versuchsschulen" vorgesehen
wurde, für das als unbesoldeter Mitarbeiter der als „Schöpfer des ehemaligen Landschul-
heims Insel Scharfenberg" bekannte Schulreformer *Wilhelm Blume* ** benannt wurde. Zur
Wiederaufnahme seiner früheren Tätigkeit (vgl. Schmoldt/Schuppen 1991, S. 309) und

zur (Wieder-)Errichtung einer „Musterschule" war der Pädagoge bereits Mitte Mai von „den Genossen" in Reinickendorf ermächtigt worden (vgl. Keiderling 1993, Dok. 084, S. 408),[19] und am 1. Juni wurde er auch als Mitglied einer die Bezirksverwaltung Reinickendorf beratenden Körperschaft benannt (vgl. ebd., Dok. 096, S. 462).

Die neue Stadtverwaltung mit ihrem Schulamt stellte die höchste deutsche Behörde im Bereich von Berlin dar. Jedoch waren die Stadtbezirke bei der Wiederaufnahme der Verwaltungstätigkeit auf sich selbst gestellt, und vielfach wurde von diesen eine solche relativ selbständige Stellung auch angestrebt. Das Schulamt konnte noch kein intaktes Schulwesen verwalten und zentralisieren. Hinsichtlich der Volks-, Haupt- und Mittelschulen übte es nur die Oberaufsicht aus. Die unmittelbare Verwaltung und Beaufsichtigung dieser Schulen lag bei den Bezirksverwaltungen. Dieser Sachlage entsprechend, konzentrierte sich das Schulamt im Juni/Juli darauf, eine „methodisch-pädagogische Abteilung" aufzubauen und entsprechende Mitarbeiter zu gewinnen.[20] Aus dem Kreis der Gemaßregelten und sonstiger Antifaschisten war damit wissenschaftlich qualifiziertes Fachpersonal heranzuziehen. Von den im Juni/Juli 1945 von der Besatzungsmacht lizenzierten Parteien verfügte die KPD, obwohl 1945 in Berlin noch mitgliederstärkste Partei, über solches kaum, wohl aber die SPD, auch die CDU (D) und die FDP. Diese Schulfachleute waren zumeist auch als Vorstands- und Ausschußmitglieder der früheren Lehrervereine bekannt.

Zunächst fand sich *Dr. Marie Torhorst*, 1929 bis 1933 Studienrätin an der Karl-Marx-Schule in Berlin Neukölln, bis 1933 Vorsitzende der Ortsgruppe Berlin-Süd der AFLD, Mitglied der SPD, 1933 entlassen. Seit 1935 war sie durch die Zusammenarbeit in einer Widerstandsgruppe (vgl. Kraushaar 1981, S. 39 f.) mit dem KPD-Funktionär *Martin Schmidt*[21] bekannt, mit dem sie sich in den ersten Maitagen 1945, Schmidt noch in der Brandenburg-Gördener Häftlingskleidung, wiedergetroffen hatte (vgl. Torhorst 1986, S. 66, 68, 83). Schmidt wurde Mitte Mai Stellvertretender Leiter der Abteilung Personalfragen und Verwaltung im Magistrat von Groß-Berlin (vgl. Keiderling 1993, Dok. 065, S. 353), und Marie Torhorst suchte, sobald die S-Bahn wieder bis in die Nähe der Stadtmitte fuhr, erfolgreich beim Schulamt in der Parochialstraße 1-3 um Verwendung im Schuldienst nach (vgl. Torhorst 1986, S. 86). Sie übernahm den wichtigen Bereich der Lehrerbildung, und sie war es auch, die nach einer zufälligen Begegnung im Herbst 1945[22] in Neukölln sofort ihren früheren Kollegen *Robert Alt* mit ins Hauptschulamt nahm, um ihm die Rückkehr in die pädagogische Arbeit zu ermöglichen (vgl. ebd., S. 90).

Für die „Stoffplanbearbeitung" wurden Studienrat *Erwin Marquardt und Edmund Oprée*[23][**] vorgesehen. Marquardt, 1922 bis 1928 Lehrer an der Karl-Marx-Schule, 1919 bis 1933 Funktionär der SPD und der Freien Gewerkschaften, 1933 entlassen, war ein hochqualifizierter Pädagoge mit Erfahrungen vor allem auch in der Arbeiterbildung. Oprée, der zugleich Dezernatsleiter Schmidt zur Seite treten sollte, hatte sich bis 1933 als Interessenvertreter der oft stellungslosen „Junglehrer" im Berliner Lehrerverein einen Namen gemacht, seit 1929 dessen Vorstand angehört, war 1931 3. Vorsitzender, zugleich Vorstandsmitglied des Deutschen Lehrervereins geworden, dessen „Junglehrerausschuß" er leitete. Die Lehrbucharbeit sollten „Herr Dr. Thaus[24], Herr Kellermann[**][25], Herr Bohner[26]", letzterer auch als Mitarbeiter von Fischer vorgesehen, übernehmen.

**Die Ämter in den Bezirken**

Über den Personenkreis, der in den ersten Tagen und Wochen nach Einnahme Berlins durch die Rote Armee in den Bezirksschulämtern tätig war, liegen keine geschlossenen Angaben vor. Die Verwaltungen befanden sich noch im Umbruch. Noch waren unüberprüft frühere Mitarbeiter tätig. Einige Schulämter, so in Tempelhof, waren noch Ende Mai aus Sicht der KPD mit „unbestimmten Leuten besetzt" (vgl. Keiderling 1993, Dok. 084, S. 411), oder sie befanden sich wie in Charlottenburg gar in „Händen der Nazis" (vgl. ebd., S. 405). Auch in Tiergarten und Friedenau hatte sich die „Schulfrage" noch nicht klären lassen (vgl. ebd., Dok. 069, S. 364).[27] Andererseits aber waren bereits einige KPD-Lehrer tätig, so *Johannes Feuer* für zwei Monate als Hauptschulrat in Neukölln (vgl. Wegbereiter 1989b, S. 73). Keineswegs waren die Verhältnisse stabil, und stetig waren die Emissäre der KPD bemüht, arbeitsfähige Verwaltungen aufzubauen und dabei nach Kräften ihre parteipolitischen Interessen durchzusetzen. Wichtige Anlaufadressen für die Bezirksleiter der KPD waren um Mitte Mai hinsichtlich der Rekrutierung des Personals der Volksbildungsverwaltungen die von *Dr. Wilhelm Heise*[28], KPD-Mitglied seit 1919, 1925 Studienrat, 1946 Professor an der Berliner Universität, und die von Studienrat *Ernst Wildangel* in Rudow (vgl. Keiderling 1993, Dok. 069, S. 364; in der Quelle fälschlich „Max Heise" und „Wildgang"), der bald, am 1. September 1945, Leiter des Hauptschulamtes Berlin wurde.

Der Versuch einer ersten Erfassung des Schulamtspersonals der Bezirke[29] erfolgte durch das Schulamt Berlin (seit September 1945: Hauptschulamt) wahrscheinlich um Anfang August. Unter den 19 der im August 1945 amtlich benannten Leitern der Abteilungen Volksbildung in den Stadtbezirken[30] befanden sich mit Sicherheit sechs Mitglieder der KPD. Zu ihnen gehörte der 1941 zu 12 Jahren Zuchthaus verurteilte Schriftsetzer, Jugendfunktionär und Mitarbeiter der holländischen KPD-Emigrationsleitung *Alfred Lemmnitz* (Spandau), 1958 bis 1963 Volksbildungsminister der DDR; ebenso *Paul Oestreich* (Zehlendorf, zugleich Schulrat), Parteimitglied der SPD bis 1931 und ehemaliger Vorsitzender des „Bundes Entschiedener Schulreformer"; weiterhin *Fritz Reuter*[31] (Neukölln), Mitglied des Landesvorstandes Groß-Berlin der KPD, auch der Lehrer *Ernst Winter* (Pankow), Mitglied der KPD 1920, 1924 bis 1933 Landtagsabgeordneter in Braunschweig, Angestellter in Berlin, nach dem 20. Juli 1944 im KZ Sachsenhausen, 1950 Mitarbeiter am Pädagogischen Institut in Berlin-Köpenick, schließlich *[Walter]*[32] *Klaws* (Reinickendorf), der zugleich Sekretär der KPD-Unterbezirksleitung war (vgl. ebd., Dok. 135, S. 547) und der bereits erwähnte *Wilhelm Heise* (Steglitz).

Zur KPD gehörten von den Leitern und den Stellvertretenden Leitern der Schulämter nachweisbar – bereits genannt – *Paul Oestreich* (Zehlendorf), der Lehrer *Max Staubesand* (Lichtenberg I), KPD-Mitglied seit 1919, 1924 Herausgeber des „Sozialistischen Erziehers" und Rektor der V. Hilfsschule in Friedrichsfelde, 1933 ohne Pension fristlos entlassen, ebenso *Willy Gensch* (Weißensee), vor 1933 Rektor der 3. Volksschule in (Alt)Berlin, 1927 unbesoldeter Stadtrat (SPD) in Friedrichshain und Mitglied der Bezirksschuldeputation 1-6, vor 1933 zur KPD gewechselt und 1933 in den Ruhestand versetzt, und *Ernst Schacht*[33] (Friedenau)[*34] (vgl. ebd., Dok. 121, S. 515). KPD-Mitglied (seit 1932) war auch *Erich Paterna*, Referent für Volks-, Mittel, Berufs- und Fachschulen (Schöneberg)[*], zugleich 1945 Mitarbeiter im Zentralen Apparat der KPD (vgl. ebd., Dok. 151, S. 639; vgl. Wegbereiter 1989a, S. 184), später in der DDR namhafter Historiker. Der Schulrat *[Georg] Kanngießer* (Lichtenberg)[*] hatte zwar für vor 1933 eine KPD-Mitgliedschaft angegeben, war dann aber, wie sich herausstellte, in die NSDAP eingetreten – ob das im Auftrag seiner Partei geschah, blieb ungeklärt. Der KPD war er 1945 entgegen zunächst erklärter Absicht nicht beigetreten.[35] Kanngießers Schulrat für Lichtenberg II war sein früherer Kollege an der Sammelschule *Richard Porsch*[**] von der

SPD.[36] Weitab von der eines Widerstandskämpfers lag die Biographie des ehemaligen KPD-Mitglied und nunmehrigen Schulrats [*Waldemar*] *Dickfach* (Charlottenburg).[*37]

Als SPD-Mitglieder aus der Weimarer Zeit in Schulkreisen bekannt waren der Rektor der 20. Spandauer Volksschule (4.1.1922 Lebensgemeinschaftsschule) *Paul Fechner***** (Spandau),[38] der Reformpädagoge *Wilhelm Wittbrodt*[39**] (Neukölln), der Rektor der ehemaligen 196. Volksschule (21.4.1927 Sammelschule) *Richard Schröter***** (Prenzlauer Berg), der ehemalige Charlottenburger Magistratsschulrat *Otto Schulz*[**40] (Reinickendorf), insbesondere Rektor *Max Kreuziger*, 1928 Magistratsschulrat in Wedding I, 1929 Mitglied der Stadtverordnetenversammlung, 1932 bis zur Entlassung am 1. Oktober als erster Vertreter der weltlichen Schulbewegung Mitarbeiter im Preußischen Ministerium für Wissenschaft, Kunst und Volksbildung. Zu den aus der SPD zur Leitung eines Schulbezirksamtes Berufenen gehörte auch der vor 1933 zuletzt an Karsens Versuchsschule tätige *Dr. Werner Bloch* (Wilmersdorf), der Gymnasiallehrer *Dr. Oskar Schäfer***** (Schöneberg), der 1932 von der KPD zur SPD gewechselt war. Als Sozialdemokrat dem ISK angehört hatte *Dr. Friedrich [Fritz] Dönch*[41], der nach sechsjähriger Haft im Zuchthaus Brandenburg-Görden (vgl. Keiderling 1993, Dok. 053, S. 326) Schulrat in Prenzlauer Berg wurde. Zeitweise (1930/31) SPD-Mitglied gewesen war *Wilhelm Puffahrt*[42], Dezernatsleiter für das höhere Schulwesen (Neukölln).[*43] Von Rektor *Heinrich Bahlke*[44] (Friedrichshain)[*] ist eine Parteimitgliedschaft nicht bekannt. Die Schulräte *Otto Grigoleit*[**45] (Steglitz) und *Wilhelm Dumstrey*[**46] (Köpenick) kamen aus dem eher konservativem Lager. Daß die personalpolitischen Bemühungen trotz dieser Ergebnisse ihr Ziel nicht immer erreicht haben müssen, läßt eine Bemerkung des Dezernenten Schmidt (SPD) vermuten. Dieser monierte in der Sitzung der Leiter der Volksbildungsämter und der Schuldezernenten am 23. August 1945, es gäbe Bezirke, „in denen nicht ein einziger Gemaßregelter tätig ist, dafür aber Deutschnationale."[47]

Für die Berufung in die neue Schulverwaltung hatte es fachlich ausgereicht, einmal als Lehrer tätig gewesen zu sein. Wichtiger noch als fachliche war bei der Neubesetzung der Ämter zwar politische Eignung gewesen, jedoch gelangte kein der Pädagogik berufsfremdes Personal in die Verwaltungen. In welcher Stellung der Kandidat sich zur Schulreformbewegung der Weimarer Republik befunden hatte, wurde nicht zum Gegenstand der Nachfrage, vielleicht auch deshalb, weil der Begriff „Reformpädagogik" den in die Berliner Stadtbezirke ausschwärmenden Funktionären der KPD aus ihrer politischen

Schulung gänzlich ungeläufig geblieben war. Die von den KPD-Führung in Moskau aus-
gearbeiteten „Richtlinien für die Arbeit der deutschen Antifaschisten in den von der Roten Armee besetzten deutschen Gebieten" vom 5. April 1945 hatten hinsichtlich der Per-
sonalpolitik in der Schulverwaltung lediglich vorgesehen: „Einsetzung eines Schulrats
aus zuverlässigen Antifaschisten. Prüfung von Lehrern durch das Personalamt. Es sind
solche frühere Lehrer auszuwählen, die von den Nazis gemaßregelt worden waren oder
keine aktiven Nazis gewesen sind" (vgl. ebd., Dok. 031, S. 264). Das – und nicht mehr –
geschah.

**Vorbedingungen**

Keine politische Absicht, aber historisch nicht zufällig war es, daß die demgemäße Personalauswahl für das Schulamt trotz fehlender Affinität der führenden KPD-Funktionäre
zur Reformpädagogik und zur früheren Schulreformbewegung vornehmlich auf Lehrer
fiel, die aus den seit 1920 in rascher Folge eingerichteten, 1933 geschlossenen Sammelschulen, den sogenannten „weltlichen Schulen" kamen. Diese Schulen waren vom Erteil-
len des Religionsunterrichts entpflichtet gewesen, und es war ihnen gestattet worden,
statt dessen Moral-, weltanschaulichen oder lebenskundlichen Unterricht anzubieten.
Kein Lehrer hatte an diese Schulen gegen seinen Willen versetzt werden können. Kollegien, Schülerschaft und Schulgemeinde waren durch freien Zusammenschluß entstanden.[48] Damit hatte die zahlreicher gewordene Schar dissidentischer Lehrer, die an den
zum Religionsunterricht verpflichteten Schulen nicht mehr verwendbar waren, ein Refu-
gium gefunden.

Für konservative Schulpolitiker waren diese Schulen lediglich Notbehelf gewesen, und
als eine Art „Restschule" für das bunte Völkchen der Glaubensabtrünnigen, der Freidenker, Atheisten, Sozialisten und Marxisten, widerfuhr ihnen zunächst nur widerwillig Akzeptanz. Unter der schulpolitischen Dominanz der SPD in Berlin hatten diese zumeist in
Arbeitervierteln gelegenen Schulen jedoch nachhaltige Förderung gefunden. Insbesondere an jenen Sammelschulen, die als Lebensgemeinschaftsschulen den amtlichen Statuts
von Reformversuchsschulen gewonnen hatten, war im Zusammenwirken von Eltern,
Schülern und Lehrern ein spezifisches, proletarisch geprägtes sozial-pädgogisches Milieu
mit weitgefächerten Verbindungen zum vielgestaltigen Kulturleben der Arbeiterbewegung entstanden.

Reformpädagogisch waren die Kollegien dieser Schulen[49] vor allem durch den Gedanken der „Arbeitsschule" und der „Gemeinschaftsschule" inspiriert. Noch grundsätzlicher verband sie die schulreformerische Idee der sozialen „Einheitsschule", und gemeinsam war ihnen allen eine in unterschiedlicher Tiefe und Richtung ausgeprägte Vision von sozialen Verhältnissen, unter denen sich die gesellschaftliche Stellung der Arbeiterschaft positiv ändern würde. Daß Religion nicht als ordentliches Lehrfach in die öffentliche Schule gehöre, war als weltanschauliches Ferment der neuen Schulform selbstverständlich. Gemeinsam lehnten sie auch den heraufziehenden Nationalsozialismus ab, ohne sich im Kampf gegen ihn zu finden.

Nicht jeder, der an diesen Schulen unterrichtete und sich nun freier fühlte als an traditioneller Unterrichtsanstalt, war zugleich ein unbedingt überzeugter Anhänger des Glaubens an die allgewaltige, lebenserneuernde Kraft der Erziehung oder hoffte im Ernst, daß eine neue Gesellschaft vorzugsweise kraft reformierter schulischer Einrichtungen und der mit ihnen gewährten Bildung herbeigeführt werden könne. Nicht immer waren Politik und Pädagogik gleichwertig verbunden, und auf Ausgleich haltende Persönlichkeiten hatten an diesen Schulen mit der tiefen (kultur)politischen Spaltung der Linksparteien und auch des „Bundes der Freien Schulgesellschaften" (vgl. Torhorst 1972) zum Ende der Republik hin zunehmend eine schwere, immer weniger noch lösbare Aufgabe.

Bei nur geringem parteipolitischen Bekenntnisinteresse leidenschaftlich praktizierende Reformpädagogen befanden sich an den Reformschulen ebenso wie streng disziplinierte politische Parteigänger mit nur nachrangiger pädagogischer Experimentierfreudigkeit. Sozialpädagogisches Engagement und das Mühen um weltanschauliche Neutralität von Sozialdemokraten rieb sich in den Kollegien vereinzelt mit sozialrevolutionärer Ambition jener kommunistischen Pädagogen, die an Reformschulen untergekommen waren und zum Ende der zwanziger Jahre hin von ihrer Partei wieder stärker klassenkämpferisch instruiert wurden. Die auf Weltrevolution und Umwälzung der gesamten Schulwelt hinwirkende KPD sah die Konzentration ihrer wenigen Lehrergenossen an den weltlichen Schulen ungern. Sie sprach sich gegen die Neugründung weltlicher Schulen aus, forderte die Durchsetzung ihrer Doktrin an den bestehenden Schulen, trieb, wo immer sich ein Anlaß bot, zum klassenkämpferischen Konflikt und brachte damit kommunistische Eltern und Lehrer „mannigfach in Gewissenskonflikt" (vgl. ebd., S. 70). Von der KPD-Führung bislang wenig beachtet, hatten sich kommunistische Lehrer hier und da, wie ihre Funktionäre meinten, deutlich auf das pädagogische Reformieren eingelassen und den proletarischen Schulkampf bequem vernachlässigt. Ein Konflikt zwischen kommunistischer Pädagogik und Schulpolitik – im Kern schon jener, der 1949 ausbrach und machtpolitisch gegen die Pädagogik entschieden wurde – bahnte sich an, bis die Verhältnisse ganz anders radikal umbrachen.

Im Jahre 1933 zerschlugen die Nationalsozialisten die ihnen „als Brutstätten des Marxismus" verhaßten Reformschulen, entließen insbesondere jene ihrer Lehrer, die sich zuvor politisch exponiert hatten, unwiderruflich aus dem Schuldienst. Das betraf politische Mandatsträger der Arbeiterparteien, führende Mitglieder der diesen Parteien zugerechneten Lehrerorganisationen, im öffentlichen Dienst identifizierte KPD-Mitglieder ausnahmslos. Eben solche gemaßregelten und standhaft gebliebenen Lehrer waren im Mai 1945 mit der Legitimität der ersten Stunde ins Schulamt gestellt worden.

**Gründung der Lehrergewerkschaft**

Die, soweit ihre Möglichkeiten reichten, maßgeblich von der „Gruppe Ulbricht" personalpolitisch beeinflußten Schulämter der Stadt waren im Sommer 1945 zum Kristallisationspunkt für die Wiederaufnahme früherer schulreformerischer Verbindungen geworden. Diese erweiterten sich insbesondere mit den Gründungsbemühungen um eine Lehrergewerkschaft seit Juni. Initiiert von kommunistischer Seite (vgl. Laude 1994, S. 50 ff.; vgl. Keiderling 1993, Dok. 145, S. 596), konstituierte sich der Gründerkreis des späteren Freien Deutschen Gewerkschaftsbundes (FDGB). Am 15. Juli wurde ein „Aufruf des Vorbereitenden Gewerkschaftsausschusses für Groß-Berlin" veröffentlicht, dessen Unterzeichner acht Personen aus den wichtigsten vormaligen Gewerkschaftsrichtungen waren (vgl. Broszat/Weber, S. 626). Ende Juni 1945 bereits hatte sich im Zusammenhang mit diesen Bemühungen auch ein Kreis von Pädagogen zusammengefunden, der als „Organisationsausschuß der Lehrer" beim „Vorbereitenden Gewerkschaftsausschuß" beantragte, „eine gewerkschaftliche Organisation der Lehrer ins Leben zu rufen". Diesem Ausschuß[50] gehörten als Vertreter eines größeren Kreises von Lehrern (Hochschullehrer, Lehrer an Höheren Schulen, Mittel- und Volksschullehrer) *Jens Peter Nydahl* an, 1926-1933 sozialdemokratischer Stadtschulrat von Berlin, der kommunistische Lehrer *Willi Schubring*[51] und der Schulrat *Ernst Becherer* vom Wedding. Der förmliche Antrag auf Bildung eines Verbandsvorstandes lag am 9. Juli vor. Sieben Tage danach konstituierte sich auf einer Sitzung mit den Vorstandsmitgliedern des „Vorbereitenden Gewerkschaftsausschusses" die „Gewerkschaft Lehrer und Erzieher als Verband 18 im FDGB". An der Sitzung nahmen seitens der Lehrer acht Personen teil. Das Bemühen des Kollegen Becherer, „über den Kollegen Krüger die Kollegen Schröter und Kreuziger einzuladen", blieb erfolglos. Zum 1. Vorstandsvorsitzenden wurde der sozialdemokratische Pädagoge *Heinrich Deiters*, zum 2. Vorstandsvorsitzenden *Hugo Tlustek*,[52] zum Vorstandsmitglied auch der abwesende *Schulrat Richard Schröter* vom Prenzlauer Berg gewählt.

Schröter als Vertreter einer weiteren Gruppe von Lehrern[53] bemühte sich zur gleichen Zeit und nach eigenen Angaben von einem FDGB-Bundesvorstandsmitglied dazu beauftragt ebenfalls um die Gründung eines Lehrerverbandes. Nach Berücksichtigung auch dieser Gruppe konstituierte sich auf der Sitzung vom 10. August der Verbandsvorstand. Zum 1. Vorsitzenden wurde wiederum Deiters gewählt, zu 2. Vorsitzenden *Franz Goß*[54], Kellermann und Schröter. *Richard Schallock*, der frühere Vorsitzende der Allgemeinen Freien Lehrergewerkschaft Deutschlands, übernahm die Geschäftsführung. Die fünfzehn Vorstandsmitglieder kamen mit Ausnahme von drei Mitgliedern der ehemaligen KPD und eines CDU-Mitgliedes sämtlich aus der SPD.

Zum Dezember 1945 gehörten dem auf Berlin begrenzten Verband bereits mehr als zwei Drittel der Lehrer an.[55] In ihren Ausschüssen, insbesondere in dem für Lehrerbildung und für Erziehungswissenschaft, versammelte sich ein Fachpersonal, das der Schulreform seit langem verbunden war. Gleiches gilt auch für die seit August in Berlin unter dem Präsidenten *Paul Wandel* aufgebaute, für die Sowjetische Besatzungszone tätige Deutsche Zentralverwaltung für Volksbildung. Für die Schulabteilung dieser Verwaltung, in die zum 1. September u.a. Marquardt, Sothmann und Thaus wechselten, hatte das Schulamt Berlin wichtige personelle und auch konzeptionelle Vorarbeit geleistet.[56]

**Schlußbemerkung**

Alles in allem waren in die Berliner Schulverwaltung im Sommer 1945 weitgehend Vertreter der Schulreformbewegung und der Reformpädagogik aus den Jahren von vor 1933 eingegangen, die sich als Hitlergegner erwiesen hatten. Sie bildeten, weit überwiegend der SPD angehörend und vormals an weltlichen Schulen tätig, das Fachpersonal der Verwaltung, und sie standen teilweise auch den Schulämtern vor. Die Schlüsselpositionen in der Schulverwaltung hatten hingegen zumeist KPD-Mitglieder inne, Mitglieder jener Partei, die sich am gründlichsten auf die Zeit nach Hitler vorbereitet hatte und die in

Abstimmung mit der sowjetischen Besatzungsmacht agieren konnte. Mit diesen Perso-
nalentscheidungen war zugleich der Beginn einer Schulreform möglich, die nun freilich
„von oben" initiiert wurde, wenn auch ihre Verfechter „von unten" kamen. Im Kreis der
schulpolitisch Verantwortlichen bedurfte es 1945 keiner Parteidirektiven, um sie grundsätzlich auf die Idee der Einheitsschule und deren lebendige pädagogische Ausgestaltung
zu verpflichten. Begründet in ihrem pädagogischem Herkommen aus der Berliner Schulreform der zwanziger Jahre, in ihrer von Parteipolitik nicht freien, aber auch über diese
hinweg gemeinsamen Arbeit an einer Idee, hielt das Bündnis von sozialdemokratisch und
kommunistisch parteigebundenen Pädagogen noch in der ersten Zeit das „kalten Krieges"
und trug bis hin zur Annahme des Reformgesetzes von 1947/48.

## Anmerkungen:

1    Dieses Forschungsdefizit wird in der bildungsgeschichtlichen Literatur durch Pauschalfor-
mulierungen regelmäßig übergangen und klar einzig von M.-S. Schuppan eingestanden: „Eine
Frage, der aufgrund des fehlenden Quellenmaterials nicht systematisch nachgegangen werden
kann, ist die der Auswahl der Angestellten in der Hauptschulverwaltung, aber auch in der Zentralverwaltung. Woher kamen diese Fachleute? Waren sie schon vor 1945 in Berlin oder anderswo in der Schulverwaltung tätig gewesen?" (Schuppan 1990, S. 52). Auch eine jüngste Untersuchung kann in dieser Hinsicht für ihren Gegenstand, den Bezirk Neukölln, kaum etwas be-
reithalten (vgl. Radde u.a. 1993).

2    LBA-StA., Rep. 01-06, 621.

3    Nach dem Zeugnis des in Volkshochschulkreisen bekannten KPD-Kulturarbeiters *Johannes Resch* bestand in Berlin bis zu Verhaftungen 1935 eine ca. 100 Personen umfassende organisierte Gruppe von Intellektuellen, die auf das „Links-Kartell" der Geistesarbeit vor 1933 zu-
rückging (Lebenslauf Resch; im Besitz des Verfassers). Der im Oktober 1935 nach Argentinien
emigrierte Lehrer *Erich Bunke* (13.9.1903-1994), 1928-1932 Turnlehrer an der Karl-Marx-
Schule Neukölln, gibt in seinem Lebenslauf ebenfalls die Existenz einer „kommunistischen Leh-
rergruppe" an, auf deren Beschluß er gehandelt habe, und er erwähnt die konspirative Zusammenarbeit mit dem 1942 hingerichteten kommunistischen Lehrer *Kurt Steffelbauer* (BArchP. R-2
/ 1299, Bl. 48, Lebenslauf Erich Bunke, 7.2.1950). Der spätere Personalchef der Deutschen
Zentralverwaltung für Volksbildung und des Ministeriums für Volksbildung der DDR, *Willy
Lehmann*, (1900-1971) gibt in seinem unter dem 9.9.1946 verfaßten Lebenslauf an, von „1933
bis 1945 in der Leitung einer Gruppe von 50 aktiven Antifaschisten" gewesen zu sein (BArchP.,
R-2 / 933, Bl. 16). Zur Gruppe um Steffelbauer und zum Berliner kommunistischen Widerstand
siehe auch Kraushaar 1981; Leben und Kampf 1972; Jopp 1991. Die überlebenden Mitglieder
dieser Pädagogengruppe, so auch *Käte Agerth, Heinrich Byl, Franz Becker, Johannes Feuer,
Edmund Kauter, Hans Löffler, Elisabeth Viola* fanden oder suchten im Sommer 1945 – mit Ausnahme von Lehmann – keinen Eingang in die Schulverwaltungen. Später zumeist in der Lehrerbildung, weiter als Pädagogen und ehrenamtlich stark in der Lehrergewerkschaft wirkend, blieben
sie politisch unbedeutend.

4    In der „Übersicht über den bisherigen Aufbau der Abteilung für Volksbildung beim Magistrat der Stadt Berlin" vom 19. Juni 1945 wird als „Leiter" des Schulamtes der Stadt Berlin
„Herr Otto Schulz, stellv. Oberbürgermeister" aufgeführt (BArchP., R-2 / 1306, Bl. 2). Es handelt sich um eine in der Literatur bisher stillschweigend korrigierte oder unkommentiert über-
nommene (vgl. Schuppan 1990, S. 74) Namensverwechslung. Otto Schulz wurde, wie bereits erwähnt, Leiter des Schulamtes Reinickendorf (BArchP., R-2 / 971, Bl. 18).

5    In der Vorschlagsliste tritt die Namensform „Karl Schulz" mit dem für Karl Schulze zu-
treffenden Geburtsjahr 1891 auf. (*Karl Schulz*, geb. 3.5.1882 war vor 1933 Rektor der 1. Volksschule in Charlottenburg, Mitglied des Berliner Lehrervereins und der Bezirksschuldeputation
Charlottenburg). Bürgermeister Karl Schulze gehörte zu jener Gruppe von ehemals sozialdemokratischen Pädagogen, die sich seit Juni 1945 der KPD mit deren Wiedergründung angeschlossen hatten. Der Personenkorpus dieser Gruppe, zu der exponiert *Robert Alt, Paul Oestreich*
und *Marie Torhorst* zählten, ist noch nicht speziell untersucht worden. Obwohl die sozialdemokratische und schulreformerische Herkunft Schulzes in der älteren Literatur schon notiert wurde
(vgl. Klewitz 1971, S.33), spart jüngere Forschung zugunsten neuerer Interpretationen solche
Notiz aus. So wird Schulze in der Arbeit von Füssl (vgl. Füssl 1994, S. 3) lediglich als ein
Mitglied der KPD benannt, das in seiner Amtseigenschaft am 8. Juni 1945 den versammelten
Schulräten und Leitern der Volksbildungsabteilungen in den Bezirken „Richtlinien" verkündete.
Durch solche Aussparungen in der Darstellung wird bei Füssl das Vorhandensein und die Herr-
schaft eines KPD-Altkaderstammes auch auf schulpolitischem Gebiet suggeriert. Tatsächlich
aber gab es altkommunistische Pädagogen nur vereinzelt, und keiner von diesen gehörte zum
KPD-Kaderstamm. Selbst in der sowjetischen Besatzungszone war nur etwa jeder zehnte Schulrat Altkommunist (vgl. Geißler/Wiegmann 1995, S. 9 ff.).

6    Es ist möglich, daß eine der Empfehlungen für Schulze von *Paul Fechner* ausgesprochen
wurde. Fechner war als Direktor der Lebensgemeinschaftsschule Spandau unmittelbarer Dienst-
vorgesetzter Schulzes gewesen.

7    Schulze sollte Winzer im Magistrat vertreten, soweit es sich um Schulfragen handelte. Er
war verantwortlich für die nach Beratung durch das Schulamt vorzulegenden Magistratsvorlagen
(LAB-StA., Rep. 120, 115, Bl. 053. – Funktionsbeschreibung, 24.8.1945).

8    BArchP., R-2 / 911, Bl. 93. KS bedeutete Kündigung „auf Grund struktureller Veränderungen bzw. durch Verringerung der Personalplanstellen", Kf bezeichnete eine „Kündigung zur
fachlichen Festigung der Verwaltung (Verbesserung der Arbeit)".

9    Sekretariatsleiter in Winzers Abteilung wurde *Rudolf Thunig*, zu 12 Jahren Zuchthaus
verurteilt, Mitglied der KPD, bis 24. April 1945 Häftling im Zuchthaus Brandenburg-Görden
(vgl. Keiderling 1993, Dok. 053, S. 326).

10    Angaben zur Stellenbesetzung im folgenden nach BArchP., R-2 / 1306, Bl. 2, Übersicht
über den bisherigen Stellenaufbau der Abteilung Volksbildung beim Magistrat der Stadt Berlin,
19. Juni 1945; vgl. auch Schuppan 1990, S. 74. Das Schulamt begann Mitte Mai bereits vor der
offiziellen Einführung des neuen Magistrats zu arbeiten. Der Organisationsplan der Abteilung
Volksbildung wurde auf der 6. Sitzung des Magistrats am 11. Juni 1945 vorgelegt und von Karl
Schulze begründet (vgl. die Sitzungsprotokolle, S. 125).

11    Siehe auch LAB-StA., Rep. 01-06, 520.

12    Wie die kommunistischen Schulräte Staubesand und Winter (s.u.) war Sothmann eine eher
bürgerlich wirkende Erscheinung, umgänglich, selbständig, auch eigensinnig im Urteil, den später
nachgezogenen jungen SED-Schulkadern unverträglich. Keiner der Berliner KPD-Schulräte des
Jahres 1945 gelangte in der DDR zu einer schulpolitischen Karriere.

13    LAB-StA., Rep. 120, 115, Bl. 053, Funktionsbeschreibung, 24.8.1945.

14    DIPF/BBF-Arch., Nachlaß Sothmann 87 [unpag.]. Über die Erinnerung der Zeitzeugen wachten die Nachgeborenen. Sothmanns 1975 in Artikelform gebrachte Erinnerungen beispielsweise – sicher nicht Ausdruck der Fähigkeit zu konzentriertem Schreiben – wurden von APW-Vizepräsident Gerd Stöhr für eine Veröffentlichung abgelehnt. Er beschied dem Parteiveteran am 3. April 1975: „Die entscheidende Rolle, die der Sowjetunion bei der Zerschlagung des Hitlerfaschismus, der Errichtung der antifaschistisch-demokratischen Ordnung und der Gründung und Festigung der Deutschen Demokratischen Republik als der Basis für die Entwicklung und den derzeitigen Stand unseres sozialistischen Volksbildungswesens zukommt, tritt in Ihrem Manuskript infolge der verhältnismäßig breiten Darlegung persönlicher Erlebnisse und Episoden objektiv zu stark in den Hintergrund. [...] Gewiß werden Sie mit uns darin übereinstimmen, daß eine Überarbeitung einzelner Abschnitte Ihres Manuskripts nicht ausreichen würde, dem Anliegen der beabsichtigten Veröffentlichung zu entsprechen" (ebd.).

15    LAB-StA., Rep. 120, 115 [unpag.], Bericht an Sothmann, 24.5.1945.

16    *Dr. Fischer, Karl*, geb. 3.6.1879, Lehrerseminar Barby 1894-99, 1904-08 Studium Universität Berlin und Zürich, 1908-12 auf Veranlassung des Auswärtigen Amtes Direktor der höheren deutschen Auslandsschule in Valdivia (Süd-Chile), 1913-20 Direktor der Deutschen Schule zu Santiago de Chile (Einheitsschule), 1920 Mitglied der Reichsschulkonferenz, 1920-23 Kreisschulrat in Halle i. Westfalen, 1923-26 Magistrats- und Kreisschulrat in Berlin-Lichtenberg, 1927-1933 Magistratsoberschulrat, Dezernent für das Volks- und Mittelschulwesen in der Deputation für das Schulwesen des Magistrats von Berlin , SPD, Mitglied des „Bundes Entschiedener Schulreformer"; 25. März 1933 aus dem Staatsdienst entlassen, Büro- und Hausverwalter, Steuerberater, gleichzeitig Fortsetzung wissenschaftlicher Studien, 1942 am Deutschen Institut für Psychologische Forschung und Psychotherapie, 1. August 1944 Mitglied des Instituts, 28. Mai 1945 – 31. Dezember 1948 Dezernatsleiter für höhere Schulen im Schulamt Berlin (LAB-StA., Rep. 01-06, 395).

17    *Schmidt, Friedrich (Fritz)*, geb. 21.3.1888, 1908 Absolvent des Berliner Lehrerseminars, war seit 1923 Rektor der 245. Volksschule (Sammelschule, eingerichtet 1.10.1923) in Wedding. An dieser Schule war auch die später im Widerstand der Gruppe Steffelbauer tätige Lehrerin *Elisabeth Viola* beschäftigt, auch die insbesondere in proletarischen Freidenkerkreisen bekannte *Klara Pirrenz*.

18    Die nachfolgend mit *zwei Sternchennoten* gekennzeichneten Personen waren nach der Teilung der Stadt im Herbst 1948 mit unterschiedlicher Dauer in der Schulverwaltung von Berlin-West beschäftigt. Die nicht gekennzeichneten Personen verstarben vordem, traten – teils mit Westberliner Wohnsitz – in den Ruhestand, oder sie setzten ihre Berufstätigkeit im öffentlichen Dienst, dabei vornehmlich in Schulämtern, von Berlin-Ost bzw. der DDR fort. Bei einem Teil der nur bis August 1945 tätigen Schulräte ist der weitere Verbleib unbekannt.

19    Als er am 27. Mai in einer KPD-Funktionärsversammlung von der Wiedereinsetzung Blumes und der begonnenen Rückverwandlung der als „Parteischule der Nazis" bezeichneten NAPOLA in eine „Musterschule" erfuhr, lehnte Ulbricht diesen Vorschlag ab. Konsequenzen ergaben sich für Blume, der Ulbricht im übrigen unbekannt gewesen sein dürfte und in der Reinickendorfer KPD als „Demokrat" geführt wurde, nicht.

20    Angaben zur Stellenbesetzung im folgenden nach BArchP., R-2 / 1306, Bl. 26 ff., zur Vorbereitung der Sitzung des Schulamtes am 31.7., Berlin, den 30. Juli 1945.

21    *Schmidt, Martin* (13.6.1905-16.6.1961), kaufmännischer Angestellter, 1929 KPD, 1932 Mitglied der KPD-Bezirksleitung Niederrhein, 1933 Emigration, 1935 illegale Arbeit in

Deutschland und Volksgerichtshofsurteil, zuletzt Präsident der „Deutschen Notenbank" der DDR (vgl. Keiderling 1993, S. 342; Herbst 1994, S. 300).

22    Diese Begegnung lag möglicherweise früher, zumindest war „Alt (Neukölln)" bereits Mitte September 1945 in der Schulabteilung der Deutschen Zentralverwaltung für Volksbildung bekannt und als Mitarbeiter in der „Kommission Schulreform" vorgesehen (BArchP., R-2 397, Entwurf „Kommission für Schulreform", 17.9.45, Bl. 14). Wahrscheinlich war Alt zu dieser Zeit bereits in den in Neukölln angelaufenen provisorischen Neulehrerkursen tätig.

23    Oprée, Edmund, geb. 4.7.1897, Absolvent des Lehrerseminars Paradies 1918, seit 1919 als Lehrer in Vertretung im Berliner Schuldienst, verschiedene Funktionen in Lehrervereinen (u.a. 1931 3. Vorsitzender des Bezirksvereins (Bezirk 1-6) des Lehrerverbandes Berlin, Mitglied der Berliner Lehrerkammer, 2. Schriftführer des Vorstandes und Kreisleiter der Geschäftsstelle des Lehrerverbandes Berlin, 1931 Mitglied des Geschäftsführenden Ausschusses des Deutschen Lehrervereins), bis nach 1935 Lehrer an der 184. (kath.) Volksschule, 1938 Privatlehrer im Gymnasium am Lietzensee, Charlottenburg, Neue Kantstr. 2; im Schulamt ab 1945 als „parteilos" geführt.

24    Thaus, Erich (1893-1947), Absolvent des Lehrerseminars Jüterbog, 1913-18 Lehrer in Oranienburg, Mittenwalde, Rehfelde, 1918 im Berliner Schuldienst, 1918 Mitglied der „Vereinigung sozialistischer Lehrer" Berlin, 1. Vors. der Arbeitsgemeinschaft sozialdemokratischer Lehrer, SPD 1918-33, 1928-33 Rektor der 269. Volksschule (Sammelschule, 1.4.1928, Prenzlauer Berg, Sonneburger Str.), 1933 aus dem Schuldienst entlassen, 1936-43 Geschäftsführer einer G.m.b.H; Vortragender Verwaltungsrat, Juni 1945 vom Oberbürgermeister Berlin zum Treuhänder f. das ehemalige Reichserziehungsministerium bestellt, 1945/46 Referatsleiter Volks- und Mittelschulen in der Schulabteilung der Deutschen Zentralverwaltung für Volksbidung, 1947 Schulrat (Charlottenburg).

25    Kellermann, Felix (geb. 22.4.1884), Absolvent des Lehrerseminar Züls 1905, seit 1910 Volksschullehrer an verschiedenen katholischen Gemeindeschulen, 1920 Lehrer an der 38. (kath.) Gemeindeschule, Krautstr., 1927 Rektor der 16. (kath.) Volksschule Berlin, 1.10.1931 Magistratsschulrat (Tiergarten), 10. August 1945 Stellvertretender Vorsitzender des Verbandes der Lehrer u. Erzieher im FDGB, 1946 Schulrat (Tempelhof), CDU.

26    Bohner, Theodor, (1882-1963), 1907/08 höherer Schuldienst in Berlin, 1908-15 Leiter der Deutschen Schule in Rom, als Oberschulrat wieder in Berlin 1929, 1924-33 Abgeordneter der Deutschen Demokratischen Partei im Preußischen Landtag, 1933 entlassen, am 26. Juni 1945 Mitunterzeichner des Berliner Gründungsaufrufes der CDU, Mitglied des vorläufigen Zentralvorstandes, 1946-48 War Office London, 1949 Gastdozent in Georgtown/USA (nach Wehner 1992, S. 110, vgl. auch Broszat/Weber 1990, S. 530).

27    Der in der Folge eingesetzte Schulrat Gaede wurde noch 1945 von den englischen Militärbehörden wegen Abhaltens illegaler Versammlungen zu drei Monaten Gefängnis verurteilt. Seine von der gleichen Behörde 1948 dann vorgeschlagene Wiedereinstellung wurde vom Hauptschulamt nicht unterstützt (DIPF/BBF-Arch., Nachlaß Regener [unsortiert, unpag.], Hauptschulamt Berlin. Protokoll der Abteilungsleitersitzung vom 5.1.1948).

28    Zu den Kurzbiografien der im folgenden ohne weitere Erläuterung angegebenen Personen vgl. Geißler/Wiegmann 1995 und Geißler 1996, vgl. Schmoldt/Schuppan 1991; Radde u.a. 1993; Wegbereiter 1989b.

29    BArchP., R-2 / 971, Bl. 17/18, undatiert.

30    Zu diesen (siehe BArchP., R-2 / 971, Bl. 17/18) gehörten nach den hinsichtlich der Namensformen teils fragwürdigen Meldungen der Bezirke: [?] Zimmermann (Mitte), [?] Kalzfuß

(Tiergarten), *Robert Hensel* (Wedding), Stadtrat [*?*] *Thienel* [SPD] (Prenzlauer Berg), *Werner Schmidt* (Friedrichshain – hierzu eine Erwähnung bei Radde 1973, S. 313), *Dr.* [*Hermann*] *Mönch* [SPD, früher Privat-Dozent Wirtschafts- und Sozialwissenschaften Univ. Jena – Angabe nach BArchP., R-2 1291, Bl. 71, Vorschlagsliste des Zentralausschusses der SPD für die zentrale Verwaltung für Volksbildung. 18.8.1945] (Kreuzberg), *Werner Stein* (Wilmersdorf), *Walter Stolle* (Schöneberg), *Wilhelm Drewes* (Tempelhof), [*?*] *Dohring* (Treptow), [*?*] *Gabriel* (Köpenick), [*?*] *Kaszewski* (Weißensee), [*?*] *Bojanowski* (Friedenau). (BArchP., R-2 971, Bl. 17/18; zu diesen und den folgenden Personenangaben wurde neben den angegebenen Quellen auch ohne jeweilige Angabe insbesondere das Lehrer-Verzeichnis Berlin 1931 – auch 1938, 1935, 1929, 1927, 1925, 1922, 1920 – mit herangezogen.) Die für Volksbildung zuständigen Abteilungsleiter (seit dem Bezirksverfassungsstatut vom 26. September 1945 „Bezirksräte", zuständig für 9 Abteilungen, darunter das Schulamt) wechselten in den folgenden Monaten und Jahren häufig, und oft war die Mehrzahl der Stellen überhaupt unbesetzt, so daß ihre parteipolitische Analyse wenig ergiebig ist. Vielmehr kann angenommen werden, daß dieses Amt auf Bezirksebene ohne besondere reale politische Bedeutung für das Schulwesen blieb.

31      *Reuter, Fritz*, geb 4.7.1911, Maurer, vor 1933 Funktionär des kommunistischen Jugendverbandes, Juni 1945 Sekretär der KPD-Unterbezirksleitung Neukölln (vgl. Keiderling 1993, S. 77, Dok. 121, S. 515 f., Dok. 126, S. 546) und in der Folge Mitglied des KPD-Landesvorstandes (vgl. Broszat/Weber 1990, S. 456); 1946-1953 verschiedene Funktionen in der Berliner SED, 1954-1960 in der Bezirksleitung Dresden, danach 1. stellvertretender Vorsitzender des Rates des Bezirkes Erfurt. Reuter, wie Lemmnitz aus dem Zuchthaus Brandenburg-Görden befreit und ab 6. Mai mit den übrigen ehemaligen Häftlingen im Sammellager der Kaserne in der Spandauer Wilhelmstraße untergebracht, war als einer der ersten direkt von der „Gruppe Ulbricht" angefordert worden (vgl. Herbst 1994, S. 274).

32      Die in eckigen Klammern stehenden Namen sind vom Autor jeweils ergänzend ermittelt worden.

33      *Dr. Ernst Schacht*, später auch Mitglied der Erziehungskommission des Kulturbundes, verstarb 1947.

34      Die nachfolgenden, mit einer *Sternchennote* gekennzeichneten Stellen wurden bis September 1945 mit neuen Personen besetzt.

35      *Kanngießer, Georg*, geb. 9.4.1880, 1900 Absolvent des Seminars Habelschwerdt, seit 1913 im Berliner Schuldienst, zunächst Lehrer, 1929 Konrektor und 1931 Rektor der 35. Volksschule in Lichtenberg (Pfarrstr. 8, Sammelschule seit 1.10.1921), 1933 entlassen, wurde im Mai 1946 von seinem Amt entbunden (LAB-StA, Rep. 120, 3257). Neu in die weiter aufgefüllten Ämter kamen von der KPD die Schulräte *Franz Goß*, geb. 6.7.1895, (Tempelhof), *Franz Hajtai*, geb. 26.2.1878, (Pankow), [*Margarete*] *Bednarz*, geb. 26.7.1890, (Neukölln), *Dr. Karl Schröder* (Neukölln), *Friedrich Meiser*, geb. 13.4.1889, (Treptow), von der SPD die Schulräte *Max Classe*, geb. 9.10.1878, (Tiergarten, dann Wilmersdorf), *Rudolf Suderow*, geb. 4.11.1892, (Kreuzberg), *Richard Dahlke*, geb. 24.6.1903, (Spandau), [*Walter*] *May*, geb. 14.2.1900, (Pankow) (LAB-Sta., Rep. 120, 3252, Protokoll über die Sitzung der Volksbildungsämter und der Schuldezernenten aller Bezirke am 23.8.1945, Bl. 3 f.). Wenig später, noch 1945 und schon unter alliierter Verwaltung, kamen die Hauptschulräte *Walter Probst* [*?*], (Friedrichshain), [*Dr.*] [*Bruno*] *Koepp*, geb. 19.7.1889, (Tiergarten), *Ernst Hanke*, geb. 7.3.1890, (Kreuzberg), *Oskar Schaefer*, geb. 29.11.1892, (Schöneberg/Friedenau) hinzu, alle SPD. Personelle Stabilität konnte in den Ämtern, in denen Versetzungen, Neueinstellungen und Entlassungen weithin ständige Praxis war, nur teilweise erreicht werden. Zur Tätigkeit einiger dieser Schulräte vgl. die Jahresberichte 1945/46 aus Schöneberg, Mitte, Lichtenberg, Kreuzberg, Friedrichshain, Spandau, Wilmersdorf, Weißensee, Zehlendorf in Geißler 1996, S. 162 ff.

36    *Porsch, Richard*, geb. 9.1.1897, 1918 Absolvent des Lehrerseminars in Fürstenwalde, seit
1922 Volksschullehrer in Berlin, 1933 entlassen, Februar 1946 Hauptreferent in der Abteilung
Lehrerbildung des Hauptschulamtes, April 1946 SED, Ausbildungsleiter in Neulehrerkursen,
Januar 1949 zum Honorarprofessor für Psychologie an der Pädagogischen Hochschule berufen
(LAB-StA., Rep. 01-06, 246).

37    *Dickfach, Waldemar*, geb. 6.5.1898, Volksschullehrerausbildung an den Seminaren Lichtenberg (privat), Kyritz, Prenzlau 1912-19, 1919 staatlicher Sonderlehrgang für Kriegsseminari-
sten, als Schulamtsbewerber April-Sept. 1919 an der Mädchenmittelschule II Ost in Neukölln,
Richardplatz, Okt. 1919-Sept. 1920 an der 37. Gemeindeschule Knesebeckstr., Okt. 1920-März
1924 an der 15. (weltlichen) Gemeindeschule Neukölln, Lessingstraße, zugleich Studium an der
Handelshochschule, 1926 KPD-Mitglied, Handelslehrer an der 16. Berufsschule für Jünglinge
(seit 1929 Berufsschule für Arbeiter) Friedrichshain, Lange Str. 76, Mai 1933 beurlaubt, Sept.
1933 entlassen, seit Juli 1933 SA-Mann Sturm 36 M 29, Gewährung einer Gnadenrente auf Wi-
derruf von 1934 bis 1937, zeitweise Buchhalter, 1939 Wehrmacht, 1941 Ablehnung der Eingabe
an „Kanzlei des Führers" auf Wiederverwendung im öffentlichen oder privaten Schuldienst,
(LAB-StA., Rep. 01-06, 0830), Mai bis Juli 1945 Bezirksschulamtsleiter in Charlottenburg.

38    *Fechner, Paul*, geb. 2.1.1894, war bis zu seiner Maßregelung 1933 für die SPD Mitglied
der Bezirksversammlung Spandau. Am 5. Mai wurde er durch die Personalinitiativen der
„Gruppe Ulbricht" zum Leiter des Schulamtes Spandau vorgesehen (vgl. Keiderling 1993, Dok.
045, S. 293 ff.), mit ihm das SPD-Mitglied „Lehrer Sommer" (vgl. ebd.), der 1933 ebenfalls
gemaßregelte Rektor *Wilhelm Sommer*, geb. 3.12.1883, von der 9. Spandauer Volksschule.

39    *Wittbrodt, Wilhelm*, geb. 8.11.1878, 1899 Absolvent des Lehrerseminars Prenzlau, 1920
Rektor der 31. Volksschule (Sammelschule) Neukölln, 1933 entlassen, 1.4.1949 pensioniert.

40    *Schulz, Otto*, geb. 4.3.1886; Absolvent des Lehrerseminars Lynk 1906, seit 1911 im Berliner Schuldienst, 31. Gemeindeschule Charlottenburg, 1925 Rektor der 11. Volksschule Charlottenburg, 1.9.1930 Magistratsschulrat in Charlottenburg-Ost, Mitglied des Berliner Lehrervereins,
1933 entlassen, danach wieder eingestellt an der 3. Volksschule Reinickendorf-Ost, Let-
teallee 39/41, 1931 bis 1933 Vorsitzender der Ortsgruppe Berlin-West der *Allgemeinen Freien
Lehrergewerkschaft Deutschlands E. V. (AFLD), Provinzialverband Berlin-Brandenburg* (vgl.
Lehrer-Verzeichnis 1931, S. 399). Lehrer, die der KPD angehörten, hatten sich zumeist dem
AFLD angeschlossen.

41    *Dr. Dönch, Friedrich [Fritz]*, (18.3.1899-14.7.1946), 1941 zu 12 Jahren Zuchthaus verurteilt, Studienassessor, nach der Befreiung zuletzt Leiter des Dezernats für höhere Schulen im
Hauptschulamt Berlin, April 1946 SED (LAB-StA., Rep. 120, 3257).

42    *Puffahrt, Wilhelm*, geb. 23.1.1904, 1918-21 Präparandenanstalt, danach kaufmännische
Lehre, verschiedene Tätigkeiten, u.a. Musiker, 1931 Abitur in Berlin-Zehlendorf, 1931-34 Studi-
um, 1934 Mittelschullehrerexamen und Privatlehrer, 1936 Volksschullehrer, illegale Arbeit
(Flugblätter), 1940 Staatsexamen, 1942 im Dienst an höheren Schulen, Studienrat, Sommer 1945
Leiter des höheren Schulwesens in Neukölln und Leiter der Karl-Marx-Schule Neukölln, 1946
Leiter einer Mädchenoberschule in Treptow, Sept. 1948 auf eigene Bitte wieder nach Neukölln
versetzt, wo er „zum Leiter einer Einheitsschule gewählt" worden sei (LAB-StA., Rep. 01-06,
246).

43    Im April 1946 fielen von den Hauptschulratsstellen 12 auf die SPD, 4 auf die KPD, je eine
auf CDU und LDP; von den Schulratsstellen 10 auf die SPD, 6 auf die CDU, 3 auf die LDP und
3 auf die KPD. Drei Stellen waren an Parteilose vergeben (LAB-StA., Rep. 120, 108, Bl. 7, Liste
der Hauptschulräte und Schulräte).

44 *Bahlke, Heinrich*, geb. 26.9.1888, Lehrerseminar, Mitglied des Berliner Lehrervereins, 1920 Lehrer an der 288. Gemeindeschule, Senefelderstr., 1922 Rektor der 1. Gemeindeschule Niederschöneweide, Berliner Str., vor 1933 zuletzt Rektor der 14. Volksschule, Niederschöneweide, Rudower Str.

45 *Grigoleit, Otto*, geb. 10.11.1893, Mittelschullehrer, 1914 Absolvent des Lehrerseminars Spandau, vor 1933 Lehrer an der Mittelschule I in Steglitz, Sachsenwaldstr. 20, Mitglied des Berliner Lehrervereins, 1935 Rektor der 3. Mittelschule Lichterfelde, Warthestr. 80, 1945 FDP.

46 *Dumstrey, Wilhelm*, geb. 25.3.1899, 1919 Absolvent des Lehrerseminars Köpenick, danach Volksschullehrer an der 1. Gemeindeschule Berlin-Lichtenberg, 1923-26 an der 34. Gemeindeschule (Lebensgemeinschaftsschule, 1.10.1921) in Lichtenberg, Mitglied des Berliner Lehrervereins, 1923 Mitglied der Deutschen Demokratischen Partei, zuletzt Vorsitzender der Ortsgruppe Köpenick, nach Besuch der Handelshochschule (1922-25) 1926 Diplomhandelslehrer an der Arbeiter-Berufsschule, 1929-33 an verschiedenen Fachschulen, April 1933 zurückversetzt an die Arbeiterberufsschule, 1939 Bauschule, 1938 Gewerbeoberlehrer, Berufsschule für Arbeiter, Lange Str. 17; Juli 1945 Vorsitzender der Stadtbezirksgruppe Köpenick der CDU, Schulamtsleiter von Köpenick, Oktober 1947 Dezernent für Privatschulwesen im Hauptschulamt (LBA-StA., Rep. 01-06, 621).

47 LAB-StA., Rep. 120, 3252, Bl. 7. / Über die Schulamtsleiter (Hauptschulräte) *Dr.* [?] *Steinberg* [CDU] (Mitte), *Dr.* [*Hermann*] *Mönch* (Kreuzberg), *Erich Schwanitz* (Tempelhof), [?] *Gohlke* (Treptow), [?] *Wollenzin* [parteilos] (Pankow) und die Schulräte [?] *Heller* [LDP], (Mitte), [?] *Schulz* (Mitte), *Dr. Ing.* [?] *Liebold* (Mitte), [?] *Lohse* (Tiergarten), *Friedrich Krüger* [SPD] (Wedding), *Gustav Rutz* [SPD] (Wedding), *Ernst Becherer* [SPD] (Wedding), [?] *Blanke* (Kreuzberg), [?] *Zimmermann* (Charlottenburg), [?] *Graeser* (Charlottenburg), [*Erich*] *Boettcher, geb. 17.3.1894*, [LDP] (Schöneberg), *Dr.* [?] *Gloege* (Zehlendorf) sind weitere Feststellungen nach den eingesehenen Quellen nicht möglich.

48 Vgl. Vorbrodt, W./Herrmann, K. 1930, S. 546.

49 In Berlin gab es 1928 12 Lebensgemeinschaftsschulen und 43 Sammelschulen (vgl. Nohl/Pallat 1928, S. 357), zwei Jahre später bestanden 54 Sammelschulen mit 650 Klassen („Die freie weltliche Schule", Nr. 15/1930, S. 113), und es waren an diesen Schulen ca. 300 der rund 8.000 Lehrerkräfte der Berliner Volksschulen tätig. Von den vom Religionsunterricht abgemeldeten Kindern besuchte etwa die Hälfte die Sammelschulen, und auf eine Lehrkraft entfielen an diesen Schulen statistisch 40 Schüler (genauere Angaben und Analyse zum Stand 1931 siehe „Berliner Lehrerzeitung" Nr. 2/1932, S. 21).

50 SAPMO-BArch., Gewerkschaft Unterricht und Erziehung 18/368/119 [unpag.], Aktennotiz betr.: Verband der Lehrer und Erzieher, 6.8.1945.

51 *Schubring, Willi* (26.9.1897-1958), Absolvent des Lehrerseminars Damburg 1918, Mitglied der SPD, seit 1923 der KPD, vor 1933 zuletzt Lehrer an der 162. Volksschule (Sammelschule, 1.4.1927) im Prenzlauer Berg, Danziger Str., 1927 Vorsitzender des Verbandes proletarischer Freidenker Berlin, 1929 bis 1933 KPD-Stadtverordneter, 1930 deshalb vom Amt suspendiert und 1933 entlassen, Fortführung der Parteiarbeit in der Illegalität, Juli bis September 1944 – wie Kreuziger – KZ Sachsenhausen, am 2. Mai von der Militärkommandatur mit dem Aufbau der Verwaltung Tempelhof beauftragt, Stellvertreter des Bürgermeisters Jens Nydahl, den er in das Amt geworben hatte (vgl. Radde u.a. 1993, Bd. 2, S. 234 ff.).

52 *Tlustek, Hugo*, geb. 18.3.1887, Absolvent des Seminars Wongrowitz 1907, 1927 bis 1933 Rektor der 7. Volksschule (Sammelschule, 11.10.1927) in Köpenick, hier zusammen mit dem späteren Gewerkschaftsvorsitzenden *Karl Ellrich* und *Werner Hortzschansky*.

53    Wie problematisch die unkommentierte Wiedergabe von Zeitzeugenerinnerungen sein kann, verdeutlich der Beitrag in Radde u.a. 1993, Bd. 2, S. 41 f., mit dem die Gewerkschaftsgründung einzig Schröter zugeschrieben wird.

54    *Goß, Franz* (6.7.1885-1950), Gymnasiallehrer, Studienrat, Oberstudiendirektor, KPD, 1919 Vorstandsmitglied der „Vereinigung sozialistischer Lehrer u. Lehrerinnen Groß-Berlin", KPD, 1921 als Oberstudiendirektor Ltr. des Friedrichs-Gymnasiums, 1923 des Köllnischen Gymnasiums, 1919-29 Stadtverordneter der KPD u. Mitgl. aller Schuldeputationen, 1926-33 besoldeter Stadtrat f. Volksbildung in Köpenick, 1925 Mitbegründer der Allgemeinen Freien Lehrergewerkschaft Deutschland; 1933 ohne Pension entlassen; 10. August 1945 Stellv. Vorsitzender des Verbandes der Lehrer u. Erzieher im FDGB, Vorsitzender des Ausschusses für Hochschulfragen, Hauptschulrat (Tempelhof), 1. Mai 1946 bis Juni 1950 Dezernent für generelle Verwaltungsangelegenheiten u. Lehrerpersonalien im Hauptschulamt Berlin.

55    SAPMO-BArch., Gewerkschaft Unterricht und Erziehung 18/368/119. [unpag.], Aktenotiz betr.: Verband der Lehrer und Erzieher, 6.8.1945; Bericht des Kollegen Schallock in der Vertreterhauptversammlung vom 8.12.1945.

56    Zur Entstehung der Zentralverwaltung und zu ihrem Personal vgl. Geißler 1996 und Geißler/Wiegmann 1996.


**Archivalien:**

BArchP – Bundesarchiv Potsdam

DIPF/BBF-Arch. – Deutsches Institut für Internationale Pädagogische Forschung/Bibliothek für Bildungsgeschichtliche Forschung/Archiv

LAB-StA – Landesarchiv Berlin, Außenstelle Breite Straße

SAPMO-BArch. – Stiftung Archiv der Parteien und Massenorganisationen der DDR im Bundesarchiv


**Literatur:**

ASH, MITCHERLL, G./GEUTER, ULFRIED (Hrsg.): Geschichte der deutschen Psychologie im 20. Jahrhundert. Ein Überblick. Opladen 1985

BROSZAT, MARTIN/WEBER, HERMANN (Hrsg.): SBZ-Handbuch. Staatliche Verwaltungen, Parteien, gesellschaftliche Organisationen und ihre Führungskräfte in der Sowjetischen Besatzungszone Deutschlands 1945-1949. München 1990

Die Sitzungsprotokolle des Magistrats der Stadt Berlin 1945/46. Teil I: 1945, bearb. u. eingel. v. Dieter Hanauske. Berlin 1995

Dokumente und Materialien zu den deutsch-sowjetischen Beziehungen auf bildungspolitischem und pädagogischem Gebiet 1917-1933, ausgewählt, eingeleitet und erläutert v. Gert Geißler. Berlin 1984

Fünfzig Jahre erste internationale Lehrerdelegation in die Sowjetunion – Materialien, ausgewählt, eingeleitet und erläutert von Christa Leithold. In: Jahrbuch für Erziehungs- und Schulgeschichte, hrsg. v.d. Kommission für deutsche Erziehungs- und Schulgeschichte der Akademie der Pädagogischen Wissenschaften der Deutschen Demokratischen Republik. Berlin 15 (1975), S. 206-223

FÜSSL, KARL-HEINZ: Die Umerziehung der Deutschen. Jugend und Schule unter den Siegermächten des Zweiten Weltkrieges 1945-1955. Paderborn/München/Wien/Zürich 1994

GEIßLER, GERT/BLASK, FALK/SCHOLZE, THOMAS: Schule: Streng vertraulich! Die Volksbildung der DDR in Dokumenten. Eine Publikation des Ministerium für Bildung, Jugend und Sport des Landes Brandenburg. Berlin 1996 (Geschichte, Struktur und Funktionsweise der DDR-Volksbildung, Band 1)

GEIßLER, GERT/WIEGMANN, ULRICH: Schule und Erziehung in der DDR. Studien und Dokumente. Neuwied/Kriftel/Berlin 1995

DIES.: Pädagogik und Herrschaft in der DDR. Die parteilichen, geheimdienstlichen vormilitärischen Erziehungsverhältnisse. Frankfurt a.M/Berlin/Bern/New York/Paris 1996.

HERBST, ANDREAS/RANKE, WINFRIED/WINKLER, JÜRGEN: So funktionierte die DDR. Bd. 3: Lexikon der Funktionäre. Hamburg 1994

JOPP, HEIDRUN: Kurt Steffelbauer. Ein Berliner Lehrer im Widerstand gegen den Nationalsozialismus. Berlin 1991

KEIDERLING, GERHARD (Hrsg.): „Gruppe Ulbricht" in Berlin. April bis Juni 1945. Von den Vorbereitungen im Sommer 1944 bis zur Wiedergründung der KPD im Juni 1945. Mit einem Geleitwort von Wolfgang Leonhardt. Eine Dokumentation. Berlin 1993

KLEWITZ, MARION: Berliner Einheitsschule 1945-1951. Entstehung, Durchführung und Revision des Reformgesetzes von 1947/48. Berlin 1971

KRAUSHAAR, LUISE: Berliner Kommunisten im Kampf gegen den Faschismus 1936 bis 1942. Berlin 1981

LAUDE, HORST/WILKE, MANFRED: Die KPD-Pläne für den Wiederaufbau der Gewerkschaften. In: Schroeder, Klaus (Hrsg.): Geschichte und Transformation des SED-Staates. Beiträge und Analysen. Hrsg. von Klaus Schroeder. Berlin 1994

Leben und Kampf des antifaschistischen Lehrers Kurt Steffelbauer – Lebendige Tradition unserer sozialistischen Schule. Materialien zur Konferenz am 23. Oktober 1972, hrsg. von der Arbeitsstelle für deutsche Erziehungs- und Schulgeschichte. Akademie der Pädagogischen Wissenschaften der Deutschen Demokratischen Republik. Berlin 1972 (Manuskriptdruck)

Lehrer-Verzeichnis Berlin. Jahrgänge 1920, 1922, 1925, 1927, 1929, 1931, 1935, 1938

NOHL, HERMAN (Hrsg.): Handbuch der Pädagogik. Band 4: Die Theorie der Schule und der Schulaufbau. Langensalza 1928

RADDE, GERD: Fritz Karsen. Ein Berliner Schulreformer der Weimarer Zeit. Berlin 1973

DERS. U.A. (Hrsg.): Schulreform. Kontinuitäten und Brüche. Das Versuchsfeld Berlin Neukölln. 2 Bde. Opladen 1993

SCHMOLDT, BENNO/SCHUPPAN, MICHAEL-SÖREN (Hrsg.): Pädagogen in Berlin. Auswahl von Biographien zwischen Aufklärung und Gegenwart. Baltmannsweiler 1991

SCHUPPAN, MICHAEL-SÖREN: Berliner Lehrerbildung nach dem Zweiten Weltkrieg. Die Pädagogische Hochschule im bildungspolitischen Kräftespiel unter den Bedingungen der Vier-Mächte-Stadt (1945-1958). Frankfurt a.M. u.a. 1990

TORHORST, ADELHEID: Zur weltlichen Schulbewegung in der Weimarer Republik. Persönliche Erinnerung und Analysen, hrsg. v. Karl-Heinz Günther. Berlin 1972 (Manuskriptdruck)

TORHORST, MARIE: Pfarrerstochter. Pädagogin. Kommunistin. Erinnerungen. Aus dem Leben der Schwestern Adelheid und Marie Torhorst, hrsg. v. Karl-Heinz Günther. Berlin 1986

VORBRODT, W./HERRMANN, K.: Handwörterbuch des gesamten Schulrechts und der Schul- und Unterrichtsverwaltung in Preußen. Leipzig 1930

Wegbereiter der DDR-Geschichtswissenschaft. Biographien. Berlin 1989 (Wegbereiter 1989a)

Wegbereiter der neuen Schule, hrsg. v. Gerd Hohendorf, Helmut König und Eberhard Meumann. Berlin 1989 (Wegbereiter 1989b)

WEHNER, JENS: Kulturpolitik und Volksfront. Ein Beitrag zur Geschichte der Sowjetischen Besatzungszone Deutschlands 1945-1949. Teil 2. Frankfurt a.M. 1992

# 3. Der Berliner Schulreformer Fritz Karsen und seine Wiederentdeckung seit den 60er Jahren

Sonja Karsen

## Die fortschrittliche Pädagogik meines Vaters Fritz Karsen an seiner Reformschule in Berlin-Neukölln, seine Entlassung und seine Flucht aus Deutschland

Als Schüler der Karsen-Schule, denn als solche war sie in jenen Jahren bekannt, war es uns nicht bewußt, daß wir eine Reformschule besuchten, obgleich wir wußten, daß die Methodik von anderen höheren Schulen in Berlin abwich. Für einige Menschen wirkte die Schule beinah revolutionär, ein Grund warum die pädagogischen Ideen meines Vaters von links und von rechts regelmäßig in der Presse angefochten wurden.

Mein Vater wurde im Oktober 1921 als Oberstudiendirektor vom Kaiser-Friedrich-Realgymnasium, der größten der höheren Schulen des Berliner Bezirks Neukölln, ernannt, um seine pädagogischen Reformen dort zu realisieren. Ein besonders günstiger Umstand war, daß in Berlin-Neukölln der sozialdemokratische Reichstagsabgeordnete Dr. Kurt Löwenstein als Stadtrat für Volksbildung wirkte: er wurde für die Reformarbeit meines Vaters eine starke Stütze.

Ich kam 1929 als Sextanerin in die Schule meines Vaters und habe sie bis zum Februar 1933 besucht. Sie war die einzige höhere Schule Berlins, in der Jungen und Mädchen gemeinsam unterrichtet wurden. Sie folgte zwar dem offiziellen Lehrplan des Provinzial-schulkollegiums, aber im Unterschied zu den übrigen höheren Schulen wurde das Pensum anders unterrichtet. Schon die Aufstellung der Tische und Stühle wich von der traditionellen Ordnung ab: sie wurden je nach Bedarf rechtwinklig, im Kreis oder in kleinen Gruppen aufgestellt. Der Lehrer befand sich inmitten der Schüler, und diese wenig formale Art erleichterte die Arbeit an den jeweiligen Projekten in Deutsch, Geschichte, Erdkunde, Mathematik, Physik, Chemie, Biologie, Zeichnen, Musik und in den Fremdsprachen. Für die Erarbeitung dieser Projekte, die unter Leitung des Lehrers erfolgte, wurden die Schüler in Gruppen eingeteilt, und jede Gruppe beschäftigte sich mit einem Teil des

Gesamtthemas. Die Schüler meldeten sich je nach ihren Interessen für die speziellen Themen. Wichtig war, daß wir die Probleme selber lösten. Hatten wir zum Beispiel eine Aufgabe in Mathematik erhalten, lösten wir sie in der Klasse und nicht, wie es üblich war, zu Hause. So wurden die meisten Schulaufgaben in der Schule erledigt. Gab es Schwierigkeiten, konnte man den Lehrer fragen, und er half dann individuell. Das war anders als in den regulären höheren Schulen. Bei allen Arbeiten war es wichtig, den vorgegebenen Abgabetermin genau einzuhalten, den der Lehrer bestimmte; die Gruppen mußten ihre Arbeiten am festgesetzten Tag abgeschlossen haben. Es wurde dabei besonderer Wert auf die Ausführung gelegt. Wir mußten ohne Fehler und gut geschrieben haben, Zeichnungen oder andere Illustrationen sollten eingearbeitet und die Informationen mußten korrekt sein. Das heißt, es wurde von Anfang an Wert auf Präzision und klares Denken gelegt. Durch diesen Unterricht ohne Lehrbücher lernten wir Schüler, selbständig zu denken und das notwendige Material für die Themen bzw. Projekte zu sammeln. Man muß dabei erwähnen, daß der Lehrer natürlich den Verlauf des Unterrichts genau beobachtete, und wenn Fragen gestellt wurden, für deren Beantwortung das Wissen der Schüler nicht ausreichte, griff er ein. Zum Unterricht gehörte auch, daß täglich ein Schüler ein Protokoll über den Unterrichtsverlauf zu verfassen hatte, so daß man genau wußte, was in der Klasse vor sich gegangen war. In der Schule meines Vaters wurde alles demokratisch gehandhabt, denn es war das Anliegen meines Vaters, den Schülern Demokratie und Toleranz gegenüber allen Ideen und Meinungen beizubringen. Niemandem wurde eine Meinung aufgezwungen.

Ich fand besonders schön, daß wir nichts auswendig lernen mußten. Mein Vater war grundsätzlich gegen Auswendiglernen. Er hatte es während seiner Schulzeit oft genug tun müssen und bemerkte häufig: „Das ist eine absolute Zeitvergeudung, dabei lernt man überhaupt nichts."

Die Aufführungen von Theaterstücken wie die von Bertolt Brecht, mit Musik von Kurt Weill, fanden in der Aula abends statt und wurden so der Öffentlichkeit vorgeführt. Die Schule hatte ein gutes Orchester, Bühnenbild und Kostüme entstanden unter der Anleitung des Zeichenlehrers Freese. Brecht kam in die Schule und diskutierte mit den Schülern seine Oper „Der Jasager", die dort 1931 in einer neuen Fassung aufgeführt wurde. In dieser Oper sagte ich nur einen Satz: „Er hat 'ja' gesagt."

Besonders interessant war der Werkunterricht, an dem alle Schüler teilnahmen. Dieses Fach existierte damals nur an wenigen anderen höheren Schulen. Wir lernten praktische Dinge wie Buchbinden, wofür wir uns die mit vielen bunten Farben eingefärbten Papiere selbst anfertigten. Auch lernten wir, mit Metall und Holz umzugehen. Es war das Ziel meines Vaters, das Intellektuelle mit dem Praktischen im Unterricht zu verbinden. So lernten wir, mit Werkzeugen zu arbeiten und viele Dinge selbst herzustellen. Ich hatte immer das Gefühl gehabt, daß mein Vater die Wichtigkeit dieses praktischen Unterrichts deshalb so stark betonte, weil er selber nicht sehr geschickt in diesen Dingen war.

Ein besonderer Turn- und Sportunterricht gehörte ebenfalls zur Erziehung an dieser Schule. Er wurde in den unteren Klassen – Sexta bis Untertertia – koedukativ erteilt. Mein Vater hatte ja die Prüfung als Turnlehrer abgelegt, wahrscheinlich aus dem Gefühl heraus, daß Sport besonders wichtig sei für die volle Entwicklung des Menschen; ja er maß dem Sport sogar moralischen Wert für die Erziehung bei. Die Idee der „Fairneß", die Erkenntnis, daß nicht jeder gewinnen oder der Beste sein kann, enthält ein ethisches Prinzip, und es ist daher wichtig, Fairneß von jung auf zu lernen.

Von der Quinta oder Quarta an, also im Alter von elf, zwölf Jahren, unternahmen wir Studienfahrten. Die unteren Klassen reisten in Deutschland, die Schüler der Oberstufe begaben sich ins Ausland, meist nach England oder Frankreich. Unsere erste Studienfahrt führte uns hinaus aufs Land nach Driesen. Kaum ein Berliner Kind hatte bis dahin eine Kuh gesehen. Wir sollten erleben, wie ein Bauer lebt und arbeitet, was für uns Groß-stadtkinder sehr interessant war. Vor der Studienfahrt, die sorgfältig vorbereitet worden war, wählte jeder Schüler ein Thema, zum Beispiel: „Vergleich des Lebens auf dem Land mit dem in der Großstadt". Die Arbeit mußte binnen sechs Wochen fertig sein. Wir übten uns auf dieser Fahrt auch in der Technik des Interviews, wie man Leute befragt. Viele der Personen denen wir Fragen stellten, waren in der damaligen Zeit sehr erstaunt; daß Schüler sie nach allen möglichen Dingen fragten. Wir hörten oft: „Weshalb stellt ihr uns alle diese Fragen? Ihr solltet besser in der Schule sitzen!" Die Berichte über die Studien-fahrt wurden in einer Ausstellung vorgestellt. So konnten die Eltern sehen, was gelernt worden war. Dasselbe geschah mit den Arbeiten in anderen Fächern. Ich erinnere mich gut an den Geographieunterricht bei Herrn Koppelmann. Wir zeichneten Landkarten, die sehr genau sein mußten. Auf diese Weise eigneten wir uns sehr gute Geogra-phiekenntnisse an, weil wir sie uns selbst erarbeiteten. Mein Vater war nicht interessiert

an „automatisiertem" Wissen, sondern wollte die jungen Menschen zum Denken erziehen. „Seine Schüler lernten mit offenen Augen und wachem Sinn durch die Welt zu gehen und standen mit beiden Beinen auf dem Boden der Wirklichkeit", so hat es einer von
ihnen Jahrzehnte später formuliert.[1]

Zu den ersten Reformmaßnahmen, mit denen mein Vater das Neuköllner Kaiser-
Friedrich-Realgymnasium umzugestalten versuchte, gehörte die Angliederung einer Aufbauschule im Jahr 1922, und ein Jahr später, 1923, nahmen die „Arbeiter-Abiturienten-
Kurse" ihre Arbeit auf. Die Eröffnung von Aufbauklassen wurde von der überwiegend
proletarischen Bevölkerung Neuköllns sehr begrüßt. Mein Vater war überzeugt, „daß die
Arbeit in der höheren Schule prinzipiell nichts qualitativ Besseres sei als die in der Volksschule".[2] Deshalb sollten die Lehrer des Kaiser-Friedrich-Realgymnasiums mit den Lehrern einer dem Realgymnasium angegliederten Volksschule ein gemeinsames Kollegium
bilden, das von unten auf im gleichen Geist und Stil arbeitete und dadurch zugleich die
„Einheitlichkeit des Lehrerstandes"[3] symbolisierte. Der Dualismus von Volks- und höherer Schule sollte überwunden werden. Mein Vater war seit 1927/28 überzeugt, daß die
bloße Aufbauschule den bildungsorganisatorischen Bedürfnissen der demokratischen
Massengesellschaft noch nicht entsprach. Er versuchte daher, „von der Aufbauschule zur
Gesamtschule" zu gelangen.[4] Die ministerielle Genehmigung, seine Aufbauschule mit
einer weltlichen Volksschule zu vereinigen, erhielt er im Herbst 1927. Die am Hertz-
bergplatz, unweit des Kaiser-Friedrich-Realgymnasiums gelegene, von dem Rektor Karl
Linke, einem der engsten Mitarbeiter meines Vaters, geleitete Volksschule wurde Teil
des Kaiser-Friedrich-Realgymnasiums. Karl Linke garantierte sowohl schulpolitische
Solidarität wie pädagogische Erfahrung.

Die Schule meines Vaters wurde in ganz Deutschland und darüber hinaus auch deshalb
so bekannt, weil in ihr die schon erwähnten Arbeiter-Abiturientenkurse eingerichtet worden waren. Bildungsbewußte junge Arbeiter, meist Mitglieder der Jugendorganisationen
der Arbeiterbewegung, die sich bereits in Bildungskursen ein beachtliches Wissen erarbeitet hatten, sollten nach drei Jahren das Abitur erlangen und dann die Universität oder
eine andere Hochschule besuchen können. Das war der Wunschtraum vieler, die nur eine
Volksschule besucht hatten und denen der Weg an die Hochschule versperrt war, mochten sie noch so klug und tüchtig sein. Ihre Hoffnungen richteten sich jetzt auf die Schule
meines Vaters. Sie kamen aus allen Teilen Deutschlands nach Berlin-Neukölln, und Dr.

Kurt Löwenstein, der Neuköllner Stadtrat für Volksbildung, förderte auch die Arbeiter-Abiturientenkurse nach Kräften.[5] Mit der Angliederung der Volksschule, der Aufbauklassen und der Arbeiter-Abiturientenkurse an das Kaiser-Friedrich-Realgymnasium war der Grundstein zur Gesamtschule gelegt. Ende Januar 1930 wurde Adolf Grimme, ein Sozialdemokrat, preußischer Kultusminister. Im Mai des gleichen Jahres erfolgte die Umbenennung des Kaiser-Friedrich-Realgymnasiums in „Karl-Marx-Schule". Meinem Vater war diese Umbenennung gar nicht so recht, da er es nicht für richtig hielt, die Schule durch eine solche Namensgebung parteipolitischen Angriffen auszusetzen. Seine Meinung wurde leider nicht unterstützt.

Schon lange vor dem 30. Januar 1933, dem Tag der Machtübernahme Hitlers, stand mein Vater auf der schwarzen Liste der Nationalsozialisten. Den Feinden der Demokratie war die in seiner Schule praktizierte freiheitliche Erziehung ein Dorn im Auge. Unser Telefon wurde abgehört. Meine Eltern machten mir klar, daß ich nur unverfängliche Dinge am Telefon sagen dürfe, vor allem sollte ich keine Namen nennen. Man merkte an Geräuschen, daß das Telefon überwacht wurde, denn die Technik war damals noch nicht so weit wie heute. Schon 1932 meinte mein Vater zu wissen, daß die Nazis an die Macht kommen würden; deshalb hatte er den Mietvertrag für unsere Wohnung in Berlin-Tempelhof auf monatliche Kündigung abgeschlossen und alle Vorbereitung für eine mögliche Flucht getroffen, Pässe und dergleichen sollten sofort zur Hand sein, damit wir, falls nötig, schnell Deutschland verlassen konnten. Am 21. Februar 1933 wurde über alle Rundfunksender Deutschlands verkündet, daß die Karl-Marx-Schule „umorganisiert" werde und ihr Leiter beurlaubt worden sei. Am 23. Februar waren im „Völkischen Beobachter", dem Hauptorgan der NSDAP, die Schlagzeilen zu lesen: „Die Hochburg der marxistischen Unkultur gesäubert" und „Reichskommissar Pg. Rust enthebt die marxistischen Schulgrößen ihrer Ämter".[6]

Die „Beurlaubung" meines Vaters von allen seinen Ämtern war eine der ersten Amtshandlungen des in das Amt des preußischen Kultusministers eingesetzten NS-Reichskommissars Rust. Auch die Lehrtätigkeit meines Vaters an der Friedrich-Wilhelms-Universität war damit beendet. Mir erlaubte er nicht mehr, in die Schule zu gehen: er fürchtete, die SA könnte mich als Geisel nehmen, um ihn am Fortgehen zu hindern. Er war ja „beurlaubt" worden wegen „politischer Unzuverlässigkeit".[7] Später, wir hatten Deutschland längst verlassen, wurde sogar ein Prozeß gegen ihn eröffnet, weil er sich „der unerlaubten Entfernung vom Amte schuldig gemacht" habe.[8] Nachdem man ihn sämtlicher Ämter enthoben hatte, hieß es nun, er habe ich „unerlaubt entfernt". Da wir bereits im Ausland waren, konnten wir über diese Logik lachen.

Wir verließen Deutschland am 28. Februar 1933, am Tage des Reichstagsbrandes in Berlin, und fuhren in die Schweiz. Wir wußten nicht, daß die Eisenbahnstrecke beim Rheinfall von Schaffhausen mehrere Kilometer wieder durch deutsches Gebiet führt. Ich erinnere mich sehr genau, wie nervös mein Vater war, als er erkannte, daß wir, wenn auch nur für kurze Zeit, auf deutschem Boden sein würden. Als der Zug wieder schweizerisches Gebiet erreicht hatte, atmete er auf. Wie recht er hatte, unruhig zu sein, erfuhren wir, als wir in Schweizer Zeitungen lasen, daß die Nazis Züge auf dieser Strecke oft angehalten hatten, um Personen, die auf ihren Liste standen, zu verhaften.

Wir gehörten zu den ersten Emigranten aus Deutschland, die in der Schweiz ankamen. Als wir uns bei der Fremdenpolizei in Zürich meldeten, wollten es die dortigen Beamten kaum glauben, daß ein deutscher Beamter seine Lebensstellung verlieren könne. Mein Vater versuchte, ihnen die neue Lage im Deutschen Reich zu erklären: „Sie werden noch manches lernen müssen über das, was jetzt in Deutschland vorgeht." Die Schweiz nahm uns auf und gewährte uns Asyl.

Somit wurde Zürich unser erster Aufenthaltsort in der Emigration, und wir konnten dort ein Jahr lang bleiben. Es war damals einem Ausländer nicht gestattet, in der Schweiz zu arbeiten. Unser großes Problem zu Beginn der Emigration war, daß wir wenig Geld besaßen, da die Konten meines Vaters sofort beschlagnahmt worden waren. Ein Zufall kam uns zu Hilfe. In dem Mietshaus, in dem wir in Berlin-Tempelhof gewohnt hatten, befand sich unten eine Bankfiliale, und meine Mutter hatte 1932 von ihrer Mutter etwas Geld geerbt, das dort deponiert war. Da das Sparkonto auf den Namen meiner Großmutter lautete, hatte man es nicht beschlagnahmt. Damals war es erlaubt, bis zu tausend Mark monatlich abzuheben, und dank eines meiner Mutter gut gesinnten Bankbeamten, der offenbar kein Nazi war, erhielten wir diesen Betrag, bevor wir Berlin verließen. Aber wie lange reichen tausend Mark für drei Personen? Um das Geld nach und nach von dem Sparkonto abzuheben, begab sich nun jeden Monat ein Schweizer Freund unter großer Gefahr für sich selbst nach Berlin und brachte meinen Eltern das Geld in die Schweiz. Das Geld mußte er immer sehr gut verstecken, in einer Vasenolpuder-Dose, unter den

Zigaretten im Zigarettenetui usw. Die deutschen Beamten an der Grenze haben es nie entdeckt.

Die Schweizer waren sehr großzügig zu uns, besonders die Sozialdemokraten und einige junge Züricher Architekten, die mein Vater wahrscheinlich über eine Empfehlung von Bruno Taut, einen befreundeten Schweizer Architekten, kennenlernte. Sie verschafften uns eine Wohnung in Zürich-Neubühl. Mein Vater verbrachte die ersten Züricher Monate mit dem Schreiben von Artikeln über deutsche Erziehung für Schweizer Zeitschriften. Aber wie lange konnte man über eine Pädagogik schreiben, die in Deutschland nicht mehr existierte?

Da wir wußten, daß wir auch aus finanziellen Gründen nicht auf Dauer in der Schweiz bleiben konnten, nahm mein Vater Kontakt zu Freunden in Frankreich und England auf. Sein Ziel war es, eine internationale Schule in Paris zu gründen. Wieder spielte der Zufall eine wichtige Rolle: Als mein Vater 1929 seinen Kurs über Erziehungswissenschaft an der Frankfurter Universität abgehalten hatte, kam er in Kontakt mit dem bekannten Sozialphilosophen Dr. Max Horkheimer, dem Direktor des „Instituts für Sozialforschung". Horkheimer hatte sich inzwischen mit anderen Mitarbeitern seines Instituts in Genf etabliert. Mit finanzieller Unterstützung dieses Instituts konnte mein Vater 1934 in Paris die „École Nouvelle de Boulogne" gründen.

Von Frankreich aus versuchten wir, eine Einreiseerlaubnis für die USA zu bekommen. Wir hatten zwar eine Bürgschaft von Dr. Max Horkheimer, aber die USA hatten u.a. wegen der Wirtschaftskrise die Zahl der Einreisevisa stark eingeschränkt, und zum anderen war von seiten der Nazis eine Paßsperre über unsere Familie verhängt worden. Im Januar 1936 erhielten wir dann aber einen Umschlag mit drei „Titres de Voyage" von der französischen Regierung. Frankreich hatte uns wieder zu Menschen gemacht und wir waren diesem Land außerordentlich dankbar! Kurz darauf erhielt mein Vater ein Angebot der kolumbianischen Regierung, als Erziehungsberater nach Bogotà zu gehen. Dort blieben wir von 1936-1938. Seit Beginn unseres Exils hatte ja mein Vater vergeblich versucht, in die Vereinigten Staaten zu kommen. Es gelang ihm schließlich im Mai 1938 und somit uns, endlich im vierten Land unserer Emigration zu bleiben und ein neues Leben aufzubauen.[9] Er verstarb während einer UNESCO-Mission in Ecuador am 25. August 1951.

**Anmerkungen:**

1    *Rösner, Hans*: Karsen-Schule – Erlebnis-Schule. Vervielfältigtes Blatt der Informationsstelle, Bezirksamt Neukölln von Berlin, 23. März 1956.

2    Vgl. *Radde, Gerd*: Fritz Karsen. Ein Berliner Schulreformer der Weimarer Zeit. Berlin 1973, S. 82.

3    Karsen, zit. n. ebd.

4    Karsen, zit. n. ebd.

5    *Linke, Karl*: Fritz Karsen 1885-1951. In: Sie wirkten in Berlin. Berlin 1952, S. 91.

6    Völkischer Beobachter, Berlin, 22. Februar 1933, S. 1.

7    Im späteren, am 7. April 1933 erlassenen „Gesetz zur Wiederherstellung des Berufsbeamtentums" war in § 4 von „Beamten" die Rede, „die nach ihrer bisherigen politischen Betätigung nicht die Gewähr dafür bieten, daß sie jederzeit rückhaltlos für den nationalen Staat eintreten" und deshalb „aus dem Dienst entlassen werden ... können" (Reichsgesetzblatt Teil I 1933, Nr. 34 v. 7. April 1933, S. 175).

8    Vgl. Urteil der Dienststrafkammer zu Berlin (AZ.: I b 20./34.L.) vom 8. September 1934, S. 5 (Kopie im Besitz der Verfasserin).

9    Vgl. dazu ausführlicher *Karsen, Sonja Petra*: Bericht über den Vater. Fritz Karsen (1885-1951). Demokratischer Schulreformer in Berlin, Emigrant und Bildungsexperte. Berlin 1993, der auch vorliegendem Beitrag zugrundeliegt; für freundliche Genehmigung des Nachdruckes danke ich dem Overall-Verlag, Berlin.

Wolfgang Keim

# Die Wiederentdeckung Fritz Karsens[1]

Das Weiterwirken reformpädagogischer Traditionen der Weimarer Zeit nach 1945 in West- und Ostdeutschland bildet derzeit einen Schwerpunkt der erziehungshistorischen Diskussion.[2] Dabei geht es auch um die Frage nach der Verdrängung „fortschrittlicher", insbesondere demokratisch-sozialistischer Traditionen – in *Westdeutschland* als Folge der bald nach 1945 einsetzenden Restauration[3], in *Ostdeutschland* der parallel sich entwickelnden Stalinisierung.[4] Der Prozeß der Verdrängung ist in den vergangenen Jahren mehrfach beschrieben und untersucht worden[5], weniger die seit den ausgehenden sechziger Jahren einsetzenden Bemühungen um Wiederentdeckung und Wiederaneignung des Verdrängten. Sie stehen im Mittelpunkt des folgenden Beitrages, der sich mit der Rezeption des Reformpädagogen Fritz Karsen und seines Reformschulprojektes in Berlin-Neukölln befaßt; um deren Wiederentdeckung hat sich vor allem der Berliner Karsen-Forscher Gerd Radde verdient gemacht.

## 1. Die doppelte Verdrängung Karsens 1933 und nach 1945

Fritz Karsen (1885 -1951)[6] ist in den zwanziger Jahren vor allem durch die von ihm konzipierte und geleitete Reformschule in Berlin-Neukölln bekannt geworden; er gehörte in der Weimarer Zeit zu den renommierten, wenn auch nicht unumstrittenen Reformpädagogen. Karsens Schule, die seit 1929 Karl-Marx-Schule hieß, war von ihrer Organisation her am Gedanken der Einheitsschule orientiert und vereinte zunächst unterschiedliche Typen der höheren Schule, darunter eine Aufbauschule, in die Schüler(innen) nach der 7. Klasse Volksschule überwechseln konnten, um in sechs Jahren das Abitur abzulegen. Angeschlossen waren dieser Schule weiterhin sog. Arbeiter-Abiturientenkurse, in denen begabte Absolventen der Volksschule mit Berufserfahrung und politischem Engagement in zwei Jahren zur Reifeprüfung geführt wurden, nicht zuletzt eine achtklassige Volksschule und ein Studienseminar. Aufbauschule, Arbeiter-Abiturientenkurse sowie die Zusammenfassung von Volks- und höherer Schule in einem einheitlichen Schulenkomplex intendierten insbesondere die Verbesserung schulischer Chancen für die Kinder und Jugendlichen im Arbeiterbezirk Neukölln. Chancengleichheit bedeutete dabei nicht nur und in erster Linie Erreichung gehobener schulischer Abschlüsse, sondern ebenso Orientierung an einem gesellschaftspolitischen, auf die Situation dieser Kinder und Jugendlichen zugeschnittenen Bildungs- und Erziehungsverständnis. Sie sollten zu gleichberechtigten und selbstbewußten Träger(inne)n einer – auf der Grundlage der Weimarer Verfassung zu entwickelnden – demokratisch-sozialistischen Gesellschaft erzogen werden. Dazu diente Karsen ein Konzept „sozialer Arbeitsschule", wie er es nannte und aus Erfahrungen mit amerikanischen und früh-sowjetischen Vorbildern entwickelt hatte. Einen zentralen Schwerpunkt des Unterrichts bildete die eigenständige Bearbeitung selbstgewählter Themenkomplexe durch die Schüler(innen), wobei den Lehrer(inne)n vor allem die Aufgabe kompetenter Beratung zukam. Thematisiert wurden dabei im besonderen die Lebensumstände der jungen Menschen, die Arbeitsbedingungen ihrer Familienangehörigen sowie die sozialen und politischen Verhältnisse insgesamt, wobei gründlich vorbereitete und ausgewertete Studienfahrten eine wichtige Rolle spielten.

Diese Schule war bereits im Februar 1933 erstes Opfer der nazistischen Machteroberung geworden, Karsen einer der ersten deutschen Pädagogen, die unter Bedrohung ihres Lebens aus Deutschland flüchten mußten.[7] Ein ehemaliger Lehrer der Schule, Kurt Schwedtke, der sich bereits vor 1933 mit Diffamierungskampagnen gegen Karsens Schule hervorgetan hatte, wurde von den Nazis als ihr neuer Leiter, ein Großteil des Kollegiums entlassen, die Schule gegen den Widerstand von Teilen der Schülerschaft gleichgeschaltet. Karsen selbst floh mit seiner Familie über die Schweiz nach Paris und startete hier zusammen mit einem ehemaligen Kollegen ein neues Reformschulprojekt, das aber unter den Bedingungen des französischen Schulsystems schon bald zum Scheitern verurteilt war. Über Bogotà, wo er einen Regierungsauftrag zur Reorganisation des kolumbianischen Erziehungswesens wahrnahm, kam er 1938 nach New York und erhielt hier 1944 die amerikanische Staatsbürgerschaft. Viele Lehrer(innen) wie auch Schüler(innen) von Karsens ehemaliger Schule, die in Deutschland geblieben waren und sich teilweise im Widerstand engagiert hatten, traf es noch wesentlich härter, insofern sie Gestapo-Haft und KZ erleiden oder ihre mutige Haltung mit dem Leben bezahlen mußten.

Nach 1945 schienen sich in Berlin Chancen zur Wiederaufnahme von Karsens Pädagogik zu eröffnen; sowohl das 1947/48 beschlossene Groß-Berliner Einheitsschulgesetz als auch die 1946 neu gegründete Pädagogische Hochschule Groß-Berlin hätten Möglichkeiten dafür eröffnet, zumal an beiden Projekten ehemalige Mitarbeiter Karsens beteiligt waren. Doch die Spaltung der Stadt, die Stalinisierung im Osten sowie die gesamtgesellschaftliche Restauration im Westen zerstörten schon bald solche Hoffnungen und Erwartungen. Was blieb, war eine einzige Reformschule in Berlin-Britz, Bezirk Neukölln, die nach dem Groß-Berliner Einheitsschulgesetz von 1947/48 und auf der Grundlage reformpädagogischer Gedanken weiterarbeiten konnte und seit 1956 den Namen Fritz Karsens trug.[8]

Karsen selbst kehrte im Sommer 1946 für zwei Jahre als Berater der amerikanischen Militärregierung nach Berlin zurück, war insbesondere an der Reorganisation des deutschen Hochschulwesens beteiligt, erhielt offensichtlich in dieser Zeit auch attraktive berufliche Angebote in Deutschland, entschied sich aber letztendlich zur Rückkehr in die USA, weil er die amerikanische Staatsbürgerschaft behalten wollte und sich dem Land gegenüber zu Dank verpflichtet fühlte. 1951 ist er während einer UNESCO-Mission in Ecuador gestorben.

Die Erziehungswissenschaft hat sich nach 1945 weder in West- noch in Ostdeutschland für Karsen interessiert. Zwischen 1945 und 1952 erschienen in Westdeutschland vier Aufsätze in pädagogischen Fachzeitschriften über ihn, je ein Nachruf im Todesjahr von Karl Linke in der „Berliner Lehrerzeitung" und von Franz Hilker in „Bildung und Erziehung" sowie zwei größere Aufsätze des bis 1933 als Lehrer an Karsens Schule tätigen Alfred Ehrentreich.[9] Zwischen 1952 und 1965 herrschte dann sogar völliges Schweigen, so daß die Erinnerung an Karsen und seine Reformarbeit zunehmend verblassen mußte.

Das Desinteresse an Karsen wird vor allem daran ersichtlich, daß im selben Zeitabschnitt über andere Reformpädagogen, insbesondere über den ein Jahr nach Karsen verstorbenen Peter Petersen, laufend berichtet und diskutiert wurde. Daran hatten im Falle Petersens eine Vielzahl seiner Schüler(innen), später deren Schüler(innen), wesentlichen Anteil; sie waren inzwischen in einflußreiche Hochschullehrerpositionen gelangt[10], die Karsens Mitarbeiter(inne)n und Schüler(inne)n zumindest in der Bundesrepublik versagt blieben. Petersen steht dabei für eine Richtung der Reformpädagogik, die bereits lange vor 1933 ideologische Schnittmengen zur NS-Ideologie aufwies, sich nicht zuletzt deshalb den Bedingungen der Nazi-Diktatur unterwerfen und so im wesentlichen die Jahre 1933-1945 unbeeinträchtigt überstehen konnte.[11]

Selbst von den wenigen Beiträgen zu Karsen aus der unmittelbaren Nachkriegszeit dürften zumindest die Alfred Ehrentreichs eher zur Verdrängung als zur Wiederaneignung

Karsens beigetragen haben. Zwar berichten sie detailliert und mit insgesamt positiver Tendenz über Karsens Reformschule, insbesondere über deren didaktische Ansätze, distanzieren sich jedoch zugleich deutlich von Karsens weltanschaulich-politischem Standpunkt, wenn es etwa in Ehrentreichs 49er Aufsatz heißt:

> „Es hat erst so bitterer Erfahrungen wie der während der Hitler-Zeit bedurft, um erneut zu erleben, daß die Erziehung der Jugend nicht nur auf dem Boden des Sozialismus und Humanismus (der dem konsequenten Marxisten schon als Gefühlsduselei verdächtig erscheinen könnte) erfolgen kann, sondern daß erst die religiöse Tiefenwirkung den letzten weltanschaulichen Halt zu geben vermag".[12]

Demzufolge fehlte Karsen „zum führenden Erzieher" nach Ansicht Ehrentreichs „die Verankerung im Religiösen"[13]. Diese Position Ehrentreichs lag damals ganz im Trend des Konservatismus der fünfziger Jahre und der dort artikulierten Vorstellungen von einer Erneuerung des christlichen Abendlandes. Ehrentreich[14] war im übrigen schon in der Weimarer Zeit für die pädagogische Reformarbeit in Karsens Schule aufgeschlossen, ohne Karsens gesellschaftspolitische Prämissen und Zielvorstellungen voll zu teilen. Nach seiner Entlassung durch die Nazis erreichte er durch Fürsprache Schwedtkes die Wiedereinstellung in den Schuldienst, später hat er sich an der Kinderlandverschickung beteiligt und darin positive pädagogische Möglichkeiten gesehen.[15] Nach 1945 wurde er Schulleiter in der „Alten Landesschule" Korbach und versuchte ganz offensichtlich, die positiven Erfahrung bei Karsen in die Arbeit des Philologenverbandes einzubringen. So lautete sein Fazit über den Neuköllner Schulversuch 1952:

> „Karsens Arbeit in Neukölln war ein gewaltiges Experimentierfeld. Seine Richtlinien werden nicht die unseren sein – veränderte Zeiten erfordern neue Besinnungen. Aber wenn nach den zwölf Jahren einer schulischen Gegenreformation wieder an Erfahrungen angeknüpft werden kann, dann bietet der Berliner Versuch noch immer eine Fundgrube wichtiger Praktiken."[16]

In Gesamtdarstellung zur Weimarer Reformpädagogik aus den fünfziger und sechziger Jahren wird Karsen zwar noch erwähnt, allerdings eher als Randfigur und in Formulierungen, die ihn leicht anrüchig erscheinen ließen, wie z.B. in Theodor Wilhelms 1959 erstmals publizierter und verschiedentlich neu aufgelegter „Pädagogik der Gegenwart"[17]. Heißt es doch dort z.B. bis in die jüngste Auflage, daß – ähnlich wie bei anderen Entschiedenen Schulreformern – bei Karsen „reformpädagogische und politisch-sozialistische Vorstellungen ... ineinander ... flossen" oder daß Karsen sich „erst im Laufe eines wechselvollen Lebensschicksals von den Grundlagen des philosophischen Marxismus gelöst" habe, und spricht Wilhelm etwas später vom „politisch ideologischen Einschlag" und einer „Mystifizierung des Arbeitsbegriffs" in der Pädagogik Karsens, auch wenn er ihm in anderem Zusammenhang generös attestiert, daß er sich von „dogmatischen Spitzfindigkeiten (was immer das sein mag, W.K.) ferngehalten" und „insofern unter Beweis gestellt" habe, daß „pädagogischer Reformgeist und verwaltete Massenschule keine unversöhnlichen Gegensätze zu sein brauchen" – als ob dies das Hauptmerkmal von Karsens Reformschule in Neukölln gewesen ist!

In Ostdeutschland und in der DDR hat die gesamtgesellschaftliche Stalinisierung schon früh eine positive Würdigung und Rezeption Karsens verhindert – dies, obwohl Mitstreiter Karsens in der ostdeutschen Pädagogik zu Einfluß gelangten, wie insbesondere Robert Alt, Heinrich Deiters und auch Paul Oestreich.[18] Deiters bedauerte noch kurz vor seinem Tode 1966, daß „die bekannten Verhältnisse in unserer Stadt" (Berlin, W.K.) ihm die Teilnahme an einer Gedenkstunde für Fritz Karsen unmöglich machten[19]; in der fünften Auflage der „Geschichte der Erziehung" (1962) wird Karsen als Vertreter einer „individualistisch-vitalistischen Pädagogik" abgestempelt und ihm „völlige Isolierung" vom „revolutionären Proletariat" vorgeworfen.[20] In anderem Zusammenhang ist sogar – ganz in der Diktion des Kalten Krieges der fünfziger Jahre – davon die Rede, daß seine „weitere Laufbahn nach dem Zweiten Weltkrieg im Sold der imperialistischen USA-Regierung ihren angemessen Abschluß finden sollte."[21]

**2. Der Beitrag Gerd Raddes zur Karsen-Rezeption seit Mitte der 60er Jahren**

Daß Fritz Karsen heute in West- wie Ostdeutschland einem größeren Kreis von Pädagog(inn)en bekannt ist und zunehmend auch einen angemesseneren Platz in der Historiographie der Reformpädagogik erhält, ist vor allem das Verdienst des Berliner Karsen-Forschers Gerd Radde. Seit seinem ersten kleineren Aufsatz über den „Schulreformer Fritz Karsen" in der von Franz Hilker und Erich Hylla begründeten Zeitschrift „Bildung und Erziehung" im Jahre 1965, also vor nunmehr nahezu dreißig Jahren, sind von ihm inzwischen allein 10 Beiträge zu dessen Leben und Werk an unterschiedlichsten Stellen publiziert worden, einschließlich einer großen Buch-Veröffentlichung.[22] Was dies bedeutet, kann nur ermessen, wer sich klarmacht, daß in den zwei Jahrzehnten zuvor, wie gesehen, ganze vier Beiträge über Karsen erschienen waren, einschließlich der Gedenkartikel zu seinem Tode im Jahre 1951. Wie ist es zu dieser Trendwende gekommen? Ich denke, daß sie mit gesellschaftspolitischen Veränderungen dieses Zeitabschnitts im Zuge der sich anbahnenden sozial-liberalen Koalition und der Studentenbewegung wie auch neuen bildungspolitischen Trends, insbesondere der Einrichtung von Gesamtschulen, zusammenhängt. Diese Veränderungen waren die Voraussetzung dafür, daß ein neues Interesse an einer gesellschaftspolitisch engagierten Pädagogik entstehen und historische Einheitsschulmodelle wie das von Karsens Neuköllner Versuchsschule Aktualität erhalten konnten. Sehr genau erinnere ich mich selbst noch daran, wie mich 1972 – nach meinem Referendariat an der Walter-Gropius-Schule in Berlin/Britz-Buckow-Rudow – die Frage nach den Vorläufern der Gesamtschule zu interessieren begann, ich dabei auf Paul Oestreich und den Bund Entschiedener Schulreformer stieß, dazu allerdings zunächst nur wenig an Literatur fand. Die 1973 erschienene Karsen-Monographie von Gerd Radde füllte damals ebenso wie z.B. Winfried Böhms Paul-Oestreich-Biographie[23] eine wichtige Lücke.

Zu fragen ist aber auch, wodurch das Interesse Gerd Raddes an Karsen schon sehr viel früher, nämlich Anfang der sechziger Jahre geweckt worden ist. Eine Schlüsselerfahrung dürfte für den 1924 in Pommern als Sohn eines Landbriefträgers Geborenen die dreijährige Ausbildung zum Lehrer an der 1946 neugegründeten Pädagogischen Hochschule Groß-Berlin gewesen sein.[24] Hier lehrten damals – für kurze Zeit, d.h. bis zur Auflösung der PH Groß-Berlin – zahlreiche Vertreter der demokratischen Weimarer Reformpädagogik als Dozenten, unter ihnen Wilhelm Blume, der Begründer der Schulfarm Insel Scharfenberg, als Rektor und eine Reihe ehemaliger Lehrer und Mitarbeiter von Karsens Schulenkomplex wie der Geograph Otto Koppelmann, der Kunsterzieher Hans Freese und die beiden Erziehungswissenschaftler Heinrich Sesemann und Robert Alt. Sie alle übernahmen wichtige Lehrveranstaltungen in der neugegründeten PH und eröffneten den damals Studierenden neben fachwissenschaftlichen und didaktischen Kenntnissen auch Einblicke in den Zusammenhang von Schule und Gesellschaft. Ein Spezifikum dieser Ausbildung war der enge Theorie-Praxis-Bezug auf allen Ebenen wie in allen Semestern, so daß mit den grundlegenden reformpädagogischen Intentionen zugleich deren Umsetzung in die praktische Schularbeit mit vermittelt werden konnte. In dieser – nach den Erfahrungen des nazistischen Krieges besonders fruchtbaren – Lebensphase ist bei Gerd Radde sowohl sein Selbstverständnis als Reform-Pädagoge wie auch sein theoretisches Interesse an Fragen der Schulreform grundgelegt worden, wobei für ihn nach eigener

Auskunft Wilhelm Blume, der Didaktiker Paul Heimann und der Philosoph Walter Heistermann die nachdrücklichsten Spuren hinterlassen haben.[25] Die in der ersten Ausbildungsphase vermittelten Anstöße sind dann vertieft und erweitert worden durch die Tätigkeit an der Britzer Einheitsschule, und zwar in erster Linie durch deren Leiter Fritz Hoffmann, der in der Weimarer Zeit Lehrer an einer bekannten Neuköllner Lebensgemeinschaftsschule, der von Adolf Jensen geleiteten Rütli-Schule, gewesen war. An der Britzer Einheitsschule legte Radde 1953 die Zweite Lehrerprüfung ab und unterrichtete dort – mit gutem Erfolg – bis zu seinem 1962 erfolgten Wechsel an die, nach Auflösung der Groß-Berliner PH gegründete West-Berliner Pädagogische Hochschule. Hier wurde er Assistent des Erziehungshistorikers Wilhelm Richter, dessen besonderes Interesse der Berliner Schulgeschichte galt.[26]

Richter und Radde gründeten damals eine Arbeitsgemeinschaft zur Berliner Schulgeschichte, die schwerpunktmäßig Modelle, Repräsentant(inn)en und Zusammenhänge Weimarer Reformpädagogik erforschen sollte. Da Radde vor seiner Tätigkeit an der PH Lehrer an der – nach Fritz Karsen benannten – Britzer Einheitsschule gewesen war, lag es nahe, daß er sich schwerpunktmäßig mit Karsen und seiner Pädagogik beschäftigte. In diesem Rahmen hat er lange vor seiner Buchveröffentlichung in mühseliger Kleinarbeit nicht nur Kontakte zu zahlreichen Lehrer(inne)n und Schüler(inne)n von Karsens alter Schule aufgenommen, mit ihnen Interviews geführt und sie im Rahmen eines Erhebungsbogens systematisch befragt, sondern darüber hinaus das Umfeld Karsens über ehemalige Weggefährten wie z.B. Franz Hilker genauer erforscht[27], vor allem aber – zwanzig Jahre nach Zerschlagung des Faschismus – endlich eine Verbindung zu Karsens Tochter Sonja hergestellt. Sie war inzwischen Professorin für hispanische Literatur und Südamerikanistik an einem College in der Nähe von New York und hatte seit ihrer Flucht aus Deutschland als 14jähriges Mädchen zusammen mit ihren Eltern am Tage des Reichstagsbrandes am 28. Februar 1933 keinen Kontakt mehr nach Deutschland gehabt.[28]

Gerd Radde war es auch, der für den 11. November 1965, an dem Karsen 80 Jahre alt geworden wäre, gemeinsam mit der Vereinigung der „Freunde der Fritz-Karsen-Schule" eine erste größere Gedenkveranstaltung zu Ehren Karsens vorbereitet und sie dann ein Jahr später im Rahmen einer „Festschrift für Fritz Karsen" dokumentiert hat.[29] Für diese Veranstaltung war es ihm u.a. gelungen, Sonja Karsen als Referentin über ihren Vater und seine pädagogische Tätigkeit im Exil zu gewinnen – zum ersten Mal, daß sich dafür jemand in einem offiziellen Rahmen interessierte, nachdem noch bis Ende der fünfziger Jahre der an Karsens Schicksal in widerlicher Weise mitbeteiligte Kurt Schwedtke als Studienrat an einem Steglitzer Gymnasium tätig sein und dort seine, lange vor 1933 begonnene Diffamierungskampagne gegen Karsen ganz offensichtlich fortsetzen konnte[30], dies wiederum ein Schlaglicht auf den gesamtgesellschaftlichen Kontext von Gerd Raddes Forschungstätigkeit. Was an der Festschrift von 1966 auffällt, ist, daß hier zum ersten Mal nahezu alle mit Karsen in ganz unterschiedlicher Weise verbundenen Menschen zu gemeinsamer Tätigkeit zusammengeführt worden sind, angefangen bei der Tochter Karsens, über die ehemaligen Kollegen Fritz Roepke und Alfred Ehrentreich, den Arbeiter-Abiturienten-Kursisten Bruno Gleitze bis hin zum Begründer der Britzer Einheitsschule, Fritz Hoffmann. Hier zeigt sich eine besondere Fähigkeit Gerd Raddes, Menschen im Interesse einer gemeinsamen Sache zusammenzuführen und sich dabei selbst zurückzunehmen.

Solche Fähigkeiten kamen auch seiner Karsen-Forschung in besonderer Weise zugute, insofern alle mit Karsen verbundenen Lehrer(innen), Weggefährt(innen)en und Schüler(innen) ihm bereitwillig ihre Unterlagen wie auch Erinnerungen anvertrauten, allen voran Sonja Karsen, „die das wesentliche Quellenmaterial aus dem Nachlaß ihres Vaters zugänglich machte und sein gesamtes literarisches Werk zur Verfügung stellte".[31] „Ergebnis dieser ganzen Auskünfte, Befragungen und Aussagen" war – so Gerd Radde kürzlich in einem mit ihm geführten Interview -, „daß ich eine hohe Achtung vor den damals (an Karsens Pädagogik) beteiligten Menschen empfand. Mir wurde deutlich, daß sie nicht irgendwelchen hehren Zielen, etwa im Sinne einer pädagogischen Autonomie, dienen..., sondern die jungen Menschen befähigen wollten, in einer demokratischen Gesellschaft zukunftsweisend mitzuwirken, mit politischem Bewußtsein, (aber) ohne politische Abrichtung."[32]

Dementsprechend wird Karsen von Gerd Radde in seiner 1973 erschienenen Karsen-Biographie zum ersten Mal nicht mehr einfach als Erlebnis- oder Gemeinschafts-Pädagoge abgestempelt, wie noch in der Anfang der sechziger Jahre erschienenen Quellen-Edition zur Reformpädagogik von Flitner/Kudritzki[33], sondern wird vielmehr differenziert am Text herausgearbeitet, wie Karsen sich bis Mitte der zwanziger Jahre von einer lebensphilosophisch begründeten Erlebnis- und Gemeinschaftspädagogik hin zu einer *soziologisch* fundierten und *gesellschafts*bezogenen Reformpädagogik entwickelt

hat. Dies die Grundlage nicht nur seiner in Neukölln am Kaiser-Friedrich-
Realgymnasium, der späteren Karl-Marx-Schule, praktizierten Reformarbeit, sondern
auch das, seinen zahlreichen Schriften ab Mitte der zwanziger Jahre zugrundeliegende
Selbstverständnis. Dabei sieht Gerd Radde die entscheidenden Elemente von Karsens
Pädgogik im *Gedanken der Einheitsschule* als Strukturprinzip seiner Reformmaßnahmen, im *Gedanken der „sozialen Arbeitsschule"* als inhaltlicher und me-
thodischer Grundlage und schließlich im *Erziehungsstil der Gemeinschaftspädagogik
mit kollektiven Zügen.* Letzere wird dabei deutlich abgegrenzt von Formen einer Gemeinschaftspädagogik im Sinne Peter Petersens, die auf eine „möglichst konfliktlose,
'heile' Gemeinschaft" zielt und im Unterschied zu Karsen „auf das Durchdringen gesellschaftspolitischer Zusammenhänge" verzichtet.[34] Daß Gerd Raddes Karsen-Biographie
nicht nur von lokalgeschichtlichen Mitteilungsblättern Berlins, sondern auch der erziehungswissenschaftlichen Fachwelt zur Kenntnis genommen worden ist, belegen Rezensionen mit ausgesprochen positiver Tendenz, beispielsweise in der „Zeitschrift für Pädagogik" und in der „Deutschen Schule".[35]

Verfolgt man die Veröffentlichungen Gerd Raddes, stellt man fest, daß nach dem Karsen-Buch acht Jahre bis zur nächsten Publikation, einem Beitrag über die „Karl-Marx-
Schule in Berlin-Neukölln" in dem nach wie vor eindrucksvollen Bilder-Lesebuch „Hilfe
Schule" aus dem Jahre 1981[36], vergangen sind. Dies dürfte zum einen mit der persönlichen Situation Gerd Raddes, insbesondere mit seiner neuen Tätigkeit am Wissenschaftlichen Landesprüfungsamt, zusammengehangen haben, zum anderen darauf zurückzuführen sein, daß sich das öffentliche Interesse an Karsen erst allmählich entwickelt und zunächst noch stärker die aktuelle Bildungspolitik mit Gesamtschule und Berliner Mittelstu-
fenzentren im Blickpunkt gestanden hat. Allerdings ist Gerd Raddes wissenschaftliche
Beschäftigung mit Karsen und der Berliner Schulreform nie wirklich abgerissen, hat sich
vielmehr – wie zuvor schon während seiner Tätigkeit an der PH – im Rahmen von Lehrveranstaltungen weiterentwickelt, zunächst im Rahmen von Lehraufträgen an der PH,
nach deren Integration sowohl an der Freien als auch der Technischen Universität[37], später im Rahmen von Vorträgen ebenso an der Hochschule der Künste. Über diese Lehrtätigkeit kamen Kontakte zu Kolleg(inn)en zustande, die sich mit der Berliner Schulgeschichte beschäftigten oder sich dafür interessierten, Karsen zunehmend berücksichtigten
und Gerd Radde als Referenten zu gewinnen suchten. Mehrfach wurde er zu Vortrags-

reihen zur Berliner Schulgeschichte mit herangezogen. Solche Anlässe hat er, zumal nach seiner Pensionierung, regelmäßig zu neuen Forschungen genutzt.

Höhepunkt im wissenschaftlichen Schaffen Gerd Raddes waren – nach dem Karsen-Buch von 1973 – zweifellos die letzten sieben Jahre, also die Zeit nach der Pensionierung; ich habe für diesen Zeitraum von 1985 bis 1993 alllein 18 Veröffentlichungen gezählt, darunter sechs zu Fritz Karsen und seinem Reformwerk in Berlin-Neukölln.[38] Unter diesen Publikationen ist die ganz versteckte, das Schicksal Karsens im Exil aus der Sicht der Tochter darstellende Edition von Sonja Karsens „Bericht über den Vater", mit einer schulhistorischem Notiz von Gerd Radde – Produkt einer nahezu 30jährigen, inzwischen freundschaftlichen Beziehung zu Karsens Tochter.[39]

Besonders hervorzuheben ist das vor wenigen Jahren abgeschlossene zweibändige Werk zur Neuköllner Schulreform zwischen 1912 und 1972, an dem Gerd Radde als Herausgeber wie als mehrfacher Autor beteiligt war; als weitere Herausgeber fungieren der Leiter des Neuköllner Heimatmuseums Udo Gößwald, der Direktor der Otto-Suhr-Volkshochschule von Berlin-Neukölln, Werner Korthaase, sowie Rudolf Rogler, Lehrer einer Neuköllner Hauptschule und Mitarbeiter am Heimatmuseum Berlin-Neukölln.[40] Die mit vielen Bildern und Skizzen ausgestatteten beiden Bände, die anläßlich einer Ausstellung in Neukölln zur „idealen Schule" erschienen sind, vermitteln – nicht zuletzt durch zahlreiche Fotos und Dokumente – ein sehr anschauliches Bild von Karsens Schule wie auch dessen Umfeld, sie sind nicht nur höchst informativ und ausgesprochen gründlich gearbeitet, sondern darüber hinaus durchgängig in einer verständlichen Sprache geschrieben und wirklich schön ausgestattet. Deutlich merkt man auch diesen beiden Bänden die Handschrift Gerd Raddes an. Udo Gößwald schreibt dazu anerkennend in seiner Einführung: „Die Herausgabe dieses Buches wurde entscheidend getragen durch die engagierte Mitwirkung von Gerd Radde. Er hat uns Jüngeren immer mit großer Aufgeschlossenheit, Geduld und gutem Rat zur Seite gestanden und mir persönlich in den vielen Diskussionen wichtige Gesichtspunkte der Schulgeschichte neu erschlossen".[41]

Daß Fritz Karsen aufgrund der Forschungsaktivitäten und Publikationen von Gerd Radde inzwischen einen anderen Stellenwert im Kontext der Reformpädagogik-Rezeption bekommen hat, läßt sich vielfältig belegen, etwa anhand der 1992/93 in der Zeitschrift „Pädagogik" abgedruckten Serie „Reformpädagogik konkret", die auch als Buchveröffentlichung vorliegt und neben Beiträgen zu Maria Montessori, Peter Petersen,

Célestin Freinet, Hermann Lietz und Rudolf Steiner auch einen Beitrag Gerd Raddes zu „Lebensweg und Werk des Reformpädagogen Fritz Karsen" enthält.[42] Interessanterweise sind die Forschungen Raddes auch in der ehemaligen DDR lange vor ihrem Ende rezipiert worden und haben zu entsprechenden Neufassungen der Abschnitte über Karsen in der „Geschichte der Erziehung" geführt, allerdings ohne daß auf entsprechende Publikationen Raddes verwiesen worden wäre.[43] Entsprechendes gilt für die zum Berlin-Jubiläum 1987 erschienene, von Werner Lemm u.a. herausgegebene „Schulgeschichte in Berlin", in der Fritz Karsen und sein Neuköllner Schulenkomplex ausführlich und „als bedeutendster und weitestgehender Reformversuch im Bereich des höheren Schulwesens im Berlin der zwanziger Jahre" gewürdigt wird.[44] Erst in Nele Eberts Artikel „Karl-Marx-Schule" in dem nach der Wende von Andreas Paetz und Ulrike Pilarczyk herausgegebenen Sammelbändchen „Schulen, die anders waren. Zwanzig reformpädagogische Modelle im Überblick" findet Gerd Radde auch im Literaturverzeichnis Berücksichtigung.[45]

## 3. Perspektiven für die Karsen-Forschung

Resümiert man die Karsen-Rezeption nach 1945, kann man das Verdienst Gerd Raddes um die Wiederentdeckung und -aneignung Fritz Karsens als herausragendem Repräsentanten demokratisch-sozialistischer Reformpädagogik und als Begründer einer der zweifellos interessantesten Reformschulen der Weimarer Zeit nicht hoch genug veranschlagen. Zumal nach Erscheinen der zweibändigen Darstellung und Dokumentation zur Schulreform im „Versuchsfeld Neukölln"[46] wird man Karsen kaum mehr zu den vergessenen Pädagogen rechnen können. Gleichwohl ist die Karsen-Aufarbeitung und -Rezeption noch lange nicht an ihr Ende gekommen, stehen vielmehr weitere wichtige Forschungs- und forschungspolitische Aufgaben erst bevor.

Zunächst einmal fehlt es immer noch an einer Neuausgabe von Schriften und Aufsätzen Karsens. Abgesehen von einem kleineren (frühen) Beitrag über „Die Aufbauschule in Neukölln" in der Dokumentation zur deutschen Reformpädagogik von Flitner/Kudritzki[47] gibt es nach 1945 keinerlei Neuausgabe oder Neuauflage. Was das bedeutet, zeigt allein die Tatsache, daß etwa von Peter Petersen selbst Schriften aus der NS-Zeit mit eindeutig nazistischer Tendenz als Reprint, und zwar im renommierten Beltz-Verlag, erschienen sind[48], vom „Jena-Plan" und der „Führungslehre des Unterrichts" mit hohen Auflagenzif-

fern ganz zu schweigen. Von einer Neuausgabe der Schriften Karsens, möglichst zu er-
schwinglichem Preis, dürfte es in ganz wesentlichem Maße abhängen, ob künftig die pädagogischen Konzepte und Reflexionen Karsens auch im Original studiert werden können.
Im übrigen sind darunter zwei Dokumentationen zu den Versuchsschulen der frühen
Weimarer Republik, die schon in der zeitgenössischen Diskussion einen hohen Stellenwert als Quellen zur damaligen Schulreform besaßen.[49] Die Publikation von Schriften
Karsens, etwa seiner „Schule der werdenden Gesellschaft"[50], wäre auch hilfreich für die
noch ausstehende Einordnung Karsens in das Spektrum linker Reformpädagogik. Dabei
wäre sowohl nach der Bedeutung seiner Posistion im damaligen Diskurs der zwanziger
Jahre als auch deren Relevanz für die heutige Diskussion zu fragen.[51] Gerade in einer Zeit
linker Orientierungslosigkeit nach dem Ende des „real existierenden Sozialismus" könnten von einer solchen Klärung möglicherweise wertvolle aktuelle Anregungen ausgehen,
wobei die grundlegenden gesamtgesellschaftlichen Veränderungen seit den zwanziger
Jahren selbstverständlich zu berücksichtigen sind.

Noch lange nicht angemessen rezipiert sind die didaktischen Ansätze Karsens, wie sie in
der Karl-Marx-Schule erprobt und umgesetzt worden sind. Die Tatsache, daß auch ein
eher konservativer Reformer wie Alfred Ehrentreich bereits nach dem Kriege darin eine
„Fundgrube wichtiger Praktiken" gesehen hat[52], belegt deren große pädagogische Attraktivität. In einer Gesellschaft, die einerseits durch fortschreitende Individualisie-
rungstendenzen und andererseits durch zunehmenden Bedarf an Kooperationsfähigkeit
gekennzeichnet ist, könnte Karsens Konzept der sozialen Arbeitsschule neue Bedeutung
erlangen. Die Frage stellt sich, warum bislang noch keine Berliner Gesamtschule auf den
Gedanken gekommen ist, einmal Karsens Neuköllner Konzept zu adaptieren, d.h. den
eigenen Bedingungen und Möglichkeiten entsprechend umzusetzen.[53]

Trotz Gerd Raddes auch heute noch nicht im mindesten überholter Karsen-Biographie
gibt es auch für spezifische biographische Einzelfragen noch Lücken, insbesondere in
bezug auf das Exil mit den zentralen Stationen Paris, Kolumbien, New York sowie Berlin
in der Nachkriegszeit. Gerd Raddes Monographie[54] sowie Sonja Karsens „Bericht über
den Vater" bilden für solche weiterführenden biographischen Forschungen eine gute
Plattform.

Schließlich wäre die Rezeption Karsens im Rahmen der Britzer Einheitsschule der fünfziger Jahre genauer zu untersuchen. Wirkten hier doch am ehesten Einflüsse Berliner Re-

formschulen der zwanziger Jahre, unter ihnen sicherlich auch der Karl-Marx-Schule,
nach. Für eine entsprechende Gesamtdarstellung wäre niemand so geeignet wie Gerd
Radde, der bis zu seinem Ausscheiden aus dieser Schule im Jahre 1962 zu deren tragen-
den Lehrerpersönlichkeiten gehört, inzwischen bereits eine große Zahl ehemaliger Kol-
leg(inn)en wie Schüler(inne)n befragt und Beiträge zu Teilaspekten dieser Schule veröffentlicht hat.[55] Eine solche Untersuchung würde nicht zuletzt wichtige Anregungen für
die aktuelle Schulreformdiskussion geben können.

## Anmerkungen:

1    Erstveröffentlichung unter dem Titel: Die Wiederentdeckung Fritz Karsens – Gerd Radde
zum siebzigsten Geburtstag. In: Pädagogik und Schulalltag 49 (1994), S. 146-158; leicht veränderte Fassung.

2    Vgl. Röhrs 1986; Pehnke 1992; darüber hinaus zahlreiche Beiträge in „Pädagogik und
Schulalltag" der 90er Jahre.

3    Vgl. Keim 1992; ders. 1994.

4    Vgl. Pehnke 1992; Uhlig 1992.

5    Vgl. Feidel-Mertz 19913; Radde 1990.

6    Vgl. zum folgenden ausführlich Radde 1973.

7    Karsen, Sonja Petra 1993; Keim 1995/97, Bd. 1, S. 93 f. u. 98 f.; Bd. 2, S. 265 ff.

8    Vgl. Radde 1993b.

9    Vgl. Ehrentreich 1949; ders. 1952; Hilker 1951; Linke 1951.

10   Vgl. im Detail Keim 1994.

11   Vgl. Keim 1995/97, Bd. 1, S. 38 u. 121 f.

12   Ehrentreich 1949, S. 109.

13   Ders. 1952, S. 24.

14   Vgl. Ehrentreich 1985; Keim 1993.

15   Vgl. Ehrentreich 1985, S. XVI f.; Keim 1995/97, Bd. 2, S. 154 f.

16   Ehrentreich 1952, S. 28.

17   Wilhelm 1959; 19775, S. 87; die seit 1973 vorliegende Karsen-Biographie Gerd Raddes
bleibt unberücksichtigt.

18   Vgl. die Beiträge von Ulrich Wiegmann, Wolfgang Reischock, Christa Uhlig und Wolfgang Ellerbrock in diesem Band.

19   Vgl. Radde 1966, S. 54.

20   Günther u.a. 19625, S. 459.

21     Hohendorf 1954, S. 77 f.

22     Vgl. das Schriftenverzeichnis am Ende des Bandes.

23     Böhm 1973.

24     Vgl. Radde 1981b u. 1997

25     Brief an den Verf. v. 11.10.1993.

26     Vgl. Richter 1981.

27     Vgl. Radde 1995.

28     Vgl. Karsen, Sonja Petra 1993; Keim 1995/97, Bd. 1, S. 93 f. u. 98 f.

29     Vgl. Radde 1966.

30     Vgl. Radde 1973, S. 290 ff; Ehrentreich 1949 S. 105 u. 109; ders. 1952, S. 28.

31     Radde 1973, S. 6.

32     Interview mit Gerd Radde am 1.10.1993.

33     Vgl. Flitner/Kudritzki 1962, S. 94-104; Radde 1990, S. 92 f.

34     Radde 1973, S. 104.

35     Vgl. Ehrentreich 1975; Schulz 1974.

36     Vgl. Radde 1981a.

37     Vgl. den Beitrag von Norbert Weber in diesem Band.

38     Vgl. das Schriftenverzeichnis am Ende des Bandes.

39     Vgl. Karsen, Sonja Petra 1993.

40     Vgl. Radde u.a. 1993.

41     Ebd., Bd. 1, S. 14 f.

42     Vgl. Radde 1993 a.

43     Günther u.a. 198714, S. 587.

44     Lemm u.a 1987, S. 127.

45     Ebert 1990, S. 62.

46     Vgl. Radde u.a. 1993.

47     Vgl. Flitner/Kudritzki 1962, S. 94-104; Radde 1990, S. 92 f.

48     Vgl. Petersen 1937, Nachdruck 1973.

49     Karsen 1923; ders. 1924.

50     Ders. 1921.

51     Vgl. Oelkers 1981.

52     Ehrentreich 1952, S. 28.

53     Die 1948 in Berlin-Britz, Bezirk Neukölln, gegründete, 1956 nach Karsen benannte und von dem Reformpädagogen Fritz Hoffmann geleitete Versuchsschule hat zwar wesentliche Elemente Weimarer Reformschulen, darunter auch solche aus Karsens Neuköllner Schulenkomplex,

aufgenommen, ob man allerdings von einer Adaption Karsenscher Pädagogik im engeren Sinn sprechen kann, muß fraglich erscheinen.

54    Radde 1973.

55    Vgl. das Schriftenverzeichnis am Ende des Bandes.

**Literatur:**

BÖHM, WINFRIED: Kulturpolitik und Pädagogik Paul Oestreichs. Bad Heilbrunn 1973

EBERT, NELE: Karl-Marx-Schule Berlin-Neuköln. In: Paetz, Andreas/ Pilarczyk, Ulrike (Hrsg.): Schulen, die anders waren. Zwanzig reformpädagogische Modelle im Überblick. Berlin (Ost) 1990, S. 57-62

EHRENTREICH, ALFRED: Rückblick auf einen Schulversuch. In: Die pädagogische Provinz 3 (1949), S. 105-113

DERS.: Fritz Karsen als Bahnbrecher neuer Erziehung. In: Bildung und Erziehung 5 (1952), S. 22-28

DERS.: Radde, Gerd: Fritz Karsen. Ein Berliner Schulreformer der Weimarer Zeit. Rezension in: ZfPäd 21 (1975), S. 299-303

DERS: 50 Jahre erlebte Schulreform, Erfahrungen eines Berliner Pädagogen. Hrsg. und mit einer Einführung von Wolfgang Keim. Frankfurt a.M. 1985

FEIDEL-MERTZ, HILDEGARD: Sisyphos im Exil – Die verdrängte Pädagogik 1933-1945. In: Keim, Wolfgang (Hrsg.): Pädagogen und Pädagogik im Nationalsozialismus – ein unerledigtes Problem der Erziehungswissenschaft. Frankfurt a.m. 1991³, S. 161-178

FLITTNER, WILHELM/KUDRITZKI, GERHARD (Hrsg.): Die deutsche Reformpädagogik. Bd. II: Ausbau und Selbstkritik. Düsseldorf/ München 1962

GÜNTHER, KARL-HEINZ U.A. (Hrsg.): Geschichte der Erziehung. Berlin (Ost) 1962⁵; 1987¹⁴

HILKER, FRANZ: Prof. Dr. Dr. Fritz Karsen. In: Bildung und Erziehung 4 (1951), S. 775-777

HOHENDORF, GERD: Die pädagogische Bewegung in den ersten Jahren der Weimarer Republik. Berlin (Ost) 1954

KARSEN, FRITZ: Die Schule der werdenden Gesellschaft. Stuttgart/ Berlin 1921

DERS.: Deutsche Versuchsschulen der Gegenwart und ihre Probleme. Leipzig 1923

DERS.: Die neuen Schulen in Deutschland. Langensalza 1924

KARSEN, SONJA PETRA: Bericht über den Vater. Fritz Karsen (1885-1951). Demokratischer Schulreformer in Berlin. Emigrant und Bildungsexperte. Mit einer schulhistorischen Notiz von Gerd Radde. Berlin 1993

KEIM, WOLFGANG: Zur Reformpädagogik-Rezeption in den alten Bundesländern – Phasen, Funktionen, Probleme. In: Pehnke, Andreas (Hrsg.): Ein Plädoyer für unser reformpädagogisches Erbe. Protokollband der internationalen Reformpädagogik-Konferenz am 24. September an der Pädagogischen Hochschule Halle-Köthen. Neuwied 1992, S. 111-139

DERS.: Alfred Ehrentreich. In: Radde u.a., Bd. 2, S. 197-200

DERS.: Reformpädagogik als restaurative Kraft. Zur Problematik der Reformpädagogik-Rezeption in Westdeutschland zwischen 1945 und 1965. In: Hoffmann, Dietrich/ Neumann, Karl (Hrsg.): Erziehung und Erziehungswissenschaft in der BRD und DDR. Bd. 1: Die Teilung der Pädagogik (1945-1965). Weinheim 1994, S. 221-247

DERS.: Erziehung unter der Nazi-Diktatur, Bd. 1: Antidemokratische Potentiale, Machtantritt und Machtdurchsetzung; Bd. 2: Kriegsvorbereitung, Krieg und Holocaust. Darmstadt 1995/1997

LEMM, WERNER U.A.: Schulgeschichte in Berlin. Berlin (Ost) 1987

LINKE, KARL: Fritz Karsen. In: Berliner Lehrerzeitung 5 (1951), S. 248-286

OELKERS, JÜRGEN: Die Herausbildung der Theorie demokratisch-sozialistischer Erziehung. Anmerkungen zur Diskussion der zwanziger Jahre. In: Informationen zur erziehungs- und bildungshistorischen Forschung. H. 15/16, S. 113-163

PEHNKE, ANDREAS: Reformpädagogik – Ein Stiefkind der pädagogischen Historiographie in der DDR. Anmerkungen zum Umgang mit der Reformpädagogik vor der „Wende". In: Himmelstein, Klaus/ Keim, Wolfgang (Red.): Jahrbuch für Pädagogik 1992: Erziehungswissenschaft im deutsch-deutschen Vereinigungsprozeß. Frankfurt a.M. 1992, S. 233-246

DERS. (Hrsg.): Ein Plädoyer für unser reformpädagogisches Erbe. Protokollband der internationalen Reformpädagogik-Konferenz am 24. September an der Pädagogischen Hochschule Halle-Köthen. Neuwied 1992

PETERSEN, PETER: Pädagogik der Gegenwart. Berlin 1937, Nachdruck: Weinheim/ Basel 1973

RADDE, GERD (Hrsg.): Festschrift für Fritz Karsen. Berlin 1966.

DERS.: Fritz Karsen. Ein Berliner Schulreformer der Weimarer Zeit. Berlin 1973

DERS.: Die Karl-Marx-Schule in Berlin-Neukölln. Erste öffentliche Einheitsschule in Deutschland? In: Arbeitsgruppe „Pädagogische Museum" (Hrsg.): Hilfe Schule. Ein Bilder-Lesebuch über Schule und Alltag Berliner Arbeiterkinder. Berlin 1981, S. 148-151 (Radde 1981a).

DERS.: Lehrerbildung an der Pädagogischen Hochschule Berlin 1946-1949. In: Neue Unterrichtspraxis 1981, H. 2, S. 77-81 (Radde 1981b).

DERS.: Verfolgt, verdrängt und (fast) vergessen. Der Reformpädagoge Fritz Karsen. In: Keim, Wolfgang u.a. : Erziehungswissenschaft und Nationalsozialismus – eine kritische Positionsbestimmung. Marburg 1990, S. 87-100

DERS.: Lebensweg und Werk des Reformpädagogen Fritz Karsen. In: Winkel, Rainer (Hrsg.): Reformpädagogik konkret. Hamburg 1993, S. 85-100 (Radde 1993a)

DERS.: Kontinuität und Abbruch demokratischer Schulreform. Das Beispiel der Einheitsschule zu Groß-Berlin. In: Lingelbach, Karl Christoph/Zimmer, Hasko (Red.): Jahrbuch für Pädagogik 1993: Öffentliche Pädagogik vor der Jahrhundertwende. Herausforderungen, Widerspüche, Perspektiven. Frankfurt a.M. 1993, S. 29-51 (Radde 1993b)

DERS. U.A. (Hrsg.): Schulreform – Kontinuitäten und Brüche. Das Versuchsfeld Berlin-Neukölln 1912-1972. 2 Bde., Opladen 1993

DERS.: Aus dem Leben und Wirken des Entschiedenen Schulreformers Franz Hilker (1881-1969). In: Drewek, Peter u.a. (Hrsg.): Ambivalenzen der Pädagogik. Zur Bildungsgeschichte der Aufklärung und des 20. Jahrhunderts. Weinheim 1995, S. 145-167

DERS.: Antifaschistisch-demokratischer Neuanfang als Aufklärung im pädagogischen Prozeß – der Weg eines ehemaligen Marinesoldaten in die Berliner Lehrerbildung (1946). In: Hansen-Schaberg, Inge (Hrsg.): „etwas erzählen". Die lebensgeschichtliche Dimension in der Pädagogik. Hohengehren 1997, S. 45-55

RICHTER, WILHELM: Berliner Schulgeschichte. Von den mittelalterlichen Anfängen bis zum Ende der Weimarer Republik. Unter Mitwirkung von Maina Richter, hrsg. u. bearb. v. Marion Klewitz u. Hans Christoph Berg. Mit einer Zeittafel von Gerd Radde. Berlin 1981

RÖHRS, HERMANN (Hrsg.): Die Schulen der Reformpädagogik heute. Handbuch reformpädagogischer Schulideen und Schulwirklichkeit. Düsseldorf 1986

SCHULZ, BERNHARD: Radde, Gerd: Fritz Karsen. Ein Berliner Schulreformer der Weimarer Zeit. Rez. in: Die Deutsche Schule 66 (1974), S. 565-567

UHLIG, CHRISTA: Gab es eine Chance? Reformpädagogik in der DDR. In: Pehnke, Andreas (Hrsg.): Ein Plädoyer für unser Reformpädagogisches Erbe. Protokollband der internationalen Reformpädagogik-Konferenz am 24. September an der Pädagogischen Hochschule Halle-Köthen. Neuwied 1992, S. 139-151

WILHELM, THEODOR: Pädagogik der Gegenwart. Stuttgart 1959; 1977[5]

# 4.  Berliner Pädagogik im Umfeld von Fritz Karsen

**Wolfgang Reischock**

## Ein Demokrat mit einer sozialistischen Bildungsidee – Erinnerungen an Heinrich Deiters

An meine erste Begegnung mit ihm erinnere ich mich genau: Der Krieg war noch nicht lange vorüber, ein Jahr gerade, und die Frage bohrte in unseren Köpfen, wie es zu der Katastrophe hatte kommen können; wo deren Anfänge und Ursachen lagen. Was hatte die Macht der Wenigen, die sich in den Konzernen und Großbanken konzentrierte, so übermächtig gemacht, was hatte die revanchelüsternen Generäle und politischen Draht-zieher zum Zuge kommen lassen, daß sie sich im faschistischen Staat ihr furchtbares Herrschaftsinstrument schaffen konnten? Was uns, die Kriegsgeneration der Zwanzig- bis Dreißigjährigen vielleicht mehr noch bewegte, war auch die Kehrseite des Problems, und die betraf unser eigenes Verhalten: Wie war die Ohnmacht der Vielen zu erklären, die sich hatten täuschen und verführen lassen, oder gar die blinde Willfährigkeit der begei-sterten Mitläufer, die auf dem Kälbermarsch in die Schlachthöfe ihren Schlächtern mit Heilrufen gehuldigt hatten? Und was hatte andererseits eine Minderheit befähigt, sich der Indoktrination und dem nationalistischen Rausch zu entziehen und aus der Erkenntnis der Notwendigkeiten, selbst bei Gefahr für Leib und Leben, positive Konsequenzen für eige-nes Handeln zu ziehen?

Das alles mußte, so fand ich – damals gerade vierundzwanzig Jahre alt – etwas zu tun ha-ben mit Erziehung. Gespräche mit ehemaligen Hitlerjugend-Mitgliedern und „Werwölfen", die ich im Auftrag der Britischen Militärregierung führte (für die ich 1945/46 tätig war), aber nicht zuletzt auch die eigene Lebenserfahrung (mein Abitur an einer von den Nazis gleichgeschalteten Schule lag gerade knapp sieben Jahre zurück) bestätigten diese Auffassung. Man sollte Lehrer werden, so fand ich – bestärkt durch Ermunterungen britischer Kollegen im Military Government Detachment – und schrieb eine Bewerbung an ein soeben gegründetes Institut in Hannover. Die sandten mir einen

Fragebogen, und eine der Fragen lautete: „Spielen Sie ein Instrument?" Ich stellte mir einen fiedelnden Dorfschulmeister vor und sagte ab.

Da erreichte mich aus Berlin die Nachricht, es solle an der dortigen Universität eine pädagogische Fakultät gegründet werden. Eine wissenschaftliche Ausbildung für Lehrer, gleichrangig mit anderen wissenschaftlichen Disziplinen. Das hörte sich anders an. Gleichzeitig hatte ich von den Plänen einer demokratischen Schulreform in der sowjetischen Besatzungszone gelesen, mit einer Einheitsschule als Kernstück. Da erinnerte mich manches an die Reformschule, die ich einst – bis zur „Gleichschaltung" durch die braunen Machthaber – in Berlin-Neukölln besucht hatte und die sich als Ideal einer Schule in meinem Gedächtnis erhalten hatte.

Ich packte also meine wenigen Habseligkeiten und fuhr in meine eigentliche Heimatstadt Berlin, die ich bis dahin – aus Furcht vor den Russen wohl – gemieden hatte. Ich suchte die Deutsche Zentralverwaltung für Volksbildung auf, und dort verwies mich jemand an den Professor Deiters. So kam es zu jener ersten Begegnung. Ich traf ihn in einem halb zerbombten Haus, wo er in einer chaotisch anmutenden Bibliothek, durch deren verstaubte Regale ich mich wie in einem Labyrinth vortastete, offenbar mit dem Sortieren von Büchern beschäftigt war. Er legte einen grauen Folianten beiseite, um mir die Hand zu reichen, neigte, wie es seine Art war, den Kopf ein wenig und hörte mich an. Als ich erwähnte, daß ich bis 1933 Schüler an der Karl-Marx-Schule in Berlin-Neukölln gewesen war, glaubte ich in seinem Blick so etwas wie Überraschung zu bemerken. Natürlich ahnte ich nicht, was ihn mit der pädagogischen und politischen Idee dieser Schule und mit deren Gründer einst verbunden hatte.

Die Motive, die mich bewogen, ein Pädagogikstudium aufzunehmen und Lehrer zu werden, fanden bei ihm ein offenes Ohr, und zu meiner Überraschung und Erleichterung kamen wir sogleich in ein vertrauensvolles Gespräch. Wenig später geriet mir der Text einer Rede in die Hand, die Deiters am 21. November 1945 auf einer Versammlung des „Kulturbundes zur demokratischen Erneuerung Deutschlands" gehalten hatte[1] und in dem ich die eigenen Überlegungen auf seltsame Weise bestätigt fand: Sehr große Teile des Volkes seien der Fahne des Nationalsozialismus gefolgt, und zwar in einer Zeit, wo von Zwang noch keine Rede sein konnte. Andere hätten, wenn auch mit bedrücktem Herzen, geschehen lassen, was im Anfang so leicht zu ändern gewesen wäre. Wir müßten uns eingestehen, daß weit über die Anhängerschaft des Faschismus hinaus in unserem Volke eine große Verwirrung und Trübung des politischen Urteils und des sittlichen Gewissens geherrscht habe. Wie nun müßte eine Erziehung gestaltet sein, die zur Sicherheit des politischen Urteils und zu sittlich gerechtfertigtem Handeln beitragen könne?

Die Frage stellte sich Deiters nicht erst jetzt. Auch bei ihm war es ein gutes Vierteljahrhundert zuvor das Generationserlebnis des Krieges gewesen, das ihn bewogen hatte, sich nach dem Studium der Germanistik und Geschichte (er hatte 1911 an der Berliner Universität mit einer Arbeit über Friedrich Hebbel promoviert) den Problemen der Erziehung zuzuwenden. 1919 – er war bereits 31 – trat Deiters dem von Paul Oestreich gegründeten „Bund Entschiedener Schulreformer" bei, äußerte sich in den folgenden Jahren öffentlich – in Zeitschriftenaufsätzen und Reden – zu Themen wie „Politische Erziehung unserer Jugend", „Revolution und Schule", „Lebensform der Schule" und „Reform des Lehrplans". Eine prägende Erfahrung dürfte seine Beteiligung an einem Vorhaben gewesen sein, das als „Lichterfelder Reformversuch" in die Schulreformgeschichte der Weimarer Republik eingegangen ist. Es war der Versuch, die Kadettenanstalt in Berlin-Lichterfelde in die „Bildungsstätte einer neuen Jugend" umzuwandeln und die Kadetten in demokratischem Geiste umzuerziehen. Leiter dieses Projekts war eben jener Fritz Karsen, der spätere Gründer „meiner" Schule – der Karl-Marx-Schule in Berlin-Neukölln, die ich bei meinem ersten Kontakt mit Deiters erwähnt hatte.

Der Lichterfelder Versuch war damals gescheitert. „In den Gebäuden hat sich (...) der alte Geist versteinert", beklagte sich Deiters. „Die ehemaligen Kadetten wehrten sich mit allen Kräften gegen das Eindringen des neuen Geistes. In ihnen lebte als höchstes Ideal die Nation als Macht, und die reinste Darstellung dieses Ideals war (...) der Nationalkrieg. (...) Soziales Denken wiesen sie völlig von sich, das Volk war ihnen Masse." Deswegen hätte die soziale Zusammensetzung der Lichterfelder Schülerschaft entschieden geändert werden müssen: „Die gesamte Jugend des schaffenden Volkes mußte in ihr vertreten sein, wenn der Geist der neuen Menschheit dort eine Stätte haben sollte". Auch ein pädagogisches Konzept wie Schülerselbstverwaltung ließ sich unter den gegebenen Umständen nicht durchsetzen. Zwar hatten schon in der alten Anstalt die Schüler in weiterem Umfange an der Durchführung der äußeren Ordnung im Schulleben mitgewirkt. Aber sie hatten diese Ordnung nicht mitgeschaffen und an ihrem Teil sich selbst gegeben, sondern sie von oben, fertig empfangen, und wo sie an ihrer Verwirklichung mitarbeiteten, taten sie es nicht als Beauftragte der Gesamtheit und Vertrauensmänner ihrer Kameraden, sondern als niedere Vorgesetzte, denen diese Eigenschaft von den höheren Vorgesetzten verliehen worden war. Es war keine Schülerselbstverwaltung, sondern ein absolutistisches Regiment, das sich der älteren Schüler als Werkzeug seiner Herrschaft bediente. Nun durch eine lebendige Schulgemeinde und einen tätigen Schülerausschuß war es indessen möglich, diesen Geist der Subordination in den eines freien Zusammenwirkens umzubilden.[2]

Diese frühe pädagogische Erfahrung sei hier etwas ausführlicher wiedergegeben, weil sie einen Schlüssel liefert zu den politischen und pädagogischen Ideen, die Deiters später als Hochschullehrer an der Humboldt-Universität vertrat und an seine Studenten weitergab. Dazu gehört auch das Resümee, das er aus dem Lichterfelder Fehlschlag zog: „Gelingt es der alten Schule, sich weiterhin vor den Forderungen einer neuen Welt zu versperren, dann wird sie in ihrem alten Wesen verharren und darin zugrunde gehen, der Geist der neuen Zeit aber wird sich für seinen Werdegang neue Wege bahnen, denn vorwärts muß er! Vergebens war die Arbeit der Reformer in Lichterfelde nicht, wenn sie auch nicht unmittelbar zum Erfolge führte. Sie hat ihnen selber reiche Erfahrungen gebracht, die weiterhin fruchtbar werden können, und manchem jungen Menschen die erste Berührung mit einer anderen Weltgesinnung, die er sonst nur im Zerrbild des Gegners kannte. Geistige Einwirkungen aber sind in ihren Folgen unabsehbar."[3]

Deiters pädagogische Ideen erhielten ihre wesentlichen Anstöße aus dem politischen Raum. War es zunächst die Grunderfahrung des Krieges, das ihn nachsinnen ließ über Zusammenhänge, in welche Erziehung unauflösbar eingebunden ist, so trug die bewußte Wahrnehmung bestimmter zeitgeschichtlicher Vorgänge dazu bei, eigenes politisches Denken und die pädagogischen Konsequenzen, welche daraus zu ziehen sind, genauer zu profilieren. Ein Schlüsselerlebnis dürfte für ihn der *Kapp-Putsch* im Jahre 1920 gewesen sein – genauer gesagt: dessen Zerschlagung durch den Generalstreik einer handlungsfähigen Arbeiterschaft. Dies hätte ihm, der selbst in einem bürgerlichen Elternhause aufgewachsen war – so erzählte er uns Studenten einmal -, zu der Überzeugung verholfen, daß die Überwindung der alten Machtstrukturen der Organisation jener sozialen Klasse bedurfte, die mit ihrer eigenen Befreiung eine konsequente Demokratie erst politisch durchsetzbar machte. Noch in jenem Jahre – 1920 – wurde Deiters Mitglied der Sozialdemokratischen Partei.

Sein öffentliches Auftreten und seine publizistische Tätigkeit machten ihn in Fachkreisen bekannt. 1922 wurde er zum Direktor eines Gymnasiums in Höchst ernannt – konnte allerdings sein Amt wegen Einspruchs der französischen Besatzungsbehörden erst zwei Jahre später antreten. 1927 trat er – inzwischen Oberschulrat – in das Provinzial-Schulkollegium von Hessen-Nassau ein. Knapp fünf Jahre später jagten ihn die Nazis aus dem Amt und belegten ihn mit einem Publikationsverbot. Seine bemerkenswerte Arbeit über Sainte-Beuve konnte erst 1947 erscheinen.[4] Da war er schon in Berlin.

Hier wurde er 1946 zum Leiter der Abteilung Lehrerbildung der Deutschen Verwaltung für Volksbildung in der Sowjetischen Besatzungszone berufen. Und dann – als Nachfolger Eduard Sprangers – zum Professor für Pädagogik an der neu gegründeten Pädagogischen Fakultät der Berliner Humboldt-Universität. Hier eben begegnete ich ihm zum ersten Male – und konnte noch nicht ahnen, welchen Einfluß er auf meinen eigenen „Werdegang" haben würde.

Seine Vorlesungen erschlossen uns Jungen – ganz so jung waren die Studenten aus der Kriegsgeneration allerdings nicht mehr – eine uns neue, oft schwer verständliche Welt der Kultur und der Bildung, ihrer Geschichte und Philosophie. In meinem noch erhaltenen Protokoll der Deiters'schen Vorlesungen des Wintersemesters 1947/48 – wir saßen hungernd und frierend im Hörsaal der halbzerstörten Universität – lese ich Namen wie Rousseau und Pestalozzi, Schleiermacher und Niemeyer, Herbart, Ziller und Rein, Diesterweg, Lay und Kerschensteiner. Ich erinnere mich, wie schwer es uns manchmal fiel, angesichts der drängenden Gegenwartsprobleme ihm in diese Welt des Geistes – noch dazu vergangener Jahrhunderte – zu folgen. Aber er ersparte uns diese Mühe nicht. Wir schrieben fleißig mit und begannen erst allmählich zu verstehen, wie wichtig dies war für das Verständnis unserer Gegenwart.

Gleichwohl repräsentierte Deiters alles andere als den Typ des weltfremden, in Philosophie und Historie versponnenen Wissenschaftlers. In seinem politischen Denken und Handeln war er ganz den Problemen der Gegenwart und Zukunft zugewandt, und er stellte sich den Herausforderungen, welche die neue Zeit mit sich brachte, auch auf ganz direkte Weise: als Publizist, als Mitglied sowohl des 1948 gewählten „Deutschen Volksrates" (der u.a. einen Volksentscheid über die Einheit Deutschlands vorbereiten sollte und in dessen kulturpolitischem Ausschuß unter dem Vorsitz von Deiters die Verfassungsartikel über das Bildungswesen ausgearbeitet wurden), als auch der Volkskammer der DDR, nicht zuletzt als langjähriger Vorsitzender des „Kulturbundes".

An der Pädagogischen Fakultät der Humboldt-Universität hatte Deiters eine Gruppe interessierter Studenten um sich geschart. Wir pflegten uns in der Bibliothek des durch Kriegseinwirkungen arg lädierten Hegelhauses am Kupfergraben zu treffen, saßen dort in der Runde, gleichberechtigt, versuchten tiefer einzudringen in die Reformideen, indem wir uns ihrer Geschichte zuwandten. Dewey zum Beispiel (nicht ahnend, daß der in der Sowjetpädagogik, dem späteren großen Vorbild, bereits durch die einschlägigen KPdSU-Beschlüsse von 1931 und 1936 verfemt war) – Deiters sah in Dewey, wie er 1947 in einem Aufsatz schrieb, den „Pädagogen einer radikalen Demokratie". Grundidee seines Philosophierens war die freie Persönlichkeit.[5] Die Ablehnung, die Dewey in der „russischen Pädagogik" erfuhr, erklärte er sich aus den spezifischen soziologischen Bedingungen dieses „ersten sozialistischen Landes". „Die Gesellschaft soll so eingerichtet werden", forderte Deiters dann mit Bezug auf die Entwicklung im eigenen Lande, „daß alle Menschen frei sind".[6] Aber dieses Ziel war nur zu erreichen, wenn alle Schranken zwischen den Individuen niedergeworfen und alle mit allen in Kontakt gesetzt wurden. Die wesentliche individualistische Ausgangsstellung des bürgerlichen Zeitalters war damit verlassen. Die bürgerliche Demokratie erreichte hier ihre Vollendung in der Idee und begann gleichzeitig einer anderen Gesellschaftsordnung zu weichen.

So diskutierten wir in dieser Gesprächsrunde im Hegelhaus Probleme, die den Rahmen rein fachlicher Fragestellungen sprengten und oftmals nicht der politischen Brisanz entbehrten. Aus meinem Protokoll des Kolloquiums vom 29.6.1948 zum Thema „Führerelite und Demokratie": „Unklarheiten, die sich im Anschluß an das letzte Kolloquium ergaben, waren Veranlassung, die Frage nochmals aufzuwerfen, ob das Bestehen einer Führerelite mit dem demokratischen Prinzip vereinbar sei". Die Diskussion ergab, daß der Begriff „Führer" eine zweifache Deutungsmöglichkeit zuläßt. Im weitesten Sinne verstanden, hat ein Führer eine bestimmte Funktion in der Gesellschaft zu erfüllen – ohne daraus freilich für sich Privilegien ableiten zu können. Er ist Führer dann lediglich im Sinne eines Wegweisers. Nun hat jedoch der Begriff „Führer", wie Deiters ausführte, im Laufe der geschichtlichen Entwicklung eine ganz bestimmte soziologische Bedeutung erlangt: Die Bezeichnung Führer habe sich im unmittelbaren Anschluß an den militärischen Sprachgebrauch besonders nach dem Ersten Weltkrieg durchgesetzt, indem man versuchte, diesen militärischen Sprachgebrauch ins bürgerliche Leben hinein zu tragen, als es galt, die Voraussetzungen zur Wiedererrichtung der alten Gesellschaftsordnung zu schaffen. In allen Ländern, die den Weg des Faschismus gingen, nahm das Wort „Führer" die Bedeutung von Diktator an. Die so bezeichneten Persönlichkeiten waren also Führer aus eigener Machtvollkommenheit. Selbst dort, wo solche Führer zunächst einen Auftrag vom Volk erhalten haben mögen, geben sie ihn dann nicht mehr aus der Hand. Für eine demokratische Gesellschaft verbietet sich die Anwendung dieser Art von Führerprinzip.

An diese Aussage schloß sich eine heftige und sehr kontrovers geführte Diskussion an, ob und unter welchen Umständen Führer in einer sozialistischen Gesellschaft Berechtigung hätten oder eventuell Gefahr liefen, sich über das Volk zu erheben. An diesem Punkt der Diskussion wurde die Diskussion auf Drängen von Herrn Witte leider abgebrochen. Immerhin, dies war die hohe Zeit des Personenkults um Stalin, den „weisen Führer der Völker", wie es damals hieß.

In einem zweiten Referat, fährt das Protokoll dann fort, habe sich Herr Schulze zu dem Thema geäußert: „Ist die Demokratie eine grundsätzlich friedliche Gesellschaft?": „Es ergebe sich die Frage, gab Schulze am Schluß zu bedenken, ob in den demokratischen Gesellschaften das Verhältnis von Stärkeren und Schwächeren erhalten bleibe oder ob nicht beispielsweise nationaler Egoismus erneut auswuchern könne. Wäre dies der Fall, so würde es einer Aufspaltung in eine Sieger- und eine Besiegtenklasse gleichkommen, durch die der Charakter einer demokratischen Gesellschaft selbst aufgehoben würde."

Dieser zufällig erhaltene Protokolltext mag etwas aussagen über den Geist, in dem Deiters seinen Bildungsauftrag wahrnahm. Solche Gesprächsrunden, in denen Fragen aufgeworfen und „angesponnene" Auffassungen (die Umorientierung auf den „Sozialismus" stalinistischer Prägung war bereits im Gange) in Frage gestellt wurden, waren natürlich in keinem Studienprogramm vorgesehen. Gerade deshalb vielleicht haben sie unser politisches und pädagogisches Wirken – wenn auch nicht in jedem Fall – nachhaltig beeinflußt.

Nachdem ich in ein staatliches Förderprogramm für den wissenschaftlichen Nachwuchs einbezogen war (später als „Aspirantur" bezeichnet), wurde Heinrich Deiters mein Doktorvater. Als Thema meiner Dissertation schlug ich ihm „Polytechnische Bildung" vor, was zu jener Zeit – Ende der vierziger Jahre – ein noch weitgehend unbekannter Begriff war. Es war nicht nur ein vorangegangenes (und während des Krieges notgedrungen abgebrochenes) Ingenieurstudium, das mich über den Zusammenhang von Technik und meinem jetzigen Studiengegenstand nachsinnen ließ, sondern eher noch die Lektüre Marxscher Schriften, insbesondere des „Kapital", wo ich (in dem Kapitel über „Maschinerie und große Industrie") auf die Grundidee gestoßen war. Deiters, der selbst in einer klassisch humanistischen Bildungstradition stand und seinen Zugang zum Marxismus wohl hauptsächlich über die Philosophie, insbesondere die Frühschriften von Marx gefunden hatte, bekannte zunächst freimütig, daß er mit dem Thema nichts Rechtes anzufangen wisse und bat mich, es ein wenig genauer zu erläutern. Er hörte, den Kopf zur Seite neigend, aufmerksam zu und sagte dann: „Interessant. Machen Sie mal!" Offenbar hatte er einen Zusammenhang mit der Arbeitsschulidee ausgemacht, die er als Reformer – wenn auch in einem anderen historischen und pädagogischen Bezugsrahmen – selber verfocht. In einem unserer späteren Gespräche vermerkte er dann einmal die „Enge" der hergebrachten Arbeitsschulkonzepte und sprach mir seine Anerkennung für den Versuch aus, die ökonomische Theorie des Marxismus für die Pädagogik zu erschließen. Weder er noch ich konnten zu diesem Zeitpunkt freilich ahnen, welches Ungemach wir uns mit diesem Thema aufladen würden.

Deiters gehörte nicht zu jener Art von Hochschullehrern, die in den Arbeiten ihrer Studenten möglichst genau ihre eigenen wissenschaftlichen Auffassungen abgebildet (und entsprechend häufig zitiert) sehen wollten. Er ließ uns (so auch mir) freie Bahn, mischte sich nicht ein und erkundigte sich lediglich ab und zu nach dem Stand der Dinge. Es muß ihn ziemlich unvorbereitet getroffen haben, als er eines Tages wegen seines Doktoranden dringlich aus dem Urlaub zurückgerufen wurde. Eine offizielle Stelle – angeblich das Statistische Zentralamt – hatte sämtliche Unterlagen einer empirischen Untersuchung beschlagnahmt, die ich an zwei neuen Industriestandorten der noch jungen DDR durchgeführt hatte. Die darin eingeschlossene Befragung von Lehrern und Schülern, hieß es, sei nicht genehmigt gewesen. Erst 42 Jahre später erfuhr ich aus den Akten einer einst staatssichernden Organisation, daß ich der Spionage verdächtigt wurde, und wie mich mein Doktorvater (das einschlägige Schriftstück war den Akten beigefügt) unerschrocken und engagiert aus dieser mißlichen Situation herausgepaukt hatte. Damals hatte er sich mir gegenüber nichts anmerken lassen, lediglich empfohlen (was blieb auch weiter übrig?) auf die ausgefüllten Fragebogen zu verzichten, im übrigen aber künftig vorsichtiger zu Werke zu gehen. Der schwerste „Hammer" ging nach Abschluß der Dissertation

auf uns nieder. Die Arbeit war von beiden Gutachtern – neben Professor Deiters war dies
Prof. Süsterhenn (der im Bereich der Berufspädagogik tätig war) – zunächst mit „sehr
gut" beurteilt worden. Unglücklicherweise war an den DDR-Universitäten gerade zu
diesem Zeitpunkt die öffentliche Verteidigung von Doktordissertationen eingeführt worden. Wahrscheinlich war es weniger der Neuigkeitswert des Themas als vielmehr die
Ungewohntheit des Verfahrens, daß die Zuhörer meines Autorreferats und Teilnehmer
der vorgesehenen Diskussion so zahlreich erschienen, daß sie einen mittelgroßen Hörsaal
füllten. Als erster „Diskussions"redner meldete sich Heinz Kelbert, ein eifernder stalinistischer Scharfmacher, und charakterisierte die Arbeit sogleich als reformistisches,
trotzkistisches Machwerk, das die in den Beschlüssen der KPdSU verurteilte Arbeits-
bzw. Produktionsschule propagiere und dessen Autor sich noch dazu auf zahlreiche imperialistische Quellen stütze. Es wurde vorgeschlagen, das Promotionsverfahren abzu-
brechen – zugleich eine offene (und offenbar beabsichtigte) Desavouierung des Dekans
der Pädagogischen Fakultät, Professor Heinrich Deiters. Dies lag sozusagen im Zug der
Zeit: Denn Deiters repräsentierte in den Augen der stalinistischen Parvenüs die Reformpädagogik, und die war in den von Kelbert angeführten Beschlüssen der KPdSU
von 1931 und 1936 „verurteilt" worden. (So „rechnete" der Beschluß vom 5.9.1931
„gründlich mit gewissen Theoretikern ab", die Deweys „Losung" übernommen hatten,
„die Arbeit sei der Mittelpunkt der Schularbeit", und „verurteilte" zugleich die
„Projektmethode sowie viele andere Methoden, die einen Kompromiß mit dem Ausland,
insbesondere mit den neuen amerikanischen Unterrichts- und Erziehungsmethoden darstellten".)

Ich habe nicht erfahren, was sich daraufhin hinter den Kulissen abspielte. Prof. Süsterhenn (er setzte sich einige Zeit später in den „Westen" ab) korrigierte nachträglich seine
positive Beurteilung. Doch muß sich Deiters schließlich durchgesetzt haben. Er lud mich
in sein Dekanatsbüro ein und sagte, wenn auch nicht gerade sehr überzeugend: „Machen
Sie sich mal keine Sorgen". Kurze Zeit danach – das Promotionsverfahren war allerdings
inzwischen abgeschlossen – erfolgte eine scharfe Attacke in der Universitätspresse. Autor war der amtierende Parteisekretär der Humboldt-Universität, der Völkerrechtler Alfons Steiniger (der sich noch viele Jahre später, als wir gemeinsam im DDR-Friedensrat
waren, bei mir dafür entschuldigte). Primäres Ziel dieses Angriffs dürfte allerdings – nach

der Methode „man prügelt den Sack und meint den Esel" – vor allem Heinrich Deiters gewesen sein.

Der lud daraufhin einige der Beteiligten zu einer Sitzung des engeren Fakultätsrats ein, und die Kontroverse, die sich dort auftat, ist mir noch lebhaft in Erinnerung. Unter anderem, hatte Steiniger Deiters in scharfer Form vorgeworfen, daß in seiner Fakultätsbibliothek bürgerliche, unmarxistische, ja gar amerikanische Literatur offen zugänglich sei, aus der bekanntlich auch sein Doktorand geschöpft hätte. „Aber lieber Herr Kollege", hatte Deiters da geantwortet: „Wenn Ihre Vorstellung sich allgemein durchsetzen würde, dann hätten wir in unserem Lande bald überall relativ kleine Bibliotheken mit sanktionierter marxistischer Literatur, die *allgemein* zugänglich sind, und daneben riesengroße mit nichtmarxistischer Literatur, zu denen der Zugang verboten ist." –

Wer heute noch einmal in den Reden und Aufsätzen von Heinrich Deiters liest, dem wird manches darin höchst aktuell erscheinen. Zum Beispiel, wo er, ein Demokrat aus Gesinnung und politischer Überzeugung, sich zur Schulreform und insbesondere zum Konzept der Einheitsschule äußert (die er – im Sinne der „Entschiedenen Schulreformer" – als eine „elastische" verstand). Schulreform betrachtete er als eine nationale Angelegenheit: Es „lassen sich nur solche Reformen im Schulwesen halten, die sich in ganz Deutschland durchsetzen", schrieb er 1949: „Tatsächlich streben auch die Anhänger des Bonner Grundgesetzes heute offen danach, ihre Macht auf die Ostzone auszudehnen. Wenn sie dabei Erfolge hätten, so würden sie vor dem Schulwesen der Ostzone nicht halt machen und es auf den Zustand der Schule in den Westzonen zurückführen (...) Die demokratische deutsche Verfassung behandelt dagegen die Schule als das, was sie tatsächlich ist, eine Angelegenheit der Nation."[7]

Deiters hat am Ende der Weimarer Republik wohl kaum voraussehen können, daß die schulpolitischen Kämpfe um eine demokratische Struktur des Bildungswesens noch Jahrzehnte später – und bis in unsere Gegenwart hinein – ihre Fortsetzung finden würden in den Auseinandersetzungen um die Gesamtschule. Und ebensowenig hat er nach dem Neuanfang von 1948 ahnen können, daß die verheißungsvollen Anfänge einer demokratischen Schulreform im Osten Deutschlands, zu deren entschiedenen Verfechtern er gehörte, im weiteren Verlauf der Entwicklung in ihren Organisationsformen erstarrten (d.h. nicht von einer „inneren Reform" begleitet wurden), um dann nach dem Ende der DDR bis auf wenige Restbestände vollends liquidiert zu werden.

Allerdings sah Deiters auch damals – in den frühen Jahren der DDR – schon Anlaß, warnend seine Stimme zu erheben. Irgendwann in der Mitte der 50er Jahre – ich war zu dieser Zeit als Redakteur an der „Deutschen Lehrerzeitung" tätig – erhielt ich einen Telefonanruf von ihm: Er trage sich mit dem Gedanken, einmal grundsätzlich zu einigen Problemen der Lehrerbildung Stellung zu nehmen. Natürlich sagte ich sofort zu.

In seinem Beitrag befaßte sich Deiters dann u.a. mit dem Verhältnis von Lehrfach, Pädagogik, Philosophie, Psychologie als wesentlichen Bestandteilen der Lehrerbildung, und der Ordnung, in welcher diese studiert werden sollten. „Wir müssen (...) von der Grundregel des Nebeneinander in unseren Studienplänen abkommen", resümierte er seine Gedanken dazu, „und an ihre Stelle die eines richtig geordneten Nacheinander, einer Reihenfolge, setzen", beginnend mit dem Studium des Lehrfachs oder einer Verbindung von mehreren Lehrfächern, das dann von einem Abschnitt gefolgt wird, „der in der Hauptsache dem Studium der Psychologie und bestimmter Teile der Philosophie, wie Logik, Erkenntnistheorie, Ethik, gewidmet" ist. Der letzte Abschnitt der Ausbildungszeit erst sollte dann völlig auf das Studium der Pädagogik konzentriert und „mit der Einführung in die pädagogische Praxis verbunden" sein.[8]

Wurde dieser Vorschlag von den obersten Richtungsweisern im Zentralkomitee der SED und dem Ministerium für Volksbildung, die sich in ihren weisen Ratschlüssen bereits auf das sowjetische Vorbild orientierten, als befremdlich empfunden, da mit der von ihnen geschaffenen Studienordnung kontrastierend, so löste eine andere Passage aus Deiters Artikel harsche Kritik und – als damals übliche Drohgebärde der Macht – die Aufforderung an die Redaktion zur „Stellungnahme" aus. Der sachliche Hintergrund des Eklats war, daß man die Lehrerbildung – entgegen den (auch von Deiters energisch vertretenen) Konzepten der ersten Nachkriegsjahre, die eine Ausbildung *aller* Lehrer an der Universität oder gleichrangigen Hochschulen vorsah – in Anlehnung an das sowjetische Vorbild nun verschiedenen (auch im Rang unterschiedlichen) Institutionen zugewiesen hatte. „Zur Zeit bestehen bei uns besondere Einrichtungen für die verschiedenen Gruppen von Lehrern, eine untere, mittlere und höhere Form, je nach der Tätigkeit des Lehrers auf der unteren, mittleren und höheren Stufe der Schule", vermerkte Deiters kritisch. „Durch eine solche Dreiteilung in der Organisation der Lehrerbildung werden drei verschiedene Kategorien von Lehrern geschaffen, (...) die durch ihre Ausbildung, ihre Tätigkeit im Schuldienst selbst und die Höhe ihrer Bezahlung voneinander getrennt sind (...). Aus der

Dreiteilung ergibt sich ferner mit Notwendigkeit, daß an die Ausbildung des Unterstufenlehrers im ganzen geringere Anforderungen gestellt werden als an diejenige des Mittelstufenlehrers, an diese geringere als an die des Oberstufenlehrers. Alles in allem: Die Dreiteilung der Lehrerausbildung steht in deutlichem Widerspruch zu unserem System der demokratischen Einheitsschule. Einem einheitlichen System der allgemeinbildenden Schule ist nur eine einheitliche Form der Lehrerbildung gemäß."[9] Der Rüffel aus dem Ministerium für Volksbildung kam prompt: Der Artikel stelle einen „Versuch dar, die Schulpolitik von Partei und Regierung im Bereich der Lehrerbildung in Frage zu stellen". So streng waren die Sitten.

Deiters ließ sich in seinem Handeln weder – wie so mancher in jenen Jahren – von Opportunitätsgründen leiten, noch in die geistige Enge dogmatischer Denkweisen oder in die Frontlinie des Kalten Krieges treiben. Er dachte nicht nur über geistige, sondern auch über politische Grenzen hinaus. Die „Wiederherstellung eines einheitlichen deutschen Schulwesens" und die demokratische Schulreform, wie sie im Osten Deutschlands „als eine Konsequenz des sozialen und politischen Umwandlungsprozesses" durchgesetzt wurde, betrachtete er im Hoffnungsschub der frühen Nachkriegsjahre als eine gesamtdeutsche Angelegenheit. Noch in den 50er Jahren – in der Ära Adenauer -, als der politischen Wiedervereinigung wie der Durchsetzung von Reformen in der westdeutschen Bundesrepublik zunehmender Widerstand entgegengesetzt wurde, hielt Deiters an diesen Hoffnungen fest. Ich selbst war zu dieser Zeit Mitglied eines der damals existierenden gesamtdeutschen Gremien – des „Schwelmer Kreises" der Pädagogen -, und ohne sich hier selber zu engagieren, begleitete Deiters dessen Tätigkeit mit Sympathie und Interesse. So vermittelte er mir die Beziehungen zu einigen seiner alten Reformer-Freunde in Hessen: zu Schramm in Johannisberg etwa, zu Franz Hilker, dem Leiter der Pädagogischen Arbeitsstelle in Wiesbaden (später Bonn) oder zu Erich Hylla, dem Direktor der damaligen Hochschule für Internationale Pädagogische Forschung in Frankfurt a.M. Deiters wirkte in den auseinanderklaffenden Lebenswelten wie eine Klammer.

Um so betroffener reagierte er auf die weiteren Auswirkungen des Kalten Krieges und die später einsetzenden rigiden „Abgrenzungen" der DDR, in deren steinernen Barrieren er nicht zuletzt ein Symptom der geistigen Selbstisolation sah. Als die „Fritz-Karsen-Schule" in Berlin-Britz – die erste Einheitsschule (Gesamtschule) in Westberlin nach der Spaltung der Stadt – ihn 1965 zu einer Festveranstaltung aus Anlaß des 80. Geburtstags seines frühen Weggefährten einlud, mußte er – in einem Brief an Gerd Radde – den Einladern absagen: „Versichern Sie, verehrter Herr Radde, den Einladern, daß ich sehr gern an der Gedenkstunde für Fritz Karsen teilgenommen hätte. Es tut mir leid, daß die bekannten Verhältnisse in unserer Stadt es mir unmöglich machen."[10]

Ein Vierteljahr später war Deiters tot.

Sein politisches wie pädagogisches Credo hatte er in jenen frühen, hoffnungsvollen Jahren formuliert, als er mit dem Ende des Krieges und des Faschismus – etwas voreilig, wie sich zeigen sollte – den Beginn einer neuen Zeit und einer menschlichen Gesellschaft gekommen sah:

„Diese (neue) Erziehung wird von drei obersten Begriffen geleitet, die zwar untereinander in sachlicher Beziehung stehen, von denen jeder aber eine besondere Richtung des erzieherischen Denkens bezeichnet. Die Idee des Humanismus bezieht sich auf den einzelnen Menschen in all seinen Lebensäußerungen und bedeutet etwas Doppeltes: volle Entfaltung der wertvollen persönlichen Anlagen und menschliches Verhalten gegen andere (...) (Die Demokratie) bedeutet (...) für die Erziehung vor allem den politischen Leitbegriff. (...) Sozialismus ist ein gesellschaftlicher Begriff und (...) enthält (...) die soziale Erziehung, besonders in Verbindung mit der Arbeit." Und diesen letzten Gedanken bekräftigend: „Die soziale Erziehung muß eine Erziehung zur Humanität sein."[11]

**Anmerkungen:**

1    *Deiters, Heinrich*: Der deutsche Lehrer vor der Welt. Rede bei einer Kundgebung des Kulturbundes zur demokratischen Erneuerung Deutschlands in Berlin am 21. November 1945, zuerst erschienen Berlin 1946, wieder abgedruckt in: *Ders.*: Pädagogische Aufsätze und Reden. Berlin 1957, S. 187-202.

2    *Deiters, Heinrich*: Der Lichterfelder Reformversuch. Zuerst veröffentl. in: Zeitschrift für soziale Pädagogik 2 (1920), H. 1, S. 34-39; wieder abgedruckt in Deiters 1957 (vgl. Anm. 1), S. 68-74, Zitate S. 68, 71 u. 72.

3    Ebd., S. 74.

4    *Deiters, Heinrich*: Sainte-Beuve – Kritiker und Humanist. Berlin 1947.

5    *Deiters, Heinrich*: Deweys Bedeutung für die deutsche Pädagogik. Zuerst veröffentl. in: Die Schule 2 (1947), H. 1/2, S. 22-27, wieder abgedruckt in Deiters 1957 (vgl. Anm. 1), S. 341-348.

6    Ebd., S. 345.

7   *Deiters,* Heinrich: Schule und Jugenderziehung in den deutschen Verfassungen der Gegenwart. Zuerst veröffentl. in: Pädagogik 4 (1949), H. 8, S. 15-25; wieder abgedr. in: Deiters 1957 (Anm. 1), S. 428-447, Zit. S. 443.

8   *Deiters, Heinrich:* Grundsätzliche Bemerkungen zur Lehrerbildung. Zuerst erschienen in: Deutsche Lehrerzeitung 3 (1956), Nr. 17, S. 6 f.; wieder abgedr. in: Deiters 1957 (Anm. 1), S. 236-242, Zit. S. 239.

9   Ebd., S. 241.

10  Zit. n. Radde, Gerd (Hrsg.): Festschrift für Fritz Karsen. Berlin 1966, S. 54.

11  *Deiters, Heinrich:* Neue Jugend – neue Schule. Berlin 1947; wieder abgedr. in: Deiters 1957 (Anm. 1), S. 404-428, Zit. S. 416 u. 413.

**Wolfgang Ellerbrock**

# Paul Oestreichs Bedeutung für den reformpädagogischen Neuanfang in Berlin nach dem 2. Weltkrieg

## Einleitung

In Berlin bot sich 1945 – nach der Beendigung der nationalsozialistischen Diktatur und des Weltkriegs – die Chance, das Bildungswesen völlig umzugestalten. Die vier Alliierten forderten gemeinsam eine konsequente Neuordnung und in den Parteien, besonders in der SPD und KPD, gab es starke Kräfte für eine radikale Bildungsreform.

Nachdem die Voraussetzungen für die Aufnahme des Schulbetriebs geschaffen und die Schulen von nazistischen Lehrern und Lehrmitteln gesäubert waren, begannen die Diskussionen über eine Umgestaltung des Berliner Schulwesens. Die Berliner Schulräte zählten zu den Protagonisten einer konsequenten Schulreform. Die Mehrheit der Schulräte waren Reformpädagogen aus der Weimarer Zeit und gehörten politisch zur SPD oder KPD, einige waren auch liberal-demokratisch gebunden. Sie hatten in den Jahren 1946/47 einen großen Einfluß bei der Gestaltung der Berliner Schulreform. In diesen Diskussionen und den Auseinandersetzungen über die Ausgestaltung einer Einheitsschule spielte der Zehlendorfer Hauptschulrat Paul Oestreich eine führende Rolle.

Paul Oestreich, Vorsitzender des Bundes Entschiedener Schulreformer in der Weimarer Zeit, der nach 1945 zu den Schöpfern der Berliner Einheitsschule gehörte, ist heute fast in Vergessenheit geraten. Sein pädagogisches, schulpolitisches und politisches Leben umfaßt den Zeitraum vom Ende des vorigen bis zum Ende der fünfziger Jahre unseres Jahrhunderts. Er erlebte die letzten Jahrzehnte des Kaiserreichs mit seiner obrigkeitsstaatlichen Struktur und die Schrecken des Ersten Weltkriegs, die Hoffnungen des Neuaufbaus im Zuge der Novemberrevolution und das Erstarren der Reformbewegung in der Weimarer Republik. Er mußte die Machtübergabe an die Nationalsozialisten, verbunden mit Terror und Kulturlosigkeit, und die verheerenden Wirkungen des von Deutschland begonnenen Zweiten Weltkrieges miterleben. Nach dessen Beendigung war er an dem Versuch beteiligt, Deutschland auf friedliche und demokratische Weise umzugestalten. In seinem letzten Lebensabschnitt verfolgte er die Restauration alter Strukturen in West-Berlin im Zuge des Kalten Krieges, verbunden mit tiefem Antikommunismus und dem Abbau vieler Reformansätze aus der Aufbauphase. Es war eine Zeit tiefgehender gesellschaftlicher Veränderungen, die das Leben und Wirken des politischen Pädagogen Paul Oestreich entscheidend beeinflußten, die andererseits auch von ihm mitgestaltet wurde.

Paul Oestreich war ein politischer Pädagoge. Sein Ziel war eine grundlegende Erneuerung des gesamten Erziehungswesens. Sein ganzheitlicher Entwurf der elastischen Einheitsschule zielte auf eine humane Gesellschaft und den „totalen Menschen". Parallel zu der Herausbildung seiner bildungspolitischen Vorstellungen sammelte er vielfältige politische Erfahrungen in linksliberalen Parteien, der pazifistischen Bewegung und als sozialdemokratischer Kommunalpolitiker.

Die Erfahrungen der Novemberrevolution, das Scheitern der Reformansätze der Schulreform und die seiner Meinung nach inkonsequente Haltung der SPD ließen in Oestreich die Idee der Entschiedenen Schulreform reifen. Das Attribut „Entschieden" sollte die Konsequenz und die Unbestechlichkeit der Reformpläne Oestreichs signalisieren. Es war Losungswort und Kriterium für alle Mitstreiter Oestreichs, die sich in dem von ihm geführten Bund zusammenfanden, und es war schließlich Ausdruck der konsequenten Haltung Oestreichs und seiner Freunde. Der Bund hatte zwar eine große Ausstrahlungskraft auf die pädagogisch interessierte Öffentlichkeit, aber unmittelbar beeinflussen konnte er die Schul- und Bildungspolitik nicht. Oestreichs Hauptarbeit bestand in der Propagierung seiner bildungspolitischen Vorstellungen, wobei er diesen sehr bildhaft und im expressionistischen Stil Ausdruck verleihen konnte. Er besaß die Fähigkeit, Menschen auf großen Versammlungen wie auch im kleinen Kreis für seine Vorstellungen zu interessieren und zu gewinnen. Oestreich bekleidete keine Regierungs- oder Verwaltungsfunktionen, die ihn an verschiedene Verpflichtungen gebunden hätten. So konnte er entschieden und kompromißlos auftreten, ohne jemandem Rechenschaft ablegen zu müssen. Als Vorsitzender des Bundes gab er oftmals seine Auffassungen als die Meinung des Bundes wieder. Diese Tatsache und sein autoritärer Führungsstil führten zu einer starken Beeinträchtigung der Zusammenarbeit im Vorstand des Bundes. Es fiel ihm schwer, Kritik zu ertragen. Eine Reihe profilierter Mitglieder verließen dann auch den Bund nach persönlichen Auseinandersetzungen mit Oestreich, was sicherlich zur Schwächung der Arbeit beitrug. Bis 1933 hatte er zwar einen umfassenden Bildungs- und Gesellschaftsentwurf entwickelt, aber es gab keine realistischen Möglichkeiten, diese tatsächlich umzusetzen. Die Konzentration auf die Propagierung seiner Vorstellungen hatte letztlich keine Erfolge gezeitigt.

In der neuen Ausgangsphase nach 1945 sah Oestreich eine Chance für die völlige Umgestaltung und Neuordnung des Schulwesens, ähnlich dem versuchten Neuanfang nach der
Novemberrevolution. Trotz seines Alters – er war inzwischen schon 67 Jahre alt – stellte
er seine ganze Kraft dem Neuaufbau zur Verfügung. Inhaltlich knüpfte Oestreich an seine Vorstellungen aus der Zeit der Weimarer Republik an. 1945 faßte er diese noch einmal in Form von Leitsätzen zur Einheitsschulfrage und 1946 in einem Aufsatz über die
„Elastische Einheitsschule" zusammen (Oestreich 1946, S. 10).

Oestreich hatte sich bereit erklärt, in Berlin-Zehlendorf (einem bürgerlichen Bezirk) die
Funktion eines Hauptschulrates zu übernehmen. Hier mußte er auf zwei Ebenen wirken.
Einmal ging es um eine Neuordnung im Bezirk. Gefragt waren administrative Kenntnisse,
Organisationstalent und die Kraft, andere zu motivieren. Eine Aufgabe, die Oestreich –
das zeigt die Analyse seiner Tätigkeit – gewissenhaft ausführte.

Die zweite Ebene war seine Mitarbeit im Gremium der Schulrätekonferenz. Hier wurden
zukünftige Strukturen für das Berliner Schulwesen geschaffen. Hier galt es, bildungspolitische Vorstellungen in Gesetzesform zu kleiden. Oestreich, der sich auf wesentliche
Punkte konzentrierte, gelang es – über Parteigrenzen hinweg -, seine Vorstellungen einzubringen und damit das Schulgesetz zu prägen. Zu seinen wichtigsten Forderungen gehörten die Einheitsschule, die Trennung von Schule und Kirche und die Abschaffung der
Privatschulen.

1948, nach dem Inkrafttreten des Gesetzes, ging es um seine Realisierung im Bezirk.
Hier wurden von Oestreich neue Qualitäten gefordert. In einer CDU-Hochburg mit einer
überdurchschnittlich hohen Zahl von Gymnasien und einer Elternschaft, die zu einem
hohen Prozentsatz aus Akademikern bestand, sollte er (der kommunistische Hauptschulrat) die sozialistische Schulreform durchführen.

**Oestreich als Hauptschulrat in Berlin-Zehlendorf**

Die Neuordnung und Umgestaltung des Berliner Schulwesens 1945 nach der Zerschlagung der Nazi-Herrschaft sollten nach den Vorstellungen der Alliierten und des Berliner
Magistrats „unbelastete Fachleute" organisieren. Paul Oestreich gehörte zu diesen Fachleuten, die sich der nazistischen Ideologie nicht gebeugt hatten.

Paul Oestreich war am 22. Januar 1944 von Frankenhausen – hier lebte er, nachdem seine Berliner Wohnung ausgebombt wurde – nach Berlin zurückgekehrt und wohnte fortan

im Stadtbezirk Berlin-Zehlendorf in der Johannesstraße 10. Am 17. Mai 1945 übernahm er auf Vorschlag von Josef (Sepp) Hahn, dem Zehlendorfer Verantwortlichen der „Gruppe Ulbricht", und mit Zustimmung der sowjetischen Besatzungsmacht die Funktion eines Hauptschulrats im Bezirk. Entgegen seiner ablehnenden Haltung gegenüber Verwaltungsämtern in der Weimarer Republik war Oestreich bereit, in einer Verwaltungsfunktion am Aufbau des Schulwesens in Berlin mitzuwirken.

Oestreich wurde im Juni 1945 Mitglied der KPD. Damit vollzog er einen Schritt, der sich schon 1933 im Zuchthaus angedeutet hatte. In seiner politischen Entwicklung war dies eine neue Etappe, nachdem er 1922 seine direkte Mitarbeit in der SPD eingestellt und 1931 sogar seinen Austritt erklärt hatte. Bis 1933 bewahrte er sich seine parteipolitische Unabhängigkeit. Von dieser Position aus konnte er, ohne Kompromisse machen zu müssen, seine Vorstellungen vertreten. Seine Unabhängigkeit nutzte er aber auch zu Vermittlungsversuchen zwischen SPD und KPD. Nun ging er noch weiter an den linken Rand des Politischen Spektrums und organisierte sich in der Kommunistischen Partei, der er bis zu seinem Tode angehörte. Was versprach er sich von diesem Schritt? Eine Antwort darauf kann nur in Form einer Hypothese versucht werden.

Der Eintritt in die KPD erfolgte sicherlich nicht aus karrieristischen Gründen, auch wenn die KPD zu dieser Zeit die Partei der sowjetischen Besatzungsmacht war. Oestreich, der seit 1944 in Zehlendorf wohnte, hatte schon während der Zeit des Nationalsozialismus Kontakte zu Zehlendorfer Kommunisten. Oestreich muß gewußt haben, daß mit der Übernahme der Funktion eines Hauptschulrates eine ungeheure Aufgabe vor ihm stand. Mit der Zusage, sich in eine Verwaltungsfunktion einbinden zu lassen, änderte sich augenscheinlich auch sein Verhältnis zu einem Parteieintritt. Angesichts seiner Erfahrungen mit der SPD in der Weimarer Zeit entschied er sich für die KPD. Eine Rolle mag sicherlich der konsequente Antifaschismus der Kommunisten gespielt haben, aber auch die Hoffnung, daß diese Partei seine bildungspolitischen Vorstellungen am entschiedensten vorantreiben würde.

Im Mai und Juni 1945 hatte die KPD auch in Zehlendorf einen bedeutenden Zulauf. Der Partei in Zehlendorf gehörten Künstler und Wissenschaftler an, wie z.B. Prof. Gehrig-Targes, Prof. Jürgen Kuczinski oder Prof. Robert Havemann, die aktiv am Wiederaufbau mitwirkten. Nach seiner langen Isolierung war das für Oestreich sicherlich ein Kreis, in dem er Gleichgesinnte fand.

Welche Rolle die Partei für Oestreich spielte, läßt sich nicht genau nachweisen. In Zehlendorf ging ihr Einfluß nach dem Einmarsch der amerikanischen Besatzungsmacht, vor allem aber nach den Wahlen am 20. Oktober 1946, zurück. Die SED stellten nur noch zwei Bezirksverordnete und keinen Stadtrat mehr. Das schränkte Oestreichs Position im Bezirksamt ein. 1947, nach der „Säuberung" der Bezirksverwaltung von Kommunisten, war er auch in der Verwaltung politisch isoliert. Eine fachliche Unterstützung durch die Kreisparteiorganisation scheint es auch nicht gegeben zu haben.

Im Magistrat unterstützte und forcierte die SED die Schulreform. Welche Rolle Oestreich in den Diskussionen der Partei spielte, läßt sich nicht eindeutig ermitteln. Im Kreise der Schulräte konnte er sich auf seine eigene Autorität stützen. Hier brauchte er den Rückhalt der Partei nicht. Dies läßt den Schluß zu, daß er sowohl seine Aufbauarbeit in Zehlendorf als auch seine Tätigkeit in der Schulrätekonferenz ohne direkte Anleitung der Partei durchführte. Er war zwar Parteimitglied, führte aber seine Arbeit ohne SED-Anweisungen aus.

Oestreich war kein dogmatischer Marxist-Leninist, dies geht aus der Einschätzung in seiner Parteikaderakte deutlich hervor, er stimmte aber inhaltlich vielen Positionen der Partei zu. Bis zu seinem Tod trat Oestreich in der Öffentlichkeit als Mitglied der SED auf. So z.B. als Wahlkandidat 1954 und 1958. Dies war sicherlich nicht nur sein traditioneller Anstand („Ich wechsle die Partei nicht wie mein Hemd"), denn anders als während seiner Zeit als SPD-Mitglied nahm er auch regelmäßig am Parteileben teil (dies belegen einige Briefe). In den verschiedenen Friedensgruppen und Ausschüssen und im Schwelmer Kreis war Oestreich als Kommunist bekannt. Er trat aber auch dort als Einzelpersönlichkeit ohne nachweisbare Anleitung durch seine Partei auf. Dies belegen auch seine inhaltlichen Beiträge, die durchaus Differenzen zur Parteilinie erkennen lassen. Nicht ohne Grund wurde er in seiner Kaderakte als „Kommunist" in Anführungsstrichen geführt (Kaderakte Oestreich, Landesarchiv Berlin IV 2/905/44).

Im Mittelpunkt der Arbeit Oestreichs als Hauptschulrat im Jahre 1945 stand die Aufbauarbeit des Schulwesens. Neben Aufräumungs- und Instandsetzungsarbeiten ging es um die „Säuberung der Lehrerschaft von nazistischen Elementen", die Oestreich konsequent vornahm. Er setzte sich aber in Einzelfällen für Lehrer ein, die er für unbelastet hielt.

Im bürgerlichen Zehlendorf setzte Oestreich die Umgestaltung der Schule gegen einen großen Teil der Eltern durch, die die Privilegien ihrer Kinder bedroht sahen. So warteten die konservativen Kräfte auf einen Anlaß , um Oestreich aus dem Amt zu entfernen. Der bot sich in der Frage des Religionsunterrichtes. Denn für Paul Oestreich war es ein ernstes Anliegen, sich für die Abschaffung des Religionsunterrichtes als ordentliches Unterrichtsfach einzusetzen und damit die endgültige Trennung der Schule von der Kirche zu verwirklichen.

In ähnlicher Weise wie nach dem Sturz der Monarchie im Jahre 1918 bildete jetzt die Mehrheit der Geistlichen der Katholischen und der Evangelischen Kirche die Vorhut der Gegner einer Umgestaltung des Schulwesens. Mit Unterstützung entsprechend gesinnter Eltern suchten sie durch Verhandlungen mit den Bezirksverwaltungen Vereinbarungen zu treffen, die dem Religionsunterricht Platz in der Schule schaffen sollten, und dies ehe der Magistrat bzw. die Stadtverordneten entgegengesetzte Beschlüsse fassen konnten. Paul Oestreich wandte sich am 11. Juni 1945 an das Hauptschulamt mit der Bitte, dem Durcheinander in der Frage des Religionsunterrichtes ein Ende zu bereiten.

Der Magistrat hatte zu dieser Frage schon eine Position bezogen. In den „Vorläufigen Richtlinien für die Wiedereröffnung des Schulwesens in Berlin" strebte er eine Trennung von Schule und Kirche an. Der Abschnitt zum Religionsunterricht lautete: „Allen Eltern steht es frei, ihren Kindern Religionsunterricht erteilen zu lassen. Er ist als zusätzliche oder Eckstunde im Stundenplan zu verankern und von den Kirchengemeinschaften damit beauftragten Geistlichen oder Lehrern zu erteilen."

Sich auf die in den „Vorläufigen Richtlinien" getroffenen Regelung des Religionsunterrichtes berufend, teilte Oestreich in einem Rundschreiben vom 17. Juli 1945 den Eltern mit, daß der Religionsunterricht in Zukunft nicht mehr ordentliches Unterrichtsfach der Schule, sondern Angelegenheit der Kirchen sei, die auch die entsprechenden Lehrkräfte zu bezahlen hätten. Die Lehrer forderte Oestreich auf, sich zu entscheiden, entweder Lehrer an der öffentlichen Schule oder Religionslehrer zu sein.

Kirchliche und konservative Kreise liefen Sturm und setzten Oestreich unter Druck. Dabei stützten sie sich auf die inzwischen eingetroffenen Westalliierten, die sich in der Debatte um den Religionsunterricht gegen die „Vorläufigen Richtlinien" aussprachen. Die Kirchen wandten sich gegen die Randstellung des Religionsunterrichtes und gegen das konsequente staatliche Schulmonopol. Der Protest der Evangelischen und Katholischen Kirche in Verbindung mit der CDU fand bei den Westalliierten, nicht zuletzt durch den Hinweis auf die Schulverhältnisse im eigenen Land, großen Widerhall.

Paul Oestreich mußte, um einer Amtsenthebung zu entgehen (dies hätte die Preisgabe des Zehlendorfer Schulwesens an die konservativen Kräfte bedeutet), entgegen seiner Überzeugung und den „Vorläufigen Richtlinien" einen Kompromiß eingehen. Am 10. September 1945 stimmte er einer Vereinbarung mit den Kirchenvertretern zum Religionsunterricht zu, die als „Zehlendorfer Konkordat" bekannt wurde. Es wurde festgelegt, daß der Religionsunterricht „Lehrfach der Kirche" sei und durch „kirchengemeindliche Lehrkräfte" erteilt würde. Weiter wurde vereinbart, daß der Religionsunterricht „wöchentlich zweistündig ... innerhalb des Stundenplans" stattfinden und die Teilnahme darin „zeugnismäßig testiert" werden sollte. Über Teilnahme oder Nichtteilnahme eines Kindes am Religionsunterricht müßte eine schriftliche Erklärung der Eltern abgegeben werden. Die Vereinbarung kam somit einer nahezu direkten Anerkennung des Religionsunterrichtes gleich.

Diese in Zehlendorf erreichte Position nutzten die kirchlichen und konservativen Kräfte, um ihre Forderungen auf ganz Berlin auszudehnen. Sie stützten sich dabei u.a. auf die Westalliierten und das „Zehlendorfer Konkordat". In einem Hirtenbrief formulierte z.B. der katholische Bischof, Konrad Graf von Preysing, am 20. Oktober 1945 die Auffassung der Katholischen Kirche, die Trennung von Kirche und Schule sei ein Angriff auf das „von Gott verliehene Elternrecht".

Die Schulräte, die in ihrer Mehrheit von Anfang an für die Trennung von Schule und Staat eingetreten waren, beschäftigten sich erneut mit dem Religionsunterrichtes. Sie stellten fest, daß die Anhänger der Kirchen dem Magistrat Religionsfeindlichkeit unterstellen wollten. Um dem entgegenzutreten, schlossen sie sich dem Zehlendorfer Kompromiß an. Er schlug sich in den Richtlinien des Magistrats für den Religionsunterricht nieder. Die sowjetischen Vertreter trugen diesen Beschluß mit der Begründung mit, daß das freundschaftliche Verhältnis zwischen ihr und der Evangelischen Kirche bestehen bleiben sollte.

Die vom Magistrat aufgestellten Richtlinien bildeten später die Grundlage für die § 13-15 des Groß-Berliner Schulgesetzes von 1948. Der Religionsunterricht solle in allen Berliner

Schulen den Kindern erteilt werden, deren Eltern dies wünschten. Der Religionsunterricht werde von Geistlichen, Lehrern und anderen Personen erteilt und durch die Religionsgemeinschaften vergütet. Die Unterrichtsstunden sollten an zwei Stunden in der Woche erteilt werden. Die Schulämter stellten die Räume zur Verfügung. Zur Anmeldung des Religionsunterrichtes seien schriftliche Willenserklärungen der Eltern vorzulegen. Dies ist auch heute noch die Grundlage für das Berliner Modell, das den Religions- und Weltanschauungsunterricht an der Berliner Schule regelt.

Dieser Kompromiß befriedigte die Kirchenvertreter nicht. Die Katholische Kirche betonte, sie werde nicht nachlassen, für die katholischen Kinder die katholische Schule zu fordern. Die evangelische Kirche sprach sich weiterhin für eine Gleichstellung des Religionsunterrichtes mit den anderen Unterrichtsfächern aus. Die CDU unterstützte die Aktionen der Kirchen. Heute ist diese Auseinandersetzung wieder aktuell. Die CDU und die Kirchen fordern eine Abkehr von der Freiwilligkeit des Religionsunterrichts und die Einführung eines Wahlpflichtunterrichts Religion/Lebenskunde oder Ethik.

Über seine Haltung zu dem Streit um den Religionsunterricht schrieb Paul Oestreich am 25. Januar 1946 in einem Artikel im „Tagesspiegel": „Was die „überwiegende Mehrheit der Eltern" wünscht, ist wohl weniger die echte, verzehrende, opfernde Religion als einen Mechanismus, der aus dem Rohstoff ihrer Kinder wohlgeformte Fertigfabrikate auf bequemste Weise liefert. Wehe, wenn das Ergebnis Apostelnaturen wären! Die Eltern wollen junge Menschen haben, die brav sind und sich in die Welt schicken. So aber wird die Religion mißbraucht zur Manufaktur. Die Eltern haben kein Recht, über die Seelen der Kinder zu entscheiden!" Trotz seiner konsequenten Einstellung über die Trennung von Schule und Kirche mußte Oestreich den Beschluß zum Religionsunterricht in Zehlendorf umsetzen.

Nach den Wahlen vom 20. Oktober 1946 verstärkte sich der Druck auf den SED-Bezirksrat Paul Oestreich. Obwohl die SPD bei den Wahlen zur Bezirksverordnetenversammlung mehr Wählerstimmen hatte als die CDU, blieb Dr. Wittgenstein (CDU) mit Hilfe der LDP auch weiterhin der einzige nicht sozialdemokratische Bezirksbürgermeister der Stadt. Die Wahlen zur Bezirksverordnetenversammlung ergaben für Zehlendorf folgendes Ergebnis: SPD 12 Sitze; CDU 12 Sitze; LDP 4 Sitze und SED 2 Sitze.

Auch in Zehlendorf gab es harte Auseinandersetzungen mit der SED um den Einfluß in der Bezirksverwaltung. Oestreich, der für die SED kandidiert hatte, wurde nicht wieder zum Bezirksstadtrat für Volksbildung gewählt. Bei einem Wahlergebnis von 6,8 % für die SED in Zehlendorf konnte er damit auch nicht rechnen. Eine Verhandlungskommission der CDU und SPD ging noch einen Schritt weiter, indem sie versuchte, ihn auch gleich aus seiner Funktion als Hauptschulrat zu drängen.

Oestreich protestierte gegen diese Maßnahme. Er erklärte, die Schulräte seien keine parteipolitischen Beamten die der Aushandlung unterliegen, sondern demokratische Angestellte, für deren Entlassung sachliche Vergehen oder Mängel vorliegen müssen. Damit traf Oestreich den Kern der Auseinandersetzung. Es ging um die politische Macht, um das Herausdrängen von Kommunisten aus der Verwaltung.

Daß hier ein Rechtsbruch vorlag, wurde den konservativen Kräften im Bezirksamt mittels einer Rechtsbelehrung vom 16. November 1946 durch den Magistrat verdeutlicht. In einem Schreiben erklärte die Rechtsabteilung, daß die Einsetzung und Abberufung der Bezirksschulräte durch das Schulverwaltungsstatut geregelt und vom Hauptschulamt durchzuführen sei. Auch nach der vorläufigen Verfassung von Groß-Berlin gemäß Artikel 36 konnten Ernennungen und Entlassungen leitender Personen der Stadtverwaltung nur mit Genehmigung der Alliierten Kommandantur Berlin vorgenommen werden.

Somit waren die Fronten geklärt und die Positionen abgesteckt. Nun versuchten die konservativen Kräfte den „Fall Oestreich" abzuschieben. Die zuständigen Angestellten der Bezirksverwaltung „vergaßen", die Stelle des Hauptschulrates bei der Vorbereitung des Etats für 1947 finanziell einzuplanen. Sie erklärten Oestreich, daß er für sie „als Hauptschulrat niemals existiert hätte", da er „nicht im Etat" der Bezirksverwaltung stände. Daraufhin schaltete sich der Magistrat direkt ein, und Oestreich blieb im Amt.

**Oestreichs Anteil am Zustandekommen des Berliner Schulgesetzes**

1945 umriß Oestreich in einem Gutachten für das Hauptschulamt seine Vorstellungen zur Einheitsschule. In Form von Leitsätzen forderte er eine „elastische Einheitsschule in handwerklich-technisch-landwirtschaftlicher Einbettung" (Landesarchiv Reß. 210 Acc. 2691 Nr. 1620). Mit diesen Leitsätzen knüpfte Oestreich an seine reformpädagogischen Vorstellungen aus der Zeit vor 1933 an.

Die Einführung der Einheitsschule war sein Hauptanliegen nach 1945. Dazu schlug er auch „Sofortmaßnahmen" vor. Er drängte darauf, durch einen schnellen Beginn und schnell nachzuweisende Erfolge die Überlegenheit der Einheitsschule gegenüber anderen, sich wieder etablierenden alten Schulformen herauszustellen. Er wollte die Umbruchsituation nutzen, ehe konservative Kräfte die alten Zustände wiederherstellten.

Als Hauptschulrat hatte Oestreich entscheidenden Einfluß auf die Ausarbeitung des Entwurfs für das Berliner Schulgesetz von 1947/48. Anders als seinerzeit im Bund Entschiedener Schulreformer arbeitete er jetzt in einem institutionalisierten Gremium: der Schulrätekonferenz. Sie hatte bei der Gestaltung des Schulgesetzes direkten Einfluß und erwies sich als maßgebliche schulpolitische Instanz neben dem Hauptschulamt.

Die Schulrätekonferenz war ein Gremium von Schulfachleuten, die sich aus Haupt- und Bezirksschulräten zusammensetzte. Von den etwa 60 ständigen Teilnehmern der Konferenz gehörten etwa 15 Mitglieder zur SED, die anderen waren fast alle SPD-Mitglieder. Die Schulrätekonferenz war kein gesetzlich legitimiertes Gremium der Selbstverwaltung, dennoch hatte es einen wesentlichen Einfluß auf die Berliner Schulreform. In Zusammenarbeit mit der Lehrergewerkschaft wirkten die Schulräte als außerparlamentarische Kraft auf die schulpolitischen Vorstellungen der SPD ein. Die SPD-Schulräte trugen die Vorstellungen der Schulrätekonferenz in ihre Partei und hatten somit einen großen Einfluß auf den innerparteilichen Diskussionsprozeß bei schulpolitischen Fragen.

In der zweiten Hälfte des Jahres 1946 wurde die Schulrätekonferenz Ausgangspunkt der Diskussion um ein zukünftiges Berliner Schulgesetz. Ausgelöst wurde die Debatte durch die Aufforderung der Alliierten Schulkommission an das Hauptschulamt, einen Schulreformplan zu entwerfen.

In der folgenden Zeit trat Oestreich in der Schulrätekonferenz, in Versammlungen von Eltern und Lehrern und in Rundfunkansprachen wiederholt für ein konsequentes Einheitsschulgesetz ein und wehrte sich gegen alle Versuche von konservativer Seite, Grundpositionen der „demokratischen Schulreform" zu verdrängen.

Allerdings unterbreitete er bei der Erörterung konkreter Einzelfragen nicht immer realisierbare Vorschläge. Seine Forderungen überstiegen erheblich den finanziellen und materiellen Rahmen der Stadt in den Nachkriegsjahren. Oestreich trat z.B. für die „Gleichberechtigung von manueller und geistiger Ausbildung" und für „die Überwindung der bisher bestehenden Kluft zwischen Allgemein- und Berufsausbildung durch die Errichtung der Produktionsschule als Teil der Einheitsschule ein". Eine wichtige Voraussetzung dafür war eine Hochschulausbildung und ein einjähriges Berufspraktikum für alle Lehrer. Die mangelnden finanziellen Möglichkeiten ließen Oestreich aber nicht den Kern der Schulreform vergessen, die Verwirklichung der Einheitsschule.

Die Bedingungen für eine radikale Schulreform waren 1947 noch günstig. In der Berliner Sozialdemokratie formierte sich dazu ein breites Bündnis. Neben einzelnen Mitgliederversammlungen waren es vor allem die Arbeitsgemeinschaft sozialdemokratischer Lehrer, der Schulausschuß und die Kulturkommission der SPD. Auch in der Stadtverordnetenversammlung und im Volksbildungsausschuß bildete sich eine breite Koalition für die achtjährige Einheitsschule. Das Ergebnis war eine gemeinsam von Volksbildungsstadtrat, Schulrätekonferenz und den Vertretern des Hauptschulamtes erarbeitete Gesetzesvorlage, die weitgehend die entschiedeneren Forderungen aus dem Kreise der Berliner Sozialdemokratie, der Lehrergewerkschaft und der SED berücksichtigte. Diese Vorlage wurde am 24. Juni 1947 fertiggestellt und von der Mehrheit der Stadtverordneten im Volksbildungsausschuß getragen. Abgeordnete der SPD und der SED vertraten hier die Auffassung, die Demokratisierung des Schulwesens müsse in Berlin, das besonders günstige Voraussetzungen dafür biete, so durchgeführt werden, daß sie ein Vorbild wird und durch ihre Leistung überzeugt. Sie konnten sich mit diesem Schulgesetz auch auf die Kontrollratsinitiative Nr. 54 der Alliierten stützen. Auf der Gesamtkonferenz der Berliner Schulräte wurde diese Vorlage ebenfalls (mit nur einer Stimmenthaltung) auch von den Mitgliedern der LDP und der CDU angenommen.

Die CDU und die Kirchen protestierten gegen diesen Gesetzentwurf und setzten alles daran, die Verabschiedung zu verzögern. In einer Rundfunkrede im August 1947 warnte Oestreich aber auch vor einer Verschleppungstaktik des SPD-Vorstands.

In der Tat spitzte sich in den Sommermonaten 1947 der Konflikt zwischen SPD und SED im Magistrat zu. Die SPD wollte den Einfluß der SED weiter zurückdrängen. Ein Auseinandersetzungspunkt war eine Anordnung von Dr. Nestriepke (SPD) über die „Dienststellung der Hauptschulräte". Entgegen einem Befehl der Alliierten vom Juli 1946 untersagte er den Hauptschulräten die Teilnahme an den Bezirksratssitzungen. Hier sollten SED-Mitglieder aus der Verwaltung von den politischen Gremien ferngehalten werden, um so ihren Einfluß zu verringern. Aufgrund einer Beschwerde durch Wildangel

(SED) bei den Alliierten wurde Dr. Nestriepke wegen seiner Haltung der Alliierten Kommandantur Berlin gegenüber seines Postens als Leiter der Abteilung für Volksbildung enthoben.

Diese Auseinandersetzungen behinderten die Arbeit in der Stadtverordnetenversammlung. Oestreich warnte deshalb immer wieder vor der Verzögerung der Beschlußfassung über das für die Praxis dringend notwendige Schulgesetz. Auf der Schulrätekonferenz am 4.7.1947 schlug er vor, sofort eine Reihe von Lehrer- und Elternversammlungen über den Schulgesetzentwurf durchzuführen, um die zahlreich vorhandenen Unklarheiten zu beseitigen. Die Schulräte protestierten immer wieder gegen die Verschleppung der Beratung des Schulgesetzentwurfes.

Der öffentliche Druck und die konsequente Haltung der schulpolitischen Fachleute hatten offensichtlich Erfolg. Am 13. November 1947 wurde das Berliner Schulgesetz mit 86 Stimmen der Fraktionen der SED und der SPD und der Mehrheit der Abgeordneten der LDP (acht der zwölf Abgeordneten dieser Partei stimmten für das Gesetz) gegen 30 Stimmen der CDU in der Berliner Stadtverordnetenversammlung angenommen. Am 26. November stimmte ihm auch der Magistrat zu. Diesen Beschluß, der im Parlament von einer Dreiviertel-Mehrheit angenommen wurde, begrüßten viele Lehrer und Eltern. Oestreich trug mit seinem Auftreten zum Zustandekommen bei. Die CDU, die dieses Gesetz ablehnte, erklärte, daß sie mit aller Entschiedenheit auf eine Abänderung dieses „jedem demokratischen Empfinden widersprechenden Gesetzes" dringen werde.

Als Möglichkeit blieb ihr noch, die Alliierten zu bewegen, diesem Gesetz ihre Zustimmung zu versagen, denn von dieser Zustimmung hing das Inkrafttreten des Gesetzes ab. So entwickelten sie eine außerparlamentarische Protestbewegung kirchlich gebundener Kräfte. Selbst Schüler höherer Schulen wurden in diese Bewegung einbezogen. Oestreich stellte in einem Artikel in der „Berliner Zeitung" vom 8. Februar 1948 die polemische Frage, „wie viele der jetzt opponierenden Väter und Söhne vorher in der Antihitlerfront gestanden haben". Den Vorwurf, daß eine „zufällige Parlamentsmehrheit" eigenmächtig verfahren hätte, konnte er guten Gewissens als Demagogie zurückweisen. Die Protestbewegung der konservativen Kräfte bewirkte jedoch, daß die westlichen Alliierten, gegen den Einspruch des sowjetischen Vertreters, die Bestätigung verzögerten.

Am 11. Mai 1948 brachte die SED-Fraktion einen Antrag in die Stadtverordnetenversammlung ein, in dem die Alliierte Kommandantur zur beschleunigten Zustimmung zum
Schulgesetz aufgefordert wurde. Diesen Antrag unterstützte auch die SPD-Fraktion. Seit
der Verabschiedung in der Stadtverordnetenversammlung war inzwischen ein halbes Jahr
vergangen.

Am 22. Juni 1948 bestätigte die Alliierte Kommandantur endlich das Groß-Berliner
Schulgesetz mit geringfügigen Veränderungen. Es trat mit Wirkung vom 1. Juni desselben Jahres in Kraft. Damit fand die 18 Monate dauernde Auseinandersetzung, die im
Parlament leidenschaftlich geführt wurde, ihren vorläufigen Abschluß. Das Schulgesetz
erhielt trotz einiger weitergehender Forderungen Oestreichs, wie er sie in seiner Konzeption zur elastischen Einheitsschule 1946 formuliert hatte, seine ungeteilte Zustimmung.

Das Gesetz war entsprechend den politischen Verhältnissen in Berlin ein Kompromiß
zwischen den sozialistisch orientierten Pädagogen einerseits und den Schulpolitikern und
starken konservativen Kräften innerhalb der SPD andererseits. Diese wandten sich scharf
gegen alle Vorstellungen, die in der Sowjetischen Besatzungszone praktiziert wurden.
Dennoch hatte das Gesetz gegenüber dem Schulwesen der Weimarer Republik einen
fortschrittlichen Charakter. Zum Ausdruck kam dies sowohl in dem stärker auf Demokratie, Frieden und gesellschaftlichen Fortschritt orientierten Erziehungszielen als auch in
dem Kernstück seines äußeren Aufbaus, der achtjährigen Einheitsschule. Hinzu kam die
– wenn auch nicht völlig eindeutig festgelegte – Weltlichkeit des Schulwesens.

„Das Berliner Schulreformgesetz ist angenommen", schrieb Oestreich unter der Über-
schrift „Der zentrale Gedanke: Die Humanität" in einem Zeitungsartikel im „Berlin am
Mittag" vom 3. Dezember 1947, „ein großer moralischer Erfolg. Vor allem, weil endlich
einmal sozialistisch-liberaler Charakter bewiesen wurde gegenüber den Drohungen einer
Partei, die 85 Prozent der Berliner Elternschaft für die konfessionelle Schule, konfessio-
nell bis in den Turn- und Zeichenunterricht, zu mobilisieren ankündigte, um so auf diesem Wege einer innerlich unwahrhaftigen Agitation, die politische Macht für sich zu er-
obern."

Zentraler Punkt des Schulgesetzes war der einheitliche Schulaufbau von der achtjährigen
Grundschule bis zur Hochschule mit elastischer Differenzierung in Kern- und Kursunterricht in den Klassen 7 und 8. Als besonders begrüßenswert mußte Oestreich der gleitende

Übergang von der inneren zur äußeren Differenzierung im Rahmen einer in zwölf auf-steigenden Klassen (§ 20 des Schulgesetzes) organisch gegliederten, strukturell integrier-ten Gesamtschule erscheinen.

Die Berliner Einheitsschule wurde als „Speerspitze für die Einleitung der Schulreform in den westdeutschen Ländern" bezeichnet. Verschiedene Schulpolitiker in Westdeutsch-land erkannten es als wegweisend an, und auch amerikanische Kommentare werteten dieses Gesetz, gemessen an den Vorgaben und Erwartungen des Dekrets Nr. 54, als bei-spielhaft.

Das Berliner Einheitsschulgesetz bildete den Höhepunkt in Oestreichs schulpolitischem Wirken. Er selbst hatte einen wesentlichen Anteil am Zustandekommen des Gesetzes. Seinem Bemühen ist es zu verdanken, daß viele Positionen, für die er ein Leben lang ge-kämpft hatte, in diesem Gesetz fixiert wurden. Eckpunkte dieses Gesetzes waren die achtklassige Einheitsschule, die Trennung von Schule und Kirche und das Verbot von Privatschulen.

**Einführung der Einheitsschule in Zehlendorf**

Die konservativen Kräfte, insbesondere die CDU, waren mit den Maßnahmen des Ma-gistrats zur Umgestaltung und Neuordnung des Schulwesens nicht einverstanden. Sie mobilisierten alle Kräfte, um diese Reformen zu verhindern bzw. rückgängig zu machen. Neben der Mobilisierung ihrer Anhänger für eine „Protestbewegung" nutzten sie ihre Positionen in der Stadtverwaltung und den Bezirksämtern. Zehlendorf, ein bürgerlicher Wohnbezirk, war eine Hochburg der CDU. Es war der einzige Bezirk mit einem CDU-Bezirksbürgermeister. Auch der Stadtrat für Volksbildung, Dr. Pagel, war Mitglied der CDU. Hier ließen sich Reformmaßnahmen am leichtesten blockieren. Oestreich hatte somit einen besonders schweren Stand und mußte zäh um jede Reformmaßnahme kämpfen, was ihn viel Zeit und Kraft kostete.

Die Schulverwaltung rechnete für die Einführung der Einheitsschule mit einem Zeitraum von acht Jahren. Bis dahin sollte die innere Schulorganisation durch kontinuierliche Weiterführung der Ansätze zur Demokratisierung und Intensivierung umstrukturiert sein. Seit Ende 1947 wurden im Hauptschulamt intensive Vorbereitungen für die Einführung der Einheitsschule getroffen. Ab Dezember 1947 fanden im Hauptschulamt wöchentliche Schulreformsitzungen statt. Oestreich gehörte zu den aktivsten Teilnehmern.

Am 29. Mai 1948 schrieb Oestreich an alle Zehlendorfer Schulen, daß die Schulreform prinzipiell genehmigt und in etwa drei Wochen mit Ausführungsvorschriften zu rechnen sei. So sollten die Klasse 1 der höheren Schulen nicht mehr eröffnet werden und die Klasse 5 der bisherigen Volksschule neue Lehrpläne erhalten. In den Anfängerklassen der Volksschule sollte die Koedukation eingeführt werden.

Gegen die Einführung der Einheitsschule gab es in Zehlendorf vielfältigen Widerstand, der sich in verschiedenen Formen ausdrückte. Der Schulleiter der Arndtschule, Professor Dr. Kappus, argumentierte z.B. in einem Schreiben an Oestreich derart, daß in seiner Schule Umbauten durchzuführen seien, falls die Koedukation schon im neuen Schuljahr in größerem Umfang durchgeführt werden soll. Er schrieb weiter: „Koedukation in den gymnasialen Klassen ist wegen des verschiedenen Lehrplanes (Sprachen) z.Z. noch nicht möglich, da den Mädchen ja die Sprachen Latein und Griechisch fehlen. Demnach könnten Mädchen und Jungen bei uns nur in beschränktem Umfange unterrichtet werden."

Oestreich ließ sich von derartigen Verzögerungstaktiken nicht aufhalten. Am 30.6. übergab er dem Hauptschulamt einen Plan über die Zusammenlegung der Schulen in die drei Einheitsschulkomplexe (Dahlem, Zehlendorf und Wannsee). Zur Koordinierung der Arbeit fanden regelmäßige Sitzungen der Einheitsschulleiter statt, auf denen die vielfältigsten organisatorischen Probleme behandelt wurden. Am 1. September 1948 sollte mit den 5. Klassen der Beginn der Umgestaltung zur Einheitsschule vorgenommen werden.

Neben den Plänen und Maßnahmen für die äußere Organisation der Einheitsschule war seit 1945 die didaktische Revision der herkömmlichen Unterrichts- und Erziehungsarbeit unter den sozialistisch orientierten Schulreformern zentraler Gegenstand der Erörterung. Als erstes Ergebnis lagen bei Beginn des Schuljahres Stoffpläne und Stundentafeln für die einheitliche 5. und 9. Klasse vor, die an Vorstellungen der Reformpädagogik anknüpften.

Ein wichtiges Anliegen Oestreichs war die Besetzung der Schulleiterstellen mit Pädagogen, die vorbehaltlos zum Einheitsschulgedanken standen. Dies gelang ihm auch gegen den Widerstand des Zehlendorfer CDU-Volksbildungsstadtrats.

Ein schweres Hindernis für die Schulreform bildete das permanente Defizit des Berliner Haushalts seit der Währungsreform und der Blockade. Kurzfristige Etatverschiebungen und wiederholte Kürzungen durchkreuzten die Pläne für den Schulneubau, für Ausbau und Ausstattung von Unterrichtsräumen, für die Erhöhung der Lehrerstellen und eine Erhöhung der Gehälter, für Schulgeld- und Lehrmittelfreiheit und Erziehungsbeihilfen.

Oestreich setzte in seinem Reformbestreben auf die Lehrer. Um sie am Aufbau und an der Gestaltung der Einheitsschule zu beteiligen, veranstaltete er im Bezirk Lehrerversammlungen.

Trotz massiver Behinderungen schaffte Oestreich in Zehlendorf Fakten, die die Einführung der Einheitsschule organisatorisch absicherten. Die Spaltung der Stadt durch die Berliner Blockade verhinderte jedoch eine konsequente Durchführung des Gesetzes und bestärkte die konservativen Kräfte in ihrem Wirken gegen dieses Gesetz. Die Schaffung eines separaten Hauptschulamtes in den Westsektoren, aber auch die Spaltung der Lehrergewerkschaft und die rapide Verschlechterung in der Zusammenarbeit zwischen SPD und SED begünstigten diese Tendenz.

**Amtsenthebung als Zehlendorfer Hauptschulrat**

Die Spaltung der Berliner Verwaltung hatte Konsequenzen für alle kommunistischen Angestellten in den Westsektoren. Oestreich gehörte zu den Betroffenen. Ihm wurde am 29. Dezember 1948 gekündigt. Die Entlassung aller kommunistischen Lehrer und Angestellten im Bereich Volksbildung der drei Westsektoren wurde konsequent durchgeführt. Auf einer Sitzung der Schulräte im amerikanischen Sektor am 18. Januar 1949 wies Major Thompsen nochmals auf die Wichtigkeit hin, „den Einfluß kommunistischer Elemente in den Schulen des US-Sektors auszuschalten".

Am 8. Januar 1949 „versetzte" das Hauptschulamt West Oestreich in den Ostsektor. Hier wirkte er noch über ein Jahr als Dezernent für das höhere Schulwesen. Er erarbeitete Vorschläge für die Einbeziehung der höheren Klassen in die Einheitsschule und entwikkelte Vorstellungen über die Einführung des Kern-Kurs-Unterrichts und über polytechnische Bildung. Seine Ideen stießen jedoch auf Widerstand und wurden nur z.T. verwirklicht.

Sein Gesundheitszustand zwang ihn, sich im September 1950 pensionieren zu lassen. Dennoch unterstützte er weiterhin die Entwicklung des Schulwesens in der DDR. Oestreich war in der DDR geachtet. Dies zeigten verschiedene Beurteilungen und Auszeichnungen, aber er hatte keinen wesentlichen Einfluß auf die politische und bildungspolitische Entwicklung der DDR. Neben Alter und Gesundheitszustand waren sicherlich auch politische Gründe entscheidend. Oestreich war kein dogmatischer Funktionär, kein „linientreuer" Marxist-Leninist.

Oestreich erlebte nach der Spaltung der Stadt das Anwachsen der konservativen Kräfte in West-Berlin, die die wichtigsten Positionen des Schulgesetzes veränderten. Er, nun schon über 70 Jahre alt, konnte in dieser Auseinandersetzung nur noch als Pensionär in die außerparlamentarische Diskussion eingreifen. Seine Partei, die SED, für die er zu Abgeordnetenhauswahlen kandidierte, scheiterte an der 5% Klausel. Auf Konferenzen, in Versammlungen und Zeitungsartikeln machte er auf die Folgen der „Verwässerung des Schulgesetzes" aufmerksam. Diese Initiativen reichten jedoch nicht aus, die fundamentale Veränderung des Schulgesetzes zu verhindern. So mußte er mit ansehen, wie das „beste aller Schulgesetze" im Zuge der Koalitionsverhandlungen mit der CDU von der SPD geopfert wurde. Die Positionen, für die er seit fast 50 Jahren gestritten hatte, die Einheitsschule, die strikte Trennung von Kirche und Schule und das Verbot von Privatschulen wurden Stück für Stück aufgegeben.

Die Auswirkungen des Kalten Krieges führten in der Stadt zu einem blinden Antikommunismus. Alles, was aus dem „Osten" kam, wurde pauschal abgelehnt. Dies bekam Oestreich als aktives SED-Mitglied häufig zu spüren. So gab seine SED-Mitgliedschaft den Ausschlag für seine Amtsenthebung und für ein Dienstverfahren, verbunden mit einer Aberkennung seiner Pensionsansprüche. Zum Berufsverbot kam der Versuch der Vernichtung seiner Existenz.

Paul Oestreich starb mit 81 Jahren, vom „Westen" angefeindet, vom „Osten" hoch geehrt. Oestreich wurde als ein geistiger Vater des Schulsystems der DDR bezeichnet. Diese Einschätzung muß allerdings eingeschränkt werden, denn wesentliche Elemente seiner Kern-Kurs-Differenzierung sind schon 1949/50 aus dem Schulsystem der DDR eliminiert worden. Eine Schule und eine Straße in Berlin-Weißensee trugen seinen Namen. Nach der Wende wurde die Schule umbenannt.

Mit Recht kann Oestreich als ein Protagonist der Berliner Gesamtschule bezeichnet werden. Eine Würdigung des Senats oder der Berliner Schulverwaltung steht noch aus.

**Anmerkungen:**

Die zitierten Briefe und Oestreichs Manuskripte von Aufsätzen und Zeitungsartikeln liegen alle als Originale im Oestreich-Archiv in der Universität Würzburg. Sie sind z.T. ungeordnet oder befinden sich in Aktenordnern, die nach Jahreszahlen geordnet sind. Sie sind ausführlich wiedergegeben in: Ellerbrock, Wolfgang: Paul Oestreich. Porträt eines Politischen Pädagogen. Weinheim 1992.

Die zitierten Rundschreiben und Berichte befinden sich im Berliner Landesarchiv in den Beständen 210 des Bezirksamts Zehlendorf.

**Literatur:**

BONNOWITZ, HASKO: Die Entwicklung des Konzepts einer „elastischen Einheitsschule" bei Paul Oestreich. Wiss. Hausarbeit. Berlin 1982 (unveröffentl. Mskr.)

BÖHM, WINFRIED: Kulturpolitik und Pädagogik Paul Oestreichs. Bad Heilbrunn/Obb. 1973

FÜSSL, KARL-HEINZ/KUBINA, CHRISTIAN: Berliner Schule zwischen Restauration und Innovation. Zielkonflikte um das Berliner Schulwesen 1951-1968. Frankfurt a.M. 1983

GREINKE, ANGELIKA: Schulpolitische Vorstellungen in der Berliner SPD von 1945 bis zur Verabschiedung des Einheitsschulgesetzes 1947/48. Hausarbeit an der PH Berlin 1979 (unveröffentl. Mskr.)

KLEWITZ, MARION: Berliner Einheitsschule 1945-1951: Entstehung, Durchführung und Revision des Reformgesetzes von 1947/48. Berlin 1971

LEMM, WERNER: Die Rolle der SPD bei der Entwicklung des Westberliner Schulwesens. Berlin 1962

DERS.: Materialien zum Kampf um das Berliner Schulgesetz von 1948. Berlin 1965

OESTREICH, PAUL: Die Elastische Einheitsschule. In: Horizont Nr. 17 (1946)

OPPERMANN, DETLEF: Gesellschaftsreform und Einheitsschulgedanke. Frankfurt a.M. 1982

PAJUNG, SABINE: Das Wirken Paul Oestreichs für den politischen und schulpolitischen Fortschritt nach 1945. Dissertation Berlin 1979

PAUCKSCH, GUNTRAM: Untersuchung zur Diskussion um das Problem der Berücksichtigung des Religionsunterrichts vor der Verabschiedung des Berliner Einheitsschulgesetzes 1947/48. Hausarbeit an der PH Berlin 1980 (unveröffentl. Mskr.)

RADTKE, MANFRED: Paul Oestreichs Kampf für die Demokratisierung des deutschen Schulwesens. Habilitationsschrift Greifswald 1961 (unveröffentl. Mskr.)

Mathias Homann

## Felix Behrend – ein Antipode Fritz Karsens

Der eine ist spätestens mit Gerd Raddes verdienstvoller, im Jahre 1973 erschienener Arbeit[1] einer breiteren interessierten Öffentlichkeit bekannt geworden, der andere steht nach wie vor im Abseits der Historischen Pädagogik. Der eine war ein Exponent der sozialistischen Reformpädagogik, der andere kann eher als „Bewahrer", bestenfalls als vorsichtiger Reformer gelten. Der eine war engagierter Sozialist und Mitglied der SPD, der andere besaß das Mitgliedsbuch der liberalen Bürgerpartei, der DDP.[2] Den Namen des einen trägt eine Neuköllner Gesamtschule, der andere hat bis dato keine derartige Würdigung erfahren. Die Rede ist von den beiden Schulreformern Fritz Karsen und Felix Behrend: letzterer war zwischen 1929 und 1933 erster Vorsitzender des Deutschen Philologenverbandes.[3] Die skizzierten Fakten verweisen auf Unterschiede und Gegensätze, die im folgenden präzisiert werden sollen.

Doch neben Trennendem gibt es auch Schnittpunkte, Parallelen. Beide waren zeitweise als wissenschaftliche Mitarbeiter im Preußischen Kultusministerium tätig. Beide nahmen, wenn auch unter verschiedenen Vorzeichen, an der Reichsschulkonferenz von 1920 teil – Karsen als Berichterstatter des „Bundes entschiedener Schulreformer", Behrend als einer der Hauptredner auf seiten des Philologenverbandes.[4] Karsen leitete 1921, bevor er das Kaiser-Friedrich-Realgymnasium (KFR) übernahm, etwa ein halbes Jahr das seinerzeit „heimatlose", zum Teil im Gebäude des KFR untergebrachte Kaiser-Wilhelms-Realgymnasium (KWR), die Schule also, der Behrend von 1925 bis 1933 als Direktor vorstand. Folglich arbeiteten beide in demselben Berliner Bezirk, in Neukölln. Doch nicht nur das: Von 1925 bis 1929 befand sich Behrends Dienstzimmer in eben demselben KFR. Sowohl Karsen als auch Behrend entstammten darüber hinaus jüdischen Familien, gehörten jedoch der protestantischen Glaubensgemeinschaft an. Somit mußten beide mit dem Machtantritt der Nationalsozialisten um ihr Leben fürchten, wobei sich Karsen einem Attentat rechtzeitig durch die Flucht ins Ausland entziehen konnte, während Behrend bei einem nächtlichen Nazi-Anschlag im eigenen Haus schwer verletzt wurde.[5] Anfang 1939, als er längst seiner sämtlichen Ämter und Funktionen enthoben war, floh auch er aus Deutschland, und zwar über Holland nach England.[6] Wie Karsen re-emigrierte Behrend nicht nach Deutschland – beide starben im Ausland: Karsen als Leiter einer UNESCO-Mission 1951 in Ecuador, Behrend sechs Jahre später in Australien.[7] Soweit – in groben

Zügen – die Eckdaten, innerhalb derer sich die folgenden Ausführungen bewegen werden. Diese sollen sich, dem Titel gemäß, stärker auf Felix Behrend konzentrieren, den es
m.E. noch für die Historische Pädagogik zu entdecken gilt. Allein die Tatsache, daß Behrend, wie bereits erwähnt, mehrere Jahre dem seinerzeit einflußreichsten Lehrerverband,
dem stark nationalistisch-konservativ eingestellten Philologenverband, vorstand, deutet
darauf hin, daß wir uns einem Pädagogen von nicht geringer Bedeutung zu nähern versuchen.

**Die Zeit bis zum Ende des Ersten Weltkriegs**

Der am 12. August 1880 in Königsberg/Preußen geborene Felix Wilhelm Behrend gelangte nach dem frühen Tod seiner Eltern unter die Vormundschaft seines Onkels und
damit nach Kolberg. Hier besuchte er das Königliche Domgymnasium, an dem er im
April 1898 das Abitur ablegte. Nach dem Abbruch des Bauingenieurstudiums an der
Königlich Technischen Hochschule zu Charlottenburg wechselte Behrend im Jahre 1902
an die Universität Halle-Wittenberg, um Philosophie zu studieren. Am 24. Oktober 1904
wurde er dort mit der Doktorarbeit „Psychologie und Begründung der Erkenntnislehre"
promoviert.[8] Zusätzlich erwarb er 1906 die Lehrbefähigung für die Fächer Reine und
Angewandte Mathematik, Physik und Philosophische Prodeutik.[9] Während und nach
seiner Studienzeit war Behrend maßgeblich, u.a. mit seiner Schrift „Der freistudentische
Ideenkreis" (1907), am Aufbau, an der Organisation und der Programmatik der deutschen Freistudenten beteiligt. Von 1901 bis 1902 fungierte er als Erster Vorsitzender
dieser Vereinigung, die sich bewußt von den herkömmlichen Korpsstudentenschaften
abhob.[10]

Rund zwei Jahre nach dem Abschluß des Studiums, am 1. April 1908, trat Behrend im
Alter von 27 Jahren seine erste Oberlehrer-Stelle an der Siemens-Oberrealschule in Ber-
lin-Charlottenburg an.[11] Hier zeigte er sich bereits als engagierter Pädagoge, der auf
Spaziergängen philosophische Unterhaltungen mit Primanern führte, sich mit der Frage
der Schülerindividualität auseinandersetzte und das Verhalten autokratischer Direktoren
kritisierte.[12] Daß Behrend über den schulischen Bereich hinaus der Philosophie verbunden blieb, zeigen zwei in den „Kant-Studien" veröffentlichte Artikel sowie die Aufnahme
in die Kant-Gesellschaft im Jahre 1913.[13] Noch während des 1. Weltkrieges ging Behrend
vertretungsweise in die Herder-Schule in Charlottenburg über, an die er im April 1919
endgültig überwiesen wurde.[14]

**Der Philologe**

Anders als Karsen, der nur für kurze Zeit Mitglied des sich nach dem Krieg neu formie-
renden Philologenverbandes wurde und alsbald den „Bund entschiedener Schulreformer"
mit gründete, sah Behrend für sich in jener traditionellen Oberlehrer-Vereinigung das
geeignete Vehikel, seine schulpolitischen Vorstellungen zu verbreiten und umzusetzen.
Dabei leitete ihn die Ansicht, daß in der stürmischen Nachkriegsphase gerade die höhere
Schule, der er sich in besonderem Maße verpflichtet fühlte, vor allzu revolutionären
Umwälzungen zu bewahren sei. Um hier von seiten der Philologen vorzubauen, verfaßte
Behrend für den Berliner Philologenverein, der auf seinen Antrag hin einen schulpoliti-
schen Ausschuß gewählt hatte, ein Schulprogramm, das bei der Mehrzahl der Philologen
große Zustimmung gefunden haben dürfte. Während Karsen die sozialistische Reformpädagogik favorisierte und mit starkem Engagement förderte, griff Behrend weitgehend
auf „bewährte" Muster zurück: höchstens vier Jahre Grundschule, auf jeden Fall neun
Jahre höhere Schule, letztere allerdings mit Reformunterbau und freier Gestaltung der
Oberstufe; zudem eine weiterhin klare Trennung von Volksschullehrern und akademischen Oberlehrern. Weitere Verbreitung fanden diese Vorstellungen durch ihre Veröffentlichung in der Schrift „Die Stellung der höheren Schule im System der Einheitsschule", die Behrend 1919 herausgab.[15] Trügerisch, in den Augen sozialistischer
Schulreformer möglicherweise sogar einem Etikettenschwindel gleichkommend, ist hier
die Verwendung des Begriffs „Einheitsschule". Er bezeichnet eben nicht einen in sich
differenzierten, auf sozialen Ausgleich bedachten (horizontalen) Schulorganismus, wie
ihn sich Karsen, Oestreich u.a. wünschten, sondern einen möglichst stark differenzierten
(vertikalen) *reichseinheitlichen* Schulaufbau. Festzuhalten bleibt in diesem Zusammenhang, daß sich Behrends Vorstellungen letztlich weitgehend durchsetzten und bis auf den
heutigen Tag überwiegend schulische Realität sind. Nicht weniger Bestandteil des gegenwärtigen schulischen Alltags sind allerdings auch jene Überlegungen Behrends, die
auf eine gestärkte Stellung des Kollegiums gegenüber dem Direktor, auf eine einge-
schränkte Schülermitverwaltung, die Bewegungsfreiheit in der Oberstufe und auf die
Verstärkung des Arbeitsunterrichts abzielten; Überlegungen, die ihn als gemäßigten Reformer ausweisen, der die Zeichen der Zeit erkannte, ohne dabei Standesgrundsätze völlig aufzugeben.[16]

Letzteres mag mit ein Grund dafür gewesen sein, daß Behrend bereits 1919 zunächst im Geschäftsführenden Ausschuß des Deutschen und Preußischen Philologenverbandes saß, im November desselben Jahres dann das Amt des Zweiten Vorsitzenden des Deutschen Verbandes übernahm – die gleiche Position hatte er innerhalb des Preußischen Philologenverbandes bis 1923 inne. Um direkteren Kontakt mit den für die Schulen zuständigen Reichsstellen pflegen zu können, setzte er sich sogleich erfolgreich für die ständige Verlegung des Sitzes des Vereinsvorstandes nach Berlin ein.[17]

An der im darauffolgenden Jahr anberaumten Reichsschulkonferenz (RSK) nahm Behrend als Delegierter des Philologenverbandes teil. Hier war eine harte Auseinandersetzung mit den – nach Behrendscher Diktion – „*radikalen* Schulreformern"[18], deren vermeintliche Irrwege der Philologenverband im Vorfeld mittels einer großangelegten Pressekampagne aufzuzeigen versuchte, vorprogrammiert.

**Der Antipode**

Es bietet sich an dieser Stelle die Gelegenheit, Behrends Position gegenüber den „entschiedenen Schulreformern", respektive Fritz Karsen, zu verdeutlichen. Dazu eignen sich insbesondere seine auf der RSK formulierten und in diversen Schriften veröffentlichten Äußerungen zur Einheitsschule, zur Arbeitsschule und natürlich, häufig von Behrend in diesen Zusammenhängen als Antagonist aufgebaut, zu Karsen und den „entschiedenen Schulreformern" selbst.

Auf der RSK machte sich Behrend für einen qualitativen Begabungs- und Bildungsbegriff sowie die damit verbundene, bereits oben ansatzweise skizzierte 'philologische Einheitsschule' stark. Nach Behrend können nicht alle die gleiche Ausbildung haben. Demnach ist eine Differenzierung nach wissenschaftlicher Ausbildung auf höheren Schulen und Volkserziehung innerhalb der Volksschulen anzustreben; hinzu sollte ein Zug für praktisch und künstlerisch Begabte kommen, der entweder in die Volksschule zu integrieren oder als Mittelschule aufzubauen sei.[19] Diese Vorstellungen waren verknüpft mit der Forderung nach einem Reichsrahmengesetz, mittels dessen nach einheitlichen pädagogischen Gesichtspunkten das gesamte öffentliche deutsche Schulwesen zu dem Zweck aufgebaut werden sollte, „die gestaltenden geistigen Kräfte des deutschen Volkes zur Entfaltung zu bringen".[20] Die Einheitsschule der Schulreformer hingegen „müßte sich", so Behrend an anderer Stelle, „gerade für die führende Schicht am verhängnisvollsten auswirken"[21], ist diese Schulform doch seines Erachtens nicht in der Lage, die dringend benötigte staatstragende und wirtschaftliche Elite hervorzubringen. Die Gegensätze zu den Reformpädagogen sind evident. Sie werden noch stärker konturiert, wenn sich Behrend auf der RSK des weiteren gegen die „weltfremde" und „lebensunbrauchbare" Berufung (der entschiedenen Schulreformer) auf das Individuum und das Erlebnis ausspricht, die nach seiner Einschätzung der kulturellen Entwicklung widerspricht.[22] Nicht nur Interesse und Begabung müsse die Schule kennen, sondern auch die Begriffe Pflicht, Entsagung und Pietät. Auch sei von zu weit gehenden Rechten der Schüler nichts zu halten, da sie unter der Suggestion der Lehrer auf Scheinrechte hinausliefen.[23]

Behrend berührt hier einen Kernbereich der Reformpädagogik der Weimarer Zeit, nämlich den der „Arbeitsschule". Entsprechend der jeweiligen politischen Ausrichtung wurde die Arbeitsschule von den Pädagogen unterschiedlich interpretiert und realisiert, so daß wir auch hier von keinem einheitlichen Bild ausgehen können. Was verstand Behrend unter der Arbeitsschule? Wie faßte Karsen dieses methodisch-didaktische Konzept auf? Und: Wie schätzte Behrend die Entwürfe der Schulreformer bzw. Karsens ein?

Die Umwälzung der politischen Verhältnisse, so konstatierte Behrend, verlange nach einem anderen, aktiveren Menschentyp, nach Menschen mit Eigeninitiative, nach „Führernaturen". Künftig könne es nicht mehr darum gehen, die Ausbildung der alten preußischen Beamtentugenden (Pflichterfüllung, Redlichkeit, freiwillige Unterordnung etc.), die zu einer langsamen Bürokratie, zu Unselbständigkeit und zum Abwälzen der Verantwortung auf andere geführt habe, aufrechtzuerhalten; vielmehr sei die Erziehung zur Selbständigkeit, Verantwortungsfreudigkeit, zum „modernen" Staatsbürger, der für das Wohl und Wehe des Gemeinwesens mit zu sorgen habe, das Gebot der Stunde.[24] Es bedürfe, so Behrend mit Kerschensteiners Worten, der „Umwandlung der Schule aus einer Stätte individuellen Ehrgeizes in eine Stätte sozialer Hingabe, aus einer Stätte theoretischer intellektueller Einseitigkeit in eine Stätte praktisch-humaner Vielseitigkeit, aus einer Stätte rechten Erwerbes von Kenntnissen in eine Stätte, die auch zum rechten Gebrauch der Kenntnisse anleitet."[25] Das geeignete pädagogische Verfahren zur Umsetzung dieser Ziele war für Behrend die Arbeitsschule, die eine Erziehung des Menschen durch Selbsttätigkeit zur Selbständigkeit ermögliche.[26] Einzig Selbsttätigkeit führe zu einer wirklichen inneren Bewältigung der Bildungsgüter. Gleichwohl dürfe den Schülern – und das vergäßen radikale Anhänger des Arbeitsunterrichts – nicht eingeredet werden, sie könnten alles selbst erarbeiten. Denn es sei auch die Aufgabe des Unterrichts, den Lehrstoff so schnell und leicht wie möglich erlernen zu lassen. Dies erfordere rationalisierte Unterrichtsverfahren, sei doch autodidaktisches oder praktisches Erlernen zu zeitaufwendig. Dabei müsse die Auswahl der Bildungsgüter nicht durch formale, sondern durch kulturelle und praktische Motive bedingt sein. Allein so sei eine Auseinandersetzung mit der Welt, ein Hineinfühlen in die Welt und eine Hineinbildung in das Menschenleben zu gewährleisten. Ganz auf Arbeitsunterricht verzichten wollte Behrend jedoch keineswegs, sofern dieser nicht auf – unwissenschaftlichem – reinem Beobachten und bloßem Nachdenken beruhe. Denn nur auf diesem Wege ließ sich die von Behrend vertretene Grundforderung nach Verbindung von Schul- und Lebensproblemen realisieren.[27] Inwieweit er seine Vorstellungen von Arbeitsunterricht in die Praxis umgesetzt hat, ist mangels Quellen schwer zu sagen. Manches spricht dafür, daß er sie an seiner späteren Schule, dem Neuköllner Kaiser-Wilhelms-Realgymnasium bzw. dem Staatlichen Gymnasium Neukölln, zumindest ansatzweise zu realisieren versucht hat.

Im Gegensatz zu Behrend, der zwar dem noch weithin üblichen Frontalunterricht eine Absage erteilte, am inneren Wesen der Schule jedoch vergleichsweise wenig zu verändern gedachte, der also einen eher wertfreien, oder besser: wertkonservativen Arbeitsschulbegriff vertrat, besaß Karsens Auffassung von einer Arbeitsschule dezidiert linkspolitische und erheblich innovativere Züge. „Arbeitsschule" bedeutete für ihn „Lebens- und Produktionsschule" auf der Basis der Kooperation, eine der demokratisch gesinnten Arbeiterklasse gemäße Arbeitsschule, rational und pragmatisch ausgerichtet. Selbst gestellte Aufgaben sollten das Bewußtsein für die Lebensbedingungen der Arbeiterklasse schaffen, mit dem Ziel, diese Bedingungen zu verändern. Die Methoden, die Karsen hierbei einsetzte, waren kollektive Arbeitsformen, Jahres- und Fachberichte, Jahresausstellungen, Klassen- und Studienfahrten sowie das (Schau-)Spiel als Medium für gesellschaftliche Reflexion. Schulgemeinde, Klassengemeinde, Sprecher, Referenten und Wortführer boten den Schülern ein weit über das Normalmaß hinausgehendes Mitspracherecht.[28]

Es liegt auf der Hand, daß sich Behrends und Karsens Ansatz grundlegend voneinander unterschieden. Dementsprechend ist auch kaum zu erwarten, daß Behrend die Karsenschen Vorstellungen von der Arbeitsschule als bemerkenswert oder gar positiv einschätzte. In seinem Bericht über die RSK spricht Behrend allgemein von den „radikalen Schulreformern", zu denen er Karsen zweifelsohne rechnete. Hier schreibt Behrend u.a.: „Die radikalen Schulreformer möchten am liebsten die Schulen als Arbeitsgemeinschaft von Gleichgesinnten, wenn möglich unter Wahl des Führers durch die Schüler und möglichst freier Wahl der Unterrichtsgegenstände zur Weckung freier Gestaltungs- und Schaffensfreude nach eigener Anlage und Neigung."[29] Hier macht allein der Ton die Musik. Behrend hält dagegen, daß sich der Arbeitsunterricht in den großen zusammenhängenden Kulturprozeß einordnen müsse, wozu Autorität und Pflichtgefühl unerläßlich seien. Schärfer äußert er sich in seinem Aufsatz „Arbeiterschule und Arbeitsunterricht": „Es ist also ein Irrweg, wenn manche Anhänger (...) alles von den Schülern aus eigener Beobachtung und aus eigenem Interesse an einer Sache 'erarbeiten' lassen wollen", entspricht dies doch einem Verzicht auf in langjähriger Tradition geschaffene rationale Lehrerfahrung zur Einübung intellektueller und technischer Fähigkeiten. Jener „Irrweg" erfordere einen großen Kraftaufwand, bedeute großen Zeitverlust und führe zu nicht ausreichenden Ergebnissen.[30]

Bleibt abschließend zu klären, wie Behrend die Bewegung der Schulreformer – ihre Vorstellungen und ihr Wirken – insgesamt beurteilte. Es mag genügen, hier einige Textpassagen aus Artikeln im „Philologenblatt" und aus anderen Veröffentlichungen Behrends zu zitieren. Am 11. August 1920 bemerkt Behrend im „Philologenblatt" in einem Artikel über die „Arbeit des Ausschusses für Schulaufbau der Reichsschulkonferenz": „Auch Gemeinschaftsschulen nach dem Wunsch der Schulreformer sind zugelassen", stellt aber mit Genugtuung fest: „Sie werden keinen großen Umfang annehmen, da es schon jetzt nicht möglich ist, für die Anstalt in Lichterfelde (also Karsens – gescheitertes – Projekt – M. H.) die nötige Anzahl Lehrer zu finden, die im gewünschten Sinne zu arbeiten bereit sind."[31]

Widersprüche innerhalb der Reformpädagogik versucht Behrend in seinem bereits erwähnten Buch „Bildung und Kulturgemeinschaft" aufzudecken, in dem er schreibt: „Wenn man (die) im innersten Grunde individualistischen Motive bei den radikalen Schulreformern sieht, fragt man sich, wie es kommt, daß diese Anschauung, die immer wieder an den Einzelmenschen appelliert und von den wirtschaftlichen und kulturellen Verhältnissen ganz abzusehen scheint, die da annimmt, daß es möglich ist, die individuellen Kräfte aller Menschen gleichmäßig zu entwickeln, und davon absieht, welchen Verhältnissen der Mensch entstammt, die die Anforderungen, die das Leben an die Zukunft der Kinder stellt, ganz zurücktreten läßt, und die annimmt, daß die Menschen, wenn sie richtig erzogen werden, auch von selbst die richtigen sozialen Verhältnisse schaffen, wie denn diese Auffassung mit Sozialismus und materialistischer Geschichtsauffassung zusammenhängt (...)".[32] Ist diese Beurteilung nicht aufgrund ihrer Unterstellungen und Oberflächlichkeit äußerst fragwürdig? Blendeten die Schulreformer wirklich die wirtschaftlichen und kulturellen Verhältnisse aus? Sahen sie tatsächlich davon ab, welchen Verhältnissen der Mensch entstammt? Ist es nicht so, daß eine „richtige" Erziehung zu „richtigen" sozialen Verhältnissen zumindest führen *kann*? Die Kritik scheint letztlich an den „Exponenten der Mehrheitssozialdemokratie", so Behrend über die Schulreformer, und ihrem – in seinem Buch „Die Schule der werdenden Gesellschaft" – 'besonders doktrinären' Vertreter Karsen vorbeizugehen.[33]

Ein weiteres Mal beschäftigt sich Behrend mit Karsen im „Philologenblatt" vom 24. September 1930. Im Rahmen der Besprechung des von Adolf Grimme herausgegebenen Buches „Wesen und Wege der Schulreform"[34] wird nun die oben zitierte 'Individualismus-Vorwurf' in sein Gegenteil verkehrt: „In ausgesprochenem Gegensatz zum Geist der preußischen Schulreform steht der Aufsatz von Karsen über die Arbeitsschule. (...) Annehmbar sind Karsens Auffassungen nur für diejenigen, die mit ihm in der Grundauffassung übereinstimmen, daß die gesellschaftliche Entwicklung das geistige Leben und die Schule beeinflußt, nicht aber für diejenigen, die zwar den Einfluß der gesellschaftlichen Entwicklung auf die Schule anerkennen, aber doch die Entwicklung des geistigen Lebens selbst als den Quell der Entwicklung des Schulwesens ansehen. (...) Ist wirklich letzthin geistige Arbeit Kollektivarbeit?"[35] Die unterschiedlichen Ansätze der beiden Schulmänner lassen sich kaum deutlicher als mit diesem Zitat aufzeigen, wobei die in eine rhetorische Frage gekleidete Vorhaltung, Karsen setze geistige Arbeit allein mit Kollektivarbeit gleich, auf (ungenaue) Beobachtungen an Karsens Neuköllner Schulkomplex zurückzuführen sein dürfte.

Daß Behrend bis wenige Jahre vor seinem Tod ganz Philologe und Gegner der Schulreformer blieb, wird aus einer Art Rückschau ersichtlich, die er im Jahre 1954 in der „Höheren Schule", dem nach dem 2. Weltkrieg so benannten Hausblatt des Philologenverbandes, publizierte. Dort heißt es zum Teil stark vereinfachend: „Auch die Forderung größerer Selbsttätigkeit wurde überspannt. Unter der Parole 'Vom Kinde aus' wurden Versuchsschulen gegründet. Man wollte den Schülern überlassen, was gelernt wurde und wie unterrichtet werden sollte. So entstanden auch an höheren Schulen Versuche, die bekanntesten in Hamburg und Berlin-Neukölln (Karsen). (...) Das schlimmste aber war, daß diese Bewegungen überall große Kongresse abhielten, die sich als allgemeine deutsche Lehrerkongresse bezeichneten und dadurch einen schiefen Eindruck vom Umfange des ihre Ansichten teilenden Personenkreises erweckten."[36]

**Nach der Reichsschulkonferenz**

Von April 1921 bis März 1922 schied Behrend aus dem Schuldienst aus und übernahm im preußischen Unterrichtsministerium die Stelle eines wissenschaftlichen Mitarbeiters. So kam er in persönlichen Kontakt mit dem damaligen preußischen Kultusminister C. H. Becker, den er im Verlauf seiner Tätigkeit vom Festhalten an der 9jährigen höheren Schule überzeugen konnte. Darüber hinaus sollte dieser Kontakt einige Jahre später für Behrend noch von nicht geringer Bedeutung sein.

In den Jahren 1922 und 1923 ließ sich Behrend mehrmals für längere Zeit vom Schuldienst beurlauben, um sich – so steht zu vermuten – der Verbandstätigkeit und publizistischen Arbeiten intensiver widmen zu können. Insgesamt etwa zwanzig Veröffentlichungen sowie unzählige Artikel im „Deutschen Philologenblatt" und anderswo liegen vor und zeugen von einer unermüdlichen Schaffenskraft. Dabei ging es Behrend einerseits um die Gewinnung eines eigenen wissenschaftlichen Standorts innerhalb der Pädagogik, zum anderen beschäftigten ihn unterschiedlichste Fragen, die im Zusammenhang mit der höheren Schule standen. Auch war er Mitverfasser dreier weitverbreiteter Rechen- bzw. Mathematikbücher. Des weiteren nahm Behrend an zahlreichen Sachverständigenkonferenzen und Verhandlungen verschiedener Ministerien, Parteien und Verbände teil und übernahm darüber hinaus Funktionen in diversen pädagogischen, schulischen und bildungspolitischen Gremien.

**Behrend als Schulleiter (und Gegenpol?) in Neukölln**

Es kam das Jahr 1925 und damit Behrends Eintritt in die Neuköllner Schullandschaft. Im April 1925 zunächst zum Oberstudienrat der städtischen Herder-Schule ernannt, wurde er zum 1. Juli 1925 als Oberstudiendirektor des staatlichen Kaiser-Wilhelms-Realgymnasiums bestellt. Das Provinzialschulkollegium (PSK) erhob Einspruch, doch Minister Becker setzte sich über dessen Bedenken hinweg. Dieser Vorgang wirft besonders eine Frage auf, die nur mit Vermutungen beantwortet werden kann. Warum wurde der Oberstudienrat einer städtischen Schule zum Leiter einer staatlichen Schule ernannt? Zumal einer Schule, die sich seinerzeit gerade im Wiederaufbau befand und nach Ansicht des PSK noch keinen Oberstudiendirektor benötigte. Ein durchaus ungewöhnlicher Vorgang.

Da wäre zum einen der im Kultusministerium aufgebaute, und sicher weiterhin gepflegte Kontakt zu C. H. Becker. Des weiteren der über die Jahre zweifellos gewonnene und dokumentierte Sachverstand Behrends. Schließlich der möglicherweise entscheidende Punkt: Behrend, der sich, wie wir gesehen haben, als dezidierter Gegner tiefgreifender Schulreformen ausgewiesen hatte, wurde mit Bedacht als Gegenpol zu den sozialistischen Schulmännern wie Löwenstein, Karsen und Jensen im schulreformerischen Versuchsfeld Neukölln installiert. Vielleicht erhoffte man sich von Staats wegen auf diese Weise außerdem einen gewissen Einfluß auf die Neuköllner Schulpolitik. Behrends bis dahin gewonnene Autorität auf schul- und bildungspolitischem Gebiet, seine gesellschaftliche Reputation, seine Kontakte zu Wirtschaft und Politik sowie seine Stellung im Philologenverband mochten zudem die Gewähr dafür geboten haben, den konservativen Elternkreisen, die jahrelang um den Erhalt des KWR gerungen hatten, zu entsprechen und der Schule, die kurz vor dem Exitus gestanden hatte, wieder Geltung zu verschaffen. So ließe sich das Vorgehen des zuständigen Ministers Becker letztlich als ein bewußter Balanceakt zwischen sozialistischer Schulreform und eher traditionell beeinflußter, gemäßigter Reformpädagogik verstehen. Verstärkt wird dieser Eindruck durch einen Blick auf die seinerzeit herrschenden politischen Mehrheitsverhältnisse in Stadt, Land und Reich, die eher für eine bürgerlich-retardierende Schulpolitik sprachen.

Das KWR, bestehend aus Gymnasium und Realgymnasium hatte erst im April desselben Jahres die Genehmigung zur Errichtung von zwei neuen Sexten und damit zum stufenförmigen Wiederaufbau erhalten. Es war, da es kein eigenes Gebäude besaß, auf mehrere Schulen verteilt, u.a., wie bereits erwähnt, auf Karsens KFR. Gleichwohl liegen uns keine Zeugnisse über direkte Kontakte der beiden Direktoren vor. Es scheint, als seien sie sich, in ihren pädagogischen Anschauungen zu weit voneinander entfernt, letztlich aus dem Weg gegangen. Eine der ersten Maßnahmen Behrends als Direktor war es, die Schule in eine Reformanstalt mit der Anfangssprache Französisch umzuwandeln, da entgegen aller Propaganda und Zahlenakrobatik der Befürworter humanistischer Bildung in Neukölln die Sextaner am KWR ausblieben. Die in den folgenden Jahren steigenden Schülerzahlen konnten diesen Schritt Behrends nur bestätigen. Unterdessen befaßte er sich auch mit der Gestaltung des im Frühjahr 1927 begonnenen, im Mai 1929 eröffneten KWR-Neubaus, der „modernsten Schule Deutschlands", wie es seinerzeit in den Zeitungen hieß. Inwieweit dieser Neubau das Aus für die von Karsen und Taut geplante „Dammwegschule" bedeutete – und damit den Graben zwischen Karsen und Behrend nur vergrößern konnte –, mag dahingestellt sein. Fest steht hingegen, daß sich der 50jährige Behrend, der inzwischen mit seiner Familie in das eigens errichtete Direktorenwohnhaus neben der Schule gezogen war, zu dieser Zeit auf dem Höhepunkt seiner Laufbahn befand: Er war 1. Vorsitzender des Deutschen Philologenverbandes, Vorstandsmitglied der Jubiläumsstiftung des Zentralinstituts für Erziehung und Unterricht, Geschäftsführer des Deutschen Ausschusses für Erziehung und Unterricht, Mitglied des schulpolitischen Ausschusses der Deutschen Demokratischen Partei, Mitglied der Kant-Gesellschaft, Mitglied des Pädagogischen Prüfungsamtes für Berlin und Brandenburg, außerdem seit Dezember 1925 Bezirksverordneter der DDP in Charlottenburg. Auch gelang es ihm, seinen Freund und kongenialen Mitstreiter Adolf Bohlen, den 2. Vorsitzenden des Deutschen Philologenverbandes, aus Münster an seine Schule, gar in das Direktorenwohnhaus zu holen, so daß sich die Spitze des Verbandes ab 1929 in der Neuköllner Planetenstraße befand.

In den folgenden Jahren entfaltete sich an Behrends Anstalt – alsbald aus republikkonformen Gründen „Staatliches Gymnasium in Neukölln (Reformgymnasium und Reformrealgymnasium)" genannt – ein reges Schulleben. Die Schule in der Köllnischen Heide wurde zu einem Anziehungspunkt der – zumeist bürgerlichen – Kreise nicht nur Neuköllns, und die Schülerzahl stieg sukzessive. Doch sollte diese positive Entwicklung zumindest für Behrend schon nach wenigen Jahren ein abruptes Ende finden.

**Entlassung – Flucht – Emigration**

Nach dem Machtantritt Hitlers gehörte Behrend zu jenem Personenkreis, der, zum „Freiwild" erklärt, sofort massiv unter den neuen Verhältnissen zu leiden hatte. In der Nacht vom 17. zum 18. März 1933 wurde auf ihn im eigenen Haus ein Attentat verübt, bei dem er stark verletzt wurde. Im Verlauf des Jahres '33 verlor er dann nach und nach alle oben genannten Ämter. So ließ ihn der Vorstand des Deutschen Philologenverbandes bereits im März 1933 als Vorsitzenden fallen und sprach in seinem Organ – dem Philologenblatt – heuchlerisch von „freiwilligem Rücktritt". Schließlich, im Herbst desselben Jahres, wurde er aufgrund des „Gesetzes zur Wiederherstellung des Berufsbeamtentums" seines Postens als Schulleiter enthoben und als Studienrat an das Wilmersdorfer Bismarck-Gymnasium versetzt. Seinem Neuköllner Wirkungsfeld war Behrend damit entrissen. Am Bismarck-Gymnasium unterrichtete er bis zum 31. Dezember 1935.[37] Mit diesem Datum versetzte ihn die NS-Bürokratie infolge der „Ersten Verordnung zum Reichsbürgergesetz vom 14.11.1935" in den Ruhestand. Zur Untätigkeit verdammt, widmete sich Behrend wissenschaftlich pädagogischer Arbeit, deren Ergebnis in Form des 1949 erschienenen Buches „Grundlagen der Erziehungs- und Bildungstheorie", Behrends pädagogischem und schulpolitischem Vermächtnis, vorliegt.[38] Die Verhältnisse indes wurden immer bedrohlicher, so daß Behrend Anfang April 1939 mit seinem Bruder nach Holland und von dort alleine weiter nach England floh, wohin seine Tochter bereits 1936 emigriert war. Erst 1942 fand er in Sheffield Arbeit als Mathematiklehrer, die er bald wieder aufgab, weil ihm das Unterrichten der englischen Kinder Probleme bereitete. Ein zweiter Anlauf ab Oktober 1943 in Ramsgate verlief erfolgreicher. Bis 1948, also bis in sein 68. Lebensjahr, blieb Behrend am dortigen St. Edwards College. Anders als Karsen, dem es in der Emigration trotz vielfältiger Schwierigkeiten gelang, vergleichsweise interessante Tätigkeiten als Erziehungswissenschaftler und Berater in Erziehungsfragen zu übernehmen, fristete Behrend in England ein für seine Verhältnisse sicherlich eher unbefriedigendes Dasein, das vor allem von stetem Geldmangel geprägt war. Gleichwohl ließ sich Behrend 1947 einbürgern und machte damit deutlich, daß es eine dauerhafte Rückkehr nach Deutschland für ihn nicht geben konnte. Als seine Frau 1948 starb, siedelte er zu seinem Sohn nach Melbourne/Australien über. Hier konnte er auf Vermittlung seines Sohnes kleinere Arbeiten an der Universität verrichten, die allerdings nicht ausreichten, seinen Lebensunterhalt zu sichern. Da auch die für Wiedergutmachung zuständigen Stellen in Deutschland keinen Anlaß sahen, Behrends finanzielle Not zu lindern, begab er sich für die Zeit von Juni bis Oktober 1952 auf die beschwerliche Reise in die Bundesrepublik, um dort persönlich die Angelegenheiten seiner Entschädigung als Verfolgter des Naziregimes zu regeln. Auf seiner Reise durch Deutschland hielt Behrend pädagogische Vorträge in Bonn, Hannover und Münster und stattete auch Berlin einen Besuch ab. Seine alte Schule besuchte er jedoch nicht, um sie so, wie er sie kannte, in Erinnerung zu behalten. Die letzten Jahre seines Lebens verbrachte Behrend in Australien. Er nahm auch in der Ferne weiterhin Anteil an den kulturellen Entwicklungen in Deutschland, mußte aber auch erkennen, daß seine langjährige schul- und bildungspolitische Arbeit völlig in Vergessenheit geraten war. Ein letztes Mal trat Behrend im Jahre 1954 an die deutsche Öffentlichkeit; „Die Höhere Schule" publizierte seine dreiteiligen

„Erinnerungen an die Tätigkeit des Philologen-Verbandes", in denen er noch einmal die Verbandstätigkeit in der Weimarer Zeit Revue passieren ließ. Im selben Jahr zwang ihn eine schwere Krankheit zu einem mehrmonatigen Krankenhausaufenthalt. Ob er sich danach wieder völlig erholte, ist nicht bekannt. Am 16. November 1957 starb Behrend 77jährig in Melbourne an Herzversagen.[39]

## Schluß

Zu Beginn dieses Beitrags wurde darauf hingewiesen, daß das Leben und Wirken der beiden Pädagogen Behrend und Karsen sowohl Gegensätze als auch Parallelen aufweisen. Die näheren Ausführungen mögen gezeigt haben, daß die Parallelen eher äußerlichen Charakter besitzen, während sich die Gegensätze insbesondere auf inhaltliche Fragen der jeweiligen pädagogischen Anschauung beziehen. Gemeinsam aber ist beiden Schulmännern vor allem eines: Der Nationalsozialismus bereitete ihrem Wirken, ihren Vorhaben ein jähes Ende und riß sie – bis nahe an den Rand des völligen Vergessens – für immer aus der deutschen Bildungslandschaft.

## Anmerkungen:

1    *Radde, Gerd*: Fritz Karsen. Ein Berliner Schulreformer der Weimarer Zeit. Berlin 1973.

2    Vgl. Reichshandbuch der deutschen Gesellschaft. Das Handbuch der Persönlichkeiten in Wort und Bild, hrsg. v. Deutschen Wirtschaftsverlag, Bd. 1. Berlin 1930, S. 94.

3    Vgl. *Behrend, Felix*: Erinnerungen an die Tätigkeit des Philologenverbandes. In: Die Höhere Schule, H. 11, 1954, S. 215-217.

4    Vgl. Die Reichsschulkonferenz 1920. Ihre Vorgeschichte und Vorbereitung und ihre Verhandlungen. Amtlicher Bericht, erstattet vom Reichsministerium des Innern. Leipzig 1921, S. 479 f.

5    Vgl. *Behrend, Hilde*: Des Schicksals Wagen. Ein Beitrag zur 150-Jahr-Feier des Luisen-Gymnasiums. Düsseldorf/Krefeld 1987, S. 8.

6    Vgl. ebd., S. 11.

7    Behrend starb am 16. November 1957 in Melbourne. Vgl. Todesanzeige in: Die Höhere Schule, H. 1, 1958.

8    Vgl. *Behrend, Felix*: Psychologie und Begründung der Erkenntnislehre. Diss., Halle 1904.

9    Vgl. Personalblatt A, Felix Wilhelm Behrend, Pädagogisches Zentrum, Berlin.

10   Zu Behrends Aktivitäten in der Freien Studentenschaft vgl. *Finkenblätter*, Freistudentische Rundschau, begründet vom Verband ehemaliger Leipziger Finken, Leipzig bzw. Waldenburg 1901-1907; *Behrend, Felix*: Der freistudentische Ideenkreis. München 1907.

11   Vgl. Personalblatt, a.a.O.

12    Vgl. *Behrend, Felix*: Lebenslauf. „Aus dem Leben eines Pädagogen". Unveröffentl. Typoskript., o.J., Archiv d. Verfassers, S. 2.

13    Vgl. *Vaihinger, Hans* u.a. (Hrsg.): Kant-Studien. Philosophische Zeitschrift. Berlin 1906, 1913 u. 1921.

14    Vgl. Personalblatt, a.a.O.

15    *Behrend, Felix*: Die Stellung der höheren Schule im System der Einheitsschule. Tübingen 1919.

16    Vgl.: *Behrend, Felix*: Individualität und Schularbeit. München 1923.

17    Vgl. *Behrend, Felix*: Erinnerungen ..., a.a.O., H. 9, S. 165 ff.

18    *Behrend, Felix*: Arbeitsschule und Arbeitsunterricht. In: Jungbluth, Fr. A. (Hrsg.): Handbuch des Arbeitsunterrichts für höhere Schulen. Erstes Heft. Frankfurt a.M. 1925, S. 37.

19    Vgl. *Die Reichsschulkonferenz 1920*, a.a.O., S. 479 f.

20    *Behrend, Felix*: Die Stellung der höheren Schule im System der Einheitsschule, a.a.O., S. 41.

21    *Behrend, Felix*: Bildungswesen und Wirtschaftsführung – Vortrag, gehalten auf der Jahreshauptversammlung des Arbeitgeberverbandes der chemischen Industrie Deutschlands am 14. Juni 1929 in Hamburg. Sonderdruck aus der Zeitschrift „Die Chemische Industrie", 1929, Nr. 26 u. 27.

22    Vgl. *Behrend, Felix*: Bildung und Kulturgemeinschaft, a.a.O., S. 206.

23    Vgl. ebd., S. 206.

24    Vgl. *Behrend, Felix*: Arbeitsschule und Arbeitsunterricht, a.a.O., S. 36.

25    Ebd., S. 37.

26    Vgl. ebd., S. 4.

27    Vgl. ebd., S. 24 f.

28    Zu den Ausführungen Karsen betreffend vgl.: *Radde, Gerd*: Fritz Karsens Reformwerk in Berlin-Neukölln. In: *Radde, Gerd* u.a. (Hrsg.): Schulreform – Kontinuitäten und Brüche. Das Versuchsfeld Berlin-Neukölln. Bd. 1, Opladen 1993, S. 175-187.

29    *Behrend, Felix*: Bildung und Kulturgemeinschaft, a.a.O., S. 158 f.

30    A.a.O., S. 24.

31    *Behrend, Felix*: Die Arbeit des Ausschusses für Schulaufbau auf der Reichsschulkonferenz. In: Hoofe, U. (Hrsg.): Deutsches Philologen-Blatt. 28. Jg., Nr. 30/31, Leipzig 1920, S. 330.

32    *Behrend, Felix*: Bildung und Kulturgemeinschaft, a.a.O., S. 179 f.

33    Vgl. ebd., S. 222.

34    *Grimme, Adolf u.a.* (Hrsg.): Wesen und Wege der Schulreform. Berlin 1930.

35    *Behrend, Felix*: Wesen und Wege der Schulreform. In: Deutsches Philologen-Blatt, 38. Jg., Nr. 39. Leipzig 1930, S. 581.

36    *Behrend, Felix*: Erinnerungen ..., a.a.O., H. 10, S. 195.

37    Vgl. Personalblatt A., a.a.O.

38    *Behrend, Felix*: Grundlagen der Erziehungs- und Bildungstheorie. Braunschweig/Berlin/Hamburg 1949.

39    Alle biographischen Angaben zu der Zeit nach 1933 stammen aus einem Gespräch, das der Verfasser am 22.3.1991 in der Nähe von London mit Frau Prof. Hilde Behrend, der Tochter Felix Behrends, führte. Unveröffentl. Typoskript im Besitz des Verfassers. – Vgl. auch: *Behrend, Hilde*: Des Schicksals Wagen, a.a.O., S. 8 ff.

# 5. Reformpädagogik und deutsche Erziehungswissenschaft

Klaus Himmelstein

„Diese reiche Bewegung in gesunde Bahnen lenken" – Zur Auseinandersetzung Eduard Sprangers mit der Reformpädagogik

Eduard Spranger (1882-1963) gilt als bedeutender Repräsentant der Geisteswissenschaftlichen Pädagogik, die mit der Reformpädagogik Entstehungszeit und Entwicklung vom deutschen Kaiserreich bis in die Weimarer Republik gemeinsam hat. Aus der historischen Parallelität von Geisteswissenschaftlicher Pädagogik und Reformpädagogik ergaben sich Übereinstimmungen, Differenzen und Kontroversen, wobei die geisteswissenschaftlichen Pädagogen, so auch Spranger, als Universitäts-Pädagogen gegenüber der Reformpädagogik die Position einnahmen, diese als pädagogisch-praktische Bewegung angemessen verstehen und ihr theoretische Gestalt geben zu können.

Spranger setzte sich in unterschiedlicher Weise mit der Reformpädagogik auseinander. Zum einen nahm er zu einzelnen Pädagoginnen und Pädagogen sowie deren Konzepten aus unterschiedlichen Anlässen Stellung. Zum anderen ordnete Spranger die Reformpädagogik als pädagogisch-kulturelle Bewegung historisch ein, kritisierte sie aus kulturphilosophischer Perspektive und versuchte, sie im Rahmen seiner pädagogischen Orientierung weiterzuführen.

Allerdings stößt eine Untersuchung der Beschäftigung Sprangers mit der Reformpädagogik auf Schwierigkeiten. Zunächst einmal ist die Bestimmung dessen, was als „die" Reformpädagogik anzusehen ist, in der bildungshistorischen Forschung umstritten (vgl. u.a. Jb. f. Hist. Bild.forsch. 1). Dies betrifft die Zuordnung von Einzelpersonen und Konzepten zur Reformpädagogik sowie deren epochale Abgrenzung zur Pädagogik des 19. Jahrhunderts. Darüber hinaus sind die diskursiven Korrespondenzverhältnisse mit zeitgleichen Ideenrichtungen und gesellschaftlichen Prozessen ungenügend erforscht, was die historische Einordnung der Reformpädagogik erschwert. Übereinstimmung besteht darin, daß das durch die Deutungsarbeit der geisteswissenschaftlichen Pädagogen – Herman Nohl (Nohl 1933 ff.) ist hier vor anderen zu nennen – entstandene und bis heute vorherrschende Bild der Reformpädagogik einer Revision bedarf. Doch eine an neuen Methoden und Fragestellungen orientierte bildungshistorische Forschung darüber hat erst begonnen.

Eine weitere, ähnliche Schwierigkeit bietet die Forschungslage über die Geisteswissenschaftliche Pädagogik. Während die Zuordnung von Pädagogen zur Gründergeneration dieser Pädagogikrichtung kaum umstritten ist, bestehen Differenzen darüber, was als „die" Geisteswissenschaftliche Pädagogik anzusehen, vor allem aber, wie sie historisch einzuordnen ist. In der Forschung über die Geisteswissenschaftliche Pädagogik blieben bisher die ideologischen und politischen Implikationen der entsprechenden Pädagogikentwürfe sowie deren diskursiven Vernetzungen mit anderen zeitgenössischen Ideenströmungen weitgehend ausgeblendet. So wählte noch 1994, um ein Beispiel hervorzuheben, Yung-Yae Han in ihrer Dissertation über „Eduard Sprangers Pädagogik" (Han 1994) eine rein geistesgeschichtliche Analyseebene, die gesellschaftliche Einbettung der Pädagogik Sprangers bezog sie ausdrücklich nicht in die Untersuchung mit ein. Sprangers Pädagogik läßt sich jedoch erst dann hinreichend verstehen, wenn sie als ein um die Jahrhundertwende einsetzender und bis zu seinem Tode 1963 dauernder diskursiver Prozeß wissenschaftlich-pädagogischer Artikulation gesehen wird, der in vielfältiger Weise mit der gesellschaftlichen Entwicklung in Deutschland korrespondierte.

Die skizzierte Forschungslage über Reformpädagogik und Geisteswissenschaftliche Pädagogik weist aus gesellschaftsgeschichtlicher, ideologie- oder diskurstheoretischer Perspektive erhebliche Defizite auf. Deshalb ist der folgende Beitrag auf den generellen Aspekt in Sprangers Auseinandersetzung mit der Reformpädagogik konzentriert. Es geht also nicht um den realhistorischen Gehalt von Sprangers Bild der Reformpädagogik, nicht um die Verzweigungen seiner Beschäftigung mit dieser, sondern um die im Kontext von Sprangers Pädagogik-Diskurs stehende grundsätzliche Würdigung der Reformpädagogik sowie um die dabei erfolgte Übernahme und den Umbau reformpädagogischer Elemente im pädagogischen Konzept Sprangers.

Dessen Auseinandersetzung mit der Reformpädagogik beginnt im Deutschen Kaiserreich, hat ihren Schwerpunkt aber in den 20er Jahren, nach seiner Berufung 1919 auf einen Lehrstuhl für Philosophie und Pädagogik an der Friedrich-Wilhelms-Universität in Berlin. Spranger kehrte damit in die Stadt zurück, in der er geboren und aufgewachsen war, sowie an die Universität, an der er studiert (ab 1900), promoviert (1905), sich habilitiert

(1909) und als Privatdozent gelehrt hatte (bis 1911). Das preußische Kultusministerium verband mit diesem Ruf die Erwartung einer ständigen Beratung durch Spranger, der während seiner Zeit als Pädagogikprofessor an der Leipziger Universität (1911-1919) einen gewissen Bekanntheitsgrad insbesondere in der Debatte über die Reform der Volksschullehrerausbildung gewonnen hatte.

Sprangers Beschäftigung mit der Reformpädagogik war eingebettet in seine Deutung der modernen Lebensverhältnisse in Deutschland. Seine Beurteilung der gesellschaftlichen Modernisierungsprozesse nach der Jahrhundertwende bildete die Folie für seine politische und ideologische Positionierung als wissenschaftlicher Pädagoge und Intellektueller in der deutschen Gesellschaft sowie für seine Konstruktion der Aufgabe deutscher Pädagogik im 20. Jahrhundert und für die davon abgeleitete Beurteilung der Reformpädagogik. Zunächst werden deshalb im folgenden Sprangers kulturphilosophische Einschätzung des Modernisierungsprozesses der deutschen Gesellschaft im ersten Drittel des 20. Jahrhunderts, seine ideologische und politische Positionierung und Motivation sowie die daraus abgeleitete pädagogische Zielsetzung und Aufgabenstellung für die deutsche Pädagogik skizziert. Anschließend wird Sprangers Einordnung, Kritik und Weiterführung der Reformpädagogik dargestellt.

**„Dem Leben und der Kultur Halt geben"**

Spranger beschäftigte sich seit seinem Studium mit der gesellschaftlichen Entwicklung in Deutschland, motiviert durch den schon „in jungen Jahren" gefaßten Plan, „ein Gelehrtenleben zu führen, zugleich aber bildend auf die Gesamthaltung des deutschen Volkes einzuwirken" (Spranger o. J., S. 428). Er kennzeichnete damit seine selbstgewählte wissenschaftliche und intellektuelle Position als „betrachtende(r) Kulturphilosoph" und „tätige(r) Kulturführer", der eine „Divination" dafür hat, „ob man auf dem rechten oder falschen Wege zur Erfüllung der Menschheitsbestimmung ist" (Zitate Spranger 1960, S. 420). Spranger verstand sich dabei als Teil der nationalkonservativen „Bildungsaristokratie" (Spranger 1929, S. 25) und richtete seine pädagogischen Denkbemühungen in der ersten Hälfte dieses Jahrhunderts darauf, durch die Artikulation eines Pädagogikkonzeptes, dabei vor allem eines übergeordneten, zeitgemäßen Bildungsideals, „das Kapital von Bildung, mit dem sich ... die Bourgeoisie ihren gesellschaftlichen und politischen Einfluß" (ebd.) erobert hatte, pädagogisch auszubauen, die gesellschaftlichen Widersprüche der Zeit damit von oben zu überformen, so daß freiwillige Zustimmung von unten möglich blieb. Damit sollte die innere Einheit und hierarchische Anordnung der historisch gewachsenen pädagogischen Praxisbereiche gewährleistet und äußere Reformen überflüssig gemacht werden. Spranger verstand dies als pädagogischen Beitrag zur Effektivierung konservativ-bürgerlicher Machtausübung in der deutschen Gesellschaft des 20. Jahrhunderts, zentriert in einem machtvollen, erziehungsfähigen Staat, gestaltet von pflichtbewußten Eliten.

Die bis hierher knapp umrissene pädagogisch-gesellschaftliche Problemstellung Sprangers, d.h. die Organisation konservativ-bürgerlicher Vorherrschaft durch Kombination staatlicher Gewalt mit überzeugendem Konsens im Kulturellen, artikuliert von einer Intellektuellengruppe, läßt sich unter Bezugnahme auf den italienischen Sozialisten Antonio Gramsci als „Hegemonieproblem" bezeichnen. In der Erhaltung der Hegemoniefähigkeit des national-konservativen Bürgertums und seiner Eliten lagen Motivation und Kontinuität von Sprangers Leben und Werk.

Eine Pädagogik, welche der bürgerlichen Kulturbedeutung aktuell und auch weiterhin „im Kampf der Bildungsideale" (ebd., S. 52) Geltung verschaffen wolle, müsse, stellte Spranger fest, jeweils „von dem Kulturbewußtsein dieser Gegenwart" (ebd., S. 6) ausgehen, dies aber unter einer Geschichtsauffassung, „die ausdrücklich aus dem Trieb und Willen zur Bildung entworfen" (ebd., S. 12) sei.

Nur eine bildungstheoretisch orientierte Geschichts- bzw. Kulturphilosophie ist nach Sprangers Überzeugung in der Lage, die „Kräfte und Spannungen, die in der Vergangenheit wurzelnd, der Gegenwart gleichsam eine bestimmte Gravitation verleihen" (ebd., S. 20), „den Grad ihrer Produktivität oder Schwäche" (ebd., S. 8) ebenso wie ihre in die Zukunft drängenden Gestaltungsmöglichkeiten zu ergründen. Spranger benötigte deshalb, um den Ausgangspunkt seiner Pädagogik bestimmen und um „selbst neue Gewichte in das vorgefundene Gravitationssystem" (ebd., S. 21) werfen zu können, eine Bestimmung „der geistigen Lage der Gegenwart in ihrer ganz eigentümlichen Konstellation" (ebd., S. 9).

1902, in der ersten Hälfte seines Studiums, konstatierte Spranger in seinen damals unveröffentlichten „Gedanken zur Pädagogik", die Zerrissenheit des deutschen Volkslebens und den Verlust des Zentrums, „nach dem hin es gravitieren kann" (Spranger 1902, S. 200). „Zerrissenheit" ist ein zentraler Topos in Sprangers Kennzeichnung der modernen Kulturentwicklung bzw. des modernen Lebens, das darüber hinaus, aus seiner Sicht, geprägt ist von Haltlosigkeit, Ruhelosigkeit und Ziellosigkeit, „die das ganze 'moderne' Dasein zerfrißt" (Spranger 1924a, S. 309). Weiterhin behauptet Spranger, daß die Dominanz von Technik, Naturwissenschaft und Industrie in der modernen Gesellschaftsentwicklung organische Lebenszusammenhänge durch Mechanisierung und Rechenhaftigkeit zerstöre oder seelenlos mache.

Zerrissenheit des Einzellebens wie des Volkslebens sind in Sprangers Augen „einem Individualismus ohne Grenzen" (Spranger 1902, S. 201) geschuldet. Diesen beurteilte er als Ergebnis eines langen, von der Aufklärung bestimmten kulturellen Prozesses, der sich in den modernen Emanzipationsbewegungen, wie der Arbeiterbewegung und der Frauenbewegung, widerspiegele und dem das nationalistische Mißverständnis, „daß die Vernunft in allen Menschen und Zeiten die gleiche sei" (Spranger 1910, S. 287), zugrunde liege. Diese von Spranger ausgemachte Verfallslinie in der modernen Kulturentwicklung gipfelte in der Französischen Revolution, erhielt dort nach seiner Auffassung ihre reifste Formel: Freiheit, Gleichheit und Brüderlichkeit, aber auch in der preußischen Reaktion auf die Revolution am Beginn des 19. Jahrhunderts einen erfolgreichen ideologischen Gegenentwurf, indem es gelang, wie Spranger bilanzierte, „zwei scheinbar entgegengesetzte Bewegungen ... *eine konservative* und eine *liberale*" (Spranger 1913, S. 10) zusammenzufassen. Die eine, das „Werk Friedrichs des Großen", beinhaltete danach den „Einheits- und Machtgedanke(n) des alten Militär- und Beamtenstaats", die andere den „Freiheits- und Gleichheitsgedanke(n)" der Französischen Revolution (Zitate ebd., S. 11). Das „Große, Eigenartige und Unvergeßliche der deutschen Entwicklung" in dieser preußischen Reformepoche, begeisterte sich Spranger, liege darin, „daß in *einer* Stunde des Erwachens beide Gedanken sich zusammenfanden und aus ihrem Zusammenwirken die höchste ideale Kraftentfaltung möglich wurde" (ebd., S. 11). Diese „ideale" (ebd.), d.i. ideologische, preußische Kraftentfaltung, die Spranger in der Formel „Freiheit, Selbsttätigkeit und Pflicht" (Spranger 1910, S. 285) zusammenfaßte, zerfiel, wie er die weitere gesellschaftliche und ideologische Entwicklung in Preußen und Deutschland deutete, aufgrund einer sich einseitig entwickelnden Dominanz von Freiheit und Gleichheit, d.h. einem grenzenlosen Individualismus. Dessen aktuelle politische Auswirkung verkörperte für Spranger die Weimarer Demokratie, die Parteien, der Parlamentarismus, das Bürgertum als „diskutierende Klasse" bzw. das „Prinzip der Diskussion" (Spranger 1926, S. 408) und die Presse als „Großmacht" (ebd.). Spranger stufte sie als modernisierte, aber „maschinenhaft-seelenlose" (ebd.) und „große, unpersönliche" (Spranger 1927a, S. 58) Formen des Gesellschaftslebens ein. Deshalb sah Spranger sich zu der Warnung veranlaßt, daß „das bloße Weimar ohne den Gegenpol von Potsdam unsere ständige Gefahr" (Spranger 1924b, S. 69) sei.

Sprangers Krisendiagnose der Vorherrschaft von Individualismus, Rationalität und Demokratie mit den aus seiner Sicht fatalen Folgen einer Auflösung der „Kraft der Tradition" (Spranger 1926, S. 394) im deutschen Volk, dem Verlust von Gemeinschaft, Führertum und machtbewußtem Staat ist kein Plädoyer gegen die Moderne, also gegen industrielle Entwicklung, Rechtsstaatlichkeit, Sozialstaatlichkeit oder die Freiheit des Individuums und für eine Rückkehr hinter die bürgerliche Gesellschaftsentwicklung. Vielmehr ging es ihm in seiner Kritik der liberal-bürgerlichen Demokratievorstellung und -entwicklung darum, das Verhältnis von Individuum und Volk, Macht und Kultur, Staat und Nation unter einer „große(n) Kulturperspektive" (ebd., S. 408) neu zu ordnen. In zeitgemäßer Analogie zur preußischen Reform und mit dem „Tatbeweis" des „deutsche(n) Einheitsbewußtsein(s) vom August 1914" (Spranger 1915, S. 1) vor Augen wünschte Spranger, die diagnostizierte „Bewegung der Divergenz" umzukehren „zu einer mächtigen Konvergenz" (Zitate Spranger 1902, S. 201), um dem „Leben und der Kultur Halt" (Spranger 1924a, S. 309) zu geben. Der deutschen Pädagogik am Beginn des 20. Jahrhunderts stellte Spranger deshalb die Aufgabe, durch die Artikulation des „Ideal(s) einer geschlossenen nationalen Bildung" (Spranger 1902, S. 201) und durch ein „großes nationales Erziehungswerk" (Spranger 1915, S. 3) nationale „Einheitlichkeit" (Spranger 1902, S. 201) zu erreichen. Die hier knapp skizzierte ideologische, politische und pädagogische Grundvorstellung Sprangers (vgl. dazu Himmelstein 1990, 1994 u. 1996) bildete den Bezugsrahmen auch in seiner Auseinandersetzung mit der Reformpädagogik. Es bleibt noch anzufügen, daß Spranger nicht deutlich zwischen den Begriffen Reformpädagogik bzw. pädagogische Reformbewegung als übergeordneten Begriffen und Schulreform bzw. Schulreformbewegung als deren besondere Ausprägung unterscheidet, sondern die Begriffe synonym gebraucht.

### Die Reformpädagogik „ein Stück des modernen Daseinsgefühls"

Spranger begrüßte im Deutschen Kaiserreich die Reformpädagogik als „große Reformbewegung unsrer Tage" (Spranger 1911/12, S. 290), als „schöpferische 'Schulreform'"
(ebd.), in der sich ein einfacher Grundgedanke und zugleich „ein Stück des modernen
Daseinsgefühls" (ebd.) widerspiegelten, „die Freude am Leben", ohne die „sich auch die
höheren lebengestaltenden und lebenüberwindenden Kräfte des Menschen" (ebd.) nicht
entfalten könnten. „Die Schule hat jahrtausendelang diesen Satz nicht gekannt" (ebd.),
bilanzierte Spranger polemisch zugespitzt die Schulentwicklung und kritisierte, ganz im
pädagogischen Trend der Zeit, die Schule des 19. Jahrhunderts als Unterrichtsschule, die
versucht habe, mit ihrer einseitigen Wissensvermittlung „alle die Gefühle, Gesinnungen,
Willensbestimmtheiten" (ebd., S. 291) einzuschmuggeln, „die den vollen Menschen aus-
machen" (ebd.).

Die Schulreformbewegung vor dem 1. Weltkrieg betrachtete Spranger deshalb als Reaktion auf die „unerhörte Ausdehnung" (ebd.), die „dieser Schmuggel" (ebd.) der Intellek-
tualisierung der Schule erreicht habe, sie solle deshalb nicht wie manche Reformbewegung „vor ihr in nichts verpuffen" (ebd., S. 290). Sie enthalte aber widersprüchliche Motive und Tendenzen, die zu prüfen seien, formulierte Spranger seine Absicht, damit das,
„was an ihr echt ist, was verworren, und worin denn die eigentliche Sehnsucht unsrer
Zeit nach Abzug mancher Schwärmereien und Phantasien besteht" (ebd., S. 290), klar
zutage trete; es gelte, „diese reiche Bewegung in gesunde Bahnen zu lenken" (ebd.).

Spranger wandte sich deshalb in der wilhelminischen Zeit scharf gegen diejenige reformpädagogische Tendenz und die sie verstärkende „extrem subjektivistische Psychologie" (Spranger 1907, S. 67), die die kindliche Natur und ihre Eigenrechte vergöttere,
„jede planmäßige Einwirkung ... als ein Verbrechen" (ebd.) deklariere und „mit der eigentlichen Erziehung ... jede pädagogische Theorie" (ebd.) verschwinden lassen wolle.
Es bleibe, urteilte Spranger, „diesem Erziehungsanarchismus im 'Jahrhundert des Kindes'
nichts übrig, als selbst mit den Kindern kindisch zu werden" (ebd.).

Die durch den verlorenen 1. Weltkrieg, das Ende des Kaiserreiches und die Etablierung
einer parlamentarischen Demokratie in Deutschland „besonders schwer erschütterten
politischen und gesellschaftlichen Verhältnisse" (Spranger 1926, S. 394) komplizierten in
den Augen Sprangers erheblich die Auseinandersetzung mit der Reformpädagogik. Die

Revolution von 1918/1919 habe zwar, wie Spranger 1922 betonte, „auf dem Gebiete der Erziehung einen stärkeren Pulsschlag des geistigen Lebens zur Folge gehabt" (Spranger 1922), aber gerade deshalb müsse „genau geprüft werden, wo die Grenze zwischen bloßen Temperamentsausbrüchen und echten neuen Geistesbewegungen liegt" (ebd.). Und hatte Spranger 1920, angesichts der Etablierung einer parlamentarischen Demokratie, noch an die Errichtung eines „Erziehungsparlament(s)" (Spranger 1920a, S. 261) gedacht, so erinnerte er sich Mitte der zwanziger Jahre nur noch „mit Beklemmung" (Spranger 1925) an ein solches, „an die große Massenschlacht der Reichsschulkonferenz" (ebd.), an der er 1920 als ein vom Veranstalter, dem Reichsministerium des Inneren, beauftragter Referent teilgenommen hatte.

Spranger kritisierte die Erziehungs- und Schulreformpläne im Rahmen der Weimarer Demokratie nun als „nie endende Tänze der Schulreform" (Spranger 1922), als halt- und ziellos: „Immer wieder 'Schulreform', immer wieder nach dem Neuen das Neueste, nach dem Dringenden das noch Dringendere. Wir wollen um jeden Preis modern sein" (Spranger 1924a, S. 307).

Um der von ihm behaupteten allgemeinen Ziellosigkeit und Unrast in der Schulreformbewegung entgegenzuwirken, unternahm es Spranger zunächst einmal, die wichtigsten Grundrichtungen in der Schulreformbewegung der Weimarer Republik festzustellen. Dies könne nur gelingen, überlegte er, wenn man „den soziologischen Motiven" (Spranger 1921, S. 260) der Reformbewegung nachgehe und deren Abhängigkeit „von allgemeinsten soziologischen Strukturprinzipien" (ebd.) erörtere, die die Gesellschaft des 19. und 20. Jahrhunderts seit „1789" (ebd., S. 261) beherrschten. Drei soziologische Motive bzw. Tendenzen sah Spranger in der auf die Französische Revolution folgenden Gesellschaftsentwicklung wirksam werden, die mit der Revolutions-Parole von der Freiheit, Gleichheit und Brüderlichkeit „ganz gut bezeichnet" (ebd., S. 262) seien. Diese drei Motive seien in der Gesellschaftsentwicklung bis zur Gegenwart mit unterschiedlichen Schwerpunktsetzungen und „in der Form von Bewegung und Gegenbewegung" (ebd.) wirksam geworden.

Das Problem der Reformpädagogik beruhte nach Sprangers Auffassung „auf der Gleichzeitigkeit dieser inhaltlich keineswegs gleichsinnig gerichteten" (ebd.) epochalen Kräfte. In der komplexen Kräftekonstellation erkannte Spranger zwei zentrale, von einem „tiefen

Unterschied" (ebd., S. 268) geprägte und konkurrierende Tendenzen: das „demokratische Prinzip" und den „Gemeinschaftsgedanken" (Zitate ebd.). Die dichotomische
Anordnung von demokratischem Prinzip einerseits und Gemeinschaftsprinzip andererseits, denen Spranger jeweils semantische und diskursive Konfigurationen wie beispielsweise Rationalismus, Positivismus, Amerikanismus oder Idealismus, Klassizismus, organisches Denken, deutscher Geist zuordnete, diente ihm dazu zu unterscheiden, was an
der Reformpädagogik zu verwerfen und worin das „allein Neue" (Spranger 1922) zu
sehen sei.

Nach Sprangers Urteil überwog in der Reformpädagogik der Weimarer Republik das
demokratische Prinzip, das er schon in der wilhelminischen Zeit als die „Gefahr der Reformpädagogik" (Spranger 1911/12, S. 297) gekennzeichnet hatte. Die gefährliche demokratische Tendenz in der Reformpädagogik erhielt nach Sprangers Überzeugung
durch die Weimarer Verfassung einen normativen Rahmen und ein gesellschaftliches
Dispositiv, die diese Gefahr potenzierten und der Nivellierung, d.h. dem Motiv von Freiheit und Gleichheit, bildungspolitisch und pädagogisch ein Übergewicht gaben. Dies betraf vor allem die Realisierungsmöglichkeit der Einheitsschule, die in der Weimarer Verfassung mit der Festlegung einer für alle Kinder gemeinsamen Grundschule ein Funda-
ment erhalten hatte. Zudem war in der Verfassung eine am Abitur ausgerichtete Ausbildung der Lehrerinnen und Lehrer kodifiziert und damit die Ausgangsbasis für eine
gleichwertige Ausbildung aller Lehrerinnen und Lehrer gegeben. Spranger stand in der
Weimarer Republik in der vordersten Front derjenigen, die eine gleichwertige Ausbildung
für alle Lehrerinnen und Lehrer, d.h. eine universitäre Ausbildung der Volksschullehrerinnen und -lehrer, ganz entschieden bekämpften (vgl. u.a. Spranger 1920b, 1920c,
1920d). Hierzu liegen Forschungsergebnisse vor (vgl. u.a. Koneffke 1973, Weber 1984,
Meyer-Willner 1986). Sprangers Einsatz gegen eine gleichwertige universitäre Ausbildung aller Lehrerinnen und Lehrer wird deshalb nicht weiter verfolgt.

Sprangers Zurückweisung der von ihm als demokratisch eingeschätzten Reformbestre-
bungen soll an einem anderen Beispiel kurz vertieft werden, an seiner Beurteilung der
Pädagogik Maria Montessoris. Dabei geht es nicht um die sachliche Angemessenheit der
Wertung Sprangers, sondern um die sich darin ausdrückende politisch-pädagogische
Position.

Die italienische Ärztin und Pädagogin Maria Montessori (1870-1952) entwickelte zur Stärkung kindlicher Selbsttätigkeit eine Pädagogik, die über Kinderhaus-, Kindergarten- und Schulgründungen weltweit Beachtung fand. In der Reformdiskussion über Kindererziehung in der Weimarer Republik gewann Montessoris Pädagogik an Einfluß, konkurrierte aber mit der älteren Pädagogik Friedrich Fröbels (1782-1852), in der Praxis mit dem Fröbelschen Kindergarten als vorherrschender Form in der Vorschulerziehung. Spranger bezog in der Diskussion über Montessori und Fröbel gegen sie Position und kritisierte ihre Denkweise, die „von den intellektualistisch-analytischen Voraussetzungen des Positivismus bestimmt" (Spranger 1927b, S. XII) sei. Ihr sozialpädagogisches Programm sei durch die Ideen der Aufklärung geprägt mit der Folge: „Sie will den Menschen frei machen zum Gebrauch seines Intellektes, und den Intellekt frei machen zur Verbesserung der Gesellschaft. Sie stellt die Arbeit voran, wo Fröbel das Spiel voranstellte" (ebd.). Der „große Wurf Fröbels" (ebd., S. XIII) dagegen, seine „Genialität" (ebd., S. X) liege darin, daß er die kindliche Entwicklungsstufe als „einfühlende Weltverschmolzenheit" (ebd.) und die kindliche Lebensform des Spiels nicht nur als Erkenntnistun, als Arbeit begreife, sondern als „gebundenes Schöpfertum" (ebd., S. XIII). Diese Hinweise mögen genügen, um zu verdeutlichen, daß Spranger bei seiner Beurteilung der Pädagogik Montessoris und Fröbels dem Divergenz-Konvergenz-Muster folgt und daß er die Pädagogik Montessoris vom „gefährlichen" Demokratieprinzip bestimmt sieht.

Sprangers pädagogische und bildungspolitische Bestrebungen in der Auseinandersetzung mit der Reformpädagogik der Weimarer Republik richteten sich aber nicht einfach nur darauf, demokratische Tendenzen zu bekämpfen oder abzuwehren. Vielmehr ging es ihm aus der Perspektive nationalkonservativer Machtbehauptung und in Analogie zum preußischen Entwurf gegen „1789" darum, die historisch nicht mehr rückschraubbare bürgerliche Freiheitsvorstellung in einem neuen pädagogischen Konzept aufzuheben und einzubinden. Dies wird im folgenden dargestellt.

**Die Lebensschule als „Architektonik des gesunden Gleichgewichts"**

Den Entwurf der neuen pädagogischen „Gestalt" (Spranger 1911/12, S. 290) bezeichnete Spranger als „Lebensschule" (ebd., S. 293), betonte jedoch zugleich, daß der Begriff „Leben" den Fehler der Unbestimmtheit habe und „sein Sinn ... vor allem in der Entgegensetzung gegen die Unterrichtsschule" (ebd., S. 294) liege; Sprangers Entwurf

„Lebensschule" hat also programmatischen Charakter, beinhaltet kein ausformuliertes Konzept.

Spranger bezog sich bei der Begriffswahl „Lebensschule" ausdrücklich auch auf den amerikanischen Pädagogen John Dewey (1859-1952), allerdings vermittelt über die Rezeption Deweys bei dem von ihm hochgeschätzten und mit ihm befreundeten Pädagogen Georg Kerschensteiner (1854-1932). Der Bezug Sprangers auf einen demokratischen, noch dazu amerikanischen Pädagogen, ein Bezug, der zudem nicht auf eigener Lektüre bzw. Rezeption beruhte, weist auf den ideologischen Hintergrund und die ideologische Absicht hin, in die Sprangers Projekt „Lebensschule" eingebettet ist: Denn es ist ja gerade Amerika, das für Spranger die negativen Seiten des demokratischen Prinzips, wie Materialismus und Positivismus, verkörpert. Spranger wollte mit seiner „Architektonik" der Lebensschule „das gesunde Gleichgewicht zwischen den drei soziologischen Kräften der Schulreform: Freiheit, Gleichheit, Brüderlichkeit" (Spranger 1921, S. 274) herstellen, Lebensschule sollte der pädagogische Ort bzw. das pädagogische Prinzip werden, das diese Kräfte im konservativen Sinne miteinander verträglich macht. Das bedeutet: von Spranger als wertvoll, aber im Rahmen der Reformbewegung als demokratisch tingiert eingeschätzte Elemente werden im Rahmen der Lebensschule umartikuliert bzw., in Sprangers Sprache ausgedrückt, neu gravitiert.

Die wichtigsten Bausteine dafür bezog Spranger nach eigenem Bekunden vor allem aus dem Arbeitsschulkonzept und aus dem Gemeinschaftsgedanken der Jugendbewegung.

Das neue Programm „Arbeitsschule" verkörperte in Sprangers Verständnis das bürgerliche Freiheitsprinzip als „Sinn für Selbsttätigkeit" (Spranger 1911/12, S. 291) im Bildungsgang, dessen methodische und didaktische Ausarbeitung er der Linie „Natorp, Kerschensteiner, Gaudig, Scharrelmann" (ebd.) zuschrieb und dessen allgemeinpädagogisches Prinzip er in der Durchdringung von Berufs- und Allgemeinbildung sah. Die Arbeitsschule stellte in Sprangers Sicht mit der Beachtung künftiger Berufstätigkeit der Schüler und dem darauf bezogenen methodisch-didaktischen Prinzip der Selbsttätigkeit einen bedeutenden und notwendigen gesellschaftlichen Bezug her. Ausgehend aber von dem in der Kultur angehäuften, im schulischen Sinne toten Wissen müsse tätiges Lernen und geistige Aktivität weiter gefaßt werden als dies die Arbeitsschule tue, kritisierte Spranger das unterrichtliche Arbeitsschulprinzip: „Wer die Dinge – das Wissen oder die Institutionen – nicht an dem Punkt packt, wo sie für den werdenden, suchenden, sehnenden Menschen von Bedeutung sind, der wird nie Werte in die ihm anvertrauten Seelen pflanzen" (ebd., S. 298). Spranger folgerte deshalb: Die „Lebensschule faßt ihre Stoffe in einem lebendigen Zusammenhang, der zugleich der Zusammenhang mit dem jugendlichen Geist sein muß. Sie verwandle das feste Wissen soweit wie möglich zurück in ein werdendes, die Antworten in Fragen, den unbewußten Besitz in ein erarbeitetes und hochgehaltenes Gut" (ebd., S. 300).

Neben dieser sehr allgemeinen und durchaus nicht neuen Kritik des methodischen und didaktischen Aspektes des Selbsttätigkeitsprinzips befand Spranger das im Arbeitsschulprogramm intendierte Gemeinschaftsverständnis der Arbeitsgemeinschaft als zu eng. „Nicht alle Gemeinschaft der Menschen aber ist Arbeitsgemeinschaft" (ebd., S. 301). Vielmehr müsse all das, so Spranger, „was das Leben an verbindenden Kräften und Aufgaben enthält", insbesondere die alles umschließende „große Machtorganisation des Staates und die vielgestaltige Wechselwirkung der Gesellschaft" in der Schule keimhaft nachgebildet werden, um aus ihr „eine Lebensorganisation" (Zitate ebd.) zu machen. Die wesentliche schulorganisatorische Folgerung lag deshalb für Spranger darin, „die Schule aus einer Unterrichts- und Lerngemeinschaft in eine das ganze Jugendleben umfassende *Lebensgemeinschaft* zu verwandeln, aus ihr nicht nur eine Arbeitsschule, sondern eine wahre Lebensschule (zu) machen" (Spranger 1921, S. 269).

Das für die Lebensschule zentrale und innovative Gemeinschaftsverständnis fand Spranger in der Jugendbewegung, in deren im Gemeinschaftserlebnis begründeten „Wesensgemeinschaft" (Spranger 1921, S. 269). Die jugendbewegte Wesensgemeinschaft beschreibt Spranger „als Berührung der *ganzen* Seelen in ihrer tiefsten Wahrheit", als „Gemeinschaft im Tiefsten, Wesenoffenbarung, Hingegebensein, ... an die Mystik erinnernde Umrißlosigkeit" (Zitate, ebd.). Folgt man Sprangers Deutung weiter, dann begründet die mystisch-jugendbewegte Wesensgemeinschaft einen „neue(n) Typus Mensch", ist „das Wetterleuchten einer neuen Geistesart – neues Seelentum, neues Volkstum" (Zitate ebd.) und enthält „das Motiv der echten Brüderlichkeit" (ebd., S. 268). Anders als die Solidarität im demokratischen Sinne, die, wie Spranger interpretiert, lediglich reine Interessengemeinschaft oder Nützlichkeitsprodukt sei, beruhe die echte Brüderlichkeit der Wesensgemeinschaft auf dem Erlebnis der „Totalbeziehung von Mensch zu Mensch" (ebd.), umfasse „das Wesen, nicht bloß die Interessen der Menschen" (ebd.). Das „Verhältnis des Gemeinschaftsgeistes zum demokratischen Gleichheitsgeist", bilanziert Spranger, ist

„das des Organischen zum Mechanischen, des Wesenhaften zum Oberflächenhaften, des Erlebten zum Erdachten" (ebd., S. 268).

In der Wesensgemeinschaft ist auch die Individualität verankert, denn so argumentiert Spranger: „Die Tiefe der gegenseitigen Wesensoffenbarung wäre nicht denkbar, wenn nicht jeder sein Eigenstes in dieses Zusammen hineingäbe. Nur starkes Individualleben ist in diesem Sinne gemeinschaftsfähig" (ebd., S. 269). Das im Gemeinschaftserlebnis erweckte „gemeinsame Menschentum" (ebd., S. 270) binde zwar alle, grenzt Spranger ein, aber im Individuellen entfalte sich „abgestuftes Menschentum" (ebd., S. 270). Deshalb sei in der Jugendbewegung, beobachtet er, „der *Führergedanke* wieder lebendig geworden: ein aristokratisches Motiv auf genossenschaftlicher Grundlage" (ebd.), „wesenhafte, nicht die gesetzte Autorität", ein „neues Offizierstum", eine *„freie Stufenbildung neuer* Art" (Zitate Spranger 1926, S. 408). Damit würde, begeistert sich Spranger, „uralter deutscher Geist wieder lebendig: Genossenschaft, Herzogtum, Lehnstreue, Jungmannschaft, freie Hingabe, organisches Ineinanderwachsen. Und doch: *es ist eine neue Welt"* (Spranger 1921, S. 270).

Hier liegt der Kern der von Spranger konzipierten hegemonialen Einbindung der pädagogischen Reformbewegung. Es ist dies die Anordnung paralleler Ausrichtung in einer vertikalen, hierarchischen Beziehungsordnung. Die spezifische Qualität dieser Anordnung, die Spranger in der Jugendbewegung zu erkennen vermeint, liegt in der Imagination gleicher Menschlichkeit, d.i. der Gleichheit, im Gemeinschaftserlebnis bei gleichzeitiger Anerkennung abgestuften Menschentums. Diese Struktur ermöglicht, aus nationalkonservativer Perspektive, die Anerkennung vorliegender, hierarchisch abgestufter sozialer Beziehungen und die Herstellung gemeinschaftlich anerkannter, kollektiver Verbindlichkeiten. Spranger umschreibt die dabei angestrebte Subjektkonstitution als „Gefühl für das Soseinmüssen des Mitmenschen, für die innere Folgerichtigkeit seiner Struktur im Hinblick auf den geistigen Boden, aus dem er wächst, und die Stelle, an der er steht" (ebd., S. 273). Das von Gleichheit in einem demokratischen Sinne absehende „Verstehen" (ebd.) muß inhaltlich allerdings, fordert Spranger, eingebunden sein in ein einheitlich-nationales Kulturbewußtsein, gestaltet von einem machtvollen Staat und einer Staatselite.

Sprangers nur umrißhaft skizziertes, sehr allgemein gehaltenes Lebensschul-Konzept bündelt seine politische, ideologische und pädagogische Grundauffassung. Es verkörpert ein antidemokratisch-pädagogisches Projekt, das sich gegen die demokratischen Einheitsschulentwürfe in der Weimarer Republik richtet, dabei insbesondere gegen die, wie Spranger postuliert, Verflachung der Gemeinschaftsidee im „Programm der *Produktionsschule*" der „Gruppe der sog. Entschiedenen Schulreformer" (ebd., S. 270).

Die Lebensschule, deren an der Arbeitsschule orientierten Binnencharakter Spranger um die mystisch-jugendbewegte Wesensgemeinschaft sowie die nationalkonservative, neuplatonisch-autoritäre Wendung auf den Staat, die Nation und das Volk erweitert und damit hegemoniefähig machen will, diese Lebensschule verkörpert das modernisierte konservativ-preußische Prinzip von Freiheit, Selbsttätigkeit und Pflicht, wie es Spranger in der Reformepoche Preußens nach der Französischen Revolution ausgemacht hatte. „Denn über aller Bewegtheit der Gesellschaft wölbe sich zuletzt der alte Dom des preußisch-deutschen Pflichtgedankens, das Ziel bezeichnend, das über uns allen ist" (ebd., S. 273 f.), beschwört Spranger emphatisch seine Leser und Zuhörer in den zwanziger Jahren.

**Literatur:**

HAN, YUNG-YAE: Eduard Sprangers Pädagogik. Frankfurt a.M. u.a. 1994

HIMMELSTEIN, KLAUS: „Wäre ich jung, wäre ich Nationalsozialist...". Anmerkungen zu Eduard Sprangers Verhältnis zum deutschen Faschismus. In: Keim, Wolfgang (Hrsg.): Erziehungswissenschaft und Nationalsozialismus. Forum Wissenschaft-Studienheft 9. Marburg 1990, S. 39-59

DERS.: Zur Konstruktion des Geschlechterverhältnisses in der pädagogischen Theorie Eduard Sprangers (1882-1963). In: Jahrb. f. Pädagogik 1994. Frankfurt a.M. u.a. 1994, S. 225-246

DERS.: Eduard Sprangers Bildungsideal der „Deutschheit"- Ein Beitrag zur Kontingenzbewältigung in der modernen Gesellschaft? In: Jahrb. f. Pädagogik 1996. Frankfurt a.M. u.a. 1996, S. 179-196

Jahrbuch für Historische Bildungsforschung, hrsg. v. d. Hist. Kommission d. Deutschen Gesellsch. f. Erziehungswiss. Bd. 1. Weinheim/München 1993

KONEFFKE, GERNOT: Die Reichsschulkonferenz von 1920. In: Heydorn, Heinz-Joachim/Koneffke, Gernot (Hrsg.): Studien zur Sozialgeschichte und Philosophie der Bildung. Bd. II. München 1973, S. 238-280

MEYER-WILLNER, GERHARD: Eduard Spranger und die Lehrerbildung. Bad Heilbrunn/Obb. 1986

NOHL, HERMAN: Die Theorie der Bildung. In: Nohl, Hermann/Pallat, Ludwig (Hrsg.): Handbuch der Pädagogik, Bd. 1. Langensalza 1933, S. 3-80

DERS.: Die pädagogische Bewegung in Deutschland. In: Nohl, Hermann/Pallat, Ludwig (Hrsg.): Handbuch der Pädagogik, Bd. 1. Langensalza 1933, S. 302-374

DERS.: Die pädagogische Bewegung in Deutschland und ihre Theorie. 2. durchges. u. mit einem Nachw. versehene Aufl. Frankfurt a.M. 1935

SPRANGER, EDUARD: Gedanken zur Pädagogik (1902). In: Eduard Spranger. Ges. Schriften. Bd. 2. Heidelberg 1973, S. 190-207

DERS.: Grundfragen der philosophischen Pädagogik. In: Blätter f. d. Fortbildung des Lehrers u. der Lehrerin. 1 (1907), S. 65-71, 113-117, 161-164

DERS.: Philosophie und Pädagogik der preußischen Reformzeit. In: Historische Zeitschrift. Bd. 104 (1910), S. 278-321

DERS.: Unterrichtsschule, Arbeitsschule, Lebensschule. In: Neue Bahnen. 23 (1911/12), S. 289-303

DERS.: Schule und Lehrerschaft 1813/1913. Leipzig 1913

DERS.: Zum Geleit für 1915. In: Die Deutsche Schule. 19 (1915), S. 1-5

DERS.: Die Bedeutung der wissenschaftlichen Pädagogik für das Volksleben (1920a). In: Eduard Spranger. Ges. Schriften. Bd. 2. Heidelberg 1973, S. 260-274

DERS.: Gedanken über Lehrerbildung. Leipzig 1920b

DERS.: Berichterstatter (1920c). In: Die Reichsschulkonferenz 1920. Amtl. Bericht. Leipzig 1921, S. 261-264, 632-636 u. 683

DERS.: Meine Beteiligung an der Reichsschulkonferenz 11.-19. Juni 1920 (1920d). In: Paffrath, F. Hartmut: Eduard Spranger und die Volksschule. Bad Heilbrunn/Obb., S. 225-233

DERS.: Die drei Motive der Schulreform. In: Monatsschrift für höhere Schulen. 20 (1921), S. 260-274

DERS.: Vorwort zur zweiten Auflage (1922). In: E. Spranger: Kultur und Erziehung. 4. verm. Aufl. Leipzig 1928, o. Seitenzählung

DERS.: Die Generationen und die Bedeutung des Klassischen in der Erziehung. In: Jugendführer und Jugendprobleme. Festschrift zu Georg Kerschensteiners 70. Geburtstag. Hg. v. Aloys Fischer u. E. Spranger. Leipzig/Berlin 1924a, S. 307-332

DERS.: Über Erziehung zum deutschen Volksbewußtsein (1924b). In: E. Spranger: Volk, Staat, Erziehung. Leipzig 1932, S. 57-76

DERS.: Vorwort zur dritten Auflage (1925). In: E. Spranger: Kultur und Erziehung. 4. verm. Aufl. Leipzig 1928, o. Seitenzählung

DERS.: Erziehung. In: Deutsches Adelsblatt. 44 (1926), S. 393-394 u. S. 407-408

DERS.: Die deutsche Pädagogik der Gegenwart. In: Mitteilungen d. Deutschen Instituts f. Ausländer a. d. Universität Berlin. 5 (1927a), S. 55-58

DERS.: Einleitung. In: Friedrich Fröbel und Maria Montessori. Hrsg. v. Hilde Hecker u. Martha Muchow. Leipzig 1927b, S. IX-XIV

DERS.: Das deutsche Bildungsideal der Gegenwart in geschichtsphilosophischer Betrachtung. 2. Aufl. Leipzig 1929

DERS.: Rückblick (o.J., wahrsch. 1953-1955). In: Eduard Spranger. Ges. Schriften. Bd. 10. Heidelberg 1973, S. 428-430

DERS.: Leben wir in einer Kulturkrisis? (1960). In Eduard Spranger. Ges. Schriften. Bd. 5. Tübingen 1969, S. 415-429

WEBER, RITA: Die Neuordnung der preußischen Volksschullehrerbildung in der Weimarer Republik. Köln/Wien 1984

**Kurt Beutler**

## Erich Weniger und die Reformpädagogik

### I.

Es gehört zu den auffälligsten Merkmalen der pädagogischen Diskussion in den letzten Jahren, daß in ihr der Reformaspekt eine außergewöhnliche ideologische Bedeutung erlangt hat. Dies gilt in besonderem Maß seit Anfang 1990 für die sich auflösende DDR und erst recht für die daraus entstandenen neuen Bundesländer. Die Reformpädagogik hat in der Theorie, aber auch in der Praxis die Funktion einer grundsätzlich neuen pädagogischen Wertorientierung realisiert. Auf der Praxisebene breitete sich dort eine Privatschuleuphorie aus, insbesondere zugunsten der Waldorfpädagogik, was fast schon den Charakter religiöser Verheißung angenommen hat. Entsprechendes erweist sich in der pädagogischen Theorie, die in besonderem Maß ihre Aufmerksamkeit auf historische Reformkonzepte lenkt, besonders auf diejenigen Maria Montessoris und Peter Petersens. Dies ist in gewisser Weise verständlich vor dem Hintergrund eines durchgreifend reglementierten Erziehungs- und Bildungssystems der DDR, so daß sich nach dessen Zusammenbruch – sozialpsychologisch einsichtig – eine Hochschätzung solcher Theorieansätze ergibt, die weniger Autorität und Organisation, dafür um so mehr Individualität und Liberalität zu versprechen scheinen. In einer derartigen politischen Situation trifft die Reformpädagogik am ehesten die pädagogischen Bedürfnisse.

Eine Art Parallelentwicklung läßt sich hinsichtlich der alten Bundesländer konstatieren, wenngleich hier die Reformpädagogik schon deutlich früher und in anderem Gewand, nämlich in Form der geisteswissenschaftlichen Pädagogik, ihre Wiederbelebung vollzieht.[1] Bedenkt man, daß sich die geisteswissenschaftliche Pädagogik stark aus der Kulturkritik des ausgehenden neunzehnten Jahrhunderts und der pädagogischen Bewegung im ersten Drittel des 20. Jahrhunderts versteht, so wird gerade hierin eine Tendenz zur Reaktualisierung der Reformpädagogik deutlich.[2] Trotz ihres auf Veränderung gerichteten Selbstverständnisses präsentiert sich aber die geisteswissenschaftliche Erziehungstheorie sehr eingeschränkt als ein liberales, bei genauer Betrachtung weit eher als ein konservatives, teilweise staatsgläubiges Konzept, was vor allem dann einsichtig wird, wenn man die im pädagogischen Ansatz fast unmerklich mit zum Ausdruck kommenden politischen Gedankengänge beachtet.

Fragt man danach, welche Ideenrichtung von der geisteswissenschaftlichen Pädagogik repräsentiert wird, so ist man auf die Werke der – apostrophiert hervorgehoben – „großen Fünf" (Nohl, Litt, Spranger, W. Flitner, Weniger) verwiesen. Der in der Tradition Wilhelm Diltheys stehende geisteswissenschaftliche Gedankenentwurf erhält in Erich Wenigers Werk seine entschiedenste politische Ausprägung.[3] Diesem Wechselbezug von Pädagogik und Politik, der häufig nur verdeckt, aber darum kaum weniger wirksam zum Ausdruck kommt, soll hier in aller Kürze, aber doch exemplarisch nachgegangen werden, und zwar unter dem übergreifenden Aspekt der Reformpädagogik.

**II.**

Was bei Weniger (in enger Übereinstimmung mit Nohl) aufgrund des Terminus „Reformpädagogik" auf den ersten Schein hin den Eindruck von Erneuerung und Fortschritt erzeugte, war jenes gedankliche Gemisch von pädagogischer und „deutscher" Bewegung, zu deren Vorläufern er auch Lagarde, Langbehn und Lietz zählte. Es durften bei ihm schon mehrere Sorten von Pädagogik sein, um sie mit dem Begriff „Reformpädagogik" zu erfassen, solange sie nur nichts Näheres mit aufklärerischen Ansätzen zu tun hatten, wie dies beispielsweise bei Ellen Key oder Siegfried Bernfeld der Fall gewesen wäre. Bei solcher Anwendung der Kategorie „Reformpädagogik" versumpfte der Begriff in subjektiver Voreingenommenheit und antiaufklärerischer Gegnerschaft. Ebenso auffällig ist bei Weniger, daß er die Reform auf ihre formale Seite hin reduzierte.

Eine vergleichbare Reduktion auf das Formale von Reform betrieb er nicht nur in seinen „zivilen" Konzepten, sondern auch in seiner Militärpädagogik, wo er die preußischen Heeresreformer hervorhob, ohne zu fragen, ob sie irgendeinen Beitrag zur Verbesserung des preußischen Staates im Sinn demokratischer Bestrebungen geleistet hatten, außer daß sie sich (nach dem Vorbild Napoleons in Frankreich) die allgemeine Wehrpflicht für ihre obrigkeitlichen und kriegerischen Zwecke zunutze machten.[4] Es ging nicht um ein „Volksheer". Aber ein Volksheer, das für das Volk und nicht für die Fürsten kämpfte, wäre auch nicht das historische Tableau gewesen, das Weniger seinem pädagogischen Publikum präsentieren wollte.

Wenn Weniger immer wieder die „Reform"-Pädagogik als vorbildhaft herausstellt, so erzeugt er damit bei oberflächlicher Betrachtung den Schein einer fortschrittlichen Theorie. Solchen Eindruck verstärkt er noch durch seine Kritik an der „pädagogischen Reak-

tion".[5] Der Begriff der „Reformpädagogik" kennzeichnet jedoch zunächst nur das Eintreten für die Veränderung eines bestehenden Zustands. Erst die inhaltliche Überprüfung
läßt ein sachgerechtes Urteil zu. Gerade bei Weniger ist es geboten zu fragen, in welcher
Hinsicht ein Wandel hergestellt werden soll.

In seiner Darstellung „Die Jugendbewegung und ihre kulturelle Auswirkung"[6] stellt Weniger seine Auffassung dar, daß die Jugendbewegung als Teil einer umfassenden pädagogischen Bewegung aufgefaßt werden muß, die ihrerseits diverse Strömungen der Schulreform einschließt und zugleich auf die Kulturkritik bezogen ist. In diesen Theoriezusam-
menhang gehören auch der erste Abschnitt von „Theorie der Bildungsinhalte"[7] in dem
von Nohl und Pallat herausgegebenen „Handbuch der Pädagogik" sowie der zwei Jahre
später erschienene Beitrag „Kulturkritik, Schulreform und politische Erneuerung".[8] Weniger zeigt auf, wie die Jugendbewegung als eine Protestbewegung im Widerstreit der
Generationen sich ihren spezifisch kulturellen Freiraum schafft, wie ihre Organisationen
und Gruppen zwar unterschiedlichen politischen Lagern entspringen, wie aber der gemeinsame Handlungsaspekt der sie übergreifende und dominante Gesichtspunkt ist. Dies
gilt seiner Ansicht nach für die verschiedensten Teile bürgerlicher Jugend (ob dabei kon-
fessionell oder parteilich gebunden oder ohne eine spezifische Bindung) ebenso wie für
sozialistische Jugendorganisationen. Erst die Revolution von 1918 führt seines Erachtens
zu einem Auseinanderdriften.[9] Interessant ist, daß er neben der Revolution das
„Kriegserlebnis" als Impuls der Trennung und Auflösung der bis dahin bestehenden Einheit jener großen Initiative bewertet. Die deutsche Jugendbewegung erweist sich vor dem
Ersten Weltkrieg in einem „unfaßlichen Aufstand einer jungen Generation gegen das Alte, an diesem grundsätzlichen Neinsagen zu dem meisten, was so gemeinhin als wertvoll
und selbstverständlich gegolten hatte".[10] Nach 1918 tritt diese Generation aus dem Zustand ihrer naiven Protestgebundenheit. Sie nimmt nun politische Merkmale an, vergleichbar different der Erwachsenenwelt.[11] Mit dem Anspruch auf ein „Eigenrecht" be-
gibt sich die Jugendbewegung in eine engere Beziehung zu kulturkritischen und schulreformerischen Bestrebungen innerhalb der Pädagogenschaft, so daß es in den zwanziger
Jahren nicht mehr ungewöhnlich erscheint, wenn ein Teil der Jugendführer junge Volksschullehrer sind.[12]

Der gesamten pädagogischen Bewegung geht es um eine Neugestaltung des pädagogischen Feldes oder, wie Weniger dieses bezeichnet, der „Erziehungswirklichkeit".[13] Auch

wenn im Fall der Jugendbewegung von der jungen Generation selbst die Initiative zur Veränderung der pädagogischen Verhältnisse ausgeht, so ist die Jugendbewegung doch im Zusammenhang jener Reformbestrebungen zu sehen, die sich auf die Schule beziehen und von Pädagogen initiiert und in Gang gehalten werden (Landerziehungsheimbewegung, Arbeitsschulbewegung, Einheitsschulbewegung). Schließlich läßt sich der pädagogischen Bewegung die Kulturkritik affin zuordnen, auch wenn diese selbst nicht unmittelbar Teil einer derartigen Bewegung ist. Was Jugendbewegung, pädagogische Bewegung im engeren Sinn und Kulturkritik miteinander verbindet, ist ihre gemeinsame Wirksamkeit im Hinblick auf eine Reform der pädagogischen Angelegenheiten. Dies ist zugleich das vorherrschende Moment, auch wenn die verschiedenen Reformbestrebungen keineswegs eine ideologische Einheit bilden. Für die pädagogische Bewegung als Ganzes jedoch fordert Weniger eine Theorie ein, welche die Erfahrungen und Zielsetzungen in Begriffen verdeutlicht. Er interpretiert in ausdrücklicher Anlehnung an Friedrich Paulsen, daß die Schule keine eigene Entwicklung hat, sondern derjenigen der Kultur folgt, wobei sie ein Menschenalter hinter der Kultur herhinkt, da die Lehrer aus dem Wissensstand ihrer Ausbildung auf die junge Generation wirken. Eine Schulreform kann daher die Schule nur einer inzwischen veränderten Kultur anpassen, sie also auf die Höhe der Zeit bringen. Nur wenn die Schulreform ein Bündnis mit der Kulturkritik eingeht, schafft sie sich überhaupt die Möglichkeit, Zukunft in ihre Perspektive zu nehmen sowie über die gegebenen Verhältnisse hinauszugehen und sie nicht nur einzuholen. Solche Überlegungen vermitteln aufs erste den Eindruck einer liberalen und fortschrittlichen Orientierung.

Das Bündnis von Schulreform und Kulturkritik sah Weniger für das erste Drittel des Jahrhunderts als gegeben an, wobei für ihn die Kulturkritik noch insofern eine spezifische Ausprägung in bezug auf die Schulreform annahm, als sie eine Lösung der Kulturkrise nur durch verändernde Maßnahmen im Erziehungsbereich für möglich erachtete. Als Bindeglied zwischen beiden Bestrebungen erachtete er die „pädagogische Bewegung". Sie erst konnte über die Institutionen hinaus auch eine Änderung der Menschen bewirken und so die an Institutionen gebundene Schulreform in eine allgemeine Erziehungsreform überleiten, und sie erst machte die Kulturkritik zu einer pädagogischen Kritik. All diese Bestrebungen kamen einem weit ausgreifenden Versuch der geistigen Erneuerung gleich.

Dieser gesamte Vorgang, der üblicherweise als „Reformpädagogik" bezeichnet wird, erfährt bei Weniger wie bei Nohl die terminologische Bestimmung „pädagogische Bewegung": „Von einer Bewegung sprechen wir, weil es sich nicht um etwas gehandelt hat, das von ihm selbst, durch so etwas wie die Logik der Tatsachen zustande gekommen ist, sondern durch den bewußten Einsatz menschlichen Willens in Tat und Entscheidung, in Willensballungen von vielen Einzelnen, von Gruppen und Kreisen, von Mächten und Kräften."[14]

Wenigers Auffassung von Reformpädagogik läßt liberale Grundzüge erkennen, insoweit es sich um Bestrebungen handelt, in denen „Neues" verfolgt wird. Allein die Überwindung eines alten, potentiell überholten Status genügt Weniger, den Vorgang als „Reform" positiv zu deuten, wobei er eben nur formal und nicht auch inhaltlich entscheidet. Dieses Vorgehen läßt ihn auch technologische Neuerungen nicht als bloße Modernisierung erkennen, sondern als „Reform" fehldeuten. Auch macht es ihm keinen reflexionsnotwendigen Unterschied, ob pädagogische Veränderungen nur von didaktischen Initiativen einzelner zehren oder ob die Neuerungen eine strukturelle Umgestaltung mit sich bringen, wie das im Fall der Einheitsschule hätte Wirklichkeit werden können. Dies hätte soziale Auswirkungen gehabt und politische Konsequenzen gezeigt. Aber genau bei diesem Übergang vom Pädagogischen zum Politischen denkt Weniger auffällig inkonsistent, ganz davon abhängig, ob die pädagogische Reform eine „bewahrende" oder eine progressive Tendenz im politischen Raum nach sich zieht.

Reformpädagogik schließt also nicht aus, daß sie sich in den Dienst einer konservativen Schulpolitik oder eines Militärs[15] stellt, das sich, wie immer sein ideologisches Selbstverständnis sein mag, auch dem Nationalsozialismus bereitwillig anpaßt. Dies zeigt nur, wie wenig das Plädoyer für Reformpädagogik auch Ausdruck demokratischer Politik und sozialen Fortschritts zu sein braucht. Dies hat bei Weniger sicher einen wesentlichen Grund in seinem schwankenden Verhältnis zwischen einem fragwürdigen Autonomiebegriff und einem unkontrollierten Eintauchen in die Ideologie der politischen Rechten. Wenigers Position ist ein Beispiel dafür, wie wenig reformpädagogisches Denken aus sich heraus eine überlegene moralisch-politische Position beanspruchen kann und auch wie falsch es wäre, die Reformpädagogik schlechthin mit einer liberalen Konzeption gleichzusetzen.

Die Reformpädagogik ist in Theorie und Praxis zwar ein „kindzentrierter" Erziehungsansatz, der die Rolle einer Opposition zur alten „Lernschule" des Herbartianismus und zum autoritären staatlichen Schulsystem übernimmt und insofern tatsächlich von der „pädagogischen Reaktion" abzugrenzen ist[16], aber sie präsentiert sich in ihrem politischen Kontext eher als ein konservatives denn als ein liberales Bildungskonzept. Das gilt nicht nur für Weniger, sondern für eine ganze Reihe der sich zur Reformpädagogik zählenden Akteure.[17] Aber er ist sicher neben Nohl der wissenschaftsoffizielle Sprecher dieser ganzen „Bewegung" und insofern Maßstäbe setzend.

## III.

Kein zweites Datum in der deutschen Geschichte des 20. Jahrhunderts ist derart Ausdruck einer Umbruchsituation wie dasjenige von 1945 und gleich durch mehrere historische Markierungspunkte charakterisiert:

– Ende des Zweiten Weltkriegs

– Ende der nationalsozialistischen Diktatur

– Ende des Massenmords an den Juden und Rettung weniger bei der Befreiung des KZ Auschwitz durch sowjetische Truppen

– Beginnende Rückführung des deutschen Volkes in die Zivilisation, insbesondere durch Erziehungsmaßnahmen („re-education")

Während die ersten drei Markierungspunkte Phänomene betreffen, die ohne „deutsche Beteiligung", ja notwendigerweise gegen die Deutschen herbeigeführt wurden, bezieht sich der vierte geschichtliche Markierungspunkt auf einen Sachverhalt, bei dem sich deutsche Pädagogen bewähren, bei dem sie aber auch versagen konnten. Dies hatte allerdings einen Zusammenhang mit der Sichtweise auf die andern drei Ereignisse zu tun. Wie reagierte Erich Weniger als deutscher Pädagoge und Geschichtsdidaktiker auf die politisch-pädagogische Herausforderung der Re-education und wie erweist sich hierbei seine Auffassung von Reformpädagogik?

Weniger gibt sich so wie jene Mehrheit der Deutschen, die sich im Jahr 1945 und danach unschuldig und von den Siegermächten zu Unrecht verfolgt fühlt. Der Major und NS-Führungsoffizier Weniger ist wie die gar nicht so wenigen Aktivisten und die vielen duldsamen Mitläufer des NS-Regimes ohne Unrechtsbewußtsein, denn es existiert für ihn keine geschichtliche „Verantwortung", ein Begriff, auf den er in andern Zusammenhängen großen Wert legt, der aber typischerweise hierbei ignoriert wird. Vielmehr sind bei ihm das Fehlen des historischen und moralischen Betroffenseins und eine geradezu skandalöse Verantwortungslosigkeit mit das Auffälligste.

Der Offizier in der Etappe, der sich zwischen Oktober 1942 und August 1944 gern in dem von den Deutschen besetzten Paris mit seinem Schriftstelleridol Hauptmann Ernst Jünger über philosophische Probleme unterhält, sieht nach 1945 keinen Anlaß, über die Rolle der Deutschen im Zusammenhang mit dem Zweiten Weltkrieg nachzudenken. Das NS-Regime reduziert er im wesentlichen auf den „Dämon Hitler", eine Erklärung, die zwar unter geschichtswissenschaftlichen Ideologen damals gängig ist, die aber darum auch alle entscheidenden Fragen in bezug auf das NS-Regime unbeantwortet läßt und sie in den Bereich der Metaphysik verweist.

Weniger geht nach Ende des Zweiten Weltkriegs zügig zur nun wieder „zivilen" Tagesordnung über, und das heißt für ihn persönlich, daß er wieder in der akademischen Lehrerbildung aktiv wird. Ab Oktober 1945 ist er Direktor der neu gegründeten Pädagogischen Hochschule Göttingen. In dieser gesicherten Position übersteht der tüchtige Mandarin sein Entnazifizierungsverfahren erfolgreich, noch gerade rechtzeitig, um als Nachfolger Herman Nohls dessen Göttinger Universitäts-Lehrstuhl Anfang 1949 übernehmen zu können.[18]

Wenigers Ablehnung des Re-education-Konzepts[19] richtet sich vor allem gegen die angestrebte Umgestaltung der Schulorganisation durch Aufhebung des vertikalen dreigliedrigen Systems zugunsten einer horizontalen Stufenordnung. Also auch da, wo es um eine nicht nur „innere", sondern auch um eine „äußere" Schulreform geht, zeigt sich sehr schnell die Grenze von Wenigers reformpädagogischem Denken, indem er einfach nicht gewillt ist, eine schulorganisatorische Erneuerung mitzutragen, die tatsächlich eine grundsätzliche Veränderung mit sich bringen würde. Weniger ist es überhaupt kein problematischer Gesichtspunkt, daß die höheren Schulen überwiegend von den Kindern einer kleinen privilegierten Schicht besucht werden, so wie er auch nicht weiter reflektiert, welche Bedeutung dem Autoritätssyndrom im deutschen Schulwesen im Hinblick gerade auf die jüngste Geschichte zukommt. In der Rückschau seiner Artikelserie „Die Epoche der Umerziehung 1945-1949"[20] vermittelt Weniger den Eindruck, daß ihm Demokratieaspekte kein Argument sind. Die Güte des deutschen Schulsystems sieht er in der Beibehaltung der alten Schulstruktur sowie der alten Inhalte und Methoden. An keiner Stelle erwägt er auch nur, irgendwelche Strukturkomponenten des amerikanischen Bildungswesens als wichtig und anwendungsfähig für das deutsche zu betrachten. Seine ganze Argumentation ist auf eine Erhaltung der herkömmlichen deutschen Bildungsstruktur und Didaktik gerichtet, weshalb er auch auf die „Marienauer Lehrpläne" verweist, die sich unter Nohls und seinem eigenen Einfluß auf eine „echte deutsche Überlieferung"[21] stützen. Er lehnt den unter dem Titel „Der gegenwärtige Stand der Erziehung in Deutschland" erschienenen und von ihm ausführlich referierten „Bericht der Amerikanischen Erziehungskommission" von 1946 geradezu pauschal ab. Er zitiert aber mit Genugtuung, daß die Verfasser des Berichts der deutschen Kultur eine außerordentliche Bedeutung beimessen und sie als vergleichbar derjenigen des antiken Griechenlands und Roms ansehen.[22]

Insgesamt steht Weniger dem Bericht eher skeptisch-ablehnend gegenüber, weshalb er ihm eine Stellungnahme konservativer Exilprofessoren (von denen er ausdrücklich die Historiker Hans Rothfels und Arnold Bergstraesser anführt) gegenüberstellt.[23]

Die Frage der Reformpädagogik stellt sich bei Weniger auch im Zusammenhang seiner Beratertätigkeit im Rahmen des seit 1953 bestehenden „Deutschen Ausschusses für das Erziehungs- und Bildungswesen". Als dieser Ausschuß unter maßgeblicher Beteiligung Wenigers 1959 den „Rahmenplan zur Umgestaltung und Vereinheitlichung des allgemeinbildenden öffentlichen Schulwesens"[24] vorlegt, stellt sich die Frage, worin denn die Vereinheitlichung bestehe, denn der Rahmenplan hält an der Dreigliedrigkeit des Schulwesens fest, „vereinheitlicht" also das Bildungswesen in keiner Weise, ja gliedert es durch den Vorschlag einer für Hochbegabte bestimmten „Studienschule" in vertikaler Richtung noch mehr. Von einer Reform kann also keine Rede sein, es sei denn, man versteht darunter auch die Vertiefung der in der Wirklichkeit bestehenden Konzeption. Das wäre dann allerdings ein merkwürdiger Reformbegriff, der Maßnahmen abdeckte, die konzeptionell nichts anderes schaffen. Im Gegenteil: Mit dem Vorschlag der Studienschule wird eine Eliteschule konzipiert, die nur eine radikale Konsequenz des schon bestehenden dreigliedrigen Schulsystems darstellt. Aber der „Reformpädagoge" Erich Weniger steht voll hinter diesem Konzept.[25]

Aus der Analyse ergibt sich die Einsicht, daß der Begriff der Reformpädagogik im Zusammenhang mit Wenigers Werk in seiner ganzen Ambivalenz zu erkennen ist. Zwar läßt sich sagen, daß Erich Weniger nach seiner Theorie als ein Reformpädagoge einzuschätzen ist, insofern er weder den Standpunkt der fragwürdigen Variante des Herbartianismus noch den der alten Autoritätspädagogik mit geistiger Unterdrückung und Prügelstrafe teilt, pädagogische Positionen, die durchaus auch noch während der ganzen Zeit der Weimarer Republik vertreten werden. Aber Wenigers pädagogische Reformvorstellungen erweisen sich stets als äußerst begrenzt, weil sein pädagogisches und politisches Denken bis 1933 nicht über die Grenzen eines nationalistischen Konservatismus hinausreicht, weil es ihm bei seiner Militärpädagogik während und im Dienste des Nationalsozialismus vor allem auf eine bessere Effektivität der Wehrmacht ankommt und weil er bei seiner Rückkehr zu zivilen Themen nach 1945 in seine Überlegungen der zwanziger Jahre zurückfällt und sich in den Adenauerschen Wiederaufrüstungsstaat problemlos und aktiv einfügt. Kann ein solcher Pädagoge „Reformer" genannt werden?

## Anmerkungen:

1    Eingeleitet wurde dieser theoretisch-pädagogische Umorientierungsprozeß zur Zeit der konservativen politischen „Wende" in der Bundesrepublik, wofür Heft 1/1981 der „Zeitschrift für Pädagogik" symptomatisch ist.

2    Vgl. *Klafki, Wolfgang*: Die gegenwärtigen Kontroversen in der deutschen Erziehungswissenschaft über das Verhältnis der geisteswissenschaftlichen Pädagogik zum Nationalsozialismus. Vasa [Finnland] 1996 (Pedagogiska Rapporter, No. 9). Insbes. S. 5, Ziff. 3.

3    Vgl. *Beutler, Kurt*: Geisteswissenschaftliche Pädagogik zwischen Politisierung und Militarisierung – Erich Weniger. Frankfurt a.M. u.a. 1995.

Dort wird auch der reformpädagogische Aspekt bei Erich Weniger ausführlich durch Quellen belegt, was im Rahmen des hier vorgelegten Beitrags nicht im einzelnen geschehen kann.

4    Vgl. *Clausewitz, Carl von*: Vom Kriege. 16. Aufl. Hrsg. von Werner Hahlweg. Bonn 1952. – Vgl. *Weniger, Erich*: Philosophie und Bildung im Denken von Clausewitz. In: Schicksalswege deutscher Vergangenheit. Festschrift für Siegfried Kähler zum 65. Geburtstag. Düsseldorf 1950, S. 123-143.

5    Vgl. *ders.*: Die Argumente der pädagogischen Gegenströmung. Antwort an Martin Havenstein. In: Die Erziehung. Jg. 5 (1930), S. 176-180.

6    Vgl. *ders.*: Die Jugendbewegung und ihre kulturelle Auswirkung. In: Geist der Gegenwart. Hrsg. von Erasmus. Stuttgart o. J. (1928), S. 1-54.

7    Vgl. *ders.*: Die Theorie der Bildungsinhalte. In: Handbuch der Pädagogik. Hrsg. von Herman Nohl und Ludwig Pallat. Bd. 3: Allgemeine Didaktik und Erziehungslehre. Berlin/Leipzig 1930, S. (3-55), 3-7.

8    Vgl. *ders.*: Kulturkritik, Schulreform und politische Erneuerung. In: Krisis. Ein politisches Manifest. Weimar 1932, S. 264-276.

9    Vgl. Anm. 6, S. 2-5 und 12 f.

10   Ebd., S. 1.

11    Ebd., S. 14.

12    Vgl. ebd., S. 53.

13    Vgl. Anm. 7.

14    Anm. 8, S. 271 f.

15    Vgl. auch *Siemsen, Barbara*: Erich Weniger, der „militante" Reformpädagoge. In: Reformpädagogik kontrovers. Hrsg. v. Winfried Böhm und Jürgen Oelkers. Würzburg 1995, S. 127-138. – Vgl. außerdem *dies*.: Der andere Weniger. Eine Untersuchung zu Erich Wenigers kaum beachteten Schriften. Frankfurt a.M. 1995.

16    Vgl. Anm. 5.

17    Zum Beispiel Martin Luserke oder Peter Petersen.
Zu Martin Luserke:
– vgl. die einschlägige Untersuchung: *Schwerdt, Ulrich*: Martin Luserke (1880-1968). Frankfurt a.M. 1993.
Zu Peter Petersen:
– vgl. die interessante Debatte: *Kaßner, Peter*: Peter Petersen – die Negierung der Vernunft? In: Die Deutsche Schule. Jg. 81 (1989), H. 1, S. 117-132.
– *Keim, Wolfgang*: Peter Petersens Rolle im Nationalsozialismus und die bundesdeutsche Erziehungswissenschaft. Kritische Anmerkungen zu Peter Kaßners Beitrag in diesem Heft. In: Die Deutsche Schule. Jg. 81 (1989), H. 1, S. 133-145.
– *Johannsen, Hans-Werner*: Peter Petersen und der Nationalsozialismus. Anmerkungen – *Herrmann, Ulrich*: Geschichtsdeutung als Disziplinpolitik? Anmerkungen zur Kontroverse über das Verhältnis von Pädagogik und Nationalsozialismus. In: Die Deutsche Schule. Jg. 81 (1989), H. 3, S. 366-373.
– *Keim, Wolfgang*: Noch einmal: Worum es eigentlich geht. In: Die Deutsche Schule. Jg. 81 (1989), H. 3, S. 373-376.
– *ders*.: Die Jena-Plan-Pädagogik: Ein problematisches Erbe – Was folgt aus den Affinitäten Peter Petersens zum deutschen Faschismus? In: Die Grundschulzeitschrift. H. 47, Sept. 1991, S. 36-39. (Hier ist auch weiterführende Literatur angegeben.)

18    Vgl. *Beutler* (siehe Anm. 3), S. 142-154.

19    Vgl. *Beutler, Kurt*: Re-education-Politik und geisteswissenschaftliche Pädagogik unter besonderer Berücksichtigung Erich Wenigers. In: Jahrbuch für Pädagogik 1995, S. 115-125.

20    *Weniger, Erich*: Die Epoche der Umerziehung 1945-1949. In: Westermanns Pädagogische Beiträge. Jg. 11 (1959), S. 403-410, 517-525 und Jg. 12 (1960), S. 9-13 und 74-79.

21    Ebd., S. 74.

22    Ebd., S. 518.

23    Ebd., S. 522.

24    Der Rahmenplan zur Umgestaltung und Vereinheitlichung des allgemeinbildenden öffentlichen Schulwesens. Veröffentlicht als: Empfehlungen und Gutachten des Deutschen Ausschusses für das Erziehungs- und Bildungswesen, 3. Folge. Stuttgart 1959.

25    *Weniger, Erich*: Der Rahmenplan zur Umgestaltung und Vereinheitlichung des allgemeinbildenden öffentlichen Schulwesens. In: Zeitschrift für Pädagogik. Jg. 5 (1959), S. 337-352.

Ulrich Wiegmann

## Robert Alt – Reformpädagogik und Erziehungsbegriff

### Vorbemerkungen

Robert Alt (1905-1978) zählte in der (ehemaligen) DDR wie in der (alten) Bundesrepublik zu den namhaftesten, bildungspolitisch einflußreichsten und bildungsgeschichtlich wichtigsten Erziehungswissenschaftlern der Sowjetischen Besatzungszone (SBZ) und der DDR. Unter allen bekannten Pädagogen der DDR sollte es allein ihm vergönnt sein, daß seine Schriften in einer vom Verlag Volk und Wissen herausgegebenen mehrbändigen Werkausgabe versammelt wurden. Nach einer vierjährigen[1], für die (späte) DDR nicht untypischen betulichen Anlaufphase des Projektes erschien 1985 der von dem Alt-Schüler Rudi Schulz bearbeitete erste Band, zwei Jahre später Band 2.[2]

Allerdings schien Eile auch lange Zeit nicht geboten. Denn zum einen war Robert Alts wissenschaftlicher Ruf trotz mancher (bildungs-)politischer Wechselfälle in der SBZ/DDR stets unbeschadet geblieben. Und insbesondere seine frühen Beiträge über das Verhältnis von Erziehung und Gesellschaft sowie seine bildungsgeschichtlichen Studien und Vorlesungen hatten für das Erziehungsverständnis in der DDR eine ungebrochen paradigmatische Bedeutung besessen. Selbst über die plötzliche Implosion der realsozialistischen deutschen Republik hinaus wurde Robert Alt als maßgeblicher Theoretiker der DDR-Pädagogik gewürdigt und vor allem als Nestor der Erziehungshistoriographie in der DDR herausgestellt.[3] Speziell jene Aufsätze, in denen er das Verhältnis von demokratischer und schließlich sozialistischer Schulentwicklung in der SBZ/DDR einerseits und reformpädagogischer Tradition andererseits erziehungswissenschaftlich zu klären sich bemühte, gelten inzwischen bei thematisch kompetenten Erziehungswissenschaftler(inne)n der früheren DDR als Exempel für eine „mutige und aufrechte"[4], zumindest aber als immanente pädagogische Kritik gegenüber dem spätestens seit 1949 durchgesetzten und danach mehrmals behaupteten bildungspolitischen Verdikt gegenüber der Reformpädagogik.[5]

Eingedenk der herausragenden Rolle Robert Alts für die Entwicklung der DDR-Pädagogik nimmt es nicht wunder, daß – zumeist aus Anlaß von Jubiläen – über Robert Alt für DDR-Verhältnisse ungewöhnlich zahlreiche Würdigungen wie biographisch-werkgeschichtliche Abrisse publiziert wurden.[6] In aller Regel sind diese durch eine im archivierten Nachlaß enthaltene autobiographische Skizze autorisiert – und vorstrukturiert. Der Umgang mit diesen überlieferten autobiographischen Fragmenten Robert Alts wiederum ist thematisch interessant. Er führt zu werkgeschichtlichen, biographischen und biographiegeschichtlichen Zusammenhängen, die geeignet scheinen, sich dem Verhältnis von reformpädagogischer Rezeption, Erziehungsbegriff und bildungspolitischem Selbstverständnis zu nähern und auf diesem Wege bisherige, manifest scheinende Urteile historisch-kritisch zu bedenken.

**Biographische, biographie- und werkgeschichtliche Aspekte des Umgangs mit der Reformpädagogik nach 1945**

Es handelt sich dabei im wesentlichen um drei, in thematischer Hinsicht herausragende Lebensabschnitte Robert Alts, die nachfolgend in umgekehrter biographischer Chronologie biographie- und werkgeschichtlich eingehender betrachtet werden sollen.

Zum Teil fehlerhaft und unvollständig sind zunächst die von (ehemaligen) DDR-Autoren publizierten biographischen Würdigungen in einigen jener Passagen, die über die kurze Autobiographie hinausgehende, nichts desto weniger bedeutsame Lebensdaten und -stationen Robert Alts betreffen.

Zunächst nicht korrekt ist es, wenn in lebensgeschichtlichen Würdigungen Robert Alts dessen Mitgliedschaft in der sogenannten Schulkommission beim Zentralkomitee der SED wiederholt auf den Zeitraum von 1954 bis 1958 datiert wird,[7] obgleich dieses für die Etablierung der dann bis 1989 weithin stabilen schulpolitischen Herrschaftsverhältnisse in der DDR höchst bedeutsame Gremium erst anläßlich der Schulkonferenz der SED im April 1958[8] (wieder) gegründet worden war.[9] Immerhin gehörten außer Robert Alt und Marie Torhorst, beide im übrigen frühere Kolleg(inn)en an der Berliner Karl-Marx-Schule, keine weiteren Erziehungswissenschaftler(innen) zu den bildungspolitisch außerordentlich einflußreichen Gründungsmitgliedern der Schulkommission.

Problematisch ist aber vor allem, daß Robert Alts Ausscheiden aus der parteizentralen Schulkommission und aus dem ZK der SED durch Rudi Schulz 1991 und 1993 als persönliche Maßregelung interpretiert, somit als Indiz für Alts bildungspolitische Nonkonformität geltend gemacht wird. Mittelbar scheinen sich damit aktuelle Urteile über Alts Umgang mit der Reformpädagogik eindrucksvoll zu bestätigen. Tatsächlich wurde Alt mit dem V. Parteitag der SED im Juli 1958 aus dem ZK der SED und, obzwar in aller

Form und damit im Gegensatz zum eher rigiden Rauswurf weiterer Redaktionsmitglieder, im Herbst 1958 auch aus dem bildungs- und wissenschaftspolitisch einflußreichen Redaktionskollegium der Zeitschrift „Pädagogik" verabschiedet. In dem selben Jahr jedoch wurde Robert Alt immerhin zum Dekan der Pädagogischen Fakultät der Humboldt-Universität zu Berlin ernannt.

Alt fiel dem von der SED-Führung für zweckmäßig befundenen generellen Generationswechsel am Beginn des sogenannten Abschlusses der Übergangsperiode zum Sozialismus zum Opfer. Er wurde zwar infolge der Generalabrechnung der SED-Führung mit den weithin reformpädagogisch argumentierenden sogenannten Revisionisten aus den zentralen bildungspolitischen Führungsgremien gedrängt. Er ist aber nicht ausdrücklich wegen eines persönlichen Fehlverhaltens gerügt worden. Allenfalls war ihm, dem in der Parteihierarchie bis dahin ranghöchsten erziehungswissenschaftlichen Hochschullehrer, mangelnde Rigorosität im Umgang mit den parteilicherseits ausgemachten Gegnern der SED-Schulpolitik vorzuwerfen gewesen. Während der sogenannten Revisionismusdebatte in der zweiten Hälfte der fünfziger Jahre war er wie alle Mitglieder des Wissenschaftlichen Rates beim Deutschen Pädagogischen Zentralinstitut (DPZI) vor die provozierte Alternative gestellt worden, die bildungspolitisch längst beschlossene obligatorische Zehnklassenschule entweder von den mannigfaltigen Interessen der Schüler her – mithin in reformpädagogischer Denktradition – als differenzierte, um zwei Jahre ausgeweitete Einheitsschule zu begründen und zu konzipieren oder sie ausgehend von den vielfältigen gesellschaftlichen Bedürfnissen zu projektieren. Alt gehörte zu jenen, die sich für das gesellschaftstheoretische und zugleich sozialpolitische Argument entschieden.[10] Einen „ideologischen" Dissens gegenüber der herrschenden Doktrin hatte er damit freilich nicht beschworen. Und noch aus der Perspektive als Mitglied der Schulkommission des ZK der SED auf die sogenannte Revisionismusdiskussion[11] rückblickend, meinte er andere, vor allem Mitarbeiter des Deutschen Pädagogischen Zentralinstituts (DPZI) gesehen zu haben, die unter der Flagge des Revisionismus gesegelt wären,[12] also im vorgeblichen Interesse der Weiterentwicklung des Schulwesens auf bestimmte, „imperialistische Züge" widerspiegelnde reformpädagogische Konzepte gesetzt hätten.[13]

Mit dieser bisher verklärten Episode auf mittelbare Weise, aber doch auf das engste verknüpft ist *zweitens* ein weiterer, von Robert Alt in seiner autobiographischen Skizze weithin ausgeblendeter, seinen bildungspolitischen Einfluß nach 1945 aber maßgeblich legitimierender Lebensabschnitt.

Aus der Sicht der bildungspolitischen Entscheidungsträger sprach für Robert Alts Loyalität stets außer seinen erziehungstheoretischen Auffassungen im besonderen seine authentische antifaschistische Vergangenheit. Robert Alt hatte sowohl aufgrund seines ehedem sozialdemokratischen gesellschaftskritischen Engagements als auch aufgrund rassistischer Motive die berüchtigtsten nationalsozialistischen Konzentrationslager bis hin zu Auschwitz durchleiden müssen. Er selbst hat darüber weithin geschwiegen. In seinem kurzen autobiographischen Abriß werden diese Stationen des Leidens nicht einmal erwähnt. [14] Lediglich in einer beigefügten tabellarischen „Kurzbiographie" vermerkte er: „1941-1945 verhaftet (in verschied. KZ)".

Die (obgleich) unartikulierte persönliche Betroffenheit von nationalsozialistischer Verfolgung traf sich zweifellos mit dem antifaschistischen Selbstverständnis der SBZ/DDR; persönliche und deklarierte antifaschistische Identität der ostdeutschen Nachkriegsgesellschaft schienen zu verschmelzen. Die weitgehende Übereinstimmung von persönlicher und gesellschaftlicher Interessenlage begründete zusammen mit Alts antifaschistischer Herkunft in entscheidender Weise seine rasch gewonnene pädagogische Autorität. Denn bis 1933 hatte sich seine spätere erziehungswissenschaftliche und bildungspolitische Karriere noch durchaus nicht zwingend abgezeichnet. Und seine gegen Ende der Weimarer Republik angelegte, sich bis hin zur Abfassung seiner Promotionsschrift[15] (1937) entwickelnde und nach 1945 entfaltete intellektuelle Kraft und erziehungswissenschaftliche Originalität hätten ihn keineswegs unabhängig von den nach 1945 vorgefundenen gesellschaftlichen Bedingungen dafür prädestiniert, wissenschaftliches Renommee und bildungspolitischen Einfluß zu erlangen. Die unvorstellbar leidvolle Erfahrung nationalsozialistischer Menschenverachtung radikalisierte zudem seine sich bereits gegen Ende der Weimarer Republik abzeichnende gesellschaftliche Fundamentalkritik: Nationalsozialismus und die durch ihn verursachte „Lage des deutschen Volkes" an seinem erzwungenen Ende wurden von Alt 1946 „marxistisch-leninistisch" interpretiert und als „potenziertes Phänomen" des zu einer Lösung drängenden Widerspruchs zwischen der im 20. Jahrhundert erreichten „Entwicklungsstufe der Produktivkräfte, den bürgerlichen Eigentumsformen und der gesellschaftlichen Organisationsform" begriffen.[16] Seine antifaschistische Grundhaltung verband sich nunmehr auf das engste mit der als „gesetzmäßig"

erkannten Aufgabe, soziale Demokratie zu verwirklichen. Alts „Kampf gegen den Faschismus und Militarismus" war zu einem „Kampf gegen eine Gesellschaftsordnung"
gereift, „die diese Mächte produziert hat". Schon früh legte er sich im Einklang mit der in
der SBZ Geltung erlangenden Gesellschaftsprogrammatik auf das Ziel einer „Demokratie
des werktätigen Volkes fest".[17]

*Drittens* schließlich ist über Robert Alts professionelles, berufsbiographisches Verhältnis
zur Reformpädagogik in den biographischen und werkgeschichtlichen Abrissen recht
wenig und wenn, dann recht Widersprüchliches zu erfahren. Nach seinem Studium in
Philosophie und Soziologie an den Universitäten in Breslau und Berlin (1924-1927) sowie an der Pädagogischen Akademie in Frankfurt (1927-1929), wo er 1929 die „erste
Prüfung für das Lehramt an Volksschulen 'mit Auszeichnung'" bestand, unterrichtete
Robert Alt bis 1933 an einer Volksschule, die der vom renommierten Reformpädagogen
Fritz Karsen geleiteten Karl-Marx-Schule in Berlin-Neukölln angeschlossen war. Ihm
wegen dieser beruflichen Vergangenheit uneingeschränkt eine besondere Affinität gegenüber „der" Reformpädagogik nahezulegen, scheint gewagt. In seinen Schriften und in
seinem Nachlaß zumindest lassen sich dafür keine widerspruchsfreien Anhaltspunkte
finden. Hingegen hat zuerst Marie Torhorst an eine der frühesten Veröffentlichungen
Robert Alts aus dem Jahre 1931 erinnert, in der er sich „gegen eine Erziehung nur vom
Kinde aus" aussprach und statt dessen für die Einsicht in das Verhältnis von Schule und
„kapitalistische(m) System" plädierte.[18]

Von Rudi Schulz sind zu diesem Problem Interna zu erfahren, nämlich einerseits, daß
Robert Alt „sich keiner der zahlreichen reformpädagogischen Bewegungen" angeschlossen hatte (er war allerdings an einer exklusiven reformpädagogischen Einrichtung tätig
und zudem Mitglied des Bundes freier Schulgesellschaften), aber auch, daß er der Reformpädagogik und insbesondere den Neuköllner Schulreformern, also seinen früheren
Kolleg(inn)en, eine große Wertschätzung entgegengebracht hatte, diese Hochachtung
aber „wegen der Zeitumstände" (!) sich nicht öffentlich zu machen getraute.[19] Nachweisen läßt sich solche uneingeschränkte Sympathie nicht. Statt dessen belegt ist Robert Alts
1956 geäußerte Auffassung, daß es zwar „nicht angehe, 'die Reformpädagogen in
Bausch und Bogen zu verdammen', es aber ebensowenig angebracht sei, 'sie heute
durchweg als fortschrittliche Menschen zu bezeichnen'."[20]

Die wohl eher opportunistische Interpretation von Schulz widerspricht zudem der an anderer Stelle behaupteten generellen Integrität seines akademischen Lehrers.[21] Robert Alts Einwand aus dem Jahre 1931, die intendierte Veränderung der Erziehungsverhältnisse nicht *nur* – in klassischer Weise – reformpädagogisch rechtfertigen zu wollen, weist im Vergleich mit seiner Argumentation aus dem Jahre 1946 vielmehr darauf hin, daß seine ambivalente Beziehung zur reformpädagogischen Theorie und Praxis sich bereits an der Wende von den zwanziger zu den dreißiger Jahren, und zwar offenbar speziell unter dem Eindruck der seit Ende des 19. Jahrhunderts entstandenen Theorien über den gesellschaftlichen Charakter von Erziehung bzw. beeindruckt von den zeitgenössischen Versuchen, Erziehung als Funktion der Gesellschaft zu begreifen, nachhaltig konturiert hatte. Es sei die These gewagt, daß Alts reformpädagogische Praxis sich zusammen mit seinem frühen sozialpolitischen und sozialpädagogischen Engagement sowie seinen während des Studiums angeeigneten theoretischen Einsichten zu einer eigentümlichen Symbiose verband. In den biographie- und werkgeschichtlichen Darstellungen diesbezüglich unbeachtet blieb bisher die Möglichkeit, daß Robert Alt auch Elemente der (Sozialisations-) Theorie Ernst Kriecks kritisch rezipiert haben könnte. Allein der Umstand, daß Robert Alt bei Krieck, zumindest aber während dessen Rektorat an der Frankfurter Akademie studiert hatte und aus dieser Zeit wichtige wissenschaftliche Anregungen von einem später bekennenden Nationalsozialisten erfahren haben könnte, wurde in der DDR noch deutlicher tabuisiert als über Jahre Robert Alts reformpädagogische Praxis zwischen 1929 und 1933. Brita Rang hat die Erziehungshistoriker(innen) der DDR daran erinnern müssen, daß es in der SBZ und DDR letztmalig der damals bekennende Marxist und Weggefährte Robert Alts während der antifaschistisch-demokratischen Schulreform in den Jahren 1945 bis 1949, Max-Gustav Lange, gewesen war, der sich öffentlich mit Kriecks Theorie der funktionalen Erziehung auseinandergesetzt hatte und der Krieck immerhin zu bescheinigen wußte, gewichtige Erkenntnisse – freilich in 'verkehrter Form' – entfaltet und funktionalisiert zu haben.[22]

Interessant, wenn auch rezeptionsgeschichtlich im Hinblick auf die Thematik kaum verifizierbar, ist die Tatsache, daß selbst Kriecks Antimarxismus einer bemühten marxistischen Wendung zumindest nicht durchgängig hinderlich gewesen sein mußte. Beispielsweise Kriecks Vorwurf, daß der Marxismus „den Willen des Menschen gänzlich einem technischen System, nämlich der eigengesetzlichen Entwicklung der Produktionsweisen und Produktionsmittel unterordnet", aber – so Krieck – „in Wirklichkeit ... der Mensch durch seinen produktiven Willen Herr und Schöpfer der Kulturmittel, als auch des Wirtschaftssystems ... (ist)", ließe sich nahezu problemlos mit Marx kritisch autorisieren, d.h. Kriecks Unterstellung sich *letztlich* und insofern fundamental korrigieren, als Marx schon 1845 in den Feuerbachthesen explizierte, „daß die Umstände von den Menschen verändert"[23] werden. Und in der „deutschen Ideologie" tritt Marx quasi vorab der Auslegung Kriecks entgegen, wenn er eben diesen durch Krieck verklärten „Willen" der Menschen in den materiellen Bedingungen ihrer Existenz zu begreifen sucht, „Geschichte durch die Aktion der Menschen" bestimmt sieht.[24] Sollte sich Alt bereits während seines Studiums mit Marx befaßt haben,[25] dann hätte er sich kaum genötigt sehen müssen, Kriecks unsachliche Kritik ernst zu nehmen. Dessen Theorie von der Erziehung als Funktion der Gesellschaft scheint in ihrem Kern – wie auch Brita Rangs Exkurs über die Auseinandersetzung Max-Gustav Langes mit Kriecks Thesen zeigt – vielmehr in materialistischem Sinne ausdeutbar, also in der Suche nach einem materialistischen, soziologisch fundierten Begriff von Erziehung produktiv gewesen zu sein.

Wird aber Erziehung in *letzter* Instanz als sozial determiniertes Phänomen akzeptiert, dann freilich setzt die Kritik an „der" Reformpädagogik – und damit ebenfalls mit bzw. wie bei Krieck – eben dort an, wo Reformpädagogen Erziehung primär „vom Kinde aus" zunächst zu verstehen und schließlich für die institutionalisierte öffentliche Erziehungspraxis zu konzipieren sich bemühten. Für Krieck war speziell die Schule gesellschaftliches „Werkzeug, Organon", das „durch eine Mannigfaltigkeit von Zwecken und Beziehungen in Leben und Geschichte verflochten und selbst zu einer Lebensform mit eigener Gesetzmäßigkeit und Geschichte erwachsen" ist.[26] Analog, wenn auch in ihrer gesellschaftlichen Determination noch radikaler, definierte Robert Alt 1946 die Schule als „nur ein Hilfsmittel der erziehenden Wirklichkeit, [sie] tritt als Institution nur in bestimmten gesellschaftlichen Konstellationen auf und wechselt Charakter, Aufgabe und Methode mit den sozialen Verhältnissen".[27]

Einig war sich Alt mit Krieck auch darin, daß sich Schule anstatt durch Spontaneität durch eine „methodische und systematische Lehre"[28] auszeichne und auszeichnen müsse bzw. – wie Alt 1947 schrieb – als eine „organisierte Institution mit regulierten Plänen, mit einem kontinuierlichen Zweckhandeln, ... mit in Regeln gebrachten, kodifizierten, methodisch zu erfüllenden Aufgaben".[29] Krieck erschien eine Pädagogik, die ihr Selbstverständnis „vom Kinde aus" begründete, schon deshalb widersinnig, weil sie die Tatsache der Geschichtlichkeit des Subjekts und der Gemeinschaft verdränge. Und er illustrierte: „Schon heute können wir nicht mehr dichten, wie Schiller gedichtet hat, nicht mehr philosophieren, wie Kant philosophierte ... Wir sind einem anderen Gemeinsubjekt eingereiht: unser Weltbild, unsere Welt und darum unsere Bildung sind andere".[30]

Ebenso verstand Robert Alt das „Da-sein und So-sein des Wissens" durch „zeitlich veränderliche gesellschaftliche Konstellationen" bestimmt.[31]

Nicht nur in wichtigen kritischen Argumenten vor allem gegenüber Extrempositionen, besser Fundamentalpositionen „der" Reformpädagogik lassen sich systematische Parallelen aufweisen, auch die Hervorhebung reformpädagogischer Leistungen ist Krieck und Alt gemeinsam. Alt stellte 1947 als produktive Tendenzen besonders „die Beachtung kindlicher Eigenart", die Entwicklung „einer kindertümlichen Form der Schularbeit", die Förderung einer „lebendigen Gestaltung des Unterrichts" sowie deren „Lehr- und Lernart" heraus.[32] Krieck lobte nicht viel anders, daß man „durch Anwendung psychologischer Erkenntnisse dem Kind den Weg weisen (wolle), sein Inneres zur äußeren Darstellung zu bringen". Er bezweifelte aber sogleich die vornehmlich auf Individuation zielenden Erfolgsaussichten gesellschaftlich determinierter Erziehungsanstrengungen.[33] Krieck hielt zwar Individualität für „eine höchst wichtige Sache", aber grundsätzlich für das „Ergebnis der Selbsterziehung", des „freien Weiterwachsens innerhalb der typischen Erziehung". Erziehung sei „stets auf den Typ, niemals auf die Individualität eingestellt".[34] Auch Robert Alt schlußfolgerte nahezu analog aus dem gesellschaftlichen Charakter von Erziehung deren erstrangige Funktion, „innere Einstimmigkeit der Gruppe", und zwar als individuelle Disposition herzustellen, „Consensus" zu vermitteln, das Individuum in das „Kollektivganze" einzugliedern, ohne jedoch „Uniformität" anzustrengen.[35]

Zweifellos wäre es verkürzt, Robert Alts Erziehungsbegriff allein oder ursprünglich auf die Theorie Ernst Kriecks zurückzubeziehen. Vielmehr ist es richtig, wenn Brita Rang ferner darauf verweist, daß Robert Alt in seinen frühen Arbeiten zum einen „noch innerhalb einer Begrifflichkeit (verbleibt), die ... eher an Kerschensteiner oder Spranger als an Marx, Lenin oder Makarenko erinnert", und sie zum anderen bei Alt ein „deutliche(s) Anknüpfen ... an theoretische Teilstücke der deutschen vorfaschistischen Soziologie" konstatiert.[36] Alt selbst beruft sich auf Erkenntnisse der „amerikanische(n) Sozialpsychologie", die er allerdings nicht näher qualifizierte und die er offenkundig auch nicht ad hoc

zitierfähig zu reproduzieren vermochte.[37] Und von Rudi Schulz ist zu erfahren, daß Alt
aus den Soziologie- und Völkerkundevorlesungen Alfred Vierkandts „starke Impulse für
sein späteres Schaffen" empfing.[38]

Die Ähnlichkeiten sowohl des (funktionalen) Erziehungsbegriffs und der Krieck und Alt
gemeinsamen kritischen Distanz gegenüber „der" Reformpädagogik sowie folglich auch
in deren Argumentationsmustern lassen aber auch die Behauptung eines rezeptions-
geschichtlichen Zusammenhangs speziell zwischen Kriecks funktionalem Erziehungsbegriff und Robert Alts Theorie des Verhältnisses von Erziehung und Gesellschaft gerechtfertigt erscheinen. Kriecks Sozialisationstheorie mochte dem an soziologischen Fragen
außerordentlich interessierten Studenten Robert Alt durchaus attraktiv erschienen sein.
Mögliche politische Vorbehalte des Jungsozialisten Robert Alt hätten durch die Tatsache
einigermaßen beruhigt werden können, daß Ernst Krieck 1928 immerhin von Carl Heinrich Becker, dem damaligen preußischen Kultusminister und Förderer einer republika-
nisch-demokratischen Universitätsreform, an die Pädagogische Akademie nach Frankfurt
berufen worden war. Becker hatte sich überdies für die universitäre Etablierung der Soziologie stark gemacht.

Die freilich gravierende politisch-"weltanschauliche" Differenz zwischen dem konservativen Revolutionär und späteren Nationalsozialisten Ernst Krieck und dem jungen Sozialisten Robert Alt mußte generell einer kritischen Rezeption wenigstens von Teilen der
Krieckschen Erziehungstheorie ebenfalls nicht zwingend entgegengestanden haben.
Maßgeblich inspiriert von Alts Nachkriegsarbeiten wurde in der DDR bereits seit der
Mitte der fünfziger Jahre der weithin politisch und bis hin zu den achtziger Jahren auch
seitens der herrschenden Historiographie in der DDR akzeptierte Versuch unternommen,
eine Erziehungsgeschichte aus marxistischer Sicht zu schreiben, ohne – auch am eigenen
Selbstverständnis gemessen – auf originäre marxistisch(-leninistisch)e Forschungen re-
kurrieren zu können,[39] statt dessen aber bisherige Bildungshistoriographie neu zu inter-
pretieren, sie „aufzuheben" – ein Verfahren im übrigen, daß bereits Alts Dissertationsschrift geleistet hatte.[40]

**Zu Kontinuität und Diskontinuität des ambivalenten Verhältnisses gegenüber der Reformpädagogik nach 1945**

Selbst wenn davon ausgegangen werden kann, daß Robert Alt sein Verständnis von Erziehung bereits während seiner akademischen Ausbildung zum Begriff entwickelt hatte und sein funktionales Erziehungsverständnis seitdem weithin konsistent geblieben ist, so wurde die Praxisdimension dieses Erziehungsbegriffs durch ihn doch erst nach 1945 in bemerkenswerter Weise entfaltet. Inwieweit es sich dabei lediglich um eine durch die geschichtlichen Umstände provozierte Akzentverschiebung handelte, kann schwerlich entschieden werden. Denn erst mit der durch die Fremdbefreiung vom Nationalsozialismus sich bietenden Chance, die deutschen Erziehungsverhältnisse radikal zu verändern, wurden pädagogisch-praktische und bildungspolitische Konsequenzen seiner Erziehungsauffassung auch nachgefragt. Anders als die maßgeblichen geisteswissenschaftlich orientierten Repräsentanten der universitären deutschen Erziehungswissenschaft vor 1933 – anders auch als Krieck – suchte Robert Alt nach 1945 in seinen Schriften und in seinen Vorlesungen „pädagogisches Tun", bildungspolitisches Handeln und erziehungs-"theoretische Besinnung" zu einer begrifflichen, bildungspolitisch instruierenden Einheit zu vermitteln. Insbesondere die Beschäftigung mit der Geschichte der Erziehung machte für ihn nur Sinn, wenn diese eine Beziehung zur aktuellen Praxis besitzt, wenn sie verspricht, sich über die Ziele und Probleme professionellen pädagogischen Agierens Klarheit zu verschaffen.[41]

Die bildungspolitische Konsequenz des funktionalen Erziehungsbegriffs herauszustellen, wurde mit einiger Sicherheit durch den Umstand gefördert, daß Robert Alt Anfang April 1946 durch Paul Wandel, den Präsidenten der Zentralverwaltung für Volksbildung, beauftragt worden war, „einen Aufsatz zu dem Schulgesetz (zu) schreiben", der dann („an repräsentativer Stelle") sogleich nach dem Geleitwort der Redaktion im Eröffnungsheft der Zeitschrift „pädagogik" unter dem Titel „Zur gesellschaftlichen Begründung der neuen Schule" erschien. Robert Alt war vom maßgeblichen Bildungspolitiker der SBZ angehalten worden, „die Bedeutung der Schulreform, die Formung neuer Schulen aufzuweisen, Probleme aufzudecken, die Sache möglichst so abzufassen, daß sie eine Diskussion auslöst".[42]

Alt kam diesem bildungspolitischen Auftrag nach, indem er die Bedeutung der Schulreform entlang seines funktionalen Verständnisses von Erziehung erklärte. Dabei wendete

er seinen gesellschaftlichen Erziehungsbegriff zum Gesetz des Handelns, „Kausalität"
zum Imperativ: Wenn Erziehung „nicht jenseits des geschichtlichen Prozesses (verläuft)"
und stets „Mittel der Fortdauer einer Gesellschaft ist", dann muß auch „der Neubau der
deutschen Schule ... seine konstruktiven Impulse und grundlegenden Aufbaugesetze aus
den großen Entwicklungslinien unserer Zeit nehmen". Das hieß für Alt, die Schulreform
in den Dienst der „Entfaltung der formalen Demokratie zur sozialen Demokratie" zu
nehmen.[43] Aufgabe der Schule sei es, „im Rahmen einer Vervollkommnung der Demokratie den Umkreis kultureller Beziehungen für alle Schichten des Volkes nicht mehr
verschieden sein zu lassen, sondern die bildenden Werte eines weit ausgedehnteren Be-
reichs kultureller Güter in allen Kindern zum Leben zu erwecken".[44]

Diese sozialwissenschaftlich legitimierte, widerspruchsfrei scheinende Indienstnahme der
Schule für politische Zwecke, für die gesellschaftliche Umgestaltung im Nachkriegs-
deutschland, zwang zunächst nicht zur vordergründigen Kritik der reformpädagogischen
Tradition. Denn Robert Alt begründete die demokratische Schulreform eben nicht „vom
Kinde aus", sondern er leitete sie allein vom gesellschaftspolitischen Ziel der demokratischen Umgestaltung ab. Und er schlußfolgerte weiter, daß sich von daher auch „eine
grundlegende Wandlung in den Bildungsinhalten" und hinsichtlich des „Bildungsvorgan-
g(es)" sich vollziehen müsse.[45] In der Konsequenz seiner gesellschaftlichen Bestimmung
des Charakters der Schule und der Bildungsinhalte prognostizierte Alt sogar adäquate
„neue Formen und Verfahren" der Schularbeit bis hin zu einer *neuen* „Unterrichtsmethode". Und er versprach, diese in „einer späteren Darstellung" zu charakterisieren.[46]

Schulverfassung, Bildungsgehalt und Didaktik wurden von Alt mithin in einer Weise hierarchisch und eindimensional auseinander deduziert, die jegliches Rezeptionsbedürfnis an
sich ausschloß. Allerdings blieb seine Argumentation insofern inkonsequent, als er beispielsweise dem notwendig anzueignenden Wissen auch Bestandteile der Überlieferung
zuordnete, denen er aber dann auch eine vermittelt sozial definierte und rezeptionswürdi-
ge Lehr- und Aneignungsmethode hätte zuschreiben müssen. Marx folgte er hier gewiß
nicht. In dialektisch- und historisch-materialistischem Sinne hätte Alt es eher wagen dürfen, wenigstens in Elementen der Reformpädagogik jene „im Schoß der alten Gesellschaft selbst ausgebrütet(en)" Keime des Neuen zu entdecken, die es nunmehr zu entfes- ·
seln galt.[47]

Erst zugegeben durch Probleme der praktischen Gestaltung der Schularbeit gezwungen, äußerte er sich gut ein Jahr nach seiner Begründung des gesellschaftlichen Charakters der Schulreform „Zum Problem der Unterrichtsmethode in der demokratischen Schule". Sein vorjähriges Versprechen, der demokratischen Schulreform zugemessene „neue Formen und Verfahren" auszuweisen, löste er freilich nicht ein. Hier aber konturierte er eine Art und Weise der Auseinandersetzung mit der Reformpädagogik, wie sie für jene bildungsgeschichtlichen Entwicklungsphasen der DDR typisch wurde, in denen überhaupt Kritik anstatt Entwertung und Ausgrenzung möglich war.

Zunächst distanzierte Robert Alt die demokratische Schulreform erneut, nunmehr aber ausdrücklich von der reformpädagogischen Tradition. Man dürfe nicht vergessen, „daß die heutige gesellschaftliche Situation und somit auch die Gestaltung und Funktion der Schule und ihres Unterrichts eine andere ist als zur Zeit jener die fortschrittlichen Lehrer ergreifenden Bewegung".[48] Eigentümlich und in dialektisch-materialistischem Sinne unschlüssig ist Robert Alts Argumentation aber im weiteren, wenn er die demokratische Schulreform in der SBZ zwar hinsichtlich der für ihn zwingenden „Umgestaltung der Unterrichtsmethode vor eine gewisse (reformpädagogische -U. W.) Tradition gestellt sieht", die Geschichtlichkeit der Schulreform aber bezüglich der „organisatorischen Gestaltung" der Schule, „wenigstens was ihre praktische Durchführung betrifft", günstigstenfalls relativiert und sie weithin als „Neuland" hinstellt, anstatt sie ebenfalls historisch-materialistisch zu begründen. Lediglich in einem bildungsgeschichtlich klar abgegrenzten und abgeschlossenen Raum erkennt Robert Alt der Reformpädagogik uneingeschränkt „fortschrittliche Tendenzen" zu. Ein Rezeptionsbedürfnis aber bestreitet er anhand seines Erziehungsbegriffs systematisch, wenn auch wiederum Ausnahmen zulassend: „So wird *vielleicht* mancher Errungenschaft, manchem Detail dieser Reform im Zusammenhang mit der heute gänzlich veränderten Gesamtsituation eine andere Bedeutung zukommen, so wird dieser oder jener mit Emphase verkündeten Neuerung und Umgestaltung im Rahmen der heutigen Verhältnisse *vielleicht* ein geringeres Gewicht beigemessen, *vielleicht* sogar eine negativ zu bewertende Rolle zuerkannt werden müssen."[49]

Mit seinem streng funktionalen Erziehungsverständnis ist solche vage Relativierung der ansonsten prinzipiellen Abgrenzung gegenüber den in der damaligen Praxis tradierten reformpädagogischen Unterrichtsmethoden schwerlich vereinbar. Und nirgendwo findet sich in seinem Aufsatz von 1947 dafür eine erziehungswissenschaftliche Legitimation,

statt dessen weitere relative Distanzierungen, z.b. daß es falsch sei, „für die Schule ausnahmslos *'natürliches Lernen' zu fordern*"[50] oder daß „eine als historische Psychologie
betriebene Jugendpsychologie" *allein* keine Unterrichtsmethoden begründen könne,[51]
auch, daß es keinen absoluten Gegensatz von Lern- und Arbeitsschule gäbe.[52] Offenkundig sah Alt für seine ansonsten fundamentalkritische, marxistisch bemühte Abgrenzung gegenüber der reformpädagogischen Tradition auch keinen Erklärungsbedarf.
Wenn er für Unterrichtsmethoden plädierte, die formal auch dem reformpädagogischen
Repertoire, beispielsweise der sogenannten Arbeitsschulmethodik, zurechenbar sind, leitete er sie konsequent aus dem gesellschaftlichen Charakter der Schulreform bzw. speziell aus dem sich wandelnden Charakter der Arbeit ab.[53]

Die Kernfrage, wie die in der Schule an die Kinder herangetragenen gesellschaftlichen
Bedürfnisse, das systematisch zu vermittelnde Wissen und eine „bis in das kleinste Detail" zu planende unterrichtliche Erziehung[54] in Einklang mit der „kindlichen Eigenart"
gebracht werden könnten,[55] suchte Alt in erster Linie sozialwissenschaftlich zu beantworten. Und ausschließlich die Geschichtlichkeit, d.h. den „letzten" gesellschaftlichen
„Bezug" auch der Unterrichtsmethoden herauszustellen, scheint Alts Anliegen gewesen
zu sein.

Die rückblickend als für die DDR-Pädagogik „wegweisend"[56] beschriebene Auseinandersetzung mit der Reformpädagogik war insofern in der Tat zwiespältig, aber keineswegs,
wie damit in aller Regel unterstellt, differenziert, d.h. in angemessener Weise ausgewo-
gen. Denn seine erziehungstheoretische Argumentationsfigur entwickelte er zugegeben
zum Zwecke der Abgrenzung gegenüber der praxisrelevanten reformpädagogischen
Tradition. Reformpädagogik erscheint in seiner bildungshistorischen Perspektive
„fortschrittlich", in Relation mit dem seit 1945 versuchten gesellschaftlichen Aufbruch
hingegen rückwärtsgewandt, somit bezüglich der intendierten gesellschaftlichen Wand-
lungsprozesse inkompatibel. Andererseits räumt Alt immerhin ein, daß der „Ruf 'vom
Kinde aus'" zumindest hinsichtlich der „Lehr- und Lernart" *möglicherweise* nach wie vor
„zu Recht" erhoben wird. Sein funktionales Erziehungsverständnis und seine Erfahrung
reformpädagogischer Leistungen sind offenkundig begrifflich nicht bündig zu vereinbaren
gewesen. Der Versuch, Elemente der reformpädagogischen Praxis mit seinem funktionalen Erziehungsbegriff zu versöhnen, bleibt eklekti(zisti)sch. Letztendlich machte es ihm
sein streng soziologisches Erziehungsverständnis unmöglich, vorbehaltlos für eine Re-

zeption des reformpädagogischen Erbes zu plädieren. Er schloß sie lediglich aus dem rezeptionswürdigen pädagogischen Erbe nicht rigoros aus. Eine systematische Begründung für seine gewisse Toleranz gegenüber der beobachteten Tradierung genuin reformpädagogischer Unterrichtsmethoden bot er nicht an. Da er sein Versprechen aus dem Jahre 1946 nicht einlösen konnte, im Detail neue und zugleich praktikable, der Praxis und der Perspektive der Schulreform zugleich angemessene Lehr- und Lernmethoden zu deduzieren, blieb sein Bemühen, sich bezüglich „der Unterrichtsmethode" erziehungstheoretisch von der reformpädagogischen Tradition zu distanzieren, notgedrungen paradox.

Das Dilemma aber, marxistisch bemühtes Verständnis über den Zusammenhang von Erziehung und Gesellschaft und die von daher begründete gesellschaftspolitische Funktionszuweisung an Erziehung einerseits mit der kritisierten reformpädagogischen Praxis besonders der Versuchsschulen andererseits konfrontiert zu sehen und sich gegenüber solchen reformpädagogischen, über den gesellschaftlichen Zustand hinaus greifenden Projekten – wie im Falle Robert Alts sogar beruflich – verhalten zu müssen, hatte bereits eine bis in die Weimarer Zeit zurückreichende Tradition.[57] Analog der Kritik Clara Zetkins am Weimarer Schulkompromiß und der 1922 gesetzgeberisch in Aussicht genommenen Zulassung weltlicher Schulen, die sie allenfalls als „ein paar kleine, bescheidene Schwalbennester" am „stolzen Dom der Bekenntnisschule" „angeklebt" sah,[58] beanstandete auch der damalige kommunistische Bildungspolitiker Edwin Hoernle: „Indem die Behörden da und dort eine Versuchsschule zulassen, entheben sie sich ihrer Pflicht, eine brauchbare *Gesamtreform aller Schulen* durchzuführen".[59] Hoernle betonte aber zugleich, daß „unsere Erziehung ... sowohl 'vom Kinde aus' (geht), um mit den Reformpädagogen zu sprechen, wie von der Klasse aus." Grundsätzlich jedoch dürfe sich eine sozialistische Reformpädagogik mit der Rezeption reformpädagogischer Methoden nicht begnügen. Und er prognostizierte, daß reformpädagogische Methoden angewendet würden „als Stufen auf dem Wege, der höher führt zur Eingliederung der Schule in die Industrie und in das gesamte öffentliche Leben".[60]

Eine derart weitgehende, bis zum Anfang der dreißiger Jahre kommunistischerseits durchaus übliche, in marxistischem Sinne „aufhebende" Rezeption der reformpädagogischen Tradition hielt Robert Alt 1947 nicht vonnöten, erziehungstheoretisch nicht gerechtfertigt und auch bildungspolitisch für nicht wünschenswert.

Brisant wurde Robert Alts Argumentation schon wenig später, als sie von den radikalen Gegnern der Reformpädagogik und Befürwortern einer (stalinistischen) Sowjetpädagogik herbartianischer Prägung aufgegriffen wurde, die verstärkt seit 1948, besonders aber im Umkreis des 4. Pädagogischen Kongresses 1949 an bildungspolitischem Einfluß gewannen. Alts Verständnis über das Verhältnis von Erziehung und Gesellschaft und über die (abgeleitete) bildungspolitische Aufgabe, Schule primär ausgehend von den gesellschaftlichen Bedürfnissen zu gestalten, bot in der doktrinär verkürzten Perspektive der Radikalkritiker gleichsam einen paradigmatischen Unterbau, eine reife erziehungswissenschaftliche Legitimation. Und es war in diesem Sinne nur folgerichtig, wenn militante Gegner der Reformpädagogik wie Hans Siebert, der gerade zu dieser Zeit aus seinem bisherigen Amt als Hauptreferent für Schul- und Erziehungsfragen beim Zentralsekretariat der SED ausschied und zum Gründungsdirektor des DPZI ernannt wurde, oder Wolfgang Groth, sein Nachfolger im SED-Parteiapparat, Reformpädagogik und spätbürgerliche/kapitalistische/imperialistische Gesellschaftsverfassung epochal zusammenbanden. Für Siebert war umstandslos klar, „daß es nur eine Theorie gibt, die diesen besonderen Bedingungen und Forderungen (der „antifaschistisch-demokratischen Ordnung" – U. W.) entspricht", und das sei die marxistische Erziehungswissenschaft.[61]

Wie Siebert, aber auch Alt, sprach sich ebenfalls Groth, allerdings vorerst in ungleich schärferem Vokabular als Alt, dagegen aus, „einfach schulreformistische Bestrebungen aus der Zeit vor 1933 in die Gegenwart hinüberretten zu wollen". Das Hauptproblem der reformpädagogischen Rezeption meinte er – wie Alt – darin sehen zu können, daß „die unlösbare Einheit von Inhalt und Methode übersehen" würde, mithin z.B. nicht eine Arbeitsschulmethodik für den Unterricht in der „antifaschistisch-demokratischen Schule" Geltung erlangen könne, die dem Schulwesen eines „Obrigkeitsstaates" bzw. selbst „der sogenannten fortschrittlichen bürgerlichen Schule" entspräche.[62] Und wie Alt hielt auch er unterrichtspraktische Probleme bei der Anwendung reformpädagogischer Methoden allenfalls für sekundär. Vielmehr bemühte er sich wie dieser um eine prinzipielle, erziehungstheoretisch fundierte Abgrenzung: Es sei gesagt worden, „daß die Arbeitsschule 'schon deshalb' abzulehnen sei, weil die Klassen zu groß und zu wenig Lehrbücher vorhanden seien. Dieses 'schon deshalb' spricht Bände. Das entscheidende Moment für den mangelhaften ideologischen Klärungsprozeß dürfte jedoch in dem immer wieder zu beobachtenden Unvermögen bestehen, die grundsätzlichen Fragen der Schule im großen Zusammenhang der Geschehnisse zu sehen".[63] Während der sich mit den deutschen Staatengründungen zuspitzenden gesellschaftssystemischen Ost-West-Auseinandersetzung auch auf bildungspolitischem Gebiet neigte auch Robert Alt dazu, seine Kritik an der – nunmehr auch durch ihn als „spätbürgerlich" stigmatisierten – Reformpädagogik zu verschärfen. So erklärte er 1949 die Reformpädagogik ausdrücklich mitverantwortlich für die Ausgrenzung der Volksschülerschaft von wissenschaftlichem Wissenserwerb. Auch sein erziehungstheoretisches Verständnis von lebens- und gegenwartsnaher Erziehung setzte er entschieden von zugegeben durchaus erfolgreichen reformpädagogischen Bemühungen ab, eine lebens- und gegenwartsnahe Methodik zu kreieren.[64]

Schwerlich kann Robert Alt daher zugute gehalten werden, den damals wortführenden Radikalkritikern der Reformpädagogik offensiv entgegengearbeitet und die Fürsprecher der Reformpädagogik gestützt zu haben. Sein marxistisch bemühter Erziehungsbegriff, auf den sich die Radikalkritiker immerhin paradigmatisch berufen konnten, hielt dafür auch kaum ein geeignetes Instrumentarium bereit. Vielmehr lieferte es ihnen das treffsicherste Argument.

In einem Vortrag, den er anläßlich eines Aufenthaltes 1954 in China gehalten hatte und dessen deutschsprachige Manuskriptfassung überliefert ist, identifizierte Robert Alt sich überdies sogar mit den Wortführern der bildungspolitischen und pädagogischen Radikalkritik an der Reformpädagogik: „Wir hatten nach 1945 lange und schwere Auseinandersetzungen mit allen diesen reformerischen Ansichten, die gerade in den sonst fortschrittlich gesinnten Kreisen unserer Lehrerschaft weite Verbreitung gefunden hatten. [...] Es bedurfte langer Diskussionen, bis die Mehrzahl der Lehrer erkannte, daß jene Reformbewegungen, an denen sie früher teilgenommen hatten, in Wahrheit nur reformistische, opportunistische Manöver gewesen waren, daß jene Reformbewegungen nur scheinbar dem Verlangen nach der Abkehr von einem dogmatischen und starren Unterricht nachgaben, daß aber der wahre Kern der Methodenlosigkeit der war, der großen Masse des Volkes ein gründliches systematisches Wissen zu verweigern, ihr nur bruchstückhafte Kenntnisse zu vermitteln und so das Bildungsniveau der Arbeiter- und Bauernmassen möglichst gering zu halten".[65]

Solcherart auch eigene – um mit Alt zu sprechen – „grobschlächtige und schlechthin ver-
dammende Urteil(e)"[66] gegenüber der Reformpädagogik zurückzunehmen, fand sich Robert Alt bereits zwei Jahre später bereit. Wie schon in den Jahren 1946 bis 1949 sah er
seine neuerliche und bildungspolitisch gewichtige Stellungnahme zur Rezeptionsproble-
matik der Reformpädagogik durch die sich im Klima des „Neuen Kurses" nach Stalins
Tod verstärkenden Tendenzen veranlaßt, reformpädagogische Praktiken aus der Zeit von
vor 1933 wiederzubeleben.[67] Ausdrückliches Anliegen war es ihm, die schulreformerische
Tradition „richtig zu bewerten und zu beurteilen".[68] Das aber bedeutete für ihn, zu versuchen, „die Grenzen für die pädagogische Diskussion zu ziehen",[69] zwischen Aneignung
und Distanzierung „die richtige Gewichtsverteilung vorzunehmen".[70]

Im Vorwort des Nachdruckes dieses Aufsatzes sehen die Herausgeber seiner „Pädagogischen Schriften" Alts neuerliche Stellungnahme insofern zu Recht in der Kontinuität
seiner Veröffentlichungen zur Reformpädagogik aus der zweiten Hälfte der vierziger
Jahre, als er sich auch 1956 nicht veranlaßt fand, seine frühere, erziehungstheoretisch
geprägte Haltung dahingehend zu korrigieren, daß die Reformpädagogik prinzipiell anderen gesellschaftlichen Verhältnissen als in der DDR adäquat sei. Während er jedoch noch
1947 lediglich die berechtigte Möglichkeit, Reformpädagogik zu tradieren, nicht gänzlich
ausschließen mochte, entfaltete er Mitte der fünfziger Jahre seinen nunmehr allgemeine
Geltung beanspruchenden, mit der Marxschen Geschichtsauffassung durchaus zu verein-
barenden, zugleich pragmatischen und doktrinär konformen, durch den stalinistischen
Ideologen A. Shdanow[71] autorisierten Rezeptionsbegriff. Notwendig sei es, sich
„Rechenschaft darüber ab(zu)legen, inwieweit in der betrachteten Epoche pädagogische
Ansichten und Praktiken gefunden werden, die zu den heute bei uns gültigen hinführen
und die uns beim Aufbau einer sozialistischen Schule helfen können".[72] Seine Auffassung
über die grundsätzliche Interessendivergenz von „imperialistischer" Reformpädagogik
und realsozialistischer Pädagogik[73] meinte er nach wie vor durch seinen (funktionalen)
Erziehungsbegriff legitimiert. Anders als noch 1947 scheint aber Robert Alt nunmehr bei
prinzipieller Abweisung der reformpädagogischen Tradition gewußt zu haben, welche
„Momente" der Reformpädagogik bildungspolitisch überhaupt als rezeptionswürdig in
Frage kommen könnten.

Robert Alt wird man somit insgesamt kaum vorwerfen dürfen, die Reformpädagogik aus
dem in der DDR für rezeptionswürdig befundenen pädagogischen Traditionsbestand de-

zidiert „verdrängt" zu haben. Abwegig ist es aber, ihm das Verdienst zuschreiben zu wollen, die spätestens ab 1949 in der SBZ/DDR bildungspolitisch diskreditierte reformpädagogische Tradition für die DDR-Pädagogik wiederentdeckt zu haben. Er führte Bestandteile des reformpädagogischen Erbes allenfalls an den doktrinär eng limitierten Traditionsbestand der DDR-Pädagogik heran. Stets waren seine thematisch relevanten Stellungnahmen entschieden mit dem Ziel vorgetragen worden, einen beobachteten wachsenden Einfluß des reformpädagogischen Erbes auf die pädagogische Entwicklung in der DDR bildungspolitisch, aber erziehungstheoretisch argumentierend zu begrenzen.[74] Seine prinzipielle Abweisung der Reformpädagogik blieb durch sein Verständnis über den Zusammenhang von Erziehung und Gesellschaft konsistent, deshalb jedoch nicht schon dogmatisch, insofern er besonders seit der Mitte der fünfziger Jahre originär reformpädagogische Erziehungsmethoden im Interesse der Qualifizierung der DDR-Pädagogik „aufzuheben" trachtete. Damit rechtfertigte Robert Alt Mitte der fünfziger Jahre eine selektive und ambivalente, zwischen Aneignungsempfehlung und Abweisung oszillierende Rezeptionspraxis, wie sie schließlich – entgegen der landläufigen Auffassung – auch im ausdrücklichen bildungspolitischen Interesse[75] besonders für das letzte Jahrzehnt der DDR charakteristisch wurde.[76]

**Anmerkungen:**

1    Vgl. *Schulz, Rudi*: Robert Alts Leistungen für die Pädagogik in der ehemaligen SBZ/DDR. Erster Versuch einer Neubewertung. In: Schmoldt, Benno in Zusammenarbeit mit Schuppan, Michael Soeren (Hrsg.): Pädagogen in Berlin. Auswahl von Biographien zwischen Aufklärung und Gegenwart. Hohengehren 1991, S. 367.

2    *Robert Alt*: Pädagogische Werke, hrsg. v. Rudi Schulz. Bd. 1, Berlin 1985; Bd. 2, Berlin 1987.

3    Vgl. *Schulz, Rudi*: Robert Alts Leistungen ..., a.a.O.

4    Vgl. *Pehnke, Andreas*: Ein Plädoyer für unser reformpädagogisches Erbe. In: Ders. (Hrsg.): Ein Plädoyer für unser reformpädagogisches Erbe. Protokollband der internationalen Reformpädagogik-Konferenz am 24. September 1991 an der Pädagogischen Hochschule Halle-Köthen. Neuwied 1992, S. 10.

5    Vgl. *Uhlig, Christa*: Gab es eine Chance? – Reformpädagogik in der DDR. In: Ebd., S. 146.

6    Vgl. u.a. Bibliographie der Arbeiten von Robert Alt. In: *Alt, Robert*: Erziehung und Gesellschaft. In: Ders.: Erziehung und Gesellschaft. Pädagogische Schriften. Ausgewählt, eingeleitet

und erläutert von Karl-Heinz Günther, Helmut König und Rudi Schulz. Berlin 1975, S. 63 f.; *Alt, Robert*: Pädagogische Werke. Bd. 1, a.a.O. (Anm. 2), S. 23 f. (dort vollständiger Nachweis).

7    Vgl. die kollektiv durch die Herausgeber verantwortete Einleitung zu: *Alt, Robert*: Erziehung und Gesellschaft. Pädagogische Schriften. Ausgewählt, eingeleitet und erläutert von Karl-Heinz Günter, Helmut König und Rudi Schulz. Berlin 1975, S. 20 u. 51. Robert Alt hatte offenbar hinsichtlich dieser falschen Datierung seiner Mitgliedschaft in der Schulkommission keinen Korrekturbedarf gesehen.

Vgl. des weiteren: *Schulz, Rudi*: Die wichtigsten Lebensdaten von Robert Alt. In: Robert Alt. Pädagogische Werke. Bd. 1, a.a.O., S. 9; ders.: Robert Alts Leistungen ... a.a.O., S. 381; ders.: Robert Alt. In: Radde, Gerd u.a. (Hrsg.): Schulreform – Kontinuitäten und Brüche. Das Versuchsfeld Berlin Neukölln. Band 2: 1945 bis 1972. Opladen 1993, S. 181.

8    Parteiliche Schulkommissionen wurden allerdings auch bereits in der zweiten Hälfte der vierziger Jahre gebildet. Gegenwärtig ließe der Forschungsstand auch die Interpretation zu, daß diese Schulkommissionen 1958 lediglich reaktiviert wurden. Robert Alt hatte bereits im Jahre 1946 der parteizentralen Schulkommission angehört. Nachdem an der Wende von den fünfziger zu den sechziger Jahren über die Schulkommission beim ZK der SED wichtige schul- und machtpolitische Entscheidungen von strategischer Bedeutung durchgesetzt worden waren, wurde sie offenbar nach 1961 und im Zusammenhang mit den Vorarbeiten zum Bildungsgesetz von 1965 überflüssig.

9    Vgl. *Geißler, Gert/Wiegmann, Ulrich*: Schule und Erziehung in der DDR. Studien und Dokumente. Neuwied 1995, S. 105-125.

10   Alts Argumentation im Jahre 1958 deckt sich mit der von 1946 in seinem Aufsatz: Zur gesellschaftlichen Begründung der neuen Schule. In: *Alt, Robert*: Erziehung und Gesellschaft, a.a.O., S. 80. Zur bildungspolitischen und erziehungswissenschaftlichen Diskussion in der zweiten Hälfte der fünfziger Jahre vgl.: *Geißler, Gert/Wiegmann, Ulrich*: Schule und Erziehung in der DDR, a.a.O., S. 111; *Geißler, Gert*: Zur pädagogischen Diskussion in der DDR 1955 bis 1958. In: Zeitschrift für Pädagogik 38 (1992) 6, S. 913-940, insbesondere S. 924.

11   Vgl. zur „Revisionismusdebatte": cbd.

12   Vgl. *Geißler, Gert/Wiegmann, Ulrich*: Schule und Erziehung in der DDR. Studien und Dokumente. Neuwied 1995, S. 100.

13   Vgl. *Alt, Robert*: Unsere Stellung zur Reformpädagogik. In: Ders.: Erziehung und Gesellschaft, a.a.O., S. 423.

14   Vgl. Briefe Robert Alts an seine Lebensgefährtin, geschrieben 1941/42 aus dem Konzentrationslager „Remu" – ausgewählt, eingeleitet, dechiffriert und erläutert von Leonore Alt. In: Jahrbuch für Erziehungs- und Schulgeschichte. Berlin 28 (1988), S. 163-179.

15   Unter dem Titel „Die Industrieschulen. Ein Beitrag zur Geschichte der Volksschule" reichte Robert Alt 1948 seine als Beiheft der Zeitschrift „Pädagogik" veröffentlichte Promotionsschrift an der Berliner Universität ein.

16   Alt, Robert: Zur gesellschaftlichen Begründung ..., a.a.O., S. 69 f.

17   Die „autonomie der pädagogik". In: Pädagogik 1 (1946), S. 287. Die generelle Kleinschreibung im Original wurde dem aktuell geltenden orthographischen Regelwerk entsprechend geändert. Vgl. zur Rolle Robert Alts bei der Abfassung des Aufsatzes: *Wiegmann, Ulrich*: Das antifaschistische Argument in der pädagogischen Publizistik der SBZ 1946. In: Beutler, Kurt/Wiegmann, Ulrich: Auschwitz und die Pädagogik. (Jahrbuch für Pädagogik 1995). Frankfurt a.M. 1995, S. 138 f. u. Anm. 9.

18    Vgl. *Torhorst, Marie*: Robert Alt zum 60. Geburtstag. In: Jahrbuch für Erziehungs- und Schulgeschichte. Berlin 5/6 (1965/66), S. 410. Torhorst zitiert Alts Beitrag zum Thema „Neutralität in der Schule" veröffentlicht in: Die freie weltliche Schule (1931) 9.

19    Vgl. *Schulz, Rudi*: Robert Alt, a.a.O., S. 179 u. 181.

20    Zit. n. *Geißler, Gert*: Zur pädagogischen Diskussion in der DDR 1955 bis 1958. In: Zeitschrift für Pädagogik 38 (1992) 6, S. 918 f.

21    Vgl. *Schulz, Rudi*: Robert Alts Leistungen ..., a.a.O., S. 381.

22    Vgl. dazu ausführlich: *Rang, Brita*: Pädagogische Geschichtsschreibung in der DDR. Entwicklungsbedingungen der pädagogischen Historiographie 1945-1965. Frankfurt a.M./New York 1982, S. 40 ff.

23    *Marx, Karl*: Thesen über Feuerbach. In: Werke, Bd. 3, S. 5 f.

24    Vgl. dazu insbes.: *Marx, Karl/Engels, Friedrich*: Die deutsche Ideologie. In: Werke, Bd. 3, S. 21.

25    Nachgewiesen ist indes, daß Robert Alt im Literaturanhang der 1947er Fassung seiner 1937 fertiggestellten Dissertationsschrift eine 1932 publizierte Volksausgabe von Karl Marx' Schrift „Das Kapital" verzeichnete. Vgl. *Alt, Robert*: Industrieschulen. Ein Beitrag zur Geschichte der Volksschule. Beiheft der „Pädagogik". Berlin 1948, S. 99.

26    Vgl. *Krieck, Ernst*: Philosophie der Erziehung. Jena 1922, S. 279.

27    *Alt, Robert*: Zur gesellschaftlichen Begründung der neuen Schule. In: Ders.: Erziehung und Gesellschaft, a.a.O., S. 69.

28    *Krieck, Ernst*: Philosophie ..., a.a.O., S. 281.

29    *Alt, Robert*: Zum Problem der Unterrichtsmethode in der demokratischen Schule. In: ebd., S. 92.

30    *Krieck, Ernst*: Philosophie ..., a.a.O., S. 228.

31    *Alt, Robert*: Zur gesellschaftlichen ..., a.a.O., S. 79.

32    Vgl. *Alt, Robert*: Zum Problem ..., a.a.O., S. 89.

33    Vgl. *Krieck, Ernst*: Philosophie ..., a.a.O., S. 271.

34    Vgl. ebd., S. 20.

35    Vgl. *Alt, Robert*: Zur gesellschaftlichen ... , a.a.O., S. 78.

36    Vgl. *Rang, Brita*: Pädagogische Geschichtsschreibung ..., a.a.O., S. 24 u. 30.

37    Vgl. *Alt, Robert*: Zur gesellschaftlichen ..., a.a.O., S. 78.

38    *Schulz, Rudi*: Robert Alts Leistungen ..., a.a.O., S. 369.

39    Vgl. *Rang, Brita*: Pädagogische ..., a.a.O., insbes. S. 22 ff.

40    Vgl. *Alt, Robert*: Industrieschulen ..., a.a.O., S. 7 f.

41    Vgl. *Alt, Robert*: Einführung in die Geschichte der Erziehung. (Einführungsvorlesung). In: Ders.: Pädagogische Werke. Bd. 1. A.a.O., S. 262 f.

42    Vgl. DIPF/BBF-Archiv, Sign. 2663 – unpag.

43    Vgl. *Alt, Robert*: Zur gesellschaftlichen ..., a.a.O., S. 68 ff.

44   Vgl. ebd., S. 75.

45   Vgl. ebd., S. 83 u. 85.

46   Vgl. ebd., S. 85.

47   Vgl. *Marx, Karl*: Zur Kritik der Politischen Ökonomie. In: Werke, Bd. 13, S. 9.

48   *Alt, Robert*: Zum Problem der Unterrichtsmethode. A.a.O., S. 88.

49   Ebd. (Hervorhebungen U.W.).

50   Ebd., S. 91.

51   Ebd., S. 96.

52   Ebd., S. 97.

53   Ebd., S. 98 f.

54   *Alt, Robert*: Einige Gesichtspunkte zur Gestaltung unserer Schulbücher. In: Ders.: Erziehung und Gesellschaft, a.a.O., S. 134.

55   *Alt, Robert*: Zum Problem der Unterrichtsmethode, a.a.O., S. 95.

56   *Günther, Karl-Heinz/Uhlig, Christa*: Zur Rezeption der Reformpädagogik durch die Pädagogik der Deutschen Demokratischen Republik. In: Pädagogik 43 (1988) 9, S. 726.

57   Vgl. *Radde, Gerd*: Fritz Karsen. Ein Berliner Schulreformer der Weimarer Zeit. Berlin 1973, S. 48 ff.

58   Die Schulforderungen der Kommunistischen Partei Deutschlands. Reichstagsrede anläßlich der Beratung eines von Heinrich Schulz vorgelegten Entwurfs eines Reichsschulgesetzes vom 24. Januar 1922. In: *Clara Zetkin*: Revolutionäre Bildungspolitik und marxistische Pädagogik. Ausgewählte Reden und Schriften. Eingeleitet und erläutert von Gerd Hohendorf. Berlin 1983, S. 337.

59   Zit. n.: *Uhlig, Christa*: Edwin Hoernles Auseinandersetzung mit der Reformpädagogik am Beispiel reformpädagogischer Versuchsschulen. In: Jahrbuch für Erziehungs- und Schulgeschichte. Berlin 26 (1986), S. 139.

60   Zit. n.: *Hohendorf, Gerd*: Reformpädagogik und Arbeiterbewegung. (Oldenburger Universitätsreden Nr. 29). Oldenburg 1989, S. 44 f.

61   Vgl. *Günther, Karl-Heinz/Uhlig, Gottfried u.a.*: Zur Entwicklung des Volksbildungswesens auf dem Gebiet der Deutschen Demokratischen Republik 1946-1949. (Monumenta Paedagogica, Bd. III). Berlin 1968, S. 186 f.

62   *Groth, Wolfgang*: Klarheit in den Diskussionen. In: Die neue Schule 4 (1949) H. 22, S. 6.

63   Ebd., S. 5.

64   *Alt, Robert*: Zur Gestaltung unserer Schulbücher. In: Ders.: Erziehung ..., a.a.O., S. 143 u. 154.

65   DIPF/BBF-Archiv. – Nachlaß Robert Alt. – Nr. 7. – Pädagogische Vorträge. Deutschsprachiges Manuskript eines Vortrages, gehalten 1954 in China, Bl. 9.

66   *Alt, Robert*: Über unsere Stellung zur Reformpädagogik, a.a.O., S 443.

67   Vgl. auch: *Günther, Karl-Heinz/Uhlig, Christa*: Zur Rezeption ..., a.a.O., S. 726.

68   *Alt, Robert*: Über unsere Stellung ..., a.a.O., S. 411.

69 Zit. n. *Geißler, Gert*: Zur pädagogischen Diskussion ..., a.a.O., S. 928.

70 *Alt, Robert*: Über unsere ..., a.a.O., S. 411.

71 Vgl. ebd., S. 444.

72 Ebd.

73 Vgl. ebd., S. 443.

74 Vgl. ebd., S. 444.

75 Vgl. *Hohendorf, Gerd*: Reformpädagogik und Arbeiterbewegung, a.a.O., S. 5. Hohendorf verweist hier exemplarisch auf eine Rede der damaligen Ministerin für Volksbildung der DDR von 1985, in der sie betonte, „daß wir uns beim Aufbau unserer sozialistischen Schule mit den reaktionären und reformistischen Inhalten der Arbeitsschulbewegung auseinandersetzen mußten; aber ebenso wichtig war es, den progressiven Kern, das Progressive in der Tradition aufzugreifen, Arbeit und allgemeine Ausbildung zu verbinden".

76 Vgl. dazu ausführlich: *Uhlig, Christa*: Zur Rezeption der Reformpädagogik in der DDR in den siebziger und achtziger Jahren vor dem Hintergrund der Diskussion um Erbe und Tradition. In: Cloer, Ernst/Wernstedt, Rolf (Hrsg.): Pädagogik in der DDR. Eröffnung einer notwendigen Bilanzierung. Weinheim 1994, S. 134-155.

## Quellen- und Literaturverzeichnis

### Quellen:

1. Archivalische Quellen:

Deutsches Institut für Internationale Pädagogische Forschung/Bibliothek für Bildungsgeschichtliche Forschung (DIPF/BBF)-Archiv – Nachlaß Robert Alt

DIPF/BBF-Archiv. – Akte „pädagogik", Sign. 2663 – unpag.

2. Gedruckte Quellen:

ALT, ROBERT: Erziehung und Gesellschaft. Pädagogische Schriften. Ausgewählt, eingeleitet und erläutert von Karl-Heinz Günter, Helmut König und Rudi Schulz. Berlin 1975

DERS.: Pädagogische Werke. Bearbeitet von Rudi Schulz. Bd. 1, Berlin 1985; Bd. 2, Berlin 1987

DERS.: Zur gesellschaftlichen Begründung der neuen Schule. In: Ders.: Erziehung und Gesellschaft, a.a.O., S. 67-85

DERS.: Zum Problem der Unterrichtsmethode in der demokratischen Schule. In: Erziehung und Gesellschaft, a.a.O., S. 86-108

DERS.: Einführung in die Geschichte der Erziehung. (Einführungsvorlesung). In: Ders.: Pädagogische Werke. Bd. 1, a.a.O., S. 259-281

DERS.: Einige Gesichtspunkte zur Gestaltung unserer Schulbücher. In: Ders.: Erziehung und Gesellschaft, a.a.O., S. 132-190

DERS.: Unsere Stellung zur Reformpädagogik. In: Ders.: Erziehung und Gesellschaft, a.a.O., S. 410-444

Briefe Robert Alts an seine Lebensgefährtin, geschrieben 1941/42 aus dem Konzentrationslager „Remu" – ausgewählt, eingeleitet, dechiffriert und erläutert von Leonore Alt. In: Jahrbuch für Erziehungs- und Schulgeschichte. Berlin 28 (1988), S. 163-179

Die „autonomie der pädagogik". In: Pädagogik 1(1946)

Die Schulforderungen der Kommunistischen Partei Deutschlands. Reichstagsrede anläßlich der Beratung eines von Heinrich Schulz vorgelegten Entwurfs eines Reichsschulgesetzes vom 24. Januar 1922. In: Clara Zetkin. Revolutionäre Bildungspolitik und marxistische Pädagogik. Ausgewählte Reden und Schriften. Eingeleitet und erläutert von Gerd Hohendorf. Berlin 1983, S. 333-343

GROTH, WOLFGANG: Klarheit in den Diskussionen. In: Die neue Schule 4 (1949) 22, S. 5 f.

KRIECK, ERNST: Philosophie der Erziehung. Jena 1922


**Literatur:**

GEIßLER, GERT/WIEGMANN, ULRICH: Schule und Erziehung in der DDR. Studien und Dokumente. Neuwied 1995

GEIßLER, GERT: Zur pädagogischen Diskussion in der DDR 1955 bis 1958. In: Zeitschrift für Pädagogik 38 (1992) 6, S. 913-940

GÜNTHER, KARL-HEINZ/UHLIG, GOTTFRIED U.A.: Zur Entwicklung des Volksbildungswesens auf dem Gebiet der Deutschen Demokratischen Republik 1946-1949. (Monumenta Paedagogica, Bd. III). Berlin 1968

GÜNTHER, KARL-HEINZ/UHLIG, CHRISTA: Zur Rezeption der Reformpädagogik durch die Pädagogik der Deutschen Demokratischen Republik. In: Pädagogik 43 (1988) 9, S. 718-727

HOHENDORF, GERD: Reformpädagogik und Arbeiterbewegung. (Oldenburger Universitätsreden Nr. 29). Oldenburg 1989

MARX, KARL: Thesen über Feuerbach. In: Werke, Bd. 3, S. 5-7

DERS.: Zur Kritik der Politischen Ökonomie. In: Werke, Bd. 13, S. 3-160

MARX, KARL/ENGELS, FRIEDRICH: Die deutsche Ideologie. In: Werke, Bd. 3, S. 9-530

PEHNKE, ANDREAS: Ein Plädoyer für unser reformpädagogisches Erbe. In: Ders. (Hrsg.): Ein Plädoyer für unser reformpädagogisches Erbe. Protokollband der internationalen Reformpädagogik-Konferenz am 24. September 1991 an der Pädagogischen Hochschule Halle-Köthen. Neuwied 1992, S. 8-34

RADDE, GERD: Fritz Karsen. Ein Berliner Schulreformer der Weimarer Zeit. Berlin 1973

RANG, BRITA: Pädagogische Geschichtsschreibung in der DDR. Entwicklungsbedingungen der pädagogischen Historiographie 1945-1965. Frankfurt a.m./New York 1982

SCHULZ, RUDI: Robert Alts Leistungen für die Pädagogik in der ehemaligen SBZ/DDR. Erster Versuch einer Neubewertung. In: Schmoldt, Benno in Zusammenarbeit mit Schuppan, Michael Soeren (Hrsg.): Pädagogen in Berlin. Auswahl von Biographien zwischen Aufklärung und Gegenwart. (Materialien und Studien zur Geschichte der Berliner Schule, Bd. 9). Hohengehren 1991, S. 367-389

DERS.: Robert Alt. In: Radde, Gerd u.a. (Hrsg.): Schulreform – Kontinuitäten und Brüche. Das Versuchsfeld Berlin Neukölln. Band 2: 1945 bis 1972. Opladen 1993, S. 179-182

TORHORST, MARIE: Robert Alt zum 60. Geburtstag. In: Jahrbuch für Erziehungs- und Schulgeschichte 5/6 (1965/66), S. 409-421

UHLIG, CHRISTA: Edwin Hoernles Auseinandersetzung mit der Reformpädagogik am Beispiel reformpädagogischer Versuchsschulen. In: Jahrbuch für Erziehungs- und Schulgeschichte. Berlin 26 (1986), S. 138-143

DIES.: Gab es eine Chance? – Reformpädagogik in der DDR. In: Pehnke, Andreas (Hrsg.): Ein Plädoyer für unser reformpädagogisches Erbe. A.a.O., S. 139-151

DIES.: Zur Rezeption der Reformpädagogik in der DDR in den siebziger und achtziger Jahren vor dem Hintergrund der Diskussion um Erbe und Tradition. In: Cloer, Ernst/Wernstedt, Rolf (Hrsg.): Pädagogik in der DDR. Eröffnung einer notwendigen Bilanzierung. Weinheim 1994, S. 134-155.

WIEGMANN, ULRICH: Das antifaschistische Argument in der pädagogischen Publizistik der SBZ 1946. In: Beutler, Kurt/Wiegmann, Ulrich: Auschwitz und die Pädagogik. (Jahrbuch für Pädagogik 1995). Frankfurt a.M. 1995, S. 127-144

# 6. Zur Aktualität der Reformpädagogik

**Ulf Preuss-Lausitz**

## Aktuelle Aspekte der Reformpädagogik in den 90er Jahren

Reformorientierte Pädagoginnen und Pädagogen könnten zufrieden sein: Die Aufmerksamkeit von Eltern, Lehrern und Öffentlichkeit für die klassischen Reformpädagogen scheint nicht nur gesichert, sondern nimmt zu. Allerdings recht selektiv: Montessori-Pädagogik und die anthroposophische Waldorf-Pädagogik scheinen, vor allem seit der Wiedervereinigung in den neuen Bundesländern, die Renner zu sein. In Jena wird die Jenaplan-Schule Petersens wiederbelebt. Schon lange zuvor wurden Elemente der Methode Freinets, vor allem der Freie Text, seine Druckerei und die Arbeitskarteien, „entdeckt". Also vor allem dann, wenn etwas Praktisches für die Lehrer oder ein in sich schlüssig scheinendes Gesamtkonzept für Eltern angeboten wird, ist Reformpädagogik, dieser „etwas diffuse Begriff für ein Syndrom von Hoffnungen und Ansprüchen, Erfahrungen und Konzepten" (Tenorth 1994, S. 586), der pädagogische Hoffnungsanker – allen kritischen Beiträgen zum Trotz, die zu einzelnen Reformpädagogen erscheinen, etwa über den Dogmatismus Steiners (Ullrich 1987), die Verquickungen Petersens mit dem Nationalsozialismus (Rülcker/Kaßner 1992), den Funktionalismus der Materialien Montessoris (Hoverath 1992) oder über die Einwände der ganzen „Bewegung" gegenüber, wie etwa bei Oelkers (1989).

Manche Reformer des ersten Jahrhundertdrittels werden andererseits seit Jahrzehnten in der alten Bundesrepublik gar nicht oder nur marginal beachtet und waren in der DDR weitgehend einäugig aus der Sicht des politisch korrekten Marxismus-Leninismus her rezipiert und beurteilt worden (Schonig 1973, S. 173 ff.): jene meist sozialdemokratischen und sozialistischen Schulreformer, die nicht nur die freie Entfaltung des Individuums, sondern auch die Überwindung der gesellschaftlichen Ausbeutung im Auge hatten, die also soziale Chancengleichheit – und die erhoffte neue Gesellschaft – durch die Verbindung von innerer und äußerer Schulreform erreichen oder doch wenigstens befördern wollten. Karsen, Oestreich, Tews und Bernfeld sind bestenfalls Fußnoten in den Pädagogikgeschichten – von Kanitz, Hörnle oder Rühle ganz zu schweigen. Der

Kalte Krieg mit seinen beidseitig einseitigen Brillen in der Betrachtung der pädagogischen Reformer hat verhindert, daß die Reformpädagogische Bewegung *in ihrer vollen Breite* als eine Einheit in der Vielfalt gesehen wurde. Die Wiedervereinigung macht es nun möglich, durch eine genauere empirische Aufschlüsselung aller Quellen und vor allem im Studium der einstigen pädagogischen *Praxis* an zahlreichen auch weniger bekannten reformpädagogischen Orten (Amlung 1993) das Anregungspotenial *aller* Reformer vorurteilsfreier aufzuschließen. Dies ist eine noch unerfüllte Aufgabe.

Reformpädagogik also als Bauchladen, aus dem jedermann und jede Frau sich bedienen kann, ganz pluralistisch und insofern auch (post)modern, und wo die Lehrer die elfenbeinernen Biografen der Pädagogikgeschichte ihre Glasperlenspiele spielen lassen, sich ansonsten jedoch für ihre Praxis das gerade in Mode und auf dem didaktischen Markt befindliche Paket abholen? *Ja,* und das ist nicht einmal schlecht – zeigt es nicht nur, daß Dogmatismus kein Wesenszug heutiger Pädagogen ist, sondern vor allem auch, daß die Reformpädagogik tatsächlich *für* die Praxis formuliert und oft auch erprobt wurde – und nicht um eine „Bewegung" aufzubauen oder den anderen zu zeigen, wie kreativ man die Ideen von Montaigne über Comenius und Rousseau bis Fröbel auf die Umbruchzeit um 1900 übersetzen konnte. *Nein,* und auch das muß festgehalten werden: Reformpädagogik ist mehr. Sie ist gerade für die gegenwärtige Sinnkrise der Schule ein Bezugspunkt, um Antworten für das 21. Jahrhundert zu finden. Reformpädagogik ist *mehr* als nur ein anregendes Methodenarsenal. Aber zugleich müssen wir kritisch und offen ihre Fragwürdigkeiten dort benennen und über Bord werfen, wo sie die Eierschalen des 19. Jahrhunderts nicht abgestreift haben. Ein Beispiel: Was kann von Ellen Keys „Jahrhundert des Kindes" und ihrer Pädagogik vom Kinde aus übrigbleiben, wenn wir ihre eugenischen präfaschistischen Vorschläge ebenso ablehnen wie ihr verquastes Frauen- und Familienbild (Preuss-Lausitz 1993, S. 18 f.; Herrmann 1992, S. 260 f.)? Eine Menge, aber nur dann, wenn wirklich „übersetzt" wird, was das heute bedeutet: vom *konkreten* Kind und seinen *heutigen* Lebensbedingungen aus zu erziehen. Oder ein zweites Beispiel: Wenn Steiners Waldorfpädagogik überhaupt zur Reformpädagogik gezählt wird – was umstritten ist –, dann ist doch zu fragen, ob die heutigen Kenntnisse der Entwicklungspsychologie es noch rechtfertigen, von anthropologisch allgemeinen 7-Jahres-Phasen kindlicher Entwicklung auszugehen, die die Grundlage des Curriculums der Waldorfschulen, des Umgangs der Lehrer mit den Kindern und des Ausschlusses der Schüler aus der Schuldemokratie vor dem 14. Lebensjahr sind. (Eine analoge Frage könnte an die Steinerschen „Charaktertypen" gerichtet werden.) Bricht die Waldorfpädagogik nicht an wesentlichen Stellen in sich zusammen, wenn Lehrer mit solch einer wissenschaftlich überholten Vorstellung vom Kind und seiner Entwicklung den heutigen konkreten Schülerinnen und Schüler gegenübertreten? Auch hier: Bleiben nicht dennoch wesentliche Erfahrungen? Wie wäre aber dann „Waldorfpädagogik" zu übersetzen – oder geht dies wirklich nicht, weil das religiös-philosophische Basissystem sonst bedroht wäre? Offene Fragen.

Offene Fragen auch an die damaligen kommunistischen, sozialistischen und sozialdemokratischen Schulreformer: Was könnt Ihr uns noch sagen, nachdem der „reale Sozialismus" implodiert ist und in den Schulen – auch und gerade Osteuropas – weitgehend eine lehrerzentrierte, auf abfragbare Leistungen orientierte Stoffschule hinterließ, in der von Schülerorientierung, Eigenaktivität und pluralistischer Didaktik nur selten etwas zu spüren ist? Hatten die sozialistischen Reformpädagogen gar keinen praktischen Einfluß oder sind sie „mißbraucht" worden? Dürfen diese in ihrer Unterschiedlichkeit überhaupt in einem Atemzug genannt werden. Zwischen Makarenko und Freinet oder Karsen liegen bekanntlich pädagogische Welten? Was bleibt also auch hier?

Es mag daher überraschend sein, daß dennoch der Schluß gewagt wird, die historische Reformpädagogik solle sowohl für die Erziehung nach dem Ende des Staatssozialismus als auch für die vermeintlich siegreichen westeuropäischen Staaten eine gemeinsame Perspektive aus der Krise der Schule bieten. Es stellt sich ja die Frage: Wenn es in der pluralistischen Gesellschaft keine für alle verbindliche, an die Schüler zu vermittelnde und für die Lehrer verpflichtende Zielvorstellung mehr gibt, was ist dann die Grundlage des pädagogischen Geschäfts? Wie können wir im Rahmen der demokratischen Konsumgesellschaften Grundlagen sozialen, friedfertigen und kooperativen Verhaltens schaffen, ohne auf eine individualitätsfeindliche Gemeinschaftsideologie zurückzugreifen? Denn ich gehe davon aus, daß weder „das christliche Abendland" (mit Kruzifix über der Tafel), noch „die Nation" oder eine andere derartige Bezugsgröße Verbindung in der Pluralität stiftet, schon gar nicht in der öffentlichen Schule. Wie kann uns hier die Reformpädagogik zu Antworten beflügeln, wo sie doch in autoritären Gesellschaften entstanden ist und manche Reformpädagogin und mancher Reformpädagoge unübersehbar selbst von dieser Sozialisation geprägt war?

Wenn hier und im folgenden von „der" Reformpädagogik die Rede ist, dann ist damit nicht das Bild einer monolithischen Ganzheit gemeint, sondern der ganze bunte Strauß, der insbesondere bei der Betrachtung seiner internationalen Vielfalt (Röhrs/Lenhart 1994) ins Auge sticht. Die Kritik der Reformer an der „alten Schule" war um so überraschender einhellig: die Ablehnung der autoritären Buchschule mit ihrem kasernenhaften Umgangston, der pädagogischen Rohrstockstrafe, dem passiven Lernen, der Lebens- und Naturferne, dem Konformismus und dem Unkooperativen des individuellen Lernens, auch der Ineffektivität für den kulturellen und ökonomischen Aufbruch. Diese Gemeinsamkeit in der Kritik ermöglichte übrigens – und auch davon können wir heute lernen -, daß über alle unterschiedlichen „Lösungskonzepte" hinweg, von den Landschulheim-Vertretern und Lebensgemeinschaftsschulen über die Arbeitspädagogen bis zu den Kunsterziehern und Wandervögeln die Reformer sich besuchten, sich zu überzeugen versuchten, sich miteinander produktiv stritten und sich dabei zugleich oft den praktischen Fragen der Lehrer, Eltern, Schülern und der Öffentlichkeit stellten.

Der „Umbruch" gegen Ende des 20. Jahrhunderts ist ein anderer als der um 1900, aber auch er zwingt die Schule sich grundlegend „neu zu denken" (v. Hentig): In jeder Schule – selbst im einst so homogenen Gymnasium – ist die Vielfalt der biographischen, ethnisch-kulturellen und sozialen Hintergründe und damit verbunden die Breite der Lernerfahrungen, Lernvoraussetzungen und Lernweisen der Mädchen und Jungen heute das Entscheidende für die Schularbeit. Diese Vielfalt wird verstärkt durch die Veränderung in den familiären und außerfamiliären Lebensbedingungen der Kinder, wie sie die Kindheits- und Jugendforschung detailliert beschreibt (vgl. u.a. Fölling-Albers 1989; Deutsches Jugendinstitut 1993; Bois-Reymond u.a. 1994). Hingewiesen sei auf den liberaleren und offeneren, zugleich partnerschaftlich-demokratischeren Umgangsstil zwischen Eltern und ihren Kindern (den „Erziehungsstil" zu nennen fast schon altertümlich klingt, geht es doch vielen Eltern nicht so sehr um „erziehen" als vielmehr um „begleiten"). Hingewiesen sei auf die Zunahme an zugebilligter und zugleich abverlangter frühzeitiger Selbständigkeit (Preuss-Lausitz u.a. 1990). Hingewiesen sei auf den Zwang, sich nicht nur eine Zukunft fern aller tradierter Sicherheiten individuell selbst zu imaginieren und dementsprechend zu planen, sondern auch schon den kindlichen außerschulischen sozialen Alltag mit Hilfe von Terminen, Telefon und räumlicher Mobilität selbst zu basteln und dabei eine wohlüberlegte Freundschaftspflege zu betreiben. Kinder, die so aufwachsen –

und darüber hinaus differenzierte Musik-, Medien- und Computerkenntnisse besitzen –, lassen sich in der Schule nicht mehr einfach anweisen und in einer fiktiven Einheitlichkeit unterrichten.

Reformpädagogische Erinnerung kommt angesichts veränderter Kindheitsbedingungen, einer pluralisierten und individualisierenden Gesellschaft, deren Entwicklungen und Krisen zugleich globalisiert sind, eine mehrfache Chance zu. Ich will hier sechs Hinweise geben, die nur andeuten können, womit jede Pädagogin, jeder Pädagoge selbst den eigenen produktiven Umgang mit den reformpädagogischen Klassikern für das eigene Berufsverständnis, aber auch für das Verstehen von Kindern, von Schule und von den eigenen Möglichkeiten gewinnen könnte.

1. Die *Tätigkeit*, die Arbeit, das Handeln, das Tun sind mehr denn je die Basis aller Fähigkeiten und (Er)kenntnisse, die Grundlage einer fundierten Bildung. Gerade unter gesellschaftlichen Bedingungen, wo Kinder zum Glück (aber immer noch nicht überall) nicht mehr arbeiten müssen, wo zugleich die physische Aneignung der Welt durch die mediale teilweise ersetzt, teilweise ergänzt wird, muß jede Schulpädagogik vom Handeln ausgehen. Schule als Werkstatt, als Ort physischer Auseinandersetzung, die auch zum Be-Greifen führt: diese reformpädagogische Einsicht hat zwar schon in vielen Grundschulen die Praxis verändert, jedoch noch kaum in Oberschulen. Der Fachunterricht der Oberschulen ist noch weitgehend Buch-Schule. Wo der ganze Körper lernend forschen kann, da ist Schule aufregend, anregend, bildend.

2. Diese Tätigkeit interessiert jedoch heutige Kinder nicht, wenn sie nicht von ihren *eigenen Interessen* ausgeht oder doch damit verknüpft ist. Nicht der fremdbestimmt handelnde Unterricht, sondern jener, der die individuellen Motive einbezieht, der die selbstbewußt gewordenen Kinder respektvoll auch inhaltlich akzeptiert (und ihr Interesse nicht als didaktischen Aufhänger mißbraucht), nur dieser Unterricht kann heute Bestand haben. Da die subjektiven Motive, Fragen, Wünsche und Neigungen in einer Klasse vielfältiger sind denn je, führt diese Beachtung zu jener „Binnendifferenzierung", wie sie die Grundschulpädagogik exemplarisch seit 20 Jahren den übrigen Didaktiken vorlebt (vgl. Wallrabenstein 1991). Niemand muß dabei befürchten, daß das – gut begründete – Angebot des Rahmenplans und der Lehrer von den Kindern hinweggewischt wird: Die erwachsenen wie die heranwachsenden Menschen wollen doch nicht immer die Kochrezepte selbst erfinden, sondern sich auch einmal

vorsetzen lassen. Kinder sind neugierig aufs Fremde, vor allem wenn es die Phantasie anregt, die eigenen Fragen beantwortet, wenn es auf eigene Erfahrungen und auf die subjektiven Sinnfragen derjenigen Schüler bezogen ist, die gerade die Klasse bilden. Heute heißt vom Kinde aus, sich auf die wirklichen Lebensumstände aller Kinder, also auf die multikulturelle und soziale Vielfalt wirklich einzulassen, also sie in den Inhalten des Unterrichts, in den Lernverfahren und im Schulklima wirksam werden zu lassen.

3. Lernen findet in der Schule immer in der Gruppe statt. Die notwendige Berücksichtigung des individuellen Interesses und der unterschiedlichen Lernfähigkeiten muß also verbunden werden mit dem anderer: nicht in der Bildung homogener Klassen, sondern so, daß die *Vielfalt in der Gemeinsamkeit erfahrbar* wird (Preuss-Lausitz 1993). Gerade hier haben die Reformpädagoginnen und -pädagogen Wege erprobt, von denen wir lernen können: die Kleingruppenarbeit, die Projektmethode, die Vorstellung der eigenen Arbeit gegenüber der Klasse, die gemeinsame Wochenplanung, die ausklingende Wochenabschlußreflexion, aber auch die gemeinsame Schule für alle, also die Gesamtschule ist hierher zu rechnen. Die Kinder und Jugendlichen lernen heute in ihren Familien, sich durchzusetzen mit ihren Wünschen – nicht Gehorsam, sondern das Aushandeln und Ausbalancieren der Interessen von Kindern und Eltern prägt zunehmend die Familienbeziehungen (vgl. Büchner 1983; Bois-Reymond u.a. 1994). In der Schule sind es aber nicht zwei, drei oder vier Menschen, die sich einigen müssen, sondern 20 oder 30. Sie lieben sich auch nicht, sondern haben vielleicht nur zu wenigen eine emotional positive Einstellung. Das „Verhandlungsklima" der Klasse ist also komplizierter und nüchterner zugleich – aber auch hilfreicher für die Übertragung in andere öffentliche Lebensbereiche wie den Verein, den Umgang im öffentlichen Verkehrsleben, bei der späteren Ausbildung usw. Die Verbindung von Respekt gegenüber dem einzelnen Schüler *und* der demokratischen Entwicklung eines Gruppenlebens haben für mein Verständnis am besten Karsen und Freinet entwickelt; sie verfielen weder in den „bürgerlichen" Individualismus noch in den „sozialistischen" Kollektivismus bzw. die romantische Gemeinschaftsseligkeit, sondern ließen die Schüler selbst die *Balance* schaffen zwischen Eigenständigkeit und Gemeinsamkeit, bestanden aber zugleich darauf, daß die Schule für alle überhaupt erst die Basis dafür schafft, daß alle sich kennen lernen *können* und nicht frühzeitig segmentiert werden.

4. Manche Reformpädagogen haben uns gelehrt, daß in jedem Kind ein kleiner *Künstler* stecke (was Eltern heute für selbstverständlich halten, wenn sie die Malprodukte ihrer Jüngsten verzückt im Kreise der Bekannten herumreichen, um sie anschließend an die Küchenwand zu pinnen). Verallgemeinert gesagt, haben erst die Reformpädagogen darauf bestanden, daß Schule mehr ist als Wissen, Fertigkeit und Moral, sondern daß es darum gehe, die Kinder darin zu unterstützen, daß sie schon von früh an ihr Leben *gestalten*, es *ästhetisieren*, sich *ausdrücken*, *darstellen*, mit Hilfe der Sinne, der Phantasie, der Gedanken. In einer Schule, die derart den „freien Ausdruck" aller zugelassen hätte, wäre der kleine Hermann Hesse nicht „Unters Rad" gekommen, sondern hätte im Morgenkreis anderen seine Phantasiegeschichten erzählt und später in der Theater-AG vielleicht ein selbst geschriebenes Schülerdrama inszeniert.

Daß schulisches Lernen also mehr sein sollte als protestantische Fleißarbeit, daß es nicht nur um die Bearbeitung der Köpfe und auch der Hände, sondern um die künstlerisch-ästhetischen Lebensäußerungen geht, wird heute gern ignoriert bzw. in den ohnehin gekürzten Kunstunterricht abgeschoben. Dagegen stehen viele Reformpädagogen: jeder Bildungsprozeß, jeder, der sich ausdrückt (und sonst ist es keiner) hat auch eine Form, eine Gestaltung, und sie zu pflegen, sie zu verfeinern, also zu kultivieren, greift grundlegende menschliche Bedürfnisse auf. Daß trotz aller Erfahrungen aus „Zweiter Hand" heute so viele Kinder und Jugendliche Musik selbst machen, gern spielen, sich selbst inszenieren, sich ausdrücken, mit ihrem Körper (und ihrer Kleidung) spielen, hat mit diesem Wunsch nach Ästhetisierung des eigenen Lebens zu tun.

Übrigens ist „Gestaltung" und Wunsch nach Kultivierung nicht nur eine Frage des Unterrichts: die Räume, die Flure, die Gebäude, die Höfe sprechen darüber, ob in ihnen Menschen sich ganzheitlich bilden oder ob sie nur beschult werden, ob Lernen mit Formgebung stattfindet oder als langweilige Produktion abfragbaren Wissens. Auch die Lehrerzimmer sagen aus, wieviel Kultur Lehrer *als Lehrer* haben. Wer privat Bauhaus und Brahms liebt, als Lehrer jedoch keinen Anstoß an den Scheußlichkeiten der meisten Lehrerzimmer und Schulgebäude nimmt, belegt, daß der *bildende* Charakter der Ästhetisierung für die individuelle Bildung, den uns Reformpädagogen dargelegt haben, noch nicht erkannt wurde. Sage niemand, daß sei eben nur ein Finanzproblem!

5. Didaktik zentriert sich auf Unterricht, auf die Schulklasse, auf das Fach. Die Reformpädagogen haben uns jedoch nachdrücklich klar gemacht, daß auch die ganze

Schule, die „*Schulgemeinde*", Ort der Bildung darstellt. Auch hinter diese Erkenntnis sollte kein Lehrer zurückfallen – etwa, indem er zwar einen guten Unterricht machen möchte, sich ansonsten aber um die Schule nicht kümmert: Demokratieerfahrung bezieht sich nicht nur auf den Unterricht, sondern auch darauf, in welcher Weise die Schülerinnen und Schüler (und die Lehrer) ihre Schule in die eigenen Hände nehmen können, in ihr große eigene Projekte realisieren können, die Schule also zum athenischen Marktplatz, zur Hentigschen „polis" (Hentig 1993, S. 179 ff.) entwickeln. Ob das die „großen" Feste, ob das die Jahrgangs- und Schulversammlungen, ob das die Kohlbergschen Konfliktverhandlungen, ob das die gemeinsamen Projekttage, Wanderungen, großen Reisen, Ausstellungen oder anderes sind: Immer wird hier der Inhalt mit der Erfahrung von Mitgestaltung, von demokratischer Teilhabe, von individueller Einflußmöglichkeit und von gemeinsamer Kraft verbunden. Lange Zeit, nicht zuletzt nach der studentischen Kritik an dem „Muff von 1000 Jahren" und dem überfälligen Abschneiden alter Zöpfe, waren diese „großen" Erfahrungs- und Darstellungsbereiche der Schule verpönt. Mit dem Muff verschwand auch das gesellschaftsbildende demokratische Moment der Schulgemeinde. Heute kommt es – im Form der „Profilbildungsdebatte", der Frage nach der „Identität" und nach der „Autonomie der Einzelschule" wieder zum Vorschein – aber vorwiegend als Freiheit der Lehrer von der Schulaufsicht, selten als reformpädagogisch geplante Erfahrbarkeit von basaler Demokratie für die Schüler. Wo anders als in der Schule, die heute die meisten Kinder und Jugendlichen bis zum 18. Lebensjahr besuchen, können solche fundamentalen *gesellschaftlichen* Demokratieerfahrungen erlebt werden, die über die dualen Beziehungen in der Partnerschaft, über die Kleingruppenerfahrung in der Kleinfamilie, in der peer group oder in der einzelnen Klasse hinaus gehen?

Hinzu kommt, daß heute für viele Kinder und Jugendliche die Schule der wichtigste, ja oft einzige Ort ist, wo überhaupt viele andere Gleichaltrige zu treffen sind, wo Freundschaften entstehen und wieder zerfallen, wo Gemeinsamkeiten entdeckt und Abgrenzungen erprobt werden, wo also „das volle Leben braust" (oft gehen Kinder nur deshalb zur Schule, vgl. Czerwenka u.a. 1990). Das Eigenleben der Kinder und der Jugendlichen nicht nur anzuerkennen, sondern ihm auch Zeit und Ort – im wirklichen Sinn: auch eigene Räume – zu geben, das haben erstmals in der zuvor oft auf Unterricht und Erziehung verkürzten Pädagogik die Reformpädagogen festgehalten.

Lehrer fühlen sich immer noch zu oft nur für ihr Fach, bestenfalls auch für Beratung zuständig. Daß sie die Voraussetzungen zu schaffen hätten, aus der Unterrichtsschule eine soziale Lebensgestalt werden zu lassen, und daß Schule auch mehr ist als Unterricht plus feste Betreuungszeiten (zur Entlastung arbeitender Eltern), könnten sie wie die Schulpolitiker bei vielen Reformern nachlesen, und aus deren Schulversuchen praktische Anregungen entnehmen.

6. Reformpädagogik war nicht eine deutsche Erfindung, und sie blieb nicht auf Deutschland begrenzt. Ihr *internationaler* Charakter ist immer wieder, vor allem von Hermann Röhrs, betont worden (Röhrs 1991; Röhrs/Lenhart 1994). Die linken Reformer hatten, das ergibt sich aus ihrer Zielvorstellung der Emanzipation der unteren Schichten, auch eine *inhaltlich* internationale Orientierung (z.B. bei Fritz Karsen, vgl. Radde 1973). Die „bürgerlichen" hatten dagegen nicht die Arbeiter, sondern alle Menschen, genauer: alle Kinder im Auge: Ihr Denken „vom Kinde aus" bezog sich universalistisch auf jede Art Pädagogik, in allen Kontinenten, wenngleich manche – wie etwa Gustav Wyneken oder Hermann Lietz – in der Praxis dem nationalen Denken doch Priorität einräumten.

Von multikulturellen Lebenswelten, wie sie heute für die Kinder wie für den Schulunterricht grundlegend sind, war damals noch wenig zu sehen (sieht man einmal von der Schmelztiegel-Gesellschaft der USA ab) und entsprechend wenig die Rede. Auf beide reformpädagogische Wurzeln jedoch, auf die besondere Förderung der Benachteiligten wie auf den Anspruch, eine Pädagogik für Kinder aller Herkünfte entwickelt zu haben, können wir uns bei der Entwicklung einer angemessenen Antwort auf die ethnisch-kulturelle und soziale Vielfalt heutigen Schulehaltens hilfreich beziehen. Die Vielfalt müssen wir radikal denken: Wir müssen nicht nur die Vielfalt der Lernvoraussetzungen *innerhalb einer Lerngruppe*, sondern auch die Vielfalt in den kulturellen familiär-ethnischen Hintergründen und Wurzeln akzeptieren und zugleich produktiv einbeziehen.

Ziel ist also die Schule für *alle*, eine Schule, in der Behinderte ebenso erfolgreich (erfolgreich aus ihrer eigenen Perspektive) lernen und soziale Erfahrungen machen wie Kinder unterschiedlicher sozialer, kultureller und geographischer Herkünfte. Gerade die bisher genannten fünf Dimensionen reformpädagogischen Schullebens: das tätige Lernen, die Individualisierung, der Gruppenbezug, die Ästhetisierung, die demokratische Schulgemeinde bieten die *Chance*, in eine produktive Integration des „multikulturellen" *außerschulischen* Lebens in die Schule zu münden. Eine Chance ist keine Garantie: Chancen müssen bewußt genützt werden, falls sie verwirklicht werden sollen. Ein Element dieser multikulturellen reformorientierten Schule wäre, die „roots", die kulturellen Wurzeln ihrer Schüler und deren Familien zum Gegenstand von Schule selbst zu machen – in einer respektvollen, aber deshalb nicht unkritischen Weise. Ein anderes Element wäre, dort, wo soziale Benachteiligung von Schülerfamilien mit kultureller Diskriminierung (mindestens jedoch mit ihrer Ausklammerung) einhergehen, *praktisch* und im *Stadtteil* Zeichen zu setzen (und was dies konkret hieße, in der Schulgemeinde und mit der Stadtteilgemeinde zu entwickeln).

*Zusammenfassend glaube ich also, daß die historische Reformpädagogik des ersten Jahrhundertdrittels Auswege und Lösungen für unsere heutige Schulkrise anbietet.* Sie erspart uns nicht das eigene Denken. Auch muß sie vielfach „übersetzt" und „gereinigt" werden. Unkritisch-rezeptologisches Umgehen mit ihren Vorschlägen *allein* genügt nicht. Dennoch: Reformpädagogik verbindet ganzheitliches Lernen, Eigentätigkeit, Kooperation und Ästhetik. Sie dient dem Abbau sozialer Barrieren und schafft gemeinsame Lern- und Lebenserfahrungen für Kinder und Jugendliche ganz unterschiedlicher Lernvoraussetzungen und Hintergründe. Sie ist weitgehend die vorweggenommene Antwort auf die Modernisierungsbedingungen, denen heutige Kinder unterliegen: Sie kann die Anerkennung von Individualität und Selbstbewußtsein mit der Schaffung gemeinsam erarbeiteter Orientierungen verbinden. Reformpädagogik zielt sowohl auf die Erneuerung des Unterrichts als auf das gesamte Schulleben. Nicht zuletzt ist sie die gemeinsame Sprache der Pädagoginnen und Pädagogen, die sich überall auf dieser Erde aufgemacht haben und aufmachen, die Schule als demokratischen, bildenden Erfahrungsraum zu gestalten.

**Literatur:**

AMLUNG, ULLRICH U.A. (Hrsg.): Die alte Schule überwinden. Reformpädagogische Versuchsschulen zwischen Kaiserreich und Nationalsozialismus. Frankfurt a.M. 1993

BOIS-REYMOND, MANUELA DU U.A.: Kinderleben. Modernisierung von Kindheit im interkulturellen Vergleich. Opladen 1994

BÜCHNER, PETER: Vom Befehlen und Gehorchen zum Verhandeln. Entwicklungstendenzen von Verhaltensstandards und Umgangsnormen seit 1945. In: Preuss-Lausitz, Ulf u.a.: Kriegskinder, Konsumkinder, Krisenkinder. Zur Sozialisationsgeschichte seit dem Zweiten Weltkrieg. Weinheim und Basel 1994[4], S. 196-212

CZERWENKA, KURT U.A.: Schülerurteile über die Schule. Frankfurt a.M. 1990

Deutsches Jugendinstitut (Hrsg.): Was für Kinder. Aufwachsen in Deutschland. Ein Handbuch. München 1993

FÖLLING-ALBERS, MARIA (Hrsg.): Veränderte Kindheit – veränderte Grundschule. AK Grundschule, Frankfurt a.M. 1989

HENTIG, HARTMUT VON: Die Schule neu denken. München und Wien 1993

HERRMANN, ULRICH: Die „Majestät des Kindes" – Ellen Keys polemische Provokationen. Nachwort zu: Ellen Key: Das Jahrhundert des Kindes. Weinheim und Basel 1992, S. 253-264

HOVERATH, BEATE: Von Beginn an im Kreuzfeuer der Kritik. Kritische Anmerkungen zur Montessori-Pädagogik. In: päd.extra 7-8 (1992), S. 16-18

OELKERS, JÜRGEN:Reformpädagogik. Eine kritische Dogmengeschichte. Weinheim und München 1989

PREUSS-LAUSITZ, ULF/RÜLCKER, TOBIAS/ZEIHER, HELGA (Hrsg.): Selbständigkeit für Kinder – die große Freiheit? Kindheit heute zwischen gesellschaftlichen Zumutungen und pädagogischen Zugeständnissen. Weinheim und Basel 1990

PREUSS-LAUSITZ, ULF: Trotz postmoderner Pluralität: Mut zur Bildung? Zur „Pädagogik der Vielfalt" für die 90er Jahre. In: Ders.: Die Kinder des Jahrhunderts. Weinheim und Basel 1993, S. 13-36

RADDE, GERD: Fritz Karsen. Ein Berliner Schulreformer der Weimarer Zeit. Berlin 1973

RÖHRS, HERMANN/LENHART, VOLKER (Hrsg.): Die Reformpädagogik auf den Kontinenten. Ein Handbuch. Frankfurt a.M. u.a. 1994

RÖHRS, HERMANN: Die Reformpädagogik. Ursprung und Verlauf unter internationalem Aspekt. Weinheim 1991[3]

RÜLCKER, TOBIAS/KAßNER, PETER (Hrsg.): Peter Petersen: Antimoderne als Fortschritt? Frankfurt a.M. u.a. 1992

SCHONIG, BRUNO: Irrationalismus als pädagogische Tradition. Die Darstellung der Reformpädagogik in der pädagogische Geschichtsschreibung. Weinheim und Basel 1973

TENORTH, HEINZ-ELMAR: „Reformpädagogik" – erneuter Versuch, ein erstaunliches Phänomen zu verstehen. In: ZfPäd (1994), S. 585-606

ULLRICH, HEINER: Waldorfpädagogik und okkulte Weltanschauung. Weinheim und München 1987[2]

WALLRABENSTEIN, WULF: Offene Schule – Offener Unterricht. Ratgeber für Lehrer und Eltern. Reinbek 1991

**Benno Schmoldt**

# Gegenwärtige Defizite der Lehrerausbildung und ihre historischen Grundlagen

Um die Lehrerausbildung in Deutschland zu verstehen, ist es notwendig, neben dem Schulaufbau der jeweiligen Bundesländer die historisch gewachsene Grundstruktur des Schulwesens zu kennen. Seit dem Allgemeinen Preußischen Landrecht von 1794 unterscheidet man grundsätzlich zwischen dem elementaren, dem mittleren und dem höheren Schulwesen, ferner das Berufs- und Sonderschulwesen. Diese Gliederung findet man in der Lehrerausbildung wieder, wenn auch inzwischen nicht mehr in allen Bundesländern. So werden u.a. in Nordrhein-Westfalen seit den 70er Jahren Lehrer(innen) nicht mehr schulform-, sondern schulstufenorientiert ausgebildet, für das Lehramt Primarstufe, die Sekundarstufe I sowie die Sekundarstufe II. Gemeinsam ist den Ausbildungsgängen auf allen Stufen die Wissenschaftsorientierung. Die gilt auch für die Ausbildung von Lehrer(inne)n an Berufsschulen, die in die Sekundarstufen II-Ausbildung integriert sind. Ebenso durchlaufen zukünftige Sonderschullehrer(innen) ein „grundständiges" Studium, während sie früher ein Zusatzstudium zu ihrer allgemeinen Ausbildung absolvieren mußten. In der stufenbezogenen Ausbildung, wie sie seit Jahrzehnten in Nordrhein-Westfalen erfolgt, ist eine Tendenz erkennbar, das gegliederte Schulwesen zu einer sogenannten Einheitsschule (Comprehensive School) zu entwickeln. Zugrunde liegt dieser Tendenz das Motiv der sozialen Integration, und zwar sowohl im Schulwesen selbst als auch in der Lehrerausbildung.

Diese Tendenz zur Einheitsschule hätte einen deutlichen Impuls durch die deutsche Wiedervereinigung erhalten können. Dabei ist zu berücksichtigen, daß es von 1945 bis 1989 zwei deutsche Staaten gab, die eine je eigene Struktur des Schulwesens mit einer je spezifischen Lehrerausbildung aufwiesen; im Falle der DDR war diese deutlich auf eine Einheitsschule hin ausgerichtet. Jedoch bestimmte der deutsche Einigungsvertrag (31.8.1990) zwischen den beiden deutschen Staaten u.a., daß das deutsche Bildungs-, so auch das Schulwesen, an der bisherigen Bundesrepublik Deutschland orientiert sein sollte. Dies bedeutet, daß die westdeutsche Schulstruktur in Grundzügen übernommen wurde, und zwar je nach Regierungsmehrheiten in den neuen Bundesländern modifiziert. Dies galt auch für die Lehrerausbildung.

Erschwerend für einen strukturellen und weitreichenden Eingriff in das bundesrepublikanische Schulwesen ist der Grundsatz des Kulturföderalismus in Deutschland, d.h. die Bundesländer entscheiden – im Gegensatz z.B. zum zentralistischen Verständnis in der früheren DDR – über Struktur und Aufbau des Schulwesens, damit auch über die Lehrerausbildung.

Einheitliche Regelungen und Anerkennungen über den Aufbau des Schulwesens, die Schulabschlüsse und über die Lehrerausbildung sind erstmals länderübergreifend im „Hamburger Abkommen" der Ministerpräsidenten der West-Bundesländer von 1964 aufzufinden. Allerdings ist ein Konsens in zentralen Einzel- und Grundsatzfragen bis heute nicht gelungen. So variiert z.B. die Grundschuldauer in den einzelnen Bundesländern immer noch zwischen vier und sechs Jahren. Einigung erzielte die Kultusministerkonferenz hingegen bei der Anerkennung unterschiedlicher *Phasen* der Lehrerausbildung: einer Studienphase an der Hochschule, einer Einführung in die Berufspraxis im sogenannten Referendariat und schließlich der Weiterentwicklung von berufsspezifischen Kenntnissen und Fähigkeiten während der Berufstätigkeit im Rahmen sogenannter Lehrerfortbildung.

Für die inhaltliche Ausrichtung der Lehrerausbildung und das zu erwerbende Qualifikationsprofil bestimmte 1970 der *Strukturplan* des Deutschen Bildungsrates einheitliche Orientierungspunkte. Nach dieser Empfehlung hat die Lehrerschaft vornehmlich folgende Funktionen:

*Lehren*, d.h. Kenntnisse und Fertigkeiten, insbesondere zum Transferlernen und zum Erwerb divergierenden Denkens vermitteln zu können, weiterhin die Fähigkeit zu kooperativem Lernen;

*Erziehen*, d.h. die Fähigkeit zu freiem und verantwortlichem sozialen Handeln entwickeln zu helfen;

*Beurteilen*, womit nicht nur die Objektivierung von Urteilsprozessen, sondern auch deren Rückbezug auf die sozialen Prozesse in der Schule gemeint ist;

*Beraten*, d.h. der Lehrer/die Lehrerin soll den Jugendlichen im Zusammenhang mit seiner Erziehungsfunktion Hilfestellung in allen kognitiven und sozialen Angelegenheiten geben, und nicht zuletzt

*Innovieren*, was bedeutet, daß Lehrer(innen) am Prozeß der Erneuerung und Veränderung von Curricula beteiligt werden.

Einberufen wurde der Deutsche Bildungsrat als Gremium von Fachleuten 1965 durch die Bundesregierung, um das mittlerweile als überholt und veraltet angesehene deutsche Bildungswesen zu reformieren. Vor allem war ihm die Überwindung der bereits angesprochenen strikten Trennung der unterschiedlichen Lehrerausbildungsgänge zur Aufgabe gemacht worden. Dies bedeutete nichts Geringeres, als eine weit über hundert Jahre währende Tradition der getrennten Lehrerausbildung zu überwinden, die im folgenden beschrieben werden soll.

Bereits um 1800 gab es eine Trennung der Lehrämter. Seit dem letzten Drittel des 18. Jahrhunderts spiegelt sich die Trennung der Lehrtätigkeit auch in der jeweiligen Ausbildungsart wie auch dem Ausbildungsort wider. Die Vorbildung der – zunächst ausschließlich männlichen – Lehrer für die höhere Schule fand in Abgrenzung vom seminaren Ausbildungsort für die sogenannten niederen Schulen ihre Institutionalisierung an der Universität, und zwar in der letzten Hälfte des 18. Jahrhunderts, im Zusammenhang mit der Herausbildung einer eigenen pädagogischen Disziplin aus der Theologie. Das Lehramt war somit bis dahin kein Beruf für das Leben, sondern eine Durchgangsstation. Dieses Theologen-Durchgangskonzept wurde schließlich für Preußen mit dem Jahre 1810 endgültig abgelöst: Für die neu gegründete Universität wurde erstmals das Examen pro facultate docendi verordnet, und zwar nicht nur für Alt- und Neuphilologen im engeren Sinne, sondern für sämtliche akademisch vorgebildeten Lehrer, also auch für Naturwissenschaftler und für Lehrer in den musisch-technischen Bereichen.

Im Gegensatz dazu wurden die Volksschullehrer, später auch die Volksschullehrerinnen, an eigenen Seminaren an Präparandenanstalten ausgebildet. Adolf Diesterweg formulierte 1866 eine seminaristische Konzeption, die einen gut ausgebildeten Stand von Volksschullehrern zum Ziel hatte, während lange Zeit, und zwar teilweise bis weit ins 19. Jahrhundert hinein, ausgediente Handwerker und Unteroffiziere der Armee ins Volksschullehramt berufen worden waren, die nachweisen mußten, daß sie lesen und schreiben konnten und den evangelischen Katechismus gelernt hatten. Diesterweg forderte dagegen eine bessere Ausbildung der Volksschullehrer, und zwar im Sinne einer Menschenbildung, d.h. die Lehrer sollten nicht nur für den Unterricht ausgebildet, sondern über ihren Fachhorizont hinaus „gebildete Menschen" werden. „Die Schule ist gerade soviel wert, als der Lehrer wert ist, darum ist die Erhöhung der Lehrerausbildung das erste Stück jeder Schulreform." Die Verbesserung der Bildung der Elementarschullehrer – bis hin zu einer Angleichung an das universitäre Studium der Philologen – findet sich im 19. und beginnenden 20. Jahrhundert in vielen Aufrufen der Lehrerbewegung, am deutlichsten wohl in der Tivoli-Erklärung des Deutschen Lehrervereins von 1848. Zum Programm deutscher Bildungspolitik wurden Vereinheitlichung – und damit Verwissenschaftlichung – der gesamten Lehrerausbildung erst in der Weimarer Verfassung und auf der

Reichsschulkonferenz 1920 in Berlin. Allerdings scheiterte ihre Realisierung daran, daß – wie häufig – der jeweilige Finanzminister pädagogische Absichten und Erneuerungen blockierte. So wurde eine universitäre Ausbildung der Volksschullehrer strikt abgelehnt, für die künftigen Lehrer der höheren Schulen galten Wartezeiten und Nichtzulassung zum Referendariat, der Stellenplan für die Lehrer an den höheren Schulen wurde reduziert. Infolge der Weltwirtschaftskrise verstärkten sich diese Tendenzen noch.

Auch während des Nationalsozialismus bot die Lehrerausbildung das Bild eines politischen Wechselbades. Im Unterschied zur Ausbildung der Volksschullehrer(innen), die auf den Seminarstatus der Vor-Weimarer-Zeit zurückgeworfen wurde, erfuhr die Ausbildung der Lehrer(innen) an höheren Schulen jedoch keine tiefgreifenden strukturellen Änderungen. In der Prüfungsordnung von 1940 wurde – dem neu entstandenen Bedarf an Lehrer(inne)n entsprechend – die Mindeststudiendauer von acht auf sechs Semester herabgesetzt, die Referendarausbildung auf ein Jahr verkürzt, allerdings war als Ersatz für das bisherige zweite Ausbildungsjahr ein Jahr an der neugeschaffenen Hochschule für Lehrerausbildung gemeinsam mit den Volksschullehrern zu absolvieren. Als Begründung hieß es u.a.: „Die einjährige gemeinsame Ausbildung der Philologen mit den Volksschullehrern verfolgt in erster Linie den Zweck der Ausrichtung der gemeinsamen Erzieherschaft auf ein einheitliches politisch-weltanschauliches Ziel".

Nach 1945 wurde beim Aufbau des deutschen Bildungswesens auf das Vorbild der Weimarer Republik, für die Ausbildung der Lehrer(innen) an Gymnasien sogar auf Regelungen des 19. Jahrhunderts zurückgegriffen; daran änderte sich bis in die 60er Jahre kaum etwas.

Erst der Deutsche Bildungsrat versuchte über die beschriebene Stufenbezogenheit der Lehrerausbildung hinaus überkommene Verkrustungen aufzubrechen. Insbesondere die Forderung nach Gleichwertigkeit unterschiedlicher Ausbildungsgänge zeigte jedoch einen mühsamen Weg, der an eine katholische Springprozession oder an ein Wort Lenins erinnert: drei Schritte vor, zwei zurück. Es wiederholten sich Fortschritt und Rückschritt; Teilerfolge wechselten mit Rückschlägen, insbesondere im Hinblick auf die Integration der Lehrerausbildung, aber auch bezüglich der Forderung nach Wissenschaftlichkeit *aller* Lehramtsstudiengänge, mit der die vorwiegende Fixierung der Volksschullehrerschaft auf die Erziehungsfunktion überwunden werden sollte. Heute ist zwar die Ausbildung aller Lehramtsstudierenden in den Fachwissenschaften gesichert, unzureichend bleiben jedoch die erziehungswissenschaftlichen Anteile, womit nicht nur Ausbildung in Pädagogik, sondern ebenso in Psychologie, Soziologie und Politologie/Philosophie gemeint sind. Es bleibt abzuwarten, ob und inwieweit eine wissenschaftsorientierte Lehrerausbildung weitergeführt und -entwickelt wird. Was die Integration der Lehrerausbildung anbelangt, stagniert diese seit ca. fünfzehn Jahren, wobei man den Eindruck gewinnt, daß sie nicht gewollt ist und dementsprechend auch nicht thematisiert wird. Die Gründe dafür scheinen mir in folgenden Punkten zu liegen:

1. Die Philologenschaft hält bis heute aus eindeutigen Prestigeüberlegungen an der Vorrangstellung des Gymnasiums und somit der gesonderten Ausbildung der Lehrer(innen) für diese Schulart fest.

2. Die Finanzminister der Bundesländer blockieren bis heute aus finanzpolitischen Gründen die einheitliche Besoldung der Lehrer(innen) aller Schularten und berufen sich dabei u.a. auf das Bundesrahmengesetz für den öffentlichen Dienst.

3. Nicht zuletzt verhindert das Festhalten an der Dreigliedrigkeit des Schulwesens eine weitere Konvergenz der Lehrerausbildung aller Schularten.

Aus der mißlungenen Integration folgt, daß der für das Amt des Studienrats ausgebildete Lehramtsanwärter sich im wesentlichen nach wie vor sehr viel mehr als Unterrichtsbeamter und nicht als Pädagoge versteht, daß Studierende der verschiedenen Laufbahnen, sofern ihre Ausbildung getrennt verläuft, nur wenig von der jeweils anderen Schulart erfahren, und daß die Inhalte der Lehrerausbildung wenig koordiniert sind, und zwar bereits während der universitären Phase. Zumindest sollten zukünftig auch in Ländern mit getrennter Ausbildung Inhalte, über die Konsens besteht, detaillierter beschrieben werden, und zwar in Absprache zwischen den betroffenen Universitäten und der zuständigen Administration des jeweiligen Bundeslandes.

Abschließend zitiere ich aus dem Aufruf des Pädagogen Friedrich Wilhelm Wander aus dem Jahre 1848 an die Lehrer aller Schularten: „Wir treiben *ein* Werk. Lasset es uns in Einheit treiben, damit es gedeihe!" Wander gilt bekanntlich als einer der Protagonisten der gemeinsamen universitären Lehrerausbildung. In wenigen Ländern wie in Berlin und Nordrhein-Westfalen ist sie inzwischen realisiert, nach einem mühsamen Weg durch die Jahrhunderte. In anderen Ländern dagegen wie insbesondere in Württemberg und Bayern fehlen dafür noch fast sämtliche Voraussetzungen. Aber auch in den Ländern mit inzwischen einheitlicher Lehrerausbildung sind die damit verbundenen Probleme längst noch nicht zufriedenstellend gelöst, was angesichts der nach wie vor offenen Schulstrukturfrage kaum verwundert. Die in vorliegendem Beitrag thematisierten Probleme stellen folglich auch für das nächste Jahrhundert noch eine große Aufgabe dar und warten auf ihre befriedigende Lösung.

**Literatur:**

BÖLLING, RAINER: Sozialgeschichte der deutschen Lehrer. Ein Überblick von 1800 bis zur Gegenwart. Göttingen 1983

FÜHR, CHRISTOPH: Gelehrter Schulmann – Oberlehrer – Studienrat. Zum sozialen Aufstieg der Philologen. In: Conze, Werner/Kocka, Jürgen (Hrsg.): Bildungsbürgertum im 19. Jahrhundert. Stuttgart 1985, S. 417-456

HEINEMANN, MANFRED: Der Lehrer und seine Organisation. Stuttgart 1977.

SCHMOLDT, BENNO: Zur Geschichte des Gymnasiums. Ein Überblick. Baltmannsweiler 1989.

WALZ, URSULA: Eselsarbeit für Zeisigfutter. Die Geschichte des Lehrers. Frankfurt a.M. 1988

WEBER, RITA: Die Neuordnung der preußischen Volksschullehrerausbildung in der Weimarer Republik. Zur Entstehung und gesellschaftlichen Bedeutung der pädagogischen Akademien. Köln/Wien 1984

WEIß, W. W.: Lehrerbildung zwischen Anspruch und Wirklichkeit. Frankfurt a.M. 1976

Norbert H. Weber

# Berliner Reformpädagogik als Thema erziehungswissenschaftlicher Lehrveranstaltungen am Fachbereich Erziehungs- und Unterrichtswissenschaft der TU Berlin

## Einleitung

Im Rahmen meines Beitrags führt mich die *persönlichen Spurensuche* in die eigene Studienzeit Anfang der 60er Jahre zurück. Damals wurde ich zum ersten Mal mit der Berliner Reformpädagogik konfrontiert. Als Student an der Pädagogischen Hochschule Berlin belegte ich einige Vorlesungen und Seminare zur „Historischen Pädagogik", obwohl sie nicht zum obligatorischen Curriculum gehörten. Innerhalb der Studentenschaft hatte es sich nämlich herumgesprochen, daß insbesondere die Vorlesungsreihe zur „Geschichte des Schulwesens in Deutschland" Prof. Wilhelm Richters sowohl inhaltlich als auch von der Darbietungsform her „spannend" sei. Richter hatte die beneidenswerte Fähigkeit, die deutsche Bildungs- und Kulturgeschichte verbal äußerst anschaulich zu vermitteln: Nur wenige Informationen (Namen, Daten, Epochen, Literatur etc.) oder Skizzen wurden an der großen Wandtafel des Hörsaals fixiert. Das Manuskript – viele eng beschriebene Blätter – lag zwar auf dem Katheder, doch Richter blickte nur zu Beginn der Vorlesung darauf, im übrigen sprach er völlig frei. In den Vorlesungen gab er einen allgemeinen Überblick, die damit im Zusammenhang stehenden Seminare dienten der Vertiefung.

1964 begegnete ich in Richters Seminar zur „Politik und Pädagogik im Berliner Schulwesen der Weimarer Zeit" zum ersten Mal seinem Assistenten Gerd Radde. In seiner lebendigen Art verstand er es – ähnlich wie Richter – den Studierenden die Verflechtungen zwischen bildungsgeschichtlichen und gesellschaftspolitischen Sachverhalten anschaulich nahezubringen. Hier kam ich erstmals in Berührung mit dem Gedankengut der Berliner Reformpädagogen Fritz Karsen, Paul Oestreich und Wilhelm Blume, dem Begründer der Schulfarm Insel Scharfenberg. Als Nichtberliner waren mir diese Namen völlig unbekannt, dennoch sollten sie mir in Erinnerung bleiben, wenn auch zwischenzeitlich nur passiv. Beiden Dozenten verdanke ich mein Interesse an der Geschichte der Pädagogik im allgemeinen, an der Berliner Reformpädagogik im besonderen.

Fast zwanzig Jahre später, Anfang der 80er Jahre, führte ich im Zusammenhang mit der Diskussion über „Alternativschulen" zwei Lehrveranstaltungen durch: eine war den

*Tvind-Schulen* in *Dänemark*, die andere der *Freinet-Pädagogik* gewidmet. Für mich selbst überraschend nahmen jeweils über 40 Studierende an beiden Seminaren teil. Offenbar war das Bedürfnis groß, sich mit alternativen Methoden zum herkömmlichen „klassischen" Unterricht auseinanderzusetzen, den die meisten Teilnehmer des Seminars während ihrer Schulzeit selbst als wenig attraktiv erlebt hatten. Der Erarbeitung von theoretischen Grundlagen folgte jeweils zu Semesterende eine einwöchige Exkursion nach Tvind bzw. ins Saarland und benachbarte Frankreich (Lothringen und Elsaß). Durch diesen *Praxisbezug* wurde der kognitive Lernprozeß der Studierenden entscheidend erweitert.[1]

Reformpädagogik war „in", wurde jedoch fast ausschließlich auf Célestin Freinet und Maria Montessori reduziert. Daß in den Lehrveranstaltungen die Vertreter der *deutschen* Reformpädagogik fehlten, wurde mir im Zusammenhang mit einer mündlichen Staatsprüfung für das Lehramt bewußt. Nachdem das Thema „Die pädagogische Konzeption Célestin Freinets" erschöpfend von mir „geprüft" worden war, stellte Dr. Gerd Radde, nun Oberschulrat beim Wissenschaftlichen Landesprüfungsamt, als Prüfungsvorsitzender eine Anschlußfrage zur deutschen Reformpädagogik, die der Kandidat nur allgemein beantworten konnte; der Vorsitzende merkte, daß hier detaillierte Kenntnisse nicht „abzurufen"seien. Daß es auch in Berlin eine starke reformpädagogische Strömung gab, war dem Kandidaten nicht bekannt. Die flüchtige Analyse der TU-Vorlesungsverzeichnisse seit 1980 bekräftigte diese These: Lediglich Gerd Radde selbst hatte als Lehrbeauftragter hierzu sporadisch einige Seminare angeboten, im übrigen wurden bis zum Wintersemester 1988/89 keine weiteren Lehrveranstaltungen zu diesem Themenschwerpunkt an den Berliner Universitäten (TU, FU, HdK) angeboten. Solche Erfahrungen motivierten mich, im Sommersemester 1989 selbst erstmals eine Lehrveranstaltung zur Reformpädagogik, mit dem Schwerpunkt auf der Berliner Reformpädagogik, anzukündigen. Inzwischen habe ich vier Seminare mit insgesamt 86 Teilnehmern dazu veranstaltet:

- 1989:    Reformpädagogische Konzepte in Geschichte und Gegenwart (17 Studenten)

- 1991:    Reformpädagogische Konzepte in Berlin während der Weimarer Zeit und deren Relevanz für die Gegenwart (27 Studenten)

- 1993/94:    Reformpädagogik in Berlin – was ist geblieben? (19 Studenten)
- 1996/97:    Berliner Reformpädagogen der Weimarer Zeit (23 Studenten)

Ohne detailliert auf die einzelnen Lehrveranstaltungen einzugehen, ist allein von den Titeln her eine zunehmende Fokussierung auf die Berliner Reformpädagogen festzustellen.

Ziel dieses Beitrages ist es, einige mir wesentlich erscheinende Themenkomplexe, die in den Seminaren erörtert wurden, hochschuldidaktisch nachzuzeichnen und zur Diskussion zu stellen. Insofern geht es hier nicht um Skizzierung des aktuellen Forschungsstandes zur Reformpädagogik, sondern um Darstellung ihrer (hochschul-) didaktischen Vermittlung im Rahmen der aufgeführten Seminare. Als Grundlage dienen die Seminarpläne, einzelne Seminararbeiten, eine Studienarbeit, Sitzungsprotokolle der Studierenden sowie 42 Fragebogen, um deren Beantwortung ich die Teilnehmer(innen) der letzten beiden Seminare zu Zwecken der Evaluation gebeten hatte.

Für die hochschuldidaktische Reflexion halte ich folgende Fragen für relevant:

- Welche *Themenschwerpunkte* wurden in allen vier Seminaren behandelt?
- Wie wurden sie von den Studierenden in ihren Referaten *bearbeitet*?
- Welche *Recherchen/Aktionen* wurden im einzelnen durchgeführt?
- Inwieweit war diese Thematik auch *Prüfungsgegenstand*?
- Wie haben die Studierenden die Lehrveranstaltung *bewertet*?

## 1. Konzeptionelle Vorüberlegungen

Obwohl die historische Dimension von Bildung und Erziehung in allen erziehungswissenschaftlichen Studiengängen (Lehramt, Magister, Diplom) ausgewiesen ist, gehören *Lehrveranstaltungen zur Historischen Pädagogik* und somit auch zur *Reformpädagogik* nur zum Wahlpflichtbereich. Mag sein, daß das Interesse der Studierenden für historische Sachverhalte nur gering ausgeprägt ist, weil ein systematisches Lehrangebot an der TU Berlin hierzu fehlt und auch in Zukunft nicht angeboten wird: Die nach dem Ausscheiden Bruno Schonigs seit 1991 unbesetzte Professur „Historische Erziehungswissenschaft/Reformpädagogik" wurde im Zusammenhang mit den Sparmaßnahmen der Universität gestrichen; das Institut für Erziehungswissenschaft bietet deshalb pro Semester zwei Lehrveranstaltungen zur Historischen Pädagogik an, die nun von

Lehrbeauftragten durchgeführt werden. Die Akzeptanz dieser Lehrveranstaltungen hängt nicht nur von der Attraktivität des Themas, sondern auch von den im Vorlesungsverzeichnis ausgedruckten Erläuterungen ab, in denen inhaltliche Schwerpunkte sowie die von den Dozenten vorgeschlagene methodische Organisation dargestellt werden. Ob ein Seminar von den Studierenden „angenommen" wird, das – wie bereits erwähnt – nicht obligatorischen Charakter hat, hängt nicht zuletzt auch von einem solchen „Werbetext" ab. In jedem Fall sind die Voraussetzungen für die Teilnahme von Studierenden an derartigen – für sie speziellen – Veranstaltung nicht sehr günstig. So schwankte die Teilnehmerzahl jeweils zwischen 17 und 27 Studierenden.

Anhand schriftlicher Befragungen zu Beginn jeden Seminars ermittelte ich u.a. auch die *Motivation der Studierenden*, an diesen Lehrveranstaltungen teilzunehmen; erwartungsgemäß ergab sich eine große Streuung:

– Die meisten Studierenden hatten die Seminare vor allem wegen des Reizwortes *Reformpädagogik* belegt; an einer (vertiefenden) Auseinandersetzung mit der Berliner Reformpädagogik waren nur wenige interessiert (darunter vier Absolventen der Fritz-Karsen-Schule und zwei der Paul-Oestreich-Oberschule).

– Die Teilnehmer waren überwiegend Studierende des *Lehramts* mit dem Fach Geschichte. Für Studierende im *Magisterstudiengang* stellte diese Thematik eine Alternative zu den zahlreichen problemorientierten Seminaren des Fachbereichs dar.

– Nach der Vereinigung der beiden deutschen Staaten besuchten auch zahlreiche Studierende aus dem östlichen Teil Berlins dieses Seminar; sie zeigten ein stark ausgeprägtes *Interesse für historische Sachverhalte*.

– Schließlich gab es aber auch Studierende, die lediglich einen *Hauptseminarschein erwerben* wollten, der für die erziehungswissenschaftliche Staatsprüfung vorausgesetzt wird.

Um den unterschiedlichen Interessen der Studierenden gerecht zu werden, plante ich in allen vier Seminaren etwa die Hälfte des Seminars für die Erarbeitung der *allgemeinen Grundlagen der Reformpädagogik* ein, einschließlich eines *Überblicks über die internationalen Strömungen dieser Epoche*.

Im Wintersemester 1993/94 artikulierte sich in der Eingangsbefragung erstmals das Interesse an einer Beschäftigung mit der *Rezeption der Reformpädagogik in der DDR*, im Wintersemester 1996/97 wollten die Studierenden der Frage nachgehen, welche Rolle die *Reformpädagogik in der Nazizeit* gespielt hat. Beide Themen wurden in die jeweiligen Seminarpläne aufgenommen und diskutiert.

Die einzelnen Themenkomplexe der *vier* Seminare waren:

**1. Themenblock:** *„Allgemeine Grundlagen der Reformpädagogik"*

– Begriffsbestimmung „Reformpädagogik"
(Textanalyse nach folgenden Gesichtspunkten: zeitl. Eingrenzung, geistesgeschichtlicher und gesellschaftspolitischer Hintergrund; nationale und internationale Vertreter; Aktualitätsbezug)

– Das preußische Schulwesen in der 2. Hälfte des 19. Jahrhunderts unter Berücksichtigung des Berliner Schulwesens – Darstellung und Kritik
(Veranschaulichung mit Hilfe von Dias/Bildarchiv des Fachbereichs; Lehr- und Stundenpläne; authentische Schülerberichte)

– Ellen Keys Thesen zu „Erziehung" und „Die Schule der Zukunft" aus ihrer Publikation „Das Jahrhundert des Kindes" (1900)
(Kurzbiographie; Darstellung in Form von Thesen; Diskussion in Gruppen)

**2. Themenblock:** *Nationale und internationale Strömungen der Reformpädagogik*

– Nationale Reformpädagogik (Auswahl: Kunsterziehung, Landerziehungsheime, Arbeitsschule, Wandervogel, Jena-Plan-Schule)
(Impulsreferate: Vertreter, pädagogische Konzeption, Aktualitätsbezug; Systematisierung in einer Tabelle)

– Internationale Reformpädagogik am Beispiel von Célestin Freinet
(Seminarsitzung in der Lernwerkstatt des Fachbereichs; Arbeit mit Freinet-Materialien: Kartei, Druckerei)

**3. Themenblock:** *Die Berliner Reformpädagogen in der Weimarer Zeit*

– Paul Oestreich und der Bund Entschiedener Schulreformer
(Kurzbiographien Paul Oestreichs und Fritz Karsens; gesellschaftspolitische Aktivitäten des Bundes im Kontext zu anderen Lehrerverbänden)

- Die Reichsschulkonferenz von 1920
  (Vergleich: Dreigliedriges Schulsystem vs. Einheitsschule; Realisierungsversuche der Einheitsschule im 20. Jahrhundert)

- Der Berliner Reformpädagoge Fritz Karsen
  (Öffentlicher Gastvortrag von Dr. Gerd Radde an der TU Berlin mit Diskussion)

- Wilhelm Blume und die Schulfarm Insel Scharfenberg
  (Kurzreferat über die Enstehungsbedingungen von Scharfenberg; Textanalyse; Vorbereitung einer Exkursion)

**4. Themenblock:** *Die Berliner Reformpädagogik nach 1945*

- Paul Oestreich als Berliner Stadtschulrat und seine Rolle in der SBZ/DDR
  (Öffentlicher Gastvortrag von Dr. W. Ellerbrock; Recherche-Tätigkeit: Welche Bedeutung hatte Paul Oestreich als Namenspatron im schulischen Leben der DDR und der Nachwendezeit?)

- Die Fritz-Karsen-Schule als Einheitsschule
  (Dieses Thema wurde bereits im Zusammenhang mit der Einheitsschuldiskussion auf der Reichsschulkonferenz von 1920 erörtert und anläßlich des aufgeführten Gastvortrages von Gerd Radde zumindest gestreift)

- Die Schulfarm Insel Scharfenberg – Zwischen Renaissance und Moderne
  (Exkursion zur Schulfarm; Recherche-Tätigkeit: Welche pädagogische Konzeption wird heute realisiert? Welche reformpädagogischen Elemente sind noch vorfindbar?)

**5. Themenblock** (erstmals im WiSe 1993/94): *Rezeption der Reformpädagogik in der DDR*
  (Frage: Warum wurde die Reformpädagogik in der pädagogischen Historiographie der DDR vernachlässigt? – Gespräch mit Mitarbeitern der ehem. Akademie der Pädagogischen Wissenschaften der DDR)

**6. Themenblock** (erstmals im WiSe 1996/97): *Reformpädagogik und Nationalsozialismus*
  (Frage: Welche Reformpädagogen waren dem NS-Regime genehm, welche mußten ihre Tätigkeit einstellen?)

## 2. Didaktische Reflexionen zu exemplarischen Themenschwerpunkten

Zum Verständnis dieses Abschnitts ist ein kleiner Einblick in meinen Alltag als Hochschullehrer erforderlich, vor allem in die hochschuldidaktische Gestaltung der Seminare. Die herkömmliche Seminarstruktur ist hinlänglich bekannt, sie kann hier nur angedeutet werden:

– Die meisten universitären Lehrveranstaltungen (Vorlesungen, Seminare) sind *lehrgangsmäßig* strukturiert. Sie orientieren sich vorwiegend an dem traditionellen Wissenschaftsverständnis, das Forschung und Lehre abgehoben von gesellschaftlichpolitischen Zusammenhängen begreift.

– In Seminaren, in denen lediglich Referate *„verlesen"* werden, wird die Passivität der Studierenden geradezu herausgefordert. Die Kommunikation verläuft meist zwischen Referent/Referentin und dem Seminarleiter, eine Interaktion mit den anderen Seminarteilnehmern findet kaum statt.

Da die Hochschule zugleich auch ein Ort der Sozialisation ist, sind Seminarleiter bekanntlich nicht nur Lehrende, sondern zugleich auch Lernende. Trotz der erforderlichen Planung und Strukturierung sollte der Seminarleiter keine zu enge „Führung" praktizieren, sondern den Studierenden Spielräume für Vorschläge lassen, auch wenn diese zunächst nicht vorhanden oder zu erkennen sind. Ein Interesse an Mitgestaltung und Mitwirkung kann zu Beginn des Semesters „geweckt" werden. Deshalb vergebe ich in meinen Seminaren kaum Einzelreferate, statt dessen favorisiere ich Kleingruppen von zwei bis drei Studierenden, die jeweils einen Themenkomplex bzw. Teile davon bearbeiten und arbeitsteilig im Plenum *präsentieren*; die schriftlichen Ausarbeitungen werden nicht *vorgelesen*, sondern *didaktisch* aufbereitet. Die Studierenden sind also gehalten, adäquate Methoden zur didaktischen Vermittlung des Stoffes zu entwickeln. Dies fällt in der Regel denen des Lehramts nicht schwer, da sie aufgrund unterrichtspraktischer Erfahrungen über didaktische Kenntnisse verfügen. Um die Seminarteilnehmer in den jeweiligen thematischen Lernprozeß einzubeziehen, sind entsprechende didaktische Angebote (z.B. Interpretation von Quellen, Analyse von Bildern) von den Referenten einzuplanen bzw. zu initiieren.

Gegenstand der folgenden Reflexionen sind einige ausgewählte Themen, die innerhalb der vier Seminare erörtert wurden:

**Beispiel 1: Das preußische Schulwesen in der 2. Hälfte des 19. Jahrhunderts unter Berücksichtigung des Berliner Schulwesens – Darstellung und Kritik**

Das über 1000 Dias umfassende Bildarchiv unseres Fachbereichs war für die beiden Referentinnen (Studienfächer: Kunstgeschichte und Erziehungswissenschaft) eine Fundgrube, die auch die didaktische Struktur ihres „Referates" maßgeblich beeinflußte. Ziel des Referates war es, den Seminarteilnehmern grundlegende Informationen über das preußische Schulwesen zu vermitteln. Dabei sollten auch die durch die demographische Entwicklung Berlins entstandenen sozialen Probleme schulischen Lernens angesprochen werden.

Die Studentinnen eröffneten die Seminarsitzung nicht – wie erwartet – mit einem herkömmlichen Referat, das in Sinnabschnitten abwechselnd vorgetragen wurde, sie zeigten sechs Dias: drei bezogen sich auf das preußische Schulwesen, drei auf die Reformpädagogik.[2] Ihnen ging es dabei weniger um die Illustration von Erziehungsgeschichte, wichtiger erschien ihnen vielmehr deren ikonographische Umsetzung.

Durch den Vergleich typischer Bilder aus beiden pädagogischen Epochen (Schulgebäude, Klassenzimmer, Turnunterricht) sollten die Mitstudierenden zu spontanen Reaktionen motiviert werden. Offenbar von kunstgeschichtlichen Lehrveranstaltungen beeinflußt, folgten die Referentinnen bei der Bildanalyse einem „Schema", das der „Schärfung des Blicks" diente: der ausführlichen Bildbeschreibung, an der sich alle Seminarteilnehmer beteiligten, folgte die gemeinsame Interpretation (z.B. ist das Bild sozialkritisch? Stellt es eine Alltagssituation dar? In welchem Kontext stehen die abgebildeten Menschen/Kinder?). Hierzu einige Anmerkungen:

– Schon in der unterschiedlichen Architektur beider *Schulgebäude* (kasernenartiger dreigeschossiger Backsteinbau der wilhelminischen Zeit vs. architektonisch aufgelockerte Fassaden der Weimarer Zeit) wurde die jeweilige gesellschaftspolitische Dimension des Schulbaus sichtbar: Während sich der Schulbau in der Kaiserzeit[3] vor allem pragmatisch an der Unterbringung der „Schülermassen" zu orientieren hatte – zwischen 1869 und 1896 war der Klassenbestand in Schulgebäuden von 429 auf 3.349 in den Gemeindeschulen angestiegen, so daß sogar ca. 270 Klassen in Miethäusern untergebracht werden mußten –, war er in der Weimarer Zeit stark durch reformpädagogische Einflüsse (z.B. räumliche und hygienische Verbesserungen der Schulgebäude, Senkung der Klassenfrequenzen, neue Lehrpläne) und gesellschaftspolitische Ideale geprägt.

- Daß sich die jeweiligen räumlichen Strukturen auch auf das *Klassenzimmer* auswirkten, überrascht nicht. Wenn auch der Frontalunterricht bis heute die vorherrschende Form schulischen Unterrichts darstellt, demonstriert der Blick in die Klasse einer Berliner Gemeindeschule die räumliche Enge: über 50 Schüler sitzen geradezu eingepfercht in Schulbänken, individuelle pädagogische Zuwendung scheint hier kaum praktiziert worden zu sein. Die spärliche Ausstattung mit Lehrerpult, Tafel, Kaiserbild und Deutschlandkarte entspricht dem damaligen pädagogischen Standard. In krassem Gegensatz dazu ein Dia aus einer Berliner Lebensgemeinschaftsschule der Weimarer Zeit: fünf Schüler – teils stehend, teils sitzend – arbeiten partnerschaftlich an einer geographischen Aufgabe. Die Atmosphäre entspricht in keiner Weise der „Pauk- und Buchschule" der wilhelminischen Epoche. Im Gegenteil: Hier scheint lebensnahes Lernen stattzufinden, das durch die aufgelockerte Sitzordnung (Tisch und Stuhl) noch unterstrichen wird.

- Auch die beiden Dias, die den *Sportunterricht* charakterisieren, passen in den jeweiligen gesellschaftlichen Kontext: Spätestens nach der Reichsgründung von 1871 wurde auch der Sportunterricht politisch für Kaiser, Volk und Vaterland vereinnahmt. Das nationale Anliegen, männlichen Jugendlichen schon früh eine militärische Gesinnung zuteil werden zu lassen, trieb in der wilhelminischen Zeit die sonderbarsten Blüten, wie das *Pausenturnen* auf einem Berliner Schulhof dokumentiert. Im Gegensatz dazu der Blick in die Doppelturnhalle der von Max Taut errichteten Dorotheenschule Berlin-Köpenick: Vergleichbar einem Zirkeltraining turnen Schülerinnen abwechselnd an verschiedene Geräten (Kletterstangen, Sprossenwand, Leitern, Stufenbarren, Pauschpferd und Rhönrad).

Da die „Einstiegsphase" wider Erwarten ca. 45 Minuten – also die Hälfte der Sitzung – in Anspruch nahm, mußten die folgenden zwei Phasen (*Analyse von Stundentafeln* und die *Kultur- und Schulkritik*) zeitlich gestrafft werden. Die didaktische Vorgehensweise soll hier kurz skizziert werden: Jeweils zwei Studierende erhielten einen Arbeitsbogen mit zwei Stundentafeln (achtklassige Gemeindeschule/Volksschule und Gymnasium) mit der Bitte, diese zu vergleichen. Anschließend erfolgte anhand einer arbeitsteiligen Quellenanalyse (Friedrich Nietzsche, Paul de Lagarde und Ludwig Gurlitt) eine vertiefende kulturelle Kritik am wilhelminischen Schulwesen. Hierzu die Protokollantin dieser Sitzung (5.11.1993) u. a.:

> *„ Um einen detaillierteren Einblick in die wilhelminische Schulpolitik zu bekommen, wurden zwei Stundentafeln verglichen: Die eine bezog sich auf die Gemeindeschule, die später den Namen 'Volksschule' erhielt, die andere auf das neunstufige Gymnasium, das erst nach einer vierjährigen Vorschule besucht werden konnte. Nähere Arbeitsanweisungen wurden nicht gegeben. Nach 10 Minuten wurde die Partnerarbeit im Plenum ausgewertet, die Ergebnisse in Stichworten an der Tafel festgehalten (vgl. Anlage zum Protokoll) und von den Referentinnen teilweise durch zusätzliche Informationen ergänzt. Wir stellten fest, daß Gemeindeschülern jeglicher Fremdsprachenunterricht vorenthalten wurde; statt dessen erhielten sie mehr Stunden in Religion, Rechnen/Raumlehre, Deutsch und Naturkunde. Daß auch im Deutschunterricht religiöse, sittliche und vaterländische Gesinnung angebahnt werden sollte, ist dem Lehrplan von 1902 zu entnehmen. Entsprechend wirkte sich dies auf die Auswahl von Gedichten und Lesetexten bzw. Literatur aus. Das, was der Stundentafel nicht zu entnehmen war – der konkrete Unterrichtsablauf – demonstrierten die beiden Referentinnen an der Methode des 'Herbartianismus', der eine gewaltsame Stilisierung vom Sinnlich-Anschaulichen zum Abstrakt-Moralischen bewirkte (vgl. Textauszüge im Anhang des Protokolls).*
>
> *Im Unterschied dazu wurde im Gymnasium ein wissenschaftlicher Unterricht angestrebt: Neben dem Rechenunterricht erfolgte eine Einführung in die Mathematik als Wissenschaft; im Naturkundeunterricht wurden Themen behandelt, die heute den Fächern Biologie, Physik und Chemie zugeordnet werden; insgesamt umfaßte der Fremdsprachenunterricht innerhalb der Schulzeit ein hohes Stundenvolumen (68 Stunden für Latein, 36 Stunden für Griechisch und 20 Stunden für Französisch).*
>
> *Da aus zeitlichen Gründen die Quellentexte zur Kultur- und Schulkritik (Nietzsche, de Lagarde und Gurlitt) nicht mehr diskutiert werden konnten, wurden diese verteilt und als 'Hausaufgabe' dem Selbststudium überlassen. "*

**Beispiel 2:   Der Berliner Schulreformer Fritz Karsen**

Als ich Gerd Radde im Sommersemester 1989 zum ersten Mal zu einem Gastvortrag an die Universität einlud, mußte ich dies begründen. Damals schrieb ich:

> *„Dr. Gerd Radde gilt aufgrund seiner zahlreichen wissenschaftlichen Publikationen als der namhafteste Experte der Berliner Schulgeschichte; zugleich ist er Biograph des Reformpädagogen Fritz Karsen und war langjähriger Lehrer an der gleichnamigen Schule. "*

Diese knappen Informationen, die nichts an Aktualität eingebüßt haben, überzeugten den Fachbereichsrat, meinem Antrag zuzustimmen. Obwohl an anderer Stelle dieser Publikation Raddes wissenschaftliche Leistungen gewürdigt werden, möchte ich dennoch zwei Anmerkungen hierzu machen:

- Die wissenschaftliche Leistung von Gerd Radde besteht zweifellos darin, daß er Fritz Karsen, einen bedeutenden Reformpädagogen der Weimarer Zeit, nicht nur wiederentdeckt, sondern zugleich auch ideologisch entmythologisiert hat: In den meisten Handbüchern zur Geschichte der Pädagogik wird Fritz Karsen erst gar nicht erwähnt oder aber als „sozialistischer Schulpolitiker" (S. 229) gebrandmarkt und als „Außenseiter" (S.227 ff.) der Reformpädagogik abgestempelt, so z.b. auch in Tenorths „Geschichte der Erziehung".[4] Blankertz weist zu Recht darauf hin, daß sich die als „sozialistisch" verstehenden Pädagogen „gegen eine im Zusammenhang mit der kommunistischen Partei formulierte marxistisch-leninistische Version sozialistischer Erziehung"[5] scharf abgrenzten.

- Raddes Dissertation über Fritz Karsen (1973) ist noch heute eine Fundgrube für Forschungsvorhaben zur Berliner Schulgeschichte, wobei vor allem auch auf den mehr als 100 Seiten umfassenden „Anhang" verwiesen werden soll.

Nicht nur aus statistischen Gründen sei erwähnt, daß Gerd Radde an allen vier Seminaren als Referent mitgewirkt hat. Die Studierenden waren von seinen lebendigen, durch Gestik und Stimmführung unterstrichenen Schilderungen begeistert und ließen sich durch ihn für die Thematik motivieren. *Diese* Seminarstunden waren jeweils viel zu kurz. Raddes Vorträge lösten zwei studentische Aktivitäten aus, die jeweils mit hohem persönlichem Engagement verbunden waren:

- Nach seinem Vortrag im Sommersemester 1989 wurde das Stichwort „Fritz Karsen" im „Wörterbuch der Pädagogik" (11. und 13. Auflage) nachgeschlagen. Die Studierenden stellten fest, daß die Informationen über den Schulreformer Fritz Karsen unangemessen kurz gehalten waren und sich in keiner Weise mit denen des Referenten deckten. Darauf beschlossen sie, dem Herausgeber der 13. Auflage, Herrn Prof. Dr. Winfried Böhm, folgenden Brief zu schreiben:

*„...wir mußten feststellen, daß in der 11. Auflage (1971) das zentrale Wirkungsfeld Fritz Karsens in der Neuköllner Aufbauschule zwar im Mittelpunkt der knappen Darstellung steht, sein Ausscheiden aus dem Schuldienst,*

*der Konflikt mit Paul Oestreich sowie seine gesellschaftspolitischen Vorstellungen, die hinter seinem pädagogischen Engagement standen, jedoch unerwähnt bleiben. Der verständige Leser kann die Gründe für das Ende von Karsens Aktivitäten 1933 allenfalls mutmaßen, um so die Brücke zu seiner Tätigkeit in der UNESCO nach 1945 zu schlagen. In der von Ihnen herausgegebenen 13. Auflage (1988) sind zwar einige Lücken gefüllt (Karsen als Mitbegründer des Bundes entschiedener Schulreformer; Sprecher der Reichsschulkonferenz; der Weg in die Emigration bis zur Tätigkeit nach dem Krieg wird angedeutet), dem Schlußsatz ist jedoch – trotz der schweren Verständlichkeit – zu entnehmen, daß Karsen seine schulreformerische Tätigkeit in den Rahmen seiner Gesellschaftsutopie stellt. Dafür fehlen jedoch die oben beschriebenen Tätigkeitsbereiche zwischen 1920 und 1933 an der Neuköllner Karl-Marx-Schule, die Karsen selbst als zentral betrachtete und 1933 unfreiwillig aufgeben mußte. Der Unterschied zwischen den beiden Auflagen ist so frappierend, daß man glauben könnte, ein Teil des Textes sei versehentlich nicht abgedruckt worden. Es fällt uns schwer, inhaltliche Kriterien für die Gestaltung des Artikels nachzuvollziehen. Wir möchten Sie bitten, in der nächsten Auflage des Wörterbuches eine umfangreichere Würdigung Fritz Karsens vorzunehmen, da er immerhin einer der bedeutendsten Berliner Schulreformer dieser Zeit war."*

Der Brief wurde von 13 Studierenden unterschieben. Zur Enttäuschung der Verfasser des Briefes reagierte Böhm nicht auf dieses Schreiben. Die Erwartung, daß in der 14. Auflage (1994) Textänderungen vorgenommen würden, erfüllte sich nicht; lediglich das Literaturverzeichnis war durch drei bibliographische Angaben ergänzt worden.

–  Während des Wintersemesters 1993/94 nutzten die Seminarteilnehmer außerhalb der regulären Seminarzeit die Möglichkeit, die vom Neuköllner Heimatmuseum inszenierte Ausstellung „Die ideale Schule" (1993) zu besuchen. Trotz des provokativen Titels wurde bereits im Seminar die Grundintention der Ausstellung erkannt, eine realistische Alternative zur bestehenden Schule aufgrund historischer Vorbilder zu entwickeln. Es wurde heftig darüber diskutiert, welche Elemente den Lernort Schule als „ideal" erscheinen lassen. Die Erwartung der Studierenden, durch die Exponate und Objekte der Ausstellung hierauf eine befriedigende Antwort zu erhalten, war groß. Da ca. 50 Jahre Neuköllner Schulgeschichte – also der Zeitraum von der Weimarer Zeit bis zur Gegenwart (1972) – dokumentiert wurden[6], bedurfte dies einer thematischen Begrenzung, denn zu erdrückend und vielfältig war die Materialfülle: Gezeigt wurden beispielsweise unzählige Fotos (z.B. von Schulklassen, Lehrerkollegien, Schulbauten, schulischen Aktionen, aber auch außerunterrichtlichen Aktivitäten), Schulhefte und Schülerarbeiten, Schulzeugnisse und Schülerzeitungen, Berichte von Wandertagen und Studienfahrten. Der differenzierte Einblick in Schulalltag bzw. Unterrichtspraxis belegte die Breite dieses reformfreudigen Schulbezirks. Zugleich wurde aber auch deutlich, daß eine „ideale Schule" nicht auf das Klassenzimmer begrenzt sein kann: auch außerschulische Lernorte müssen mit einbezogen werden. Wenn zudem (bildungs-) politische Aktionen (z.b. die Schulstreiks von 1930/31 oder die Schüler-proteste von 1968) durch Fotos und Flugblätter veranschaulicht wurden, dann dokumentiert sich die Pluralität dieser Ausstellung. Darüber hinaus wurden Baupläne (z.b. die Schule am Dammweg) und Schulmodelle (z.b. die Walter-Gropius-Gesamtschule) gezeigt , – gleichsam als Glanz- und Hauptstück – ein von Bruno Taut (unter pädagogischer Mitwirkung von Fritz Karsen) tatsächlich gebauter Versuchsschulraum nachgebildet. Er ließ nicht nur neue Unterrichtsformen erahnen, sondern zeigte gleichzeitig eine Schulbauarchitektur, die von reformpädagogischem Gedankengut beeinflußt war. Durch den Gastvortrag von Gerd Radde umfassend vorbereitet, erkundeten zwei Studierende bereits im Vorfeld die Ausstellung. Sie schlugen den Seminarteilnehmern vor, sich vor allem auf das von Fritz Karsen in diesem Schulbezirk geplante und zum größten Teil auch realisierte pädagogische Reformwerk zu konzentrieren, ohne die NS-Zeit und die Nachkriegsgeschichte auszuklammern. Im Protokoll einer Studentin wird der Museumsbesuch kurz zusammengefaßt:

*„...Um 14.00 Uhr trafen sich 12 Studentinnen und Studenten sowie der Seminarleiter vor dem Neuköllner Heimatmuseum; fünf Kommilitonen konnten wegen anderweitiger Verpflichtungen den Termin nicht wahrnehmen. Erstaunt waren wir schon, gleich am Eingang mit einer 'Sandlandschaft' mit Strandkorb und Bootssteg konfrontiert zu werden. Erst im Gespräch mit Herrn Rogler, einem engagierten Mitarbeiter des Museums, wurde uns bewußt, daß die Erfahrungswelten der Schüler nicht allein auf den Schulraum reduziert werden dürfen.*

*Nach einer kurzen Einführung von Beate und Ute, in der die Vielfältigkeit der Ausstellung thematisiert wurde, hatte jede/r Studentin/Student ca. 45 Minuten Zeit, sich in Ruhe einen individuellen Einblick darüber zu verschaffen. Dann trafen wir uns in dem von Bruno Taut unter Mitwirkung von Fritz Karsen konzipierten Klassenraum, der in der Ausstellung nachgebildet worden war, und erörterten die weitere Vorgehensweise. Das Interesse bestand darin, einzelne reformpädagogische Aspekte im Umfeld Fritz Karsens und seiner Schule näher zu erkunden. Man fand sich in Kleingruppen zusammen, entschied sich für einen Themenschwerpunkte und bearbeitete ihn so, daß noch in der Ausstellung darüber berichtet werden konnte. Vor den entsprechenden Exponaten begründete jede Gruppe die Relevanz ihrer*

*selbstgewählten Fragestellung und informierte über die Ergebnisse der Recherche:*
- *Welche Rolle spielte in Karsens pädagogischem Reformkonzept der Gedanke der Lebensgemeinschaft? (Gruppe 1)*
- *Inwieweit schlug sich Karsens pädagogischer Ansatz in Tauts Schulprojekt am Dammweg nieder? (Gruppe 2)*
- *Wie wirkte sich der Nationalsozialismus auf Karsens Schule aus? (Gruppe 3)*
- *Welchen Charakter hatte die Fritz-Karsen-Schule als Einheitsschule nach 1948? (Gruppe 4)*

*Gegen 16.30 Uhr kam es – wie geplant – zu einem Abschlußgespräch mit Herrn Rogler, einem Mitarbeiter des Heimatkundemuseums, über die noch offen gebliebenen Fragen. Herr Rogler schilderte, wie im Neuköllner Heimatmuseum Geschichte sinnlich erfahrbar gemacht werde und die Ausstellungen bei den Besuchern, vor allem Schülern, einen bleibenden Eindruck hinterlasse. Wir alle waren beeindruckt von dem Reformgeist in diesem Schulbezirk, der nicht nur von Fritz Karsen und engagierten sozialdemokratischen Pädagoginnen und Pädagogen getragen, sondern gleichzeitig auch von der Bildungspolitik unterstützt wurde. Darüber hinaus hatten wir die Erkenntnis gewonnen, daß sich eine „ideale Schule" nicht nur durch engagierte Lehrer und Schüler auszeichnet, sondern auch eigenständiges Lernen fördert und demokratische Verhaltensweisen einübt und zugleich praktiziert. "*

**Beispiel 3:    Wilhelm Blume und die Schulfarm Insel Scharfenberg**

Eigenes Entdecken und Erkunden erhöht die Freude am Lernen. Dies gilt nicht nur für Kinder, sondern auch für Erwachsene. Daß dieser Grundsatz noch immer gültig ist, konnten die 16 Studierenden im Sommersemester 1989 bzw. die 21 des Sommersemesters 1991 bei der Exkursion zur Insel Scharfenberg erfahren, die jeweils ca. fünf Stunden dauerte. (In den Wintersemestern 1993/94 und 1996/97 kam aus terminlichen Gründen keine gemeinsame Exkursion zustande.) Anläßlich des „Tages der offenen Tür" nutzten interessierte Studierende die Möglichkeit zum Besuch der Schulfarm. Zur Vorbereitung der Exkursion waren die Studierenden mit der Entstehungsgeschichte der Schulfarm vertraut gemacht worden; die pädagogische Konzeption war anhand eines Textes von Wilhelm Blume im Plenum diskutiert und in den Kontext reformpädagogischer Erkenntnisse (ganzheitliches Lernen, Lebensgemeinschaft, Selbstverwaltungsorgane /Mitbestimmung) eingeordnet worden. Da Scharfenberg heute das einzige staatliche Gymnasium mit Internat in Berlin ist, war es zunächst *ein* Ziel der Exkursion, jeweils die aktuelle Situation vor Ort zu erkunden. Darüber hinaus wollten die Studierenden wissen, ob dort noch heute *reformpädagogische Elemente* vorfindbar sind. Im Seminar hatten wir einen Themenkatalog zusammengestellt, der sich für die Erkundung an Ort und Stelle als hilfreich erwies und folgende Stichworte umfaßte:

– Stichwort: **Schüler**

(Motivation zum Besuch der Schule, Aufnahmebedingungen, Internatskosten, Sozialstruktur der Schüler, Fluktuation der Schülerschaft, Mitbestimmung, Lehrer-Schüler-Verhältnis, Freizeitaktivitäten, Inselfeste/Parties, Wohngemeinschaft, Berufsperspektiven)

– Stichwort: **Curriculum**

(pädagogische Besonderheiten auf Scharfenberg, Wahlpflichbereich in 9/10, inhaltliche Schwerpunkte der gymnasialen Oberstufe, Arbeit in Projektgruppen, Arbeitsgemeinschaften, Kurssystem)

– Stichwort: **Erziehungsmaßnahmen**

(Lösung von Konflikten, Konsum von Drogen wie z.b. Nikotin und Alkohol, Ausschluß aus dem Internat, Inselordnung)

– Stichwort: **Schulleiter/Lehrer/Erzieher/sonstiges Personal**

(Zahl der Lehrkräfte, pädagogische Aufgaben von Lehrern und Erziehern, Schulpartnerschaften, Klassenfahrten, nichtschulisches Personal)

Die Studierenden konnten *eines* der vier – selbstverständlich eng zusammenhängenden – Themen wählen und es zum Zentrum ihrer Erkundungen machen. Ihr Interesse galt vor allem der schulischen und außerschulischen Sozialisation der Internatsschüler, wie den hier zitierten Protokollauszügen zu entnehmen ist. Im Seminar tauchten immer wieder folgende Fragen auf: Welche Motive haben Jugendliche, gerade eine *solche Schule*, die von der Außenwelt nahezu abgeschnitten ist, zu besuchen? Wie *eng* ist das Verhältnis von Schule und Internat? Ist eine solche *Lebensform* überhaupt noch zeitgemäß? Vermißten nicht vor allem die jüngeren Schüler in den ersten Jahren das vertraute *Elternhaus*? Ließen die zahlreichen Freizeitangebote überhaupt noch genügend Raum für die *Privatsphäre* der Schüler zu?

Da in den studentischen Berichten indirekt auch die anderen Themen mit reflektiert wurden, ergab sich insgesamt dennoch ein relativ differenziertes Bild über die Schulfarm.

Daß innerhalb der letzten acht Jahre auch auf Scharfenberg ein Entwicklungsprozeß stattgefunden hat, skizzieren die Impressionen und Berichte der Studierenden:

*„Pünktlich um 9.45 Uhr versammelten wir uns vor der Anlegestelle der hauseigenen Fähre, die die einzige Verbindung zwischen dem Festland und der kleinen Insel im Tegeler See darstellt. Mit auf der Fähre stand ein kleiner VW-Bus, der Lebensmittel geladen hatte. Gespannt waren wir, wie die Erkundung ablaufen würde. Würden wir überhaupt die Möglichkeit haben, auch kritische Fragen zu stellen? Wie würden die Schüler reagieren? – Im Seminar hatten wir uns auf diesen Besuch gut vorbereitet, doch wie sich gleich zu Beginn herausstellte, liegen eben Theorie und Praxis weit auseinander: Die Erwartung, ein herkömmliches städtisches Gymnasium vorzufinden, entsprach in keinster Weise der Realität. Statt eines Schulgebäudes sahen wir zunächst einen Bauernhof, und entsprechend roch es auch. Wir wurden vom Schulleiter, Herrn Sommer, und zwei Schülern der 11. Klasse begrüßt, die mit uns einen ca. einstündigen Rundgang um die Insel machten. Die Atmosphäre war idyllisch: Die Schulgebäude schienen mitten im Wald versteckt zu liegen, kein kompakter Schulbau, dort das Kunsthaus, eine Schulklasse – ich zähle vierzehn Schüler – sitzen zeichnend auf einem dicken Holzbalken und einer kleinen Mauer, sie fühlen sich von uns beobachtet, doch keiner unterbricht seine Aktivität. Wir begegneten einzelnen Schülern, die uns freundlich grüßen. Der Blick in ein Internatshaus offenbart den normalen Charakter der dort wohnenden Jugendlichen: keine übertriebene Sauberkeit, einige Betten sind gemacht, drei bzw. vier Jugendliche wohnen in einem Raum. Auf der Wiese weidet ein Pony, aber auch Kühe hatten wir gesichtet. Die Gärtnerei ist verwaist, die Schüler geben kompetent Auskunft über den landwirtschaftlichen Bereich und weisen darauf hin, daß jeder Schüler während der Schulzeit in irgendeiner Weise damit konfrontiert wird. Auch die Schreinerei dürfen wir betreten. Der Meister zeigt uns einige Exponate, die im Unterricht angefertigt wurden, macht aber auch darauf aufmerksam, daß anfallende Reparaturen gemeinsam mit den Schülern erledigt werden.*

*Es ist Mittag, wir sitzen im Schatten und bombardieren die beiden Schüler mit Fragen. 'Jeder, der sich der Inselordnung unterordnet, kann hier aufgenommen werde. Nicht der Geldbeutel der Eltern entscheidet, sondern der Charakter und der Wunsch des Schülers, hier leben zu wollen!' Vom Schulleiter hatten wir erfahren, daß die meisten Jugendlichen aus bürgerlichen Elternhäusern stammen; wer das Schulgeld nicht zahlen kann, kann auf Antrag sogar vom Senat eine finanzielle Unterstützung erhalten. Zur Zeit seien sogar zwei Diplomatenkinder aus Südostasien auf Scharfenberg, doch dies sei eher eine Ausnahme. 'Gehört zur landwirtschaftlichen Arbeit auch das Ausmisten des Schweinestalls?' will eine Kommilitonin wissen. Die Antwort kommt prompt: 'Das ist eine Arbeit, die keinem große Freude macht, doch sie gehört dazu! Und weil es dort so stinkt, ziehen wir alte Klamotten an.'*

*Das Gespräch mit Herrn Sommer, das gegen 14.30 Uhr stattfinden sollte, mußte kurzfristig ausfallen; Herr Weber hatte die am 1. August 1990 in*

*Kraft tretende Inselordnung erhalten, so daß wir auch einen Blick auf die Stundentafel werfen konnten. Wir bedauerten sehr, daß ein Ersatz(Lehrer) nicht zur Verfügung stand. Die Schüler machten uns darauf aufmerksam, daß die Schule mit Lehreren zwar gut ausgestattet sei, daß sie jedoch nicht spontan abkömmlich seien: Die Schüler der 7./8. Klasse fertigen unter Aufsicht eines Lehrers die Hausaufgaben an, danach können sie an klassenübergreifenden Arbeitsgemeinschaften teilnehmen, die etwa um 15.30 Uhr beginnen und ebenfalls unter pädagogischer Leitung stehen, so daß offenbar für uns keine Zeit vorhanden war. In der Ferne hörten wir den Klang von Instrumenten (Musik-AG), und am Sportplatz wurde Fußball gespielt. Auch im Bootshaus herrschte ein reges Treiben: Zwei kleine Jollen der Segel-AG wurden für eine Trainingsfahrt startklar gemacht. Als wir gegen 15.45 Uhr die Insel verlassen, befindet sich auf der Fähre auch eine Lehrerin mit ihrem PKW. Sie teilte uns mit, daß die meisten Lehrer und Lehrerinnen nicht mehr auf Scharfenberg wohnen, dem Schulleiter jedoch stehe eine Dienstwohnung zur Verfügung, die er auch in Anspruch nähme.*

*Ich hatte den Eindruck, daß wir alle von dem Besuch der Insel sehr angetan waren und aus eigener Anschauung erleben konnten, wie harmonisch (?) Schule sein kann; wir hatten jedenfalls das Gefühl, daß sich die Schüler hier wohlzufühlen schienen." (Juni 1989)*

Als wir im Juni 1991 wieder die Schulfarm besuchten, nahmen auch zehn Studierende aus dem östlichen Teil Berlins daran teil. Sie waren über die hier praktizierten Formen der Mitbestimmung überrascht, die sie von ihrer eigenen Schulzeit in der DDR her nicht kannten. Die Bedenken, ob diese Form von Mitbestimmung der Praxis auch standhalte, konnten im Gespräch mit den Schülern und Schülerinnen größtenteils verworfen werden:

*"... Ein Schüler der 10. Klasse teilte uns mit, daß nur etwa 10 Prozent der Schülerschaft, die zur Zeit bei etwa 150 liege, sich an der Selbstverwaltung beteiligten. Dies koste viel Zeit, mache aber auch Spaß. 'Dadurch bin ich hier auf Scharfenberg zu einer Person geworden, die gelernt hat, wie man mit Problemen umgeht', sagte dieser Schüler. Natürlich gebe es auch Konflikte, z.B. Rauchen oder Alkoholkonsum auf der Insel. Nach der Inselordnung sei Rauchen zwar nicht direkt verboten, aber 'nicht erwünscht'. Dagegen werden alkoholische Getränke nur bei besonderen Anlässen zugelassen. 'Verstöße gegen die Inselordnung sind erst dann mit einem Rausschmiß aus Schule und Internat verbunden, wenn alle zur Verfügung stehenden Erziehungsmaßnahmen nicht gefruchtet hätten', so ein Abiturient, der seit sieben Jahren hier lebt. Entscheidend bei der Lösung solcher Konflikte sei es, daß zunächst ein Gespräch stattfindet, um die Gründe für das Fehlverhalten zu ermitteln. Jeder Schüler hat das Recht, in solchen Situationen eine Person seines Vertrauens (z.B. Mitglied der Schülervertretung, der Elternvertretung oder des Lehrerkollegiums) hinzuzuziehen. Auf die Frage, welcher Art die Erziehungsmaßnahmen seien, wurde folgende Maßnahmen genannt: befristete Einschränkung der Freizügigkeit, zusätzliche Dienste für die Gemeinschaft wie z.B. Küchendienst, Garten- und Landwirtschaftsarbeiten, Fährdienste, ggf. auch Wiedergutmachung eines Schadens."(Juni 1991)*

In der Diskussion mit dem damaligen Schulleiter, Herrn Sommer, wird u.a. auch der Gedanke der Lebensgemeinschaft, wie ihn Blume definiert hat, angesprochen.

*„... Der Schulleiter betont, Scharfenberg sei auch heute noch eine Lebensgemeinschaft, auch wenn man die Weimarer Zeit unter Blume nicht 'konservieren' könne. So werde diese durch das Zusammenleben der Jugendlichen sowie durch gemeinsame Verantwortlichkeit für das Inselgeschehen gefördert. Außerdem glaube er, daß gerade die auf der Insel notwendigen praktischen Tätigkeiten in der Gärtnerei, der Landwirtschaft und Tierpflege, der Landschaftspflege, der Holz- und Metallwerkstatt oder bei der Inselfeuerwehr dazu beitrügen, ein Gemeinschaftsgefühl entstehen zu lassen. Erst dadurch könne eine Identifikation des Schülers mit der Schulfarm erzielt werden. Jedenfalls sei jeder Schüler der Kernphase verpflichtet, mindestens einmal pro Woche an einer solchen zweistündigen Projektarbeit teilzunehmen. Dies gehöre u.a. zu den scharfenberg-spezifischen Curricula, die insofern über den offiziellen Lehrplan hinausreichten. "*

Da wir während unseres Aufenthaltes zwar immer wieder Lehrern und Lehrerinnen begegneten, sie jedoch nicht zu einem Gespräch gewinnen konnten, stellten die Studierenden ihre Fragen direkt an den Schulleiter. Besonderes Interesse galt dem pädagogischen Engagement an der Schule.

*„... Herr Sommer hob hervor, daß sich die pädagogische Funktion der Lehrerrolle im Laufe der Jahre radikal verändert habe. Früher, zur Zeit Blumes, hätten die Lehrer größtenteils auf der Insel gewohnt, hätten die Nachtdienste in den Wohnhäusern der Schüler versehen und auch zahlreiche Wochenenden mit ihnen verbracht. Bis Mitte der 60er Jahre seien Blumes Prinzipien einer Produktionsschule realisiert worden. So wurde sogar ein Teil der Nahrungsmittel in Landwirtschaft und Gärtnerei selbst erwirtschaftet (z.B. Getreide, Kartoffeln, Rüben, Milch). Im Zusammenhang mit den zahlreichen gesellschaftlichen Veränderungen Ende der sechziger Jahre sei plötzlich alles in Frage gestellt worden. Diese Form von Pädagogik sei nicht mehr zeitgemäß. Als Mitte der 70er Jahre durch Jugendliche im Zusammenhang mit Drogen der Ruf der Schule beschädigt wurde, wollten Senatsverwaltung und Bezirk die Schule sogar schließen. Als neuer Schulleiter (seit 1977) sei er u.a. beauftragt worden, die Zahl der Schüler zu erhöhen, so daß zwischenzeitlich sogar 180 Schülerinnen und Schüler die Schule besucht hätten. Heute sei die Insel an den Wochenenden leer, alle Jugendlichen verlassen diese vom Samstag mittag bis Sonntag abend. Seit den 70er Jahren wurden viele pädagogische Funktionen, die zuvor von den Lehrern ausgeübt worden waren (so z.B. die Nachtdienste und die Betreuung von Arbeitsgruppen und Projekten) von Sozialarbeitern übernommen. Heute wohnen nur vier der 21 Lehrer auf der Insel. Dennoch hänge es von jedem Lehrer selbst ab, inwieweit er sich selbst mit seinen Fähigkeiten in das Gemeinwohl einbringe. Inzwischen seien viele Projekte (z.B. Theaterstücke, Imkerei, Bau eines Solarbootes, Kräutergarten, ökologische Untersuchungen) durchgeführt worden. Schließlich habe jeder Schulleiter die Möglich-*

*keit, eigene Ideen zu entwickeln, um der Schule sein Profil zu geben. " (Juni 1991)*

Im Wintersemester 1993/94 kam – wie bereits erwähnt – keine Exkursion zustande, was vor allem die Studierenden bedauerten. Als "Ersatz" führten wir mit Heinrich Scheel (1915 – 1996), dessen beeindruckende Schilderungen die Studierenden sicher nicht vergessen werden, ein ca. dreistündiges Gespräch. Mit ihm hatten wir den einzigen – damals noch – lebenden Scharfenbergschüler kennengelernt, der von Wilhelm Blume unterrichtet worden war; für Scheel bedeutete diese Schule „die Krone der Weimarer Reformpädagogik" schlechthin. Zugleich war Heinrich Scheel auch Zeitzeuge der Entwicklung von Scharfenberg nach dem Kriege, dessen Lehrer und Schulleiter er bis zu seiner Entlassung 1949 war. Da Heinrich Scheel im Rahmen dieser Publikation selbst zu Worte kommt, wird hier nicht näher darauf eingegangen.

Im Wintersemester 1996/97 besuchten zwei Kommilitoninnen anläßlich des „Tages der offenen Tür" die Insel Scharfenberg. Ihr Bericht über die aktuelle Situation dieser Schule war sehr eindrucksvoll. Im Seminar wurde ausführlich darüber diskutiert, inwieweit heute die pädagogische Arbeit von den reformpädagogischen Elementen Blumes geprägt wird. Die folgenden Textauszüge sind der sechs Seiten umfassenden Seminararbeit entnommen, in der die schwierige Lage der Schulfarm thematisiert wird:

*„... Die Sparmaßnahmen haben inzwischen auch die Insel erreicht. Das Küchenpersonal wurde reduziert, so daß die Schüler stärker als bisher zu Tätigkeiten in der Küche herangezogen werden. Die Zahl der Sozialarbeiter wurde reduziert, einige Aufgaben sollen nun von den älteren Schülern übernommen werden. Auch die Stellen der sog. 'Hausmuttis', die vor allem in den unteren Klassen für Frühstück und Abendbrot gesorgt hatten, sind den Sparmaßnahmen zum Opfer gefallen. Heute werden die Häuser durch eine Reinigungsfirma geputzt ...*

*Der Andrang, diese Schule zu besuchen, hat in den letzten Jahren rapide nachgelassen. Einen Grund sehen die Schüler in den gestiegenen Kosten für Unterbringung und Verpflegung, die zur Zeit monatlich 720 DM betragen. Bis zur 75-Jahr-Feier, die im Sommer 1997 stattfinden soll, wird dieser Betrag wohl nicht erhöht. Um die Gesamtpopulation von ca. 150 Schülern zu halten, wurden nun auch externe Schüler aufgenommen ...*

*Inzwischen wurde auch die Gärtnerei geschlossen, und nun als Gartenarbeitsschule des Bezirks Reinickendorf genutzt. ...*

*Ökologische Projekte, die seit Mitte der 80er Jahre Konjunktur hatten, werden trotz günstiger Bedingungen nur selten realisiert...*

*Reichhaltig ist nach wie vor das Sportangebot: Neben den bekannten Sportarten wie Fußball, Volleyball, Basketball und dem auf Scharfenberg besonders gepflegten Wassersport werden nun auch Judo, Jazztanz und für Mädchen Kurse zur Selbstverteidigung angeboten. Außerdem können altersspezifische Sportbootführerscheine erworben werden...*

*Vor allem die älteren Schüler, die mehr als fünf Jahren auf der Insel leben, bedauern die derzeitige Konzeptionslosigkeit. Ein Schüler äußert uns gegenüber sogar offene Kritik, daß die vielfältigen Möglichkeiten, die Scharfenberg als Schulfarm und Insel habe, leider nicht mehr genutzt werden. Das Engagement der Lehrer habe nachgelassen, für die meisten sei es nur noch ein Job; aber auch viele Schüler zeigten kein Interesse, die Situation zu verändern. Die Aufnahme externer Schüler habe mit dazu geführt, daß in der Freizeit und abends kein Wir-Gefühl entstehen kann. Nostalgie einerseits, Ratlosigkeit andererseits. 'Wie geht es wohl weiter?'"*

Im Juni 1997 wurde in einem Festakt das 75jährige Bestehen der Schulfarm Insel Scharfenberg gefeiert. In der Festschrift spiegelt sich u.a. auch die von den Studentinnen skizzierte Situation wider. In seinem Grußwort nimmt der amtierende Schulleiter Florian Hildebrand, selbst ehemaliger Absolvent dieser Schule, hierzu Stellung:

*„... Unsere neue Inselordnung und die sicherlich auch schwierige Diskussion über neue Konzepte zeigen, daß alle Beteiligten daran interessiert sind, die zuweilen zutage tretende Beliebigkeit zu überwinden, die für alle letztlich lähmend ist. Dies wird ohne persönliches Engagement jedes einzelnen, insbesondere aber der Lehrer und Schüler, nicht zu erreichen sein."[7]*

**Beispiel 4:    Rezeption der Reformpädagogik in der DDR**

Im Wintersemester 1996/97 war eine Sitzung der *Rezeption der Reformpädagogik in der DDR* gewidmet. Meine Vorbehalte, diese Thematik setze Grundkenntnisse der „sozialistischen Bildungspolitik der DDR" voraus, wurde von den Referentinnen – beide selbst in der DDR sozialisiert – verworfen. Um es vorwegzunehmen: Das arbeitsteilige Referat, konkretisiert durch eine Quelle von Robert Alt, wurde von den Seminarteilnehmern insgesamt positiv aufgenommen. Der Verlauf der Seminarsitzung sei hier stichwortartig skizziert:

Zu Beginn der Sitzung wurde das Plenum mit der Frage konfrontiert, welche *Rolle der Reformpädagogik in der DDR* zugestanden wurde. Da differenzierte Kenntnisse fehlten, wurden mittels eines Brainstormings die hinlänglich bekannten Klischees artikuliert, die seit 1949 zur politischen Ausgrenzung und Etikettierung der Reformpädagogik geführt hatten: die Reformpädagogik sei eine „reaktionäre" und „spätbürgerliche" pädagogische Richtung, die allenfalls ideologiekritisch zu hinterfragen sei. Inwieweit diese Arbeitshypothese den Quellen tatsächlich standhalten würde, sollte das Lernziel dieser Sitzung sein.

Anhand einer OH-Folie erläuterte die Referentin die *Hauptlinien der DDR-Bildungs- und Schulgeschichte*. Dabei wurden Ansätze, Brüche und Krisen aufgezeigt, die sich entsprechend positiv bzw. negativ auf die Rezeption der Reformpädagogik auswirkten:

- 1949: IV. Pädagogischer Kongreß

- 1956: Robert Alts Aufsatz „Über unsere Stellung zur Reformpädagogik";

- 1958: „Revisionismusdebatte";

- 60er bis Mitte der 70er Jahre: sog. Phase der „Kontinuität und Erneuerung";

- 1978: UNESCO-Gedenktag zum 100. Geburtstag Paul Oestreichs; Entstehung des Forschungsschwerpunktes zum „Bund entschiedener Schulreformer" an der PH Leipzig unter Leitung der Erziehungswissenschaftlerin Christa Uhlig;

- 1981: erste wissenschaftliche Konferenz zur Reformpädagogik in Leipzig;

- 1986: zweite wissenschaftliche Konferenz zur Reformpädagogik in Leipzig;

- Ende der 80er Jahre: Versuche der Distanzierung von der Sowjetpädagogik zugunsten einer kritischen Zuwendung zur Reformpädagogik.

Anschließend erhielten die Studierenden einen zwei Seiten umfassenden Text zu Robert Alts Aufsatz „Über unsere Stellung zur Reformpädagogik" (1956), der ausschließlich auf Originalzitaten basierte. Die Aufgabe *aller* Studierenden bestand darin, die *ambivalente Haltung der DDR-Pädagogik zur Reformpädagogik* zu erarbeiten und im Plenum zur Diskussion zu stellen. Daß der Umgang mit der Reformpädagogik auch 33 Jahre später (1989) noch immer kontrovers beurteilt wurde, skizzierten die Referentinnen in einer Disputation (Gerhart Neuner vs. Christa Uhlig/Karl-Heinz Günther), in der noch einmal die zwiespältige Haltung der DDR-Pädagogen zur Reformpädagogik beschrieben und mit Alts Thesen verglichen wurde. Das Protokoll faßt das Ergebnisse der Sitzung vom 10.2.1997 zusammen:

> *„Die Rezeption der Reformpädagogik durch die Erziehungswissenschaft der DDR verlief nicht über den gesamten Zeitraum des Bestehens dieses Staates kontinuierlich, vielmehr war die Möglichkeit der Auseinandersetzung mit ihr stets abhängig von gesellschaftspolitischen Konstellationen, die sich – in*

*Abhängigkeit von anderen politischen Faktoren – immer wieder veränderten. In den Reflexionen über die Erziehungswissenschaft der DDR, die namhafte Pädagogen in der ersten Hälfte der 90er Jahre veröffentlichten (vor allem Christa Uhlig und ihr Schüler Andreas Pehnke), fällt jedoch auf, daß nur wenige ihre eigene Rolle bei der Unterstützung der offiziellen DDR-Bildungspolitik kritisch beleuchteten."*

Im Anschluß an das Seminar fertigte eine der Referentinnen eine *Studienarbeit* zu dieser Thematik an, die im Rahmen des Magister-Hauptstudiums obligatorisch ist. Bereits der Titel der Arbeit: „Die Rezeption der Reformpädagogik in der DDR unter besonderer Berücksichtigung der Publikationen von Christa Uhlig" verdeutlicht die Sonderstellung Christa Uhligs, die als Protagonistin der Reformpädagogik bereits zu DDR-Zeiten gelten kann; immerhin war sie seit 1978 aktiv an der Rezeption der Reformpädagogik in der DDR beteiligt. Anhand ihrer Texte läßt sich einerseits der offizielle Umgang mit der Reformpädagogik in der DDR verdeutlichen, andererseits jedoch auch ihr Abrücken von der offiziellen Lehrmeinung der DDR-Pädagogik bereits in den späten 80er Jahren, so daß für ihre Texte nicht der für die meisten anderen Erziehungswissenschaftler der DDR typische Bruch nach der Wende charakteristisch ist. In der 32 Seiten umfassenden Studienarbeit kommt die Studentin Ute Jochinke zu folgendem Ergebnis:

*„... Wie bereits oben ausgeführt, befand sich Christa Uhlig trotz ihrer Beschäftigung mit Fragestellungen zur Reformpädagogik (zunächst, N. H. W.) im Einklang mit der offiziellen DDR-Erziehungswissenschaft. So bediente sie sich u.a. der DDR-typischen Terminologie, die die Reformpädagogik als 'spätbürgerlich', 'revisionistisch' u.a. kennzeichnete. Die Reformpädagogik wurde von der DDR-Pädagogik generell abgelehnt, da eine 'Erziehung vom Kinde aus' (Ellen Key) nicht mit dem offiziellen Erziehungsziel einer 'sozialistischen Persönlichkeit' korrespondierte. Das führte zu dem Zwang der Wissenschaftler, die Reformpädagogik abzuweisen oder ahistorisch, d.h. selektiv, zu rezipieren. Diese offizielle Umgangsweise mit der Reformpädagogik, einerseits deren Entwertung, andererseits die Tendenz, einzelne Aspekte herauszugreifen und zu würdigen, änderte sich bis 1989 nicht. Bei vielen DDR-Erziehungswissenschaftlern, die in den Reformpädagogik-Diskurs nach der Wende eingestiegen sind, kann man bemerken, daß sie sich um eine recht krasse Korrektur ihrer früheren methodischen Standards und Bewertungen bemüht haben (z.B. Gerd Hohendorf).*

*Bei Christa Uhlig jedoch kann man schon etwa ab Mitte der 80er Jahre eine Annäherung an den Forschungsstand konstatieren, der den Versuch einer differenzierteren Betrachtung ihrerseits zuläßt. Sie gibt die Prinzipien der Parteilichkeit bei der Bewertung dieser historischen Epoche auf und billigt damit einzelnen Vertretern der bürgerlichen Reformpädagogik fortschrittliche Elemente zu. Deshalb sind bei Christa Uhlig vor und nach der Wende Konstanten erkennbar, da sie nicht radikal mit ihrer wissenschaftli-*

*chen Tradition brechen mußte. Es scheint vielmehr, als ob sie die Diskussi-*
*on und ihren Umgang mit dieser pädagogischen Epoche zur Klärung ihres*
*eigenen Standpunktes benutzt hat. Sie verweigert sich einer Anpas-*
*sungsbereitschaft, wie sie von einigen anderen DDR-Wissenschaftlern prak-*
*tiziert wird. Insofern sind ihre Arbeiten aus der Zeit vor und nach der Wen-*
*de für das Verstehen der DDR-Wissenschaftsgeschichte wichtige Dokumen-*
*te. "*

## 3. Resümee

Als Hochschullehrer ist man daran interessiert zu erfahren, wie ein Seminar von den
Studierenden wahrgenommen wird. Seit einigen Jahren stelle ich mich am Ende eines
Semesters – wie einige andere Kolleginnen und Kollegen des Fachbereichs – regelmäßig
der studentischen Kritik. Diese Rückkopplung ist für mich ein wichtiges Indiz zu überprüfen, ob mein subjektiver Eindruck sich mit dem der Studierenden deckt.

Im Zusammenhang mit den hier vorgestellten Hauptseminaren versuchte ich die „Qualität
der Lehre" anhand des Kriteriums „Zufriedenheit mit der Lehrveranstaltung" zu überprüfen. Darunter verstehe ich vor allem das *Engagement der Studierenden* (z.B. Zeitaufwand, Motivation für die Thematik), die *Akzeptanz der Seminarthemen*, die *didaktische*
Gestaltung der Sitzungen, die *Betreuung* der Referenten und Referentinnen, aber auch
den Zugriff auf die angegebene *Literatur* sowie auf die an unserem Fachbereich wissen-
schaftlich-technischen Einrichtungen (Mediothek, Bildarchiv, Lernwerkstatt). Dabei kann
es selbstverständlich *nicht* um eine exakte wissenschaftlichen Erhebung mit repräsentati-
ven Charakter gehen, dies ist auch nicht intendiert. Da die Zufriedenheit der Studierenden unmittelbar auch mit der Aktivität des Lehrenden zusammenhängt, stehen auch seine
eigenen Qualitätsansprüche an die Lehre auf dem Prüfstand.

An der Untersuchung, die sich auf die beiden Seminare im Wintersemester 1993/94 und
1996/97 bezieht, nahmen 42 Studierende teil. Sie erfolgte per Fragebogen jeweils in der
letzten Seminarsitzung in Anwesenheit des Dozenten. Der einseitige Fragebogen enthielt
sechs „offene" Fragen. Die Daten wurden anonym behandelt. Die Ergebnisse zeigen, daß
beide Lehrveranstaltungen überwiegend positiv bewertet wurden. Insgesamt war der
größte Teil der Befragten (76%) trotz ernst zu nehmender Kritik (z.B. das "Zerreden"
von Themen, zu hoher Zeitaufwand) mit dem Seminar „zufrieden". Daß die Daten im
einzelnen differieren, dokumentieren folgende Ergebnisse:

– Besonders positiv bewerteten die Studierenden die Gespräche mit Gastreferenten (Wissenschaftlern, Zeitzeugen). 94% gaben an, daß sie vor allem den Vortrag von Gerd Radde als gewinnbringend und informativ erlebt hatten; dies gilt – leicht abgeschwächt – auch für die Vorträge von Heinrich Scheel (81% ) und Wolfgang Ellerbrock (72%).

– Obwohl nur jeweils ein Teil der Studierenden die Schulfarm Insel Scharfenberg bzw. die Ausstellung „Die ideale Schule" im Neuköllner Heimatmuseum besuchen konnte, werden beide Erkundungen positiv bewertet: die Unterschiede (Scharfenberg: 79%, Museum: 73%) sind gering. Mehrere Studenten wiesen jedoch darauf hin, daß gerade solche Unternehmungen dazu geführt hätten, besser miteinander zu kommunizieren und sich näher kennenzulernen .

– Die didaktische Variabilität innerhalb der einzelnen Seminarsitzungen wurde von 71% als „gelungen" empfunden, dennoch gab es den Vorschlag, mehr Zeit für Diskussionen einzuplanen. Ein Student brachte es auf den Punkt: „Die Stofffülle war zu umfangreich, deshalb für die Diskussion zu wenig Zeit." Besonders hervorgehoben wurde, daß die Referate nicht „vorgelesen", sondern didaktisch „aufbereitet" werden mußten. Immerhin halten dies 70% für erwähnenswert. 62% begrüßten die *Einbindung aller Teilnehmer* während der einzelnen Sitzungen (z.B. Textinterpretation, Dia-Analyse, Diskussion). „Endlich wird auch auf diejenigen Rücksicht genommen, die nicht nur einen Schein haben wollen", so eine Studentin.

– Wie dem Seminarplan zu entnehmen ist, wurde die Sitzung zur Freinet-Pädagogik in der hiesigen Lernwerkstatt durchgeführt. Sie fand ein positives Echo (82%). „Die konkrete Auseinandersetzung mit den Freinet-Materialien hat mich neugierig gemacht, mich ausführlicher mit dieser Pädagogik zu befassen." Bemängelt wurde jedoch der knapp bemessene Zeitfaktor von zwei Stunden. Deshalb konnten beispielsweise einige Studierende ihren in Lettern gesetzten Text nicht drucken.

– Kritisch angemerkt wurde auch der zu erbringende Zeitaufwand für Seminarvorbereitung, Exkursionen, Anfertigen von Protokollen und Seminararbeiten, der in keiner Relation zum Gesamtvolumen des erziehungswissenschaftlichen Studiums von 12 Semesterwochenstunden steht. Nur in diesem Kontext wird die Bemerkung eines

Kommilitonen verständlich: „Die Leistungsanforderungen für einen Hauptseminarschein waren überzogen."

Daß das Seminarangebot auch im Zusammenhang mit Prüfungen (Lehramt, Diplom, Magister) relevant ist, dokumentieren die folgenden Daten: Von den insgesamt 86 Teilnehmern haben 29 Studierende diese Thematik für eine mündliche Prüfung gewählt, davon waren 21 Lehramtsprüfungen und 8 Magister/Magistra-Prüfungen); hinzu kommen drei Klausurthemen von Diplomstudenten (Wilhelm Blume, Peter Petersen, Fritz Karsen). Darüber hinaus wurden die Studierenden motiviert, auch die Konzepte anderer Reformpädagogen und -pädagoginnen (Célestin Freinet, Maria Montessori, Janusz Korczak und die von Rudolf Steiner begründete Waldorfpädagogik) zu rezipieren und sie zum Gegenstand mündlicher Prüfungen zu machen. Außerdem wurden im Rahmen des Magister/Magistra-Studiums zwei Studienarbeiten (Rezeption der Reformpädagogik in der DDR; der Einheitsschulgedanke von Oestreich, Kerschensteiner und Tews) sowie eine Magisterarbeit zu "Paul Oestreich in der deutschen Rezeptionsgeschichte" erstellt. Mögen die genannten Daten auch wenig spektakulär erscheinen, so glaube ich doch, daß der Anstoß, den Gerd Radde mir vor vielen Jahren zu einer fruchtbaren Auseinandersetzung mit der Berliner Reformpädagogik gegeben hat, inzwischen im Rahmen meiner eigenen Hochschullehre eine nicht zu unterschätzende Mutiplikatorenfunktion gehabt hat.

**Anmerkungen:**

1    Seminar und Exkursion wurden gemeinsam mit meinen Kollegen Hellmich und Rathenow durchgeführt. Die Dokumentation wurde von der TU Berlin finanziell unterstützt: Alternativschulen Teil I: Tvind-Schulen in Dänemark. Berlin 1980 (133 Seiten); Alternativschulen Teil II: „Gebt den Kindern jetzt das Wort!" - Freinet-Pädagogik in der Bundesrepublik und in Frankreich. Berlin 1981 (77 Seiten)

2    Im Seminar wurden folgende sechs Dias gezeigt:
*a) Zur preußischen Schulpolitik:*
1. „Schule in der Moabiter Levetzowstraße (1929)" – Quelle: Hilfe Schule - Ein Bilder-Lese-Buch über Schule und Alltag. Berliner Arbeiterkinder. Von der Armenschule zur Gesamtschule. 1827 bis heute. Hrsg. v. d. Arbeitsgruppe Pädagogisches Museum. Berlin: Elefanten Press 1981, S. 265.
2. „Blick in ein Klassenzimmer/Jungenklasse" (1900); Quelle unbekannt.
3. Pausenturnen von Gemeindekindern auf dem Schulhof in der Esmarchstraße – Quelle: Hilfe Schule, a.a.O., S. 109.

*b) Dias zur Reformpädagogik:*

1. „Dorotheenschule Berlin-Cöpenick (Oberlyzeum)"– Quelle: Archiv M. Taut, Berlin. Abgebildet in: Vischer, Julius: Der neue Schulbau im In- und Ausland, Stuttgart 1931, S. 31.

2. „Erdkunde-Unterricht in der 45./46. Lebensgemeinschaftsschule Berlin-Neukölln" – Quelle: Heil Hitler- Herr Lehrer. Volksschule 1933-1945. Hrsg. v. d. Arbeitsgruppe Pädagogisches Museum, Berlin 1983, S. 33.

3. „Doppel-Turnhalle in der Dorotheenschule Berlin-Cöpenick"– Quelle: Archiv M. Taut, S. 32.

3     *Schmidt-Thomsen, Jörn-Peter*: Schulen der Kaiserzeit. In: Berlin und seine Bauten, T. V., Band C, Schulen. Hrsg. v. Architekten und Ingenieur-Verein zu Berlin, Berlin 1991, S. 1-5.

4     *Tenorth, Heinz-Elmar*: Geschichte der Erziehung. Einführung in die Grundzüge ihrer neuzeitlichen Entwicklung. 2. durchg. Aufl., Weinheim/München 1992, S. 227 ff.

5     *Blankertz, Herwig*: Die Geschichte der Pädagogik. Von der Aufklärung bis zur Gegenwart. Wetzlar 1982, S. 300.

6     Vgl. *Radde, Gerd u. a.*: Schulreform - Kontinuität und Brüche. Das Versuchsfeld Berlin-Neukölln. 2 Bde., Opladen 1993.

7     Festschrift zum 75-jährigen Bestehen der Schulfarm Insel Scharfenberg. Redaktion: Martin Eckervogt, Grete Lampertius, Thilo Wedemeyer, Martin Gietz, Berlin 1997.

Rudolf Rogler

## Das Heimatmuseum Berlin-Neukölln als Archiv, Forschungsstelle und Multiplikator reformpädagogischer Praxis[1]

„Ich verstehe gar nicht, warum Sie immer so viel Gedöns um Fritz Karsen machen. Er hat mich als Schülerin abgelehnt und wir haben ihn als Lehrer abgewählt!"[2] Was klingt dabei nicht alles an, das uns als Schulgeschichtler natürlich brennend interessiert? Der Ausspruch stammt von einer Besucherin der Ausstellung „Die ideale Schule", die ab Mai 1993 ein Jahr lang im Heimatmuseum des Bezirks Neukölln von Berlin zu sehen war.

Ist das eine für die Biographie Fritz Karsens bedeutende Äußerung gewesen? Sollte es eine Provokation zum Gespräch sein? Wer war die Besucherin? Wie konnte und warum sollte die Klasse den Schulleiter der wichtigsten Reformschule der Weimarer Zeit in Neukölln als Fachlehrer „abgewählt" haben, wenn dieser die Schülerin schon beim Vor-stellungsgespräch für seine Schule abgelehnt hatte? War hier eine Zeitzeugin aus London gekommen – wie wir später erfahren haben –, die völlig neue Einzelheiten zum Gegen-stand unserer Forschungen beizutragen hatte? Das sich anschließende Gespräch mit die-ser Besucherin zeigte in auffälliger Weise die Schwierigkeiten, denen Schulgeschichts-schreibung aufsitzen kann, wenn sie der Gefahr erliegt, nur mit aktiven bekannten Zeit-zeugen zu arbeiten – denn das sind ja meist die Bewunderer – und auf dieser Basis ver-allgemeinernde Aussagen macht. Diese unerwarteten Äußerungen lenkten aber unsere Fragestellungen auf andere Aspekte dieses erfolgreichen Schulreformers. Ohne eine Ausstellung hätten wir diese und viele andere Einzelheiten gar nicht erfahren. Sie tauchen auch in der Karsen-Biographie unseres Mentors Gerd Radde nicht auf, einem Buch, das auch 25 und mehr Jahre nach seinem Erscheinen noch als Standardwerk betrachtet wer-den muß.

**These 1: Schulgeschichtsschreibung bedarf der kleinen Einheiten: Ausstellungen verhelfen der Schulgeschichte zu Material, das ansonsten verloren ginge.**

Das Eingangszitat wirft zwei weitere Fragen auf, denen sich Schulgeschichtsschreibung angesichts ihrer vielfältigen Quellen immer wieder stellen muß: Wie komme ich an rele-vante „stumme" Zeugnisse, und wie kann gesichert werden, daß ein erreichter Stand in der Forschung revidiert und/oder fortgeschrieben wird? Und ein Drittes: Wie außer durch ausdauernde Suche nach Quellenmaterial können wir verhindern, daß die zur Verständigung notwendigen verallgemeinernden Sammelbegriffe immer wieder unversehens auf einen verengten Bedeutungsgehalt reduziert werden? Dabei müssen wir vermeiden, uns selbst in die sich schnell entwickelnden Zitierseilschaften einzureihen, denen schon mal die Substanz der Einzelaussagen aus den Augen gerät. Mit den großen Begriffen, wie „demokratische Schulreform", „vom Kinde/Schüler aus", „sozialistische Schule", „erste Gesamtschule" u.a. kann vor Ort weder eine Ausstellung noch eine Veröffentlichung bestehen. Kollegien oder Schulklassen konnten damit wenig anfangen. Ja wir sehen die Gefahr, die sich vor allem in den Fragen bei Führungen bemerkbar machte, daß diesen und anderen Begrifflichkeiten oft ganz individuelle, ja mitunter falsche Inhalte zugewiesen werden und zwar nicht nur von Gruppen aus dem ehemals „östlichen" Teil unserer Stadt. Und die so gängigen Begriffe bergen über die Gefahr der falsch assoziierten Inhalte hinaus eine Eigendynamik, die bei Interviews ab einem bestimmten Punkt des Gesprächs das Weiterfragen in sensiblen Bereichen gedanklich abzuschneiden vermag. Die oft begeisternde Zustimmung der Zeitzeugen, die mittels begrifflicher Konventionen Einvernehmen herstellen wollen, kann nämlich den Blick hinter die positiv belegten Begriffe auf weniger schöne Einzelheiten verstellen, die aber m.E. Schulgeschichte erst menschlich und glaubwürdig machen.

Oder anders: auch bei sehr guter Materiallage reichen die vorhandenen Quellen und Dokumente gerade in der neueren Schulgeschichtsschreibung selten aus. Es müssen durch öffentlichkeitswirksame Medien wie Ausstellungen und Vortrage weitere hinzu kommen, um Revisionen und Fortschreibungen zu ermöglichen. Dies muß und kann vor allem die regionale Projektarbeit in den Bezirken und Gemeinden leisten, die praktischerweise an ein Heimatmuseum angebunden werden sollte, weil meist nur dort die notwendige lokale und personelle Sachkenntnis vorhanden ist – oder zumindest gesammelt werden sollte. Zwar wären auch andere Stellen z.B. im Bereich der Universitäten oder Archive für diese Arbeiten denkbar, doch sind wir inzwischen aus bitterer Erfahrungen zu der Erkenntnis gelangt, daß zentrale Einrichtungen das nicht leisten können. Dort sind die Einheiten zu groß. Es sind immer wieder Fälle belegt, wo lokalgeschichtlich wichtige Materialien nicht erschlossen werden konnten, wie z.B. Nachlässe in der Universität, oder in ihrer Bedeutung nicht erkannt und vernichtet wurden, wie Examensarbeiten im Landesarchiv. Selbst eine Einheit von der Größe eines Bezirks (Neukölln hat fast 350 000 Einwohner!) stößt da schnell an ihre Grenzen, denn erfahrungsgemäß kann dort Forschung nur für begrenz-

te Zeiträume durch organisatorische Maßnahmen projektmäßig mit Hilfe von Arbeits-
amtsmitteln gebündelt werden. Dabei ist es für Motivation und Sachkenntnis in allen
Einrichtungen sehr nachteilig, wenn Kontinuitäten fehlen, oder das gerade eingearbeitete
Fachpersonal im Ein- oder Zweijahresrhythmus der ABM-Stellen des Arbeitsamtes aus-
getauscht werden muß. Dies ist übrigens eines der wichtigsten Argumente für die kontinuierliche Bereitstellung von Lehrerstunden für diese Arbeit im Auftrag der Schulverwaltung. Dringend bedarf lokale Schulgeschichtsschreibung neben der notwendigen Mitar-
beiterstunden: 1. einer gewissen Kontinuität, 2. eines Mediums, das auch „passive" Zeugen, Leihgeber und Spender anspricht und 3. der Möglichkeit zur Publikation und Ergänzung veröffentlichter Ergebnisse.

Zurück zum Thema. Bei der Vorbereitung von Ausstellung und Publikation[3] wurden die
gängigen überlieferten Begriffe durch immer neue Einzelheiten und Fragestellungen aus-
gehöhlt. Der Formenreichtum, die Vielzahl der gefundenen Charaktere, die differenzierten politischen und religiösen Zuordnungen der Handelnden kollidierten mit den einfa-
chen politischen Zuordnungen, die in Neukölln manchmal etwas vorschnell unter dem
Etikett „sozialistisch" erfolgen. Daß es politisch im Neukölln der 20er Jahre und bis 1933
immer um eine sozialistische, von der lokalen Verwaltung bis hin zum Reichstag getra-
gene Reform ging, sei dabei nicht in Frage gestellt.[4]

**These 2: Lokale Schulgeschichtsschreibung sollte den Sammelbegriffen mißtrauen
und so organisiert sein, daß sie auch die kleinen und oftmals erst durch persönliches Nachfragen erhältlichen Botschaften erreichen.**

Aufrufe in Zeitungen zum Thema Geschichte der Reformschulen in Neukölln erbrachten
zwar eine ganz beträchtliche Anzahl von Spenden, doch erst nach eigens organisierten
Klassentreffen und zwei öffentlichen Vortragsreihen in der Volkshochschule und im
Heimatmuseum beziehungsweise in den betreffenden Schulen konnten zahlreiche Dokumente und die Daten vieler Interviews zufriedenstellend eingeordnet und für Führungen
lebendig genutzt werden. In Einzelfällen gelang dies erst nach der großen Jahresausstel-
lung. Manche Hinweise bleiben uns noch heute verschlossen. Zum Beispiel solche auf
Beziehungen zu manchen Großen der Zeit, die dann schon mal mit Spitzeldiensten für
eine bestimmte Partei oder privat mit auffallend freizügigem Umgang mit Kindern verknüpft sein konnten. Da sind dann Grenzen erreicht, die auch die Schulgeschichte re-
spektieren sollte. Aber sie muß sie kennen.

Zusammenfassend laßt sich zeigen, daß durch Ausstellung und Begleitprogramm gerade eher die passiven Zeitzeugen und auch solche mit schlechten Schulerfahrungen angesprochen werden konnten. Ihre Anmerkungen und eigenen Positionen bedurften oft der vergleichsweise intimen Atmosphäre des Museums, wo in den Veranstaltungen, die in den Ausstellungsräumen stattfanden, jeweils nur etwa zwei Dutzend Menschen Platz hatten. Nur auf diese Weise erfuhren wir Erinnerungen von Zeitzeugen, die bei größeren Treffen, bei denen es immer Wortführer gibt, nicht zum Zuge kamen oder kommen wollten.

Eine Veranstaltung in der heutigen Abbe-Schule, der ehemaligen Schule des Reformers Fritz Karsen, mit fast 100 ehemaligen Schülern und Schülerinnen dieses ehemaligen Reformschulkomplexes der 20er Jahre erbrachte an Detailwissen naturgemäß wenig. Gleichwohl war diese Veranstaltung der Auftakt zu zahlreichen kleinen, oftmals gerade durch ihren informellen Charakter sehr ergiebigen Treffen. Immer halfen uns richtige Geschichten ebenso wie gefärbte oder sogar falsche, denn alle erzwangen weitere Nachforschungen. „Oral history" muß dabei stets, wie jede traditionelle Geschichtsschreibung, ihre Informationen überprüfen.

Gespräche in der Ausstellung und in den Begleitveranstaltungen brachten dem Museum einen weiteren Schub von Spenden. Dadurch wurde die Realschule in der Donaustraße erst als Reformschule entdeckt. Und auch die Walther-Rathenau-Schule am Boddinplatz, zu der sich nach einem Vortrag des Autors dieser Zeilen unerwartet viele Ehemalige bekannten, dürfte nach dieser Veranstaltung kein Schattendasein mehr führen. Ihr Schulleiter habe den Schulnamen „Walther Rathenau" durchgesetzt und sei als Jude entlassen worden, wurde berichtet. Solche Vorstellungen paßten ins Weltbild der Schülerschaft dieser Schule aus eher liberalen Elternhäusern. Und doch war beides falsch. Nachdem der Sohn des Schulleiters Lötzbeyer in Süddeutschland ausfindig gemacht worden war, berichtete dieser über die Hintergründe und daß sein Vater vermutlich das Opfer einer Intrige geworden war. Darauf könnte auch die bis heute überlieferte Legende zurückgehen, Lötzbeyer sei Jude gewesen und deshalb entlassen worden. Ein in der SA organisierter ehemaliger Kollege hatte ein Auge auf die Tochter des Schulleiters geworfen. Als daraus nichts wurde und er dann auch noch von seiner Überhangstelle gekündigt wurde, mag er aus persönlicher Enttäuschung und Rache nach 1933 die Entlassung Dr. Lötzbeyers mit der Begründung „jüdisch versippt" veranlaßt haben, auch in der Hoffnung, die Rechte an den Fachbüchern (u.a. der weit verbreiteten Logarithmentafel) seines ehemaligen Vorgesetzen, des Schulleiters Dr. Lötzbeyer, zu erhalten. Die Handhabe dazu hatten ihm durch Denunziation die neuen Machthaber geliefert, weil eine Schwester des aus einer Pfälzer calvinistischen Familie kommenden Schulleiters einen Arzt mosaischer Glaubenstradition geheiratet hatte.

Ein anderer Schulleiter soll als Kommunist in die DDR gegangen sein und dort in der Lehrerbildung gearbeitet haben. Auch das war falsch. Ebenso die Vermutung, daß dieser Schulleiter, Wilhelm Wittbrodt, Atheist gewesen sei. Nach dem Auffinden seines Restnachlasses mußte beides berichtigt werden. Er war auch nach 1945 wieder Sozialdemokrat und wohnte seit 1907 bis zu seinem Tod im Jahr 1961 in Rixdorf/Neukölln, wo er auch begraben wurde. Er war gläubig und organisierter religiöser Sozialist. Und gerade deshalb leitete er eine weltliche Schule, weil nach seiner Erfahrung verschiedene Kirchenzugehörigkeiten auch in der Schule nur Anlaß zu Streit boten.

Eine andere neue Information, die in den Veröffentlichungen nicht mehr berücksichtigt werden konnte, betraf das Aufnahmeverfahren für die Arbeiterabiturientenkurse am Reformschulkomplex Fritz Karsens. Die vielen Bewerber unterzogen sich Aufnahmegesprächen und Prüfungen. Sie wußten meist nicht, daß in der Spätphase der Weimarer Republik Parteiquoten manche von ihnen gleicher gemacht hatten, weil anders der Schulfriede an dieser Neuköllner Schule nicht mehr aufrechtzuerhalten war! Die Information stammt von Herrn Nowatzki, einem Teilnehmer des Arbeiterabiturientenkurses Nr. 4. Er wollte nicht, daß zu seinen Lebzeiten durch ihn der gute Ruf seiner Schule, zu der er sich wie fast alle auch zu DDR-Zeiten bekannt hatte, gefährdet wird.[5]

Eine Besucherin legte, als sie vor einem Foto ihrer gemischten Klasse stand, Wert auf ihre Aussage, daß für sie damals die Schule wichtiger war als ihre Eltern. Die Schule war nicht mehr Flucht vor Kinderarbeit. Sie war im gleichen Maße, wie sie auf ihre sture autoritäre Gewalt verzichtete, glaubwürdig geworden und hatte ein positives und zukunftsweisendes Image: Die Kinder wurden als Träger und Gestalter der werdenden Gesellschaft umworben, und die Reformschulen waren dafür so etwas wie die Garanten einer demokratischen und auch zukunftssicheren Ausbildung für die späteren Funktionsträger der Republik. Dabei halfen extrem unterschiedliche Lehrerpersönlichkeiten mit. Die Versuchsschulen zogen diese engagierten Kolleginnen und Kollegen an, die dann mit ihren Eigenschaften und wegen ihrer Aktivitäten als Vertrauenspersonen akzeptiert wurden und bei denen man freiwillig Zusätzliches lernte. Herwig Friedag lernte beim Schul-

leiter Wittbrodt in der Rütli-Schule in einer Arbeitsgemeinschaft Esperanto. Käthe Ra-
decke suchte und erhielt Rat von ihrem Mathe- und Physiklehrer Alfred Lewinnek, mit
dem sie über Liebe und Empfängnisverhütung sprach, und mit der Lehrerin Hedda
Korsch verstanden sich marxistische Kollegen wie Hans Alfken und unorthodoxe Schüler
wie Hans Feysel von der KPDO. Er, der Künstler und Grafiker in der Klasse, diskutierte
gern in einer marxistischen Gruppe mit ihr, vielleicht sogar über den KPD-Ausschluß von
Karl Korsch, des Mannes seiner Lehrerin.

Die Klassen waren oft verschwiegene Gemeinschaften, erfuhren wir, denn lange nicht alle
erzählten zu Hause, daß sie als 16jährige Mädchen mit ihren Mitschülern und dem Klassenlehrer am Wochenende zum FKK-Lager an den Motzener See fuhren oder mit der
Klasse die abenteuerlichsten Verabredungen getroffen hatten. Und es gab nie Beschwer-
den! Die Rolle der Familie hatte sich schon stark verändert. Die Lehrer an den wichtigsten Neuköllner Reformschulen übernahmen bereitwillig und jahrelang einsatzfreudig die
Erzieher- und Beraterrolle. An der Walther-Rathenau-Schule, dem zweiten Reformrealgymnasium in der Neuköllner „Altstadt", setzte man zur gleichen Zeit noch mehr auf den
Schularzt als Berater von außen.[6]

Demgegenüber mag es in der Neuköllner Albrecht-Dürer-Oberrealschule noch lange als
Verrat gegolten haben, wenn ein Schüler den Wunsch seines „Paukers", am Wochenende
gemeinsame Wanderungen oder Radtouren zu machen, nicht strikt ablehnte. Was die
Reformschüler gern als Freiraum annahmen, empfanden die Schüler an herkömmlichen
Schulen schlicht als Zumutung, als Verrat an ihrem Selbstverständnis als Schüler, die
nichts mit denen da vorn, oben auf ihrem Katheder zu tun haben wollten und sich nicht
leisten konnten, als verachtungswürdige Lehrerlieblinge zu gelten.[7]

Weiterhin zeigen die Gespräche mit Zeitzeugen vor Ort, daß pädagogische Reformen oft
so partiell oder personengebunden sind, daß sie meist erst bei auffälligen Häufungen an
bestimmten Schulen für die Forschung von Interesse sind. Die jüngste Neuköllner
„Reformpädagogin" übernahm in der Nachkriegszeit ohne Ausbildung am Tag nach ihrem 18. Geburtstag ihre erste Klasse mit 38 Schülern![8] Als Schulrat unterrichtete damals
ein 70jähriger mit ansteckender Begeisterung die Junglehrer. Er war in seinen Anfangs-
jahren noch von der kirchlichen Schulaufsicht strafversetzt worden und kam 1907 nach
Neukölln, das damals noch Rixdorf hieß und erst ein paar Jahre lang eine selbständige
Großstadt war, die großen Lehrermangel hatte.[9]

„Was können Sie noch, außer Lehrer sein?",[10] daran muß man unweigerlich denken, wenn man biographisch arbeitet und die Schüler und Schülerinnen von ihren neuen Lehrern in den Reformschulen berichten hört. Allein unter den vom Autor dieser Zeilen bearbeiteten Kollegen waren zahlreiche andere Berufe und verstärkt auch Qualifikationen vertreten, die hier einmal aufgelistet werden sollen: Drucker; Reiseschriftsteller; Sanskritexperte, Philosoph und Kenner afrikanischer Sprachen, Esperantist, Tischler, Theaterautor, Jazzmusiker, Vermessungsspezialist und Ballistiker, Gärtner, hoher Offizier und Pazifist, Sportruderer, Tischtennisspieler und Hobbyastronom, Kommunalpolitiker, Kaufmann, Bankangestellter, Übersetzer. Was konnten sie an Fähigkeiten einbringen? Welche Erfahrungen hatten sie und andere mitgebracht? Mit 18 Jahren Sprecher der deutschen Delegation aus dem Bezirk Posen beim Preußischen Minister (der Assessor Alfons Rosenberg); jüngster Teilnehmer an der Reichsschulkonferenz (Hans Alfken); erster erfolgreicher Sporterzieher in einem Waisenhaus, aus dem er selbst hervorgegangen war (Alfred Lewinnek); „königlicher" Hauslehrer am Hofe (Waldemar Dutz). Es waren Kinder von Bauern, Handwerkern oder Dorfschullehrern und meist aus der Provinz, oft „weggelaufen", um sich selbst entfalten zu können. Sie kamen aus der Uckermark, der Pfalz, aus Schlesien, Ostpreußen, Niedersachsen oder Schleswig. Sie alle hielten nicht Schule wie die eher mit Privatgelehrten zu vergleichenden Oberlehrer und Studienräte der Zeit, sondern brachten ihre ganze Persönlichkeit ein, wie es Alfred Lewinnek rückblickend in einem Antwortbrief an Gerd Radde so treffend formuliert hatte.[11]

Ohne lokale Schulgeschichtsschreibung gehen die Einzelheiten so leicht unter. Da hat ein französischer Austauschlehrer einen Versuch gemacht und sich sogar dem Vergleich mit konventionellem Sprachunterricht in der Parallelklasse gestellt. Ein Vierteljahr hat er mit seinen Schülern nur französische Lieder gesungen, deren Texte die Schüler nicht verstanden. Singend ist er dabei mit seiner Klasse auf dem Gelände der heutigen Kindl-Brauerei nahe der Schule herumgezogen! Das Ergebnis sei im Vergleich zu konventionellem Unterricht, mit Ausnahme von Schwächen in der Grammatik, beachtlich gewesen. Die Vokabeln konnten schnell nachgeholt werden, Aussprache und Lesen seien deutlich besser als in der Vergleichsgruppe gewesen.[12]

Könnte heute die internationale Arbeit an den Schulen und die Zusammenarbeit mit den Eltern richtig bewertet werden, wenn es nicht selbständige Arbeiten über Einzelschulen wie die von Volker Hoffmann über die Rütlischulen gäbe, die leider nur im Eigenverlag erschien? Auch Abmachungen von Lehrern mit ihren Klassen hätten wir gerne verglichen, doch fehlten sie in der bekannten Literatur. Wie knapp geben sie doch Auskunft über die inneren Veränderungen in den Schulen. „Wir treffen uns also am Montag und fahren, wie abgemacht, nur mit dem Wind im Rücken!", das war alles, was eine 10. Klasse mit ihrem Klassenlehrer neben Kleidung, Verpflegung und Fahrrad abgemacht hatte. Es ging dann ohne gebuchte Unterkünfte in den Harz und, weil der Wind sich gedreht hatte, von dort nach Hamburg.[13]

Oder, ebenfalls sinngemäß: „Ihr wißt, wir sind in zwei Tagen um 11 Uhr im Rathaus in Stockholm zum Empfang verabredet. Wie Ihr dorthin kommt, bleibt Euch überlassen!", war die Abmachung mit einer Oberstufenklasse auf einer Studienfahrt der gleichen Neuköllner Schule nach der Ankunft in Göteburg. „Wer seinen Stoff beherrscht, kann sich in der Lehrmittelsammlung das Winkelmeßgerät holen und draußen Türme und Gebäude vermessen."[14] Welches Vertrauen in Schüler und Eltern verbirgt sich hinter solchen Übereinkünften? Deutlich und für alle erkennbar wurde die Eigenverantwortung gestärkt.

Persönlich möchte ich an dieser Stelle – gleichsam als Referenz an meinen eigenen Volksschullehrer – ergänzen, daß ich in der dritten und vierten Klasse für den Lernerfolg eines Flüchtlingswaisenkindes verantwortlich war. Ich durfte ihm bei Rechenübungen helfen und bei der Übertragung der Lehrwanderungen vom Sandkasten oder von der Tafel ins Heft, und ich konnte, wie auch andere, zu diesem Zweck jederzeit meinen Platz verlassen oder hatte häufig die Aufgabe, Filme in der Stadtbildstelle am anderen Ende der Stadt zu holen oder die schweren Blechdosen dorthin zurückzubringen.[15]

Der Kontakt zu den Reformschülern war es immer wieder, der unsere Arbeit voranbrachte. Wohl das interessanteste Objekt für lehrreiche Führungen mit dem Schwerpunkt „Projektunterricht" mußten wir nachträglich in die Ausstellung einfügen. Bei der Eröffnung hatte es uns ein bekannter Zeitzeuge aus unseren vorangegangenen Projekten „Widerstand in Neukölln" und „Spuren jüdischen Lebens in Neukölln" versprochen. Er konnte seinen Projektunterricht belegen und schenkte uns ein Bild davon. Es zeigt Rügen als Relief mit allen Bahnverbindungen aus Kienappeln/Kuseln von den Neuköllner Schülern der Rütlischule in den sonnigen Strand von Rügen gegraben!

**These 3: Zur Vorbereitung lokaler Schulgeschichtsprojekte empfiehlt es sich, eine interdisziplinäre Expertengruppe zu bilden.**

Um die verstreut liegenden Dokumente zu erfassen und die publizierten Materialien und das Fachwissen der Autoren nutzen zu können, sollte die Vorbereitung zudem so organisiert sein, daß sich alle Experten auch persönlich kennenlernen, erreichbar sind und sich ansprechen lassen.

Weil wir aus vorangegangenen Projekten wußten, daß Zeitzeugen und Dokumente nur dann richtig erschlossen werden können, wenn bereits in einem frühen Stadium die Kenntnisse im Team möglichst gut sind, haben wir bei den Treffen der Arbeitsgruppe Schulgeschichte Neuköllns der Abteilung Volksbildung das Informationsnetz von Anfang an recht dicht geknüpft. Bei den Treffen der Arbeitsgruppe im Sitzungssaal der Abteilung Volksbildung (die es heute leider nicht mehr gibt!) gab es Vorträge und regelmäßig die neuesten Informationen. Alle wichtig erscheinenden Namen, die biographisch bearbeitet werden sollten, wurden den Teilnehmern dieser Experten- und Autorenrunde immer wieder aktualisiert zur Verfügung gestellt. Ebenso die Arbeitsthemen der Aufsätze und die Gliederung der Fachveröffentlichung.[16] Ohne jedes Entgelt trafen sich dort jeweils 15 bis 30 Teilnehmer. Fast niemand der Eingeladenen hatte abgesagt, weder das Landesarchiv noch Hochschullehrer, weder die Kirchen, noch die Autoren oder Experten aus den Schulen und auch nicht die zu diesem Zeitpunkt noch existierenden Forschungseinrichtungen der DDR. Es entstand schon bald eine Liste mit mehr als 70 Namen derjenigen, die nach Auffassung der Mitglieder des Arbeitskreises die Neuköllner Schulgeschichte geprägt hatten. Sie reichte von Konrad Agahd, Robert Alt und Hans Alfken bis Mathilde Vaerting, Friedrich Weigelt, Wilhelm Wittbrodt, Götz Ziegler und Rudolf Zwetz. Die zur Bearbeitung vorgeschlagenen Reformaspekte umfaßten im ersten Stadium selbst den Sportboom nach 1918, die ersten Montessori-Klassen, die Rolle der Schulhausmeister, die Schulgesundheitsfürsorge, Volksschullehrerdichtung und Studienfahrten der Arbeiterabiturienten; sie mußten aufgrund der Umfangsbegrenzungen der geplanten Publikation schließlich eingeschränkt werden.

Parallel dazu konnte eine Vortragsreihe im Rathaus organisiert werden, die den Kontakt zu weiteren Zeitzeugen und Wissenschaftlern anbahnte. Vorgestellt wurden etwa die Repräsentanten der Schulpolitik und -verwaltung wie Heinrich Becker und Kurt Löwenstein, Reformer wie Adolf Jensen und Fritz Karsen oder aber auch der sozialistische Schülerbund und die Selbstverwaltungsgremien der 20er Jahre.

Auch die Ausstellung selbst wurde durch Veranstaltungen begleitet, z.b. durch eine: Expertenrunde zur Umbruchsituation in Neukölln nach 1918; durch Berichte von Zeitzeugen über ihren Schulalltag in den Rütlischulen während der Weimarer Republik oder durch einen Rundgang durch die letzte Gartenarbeitsschule im Bezirk.

**These 4: Schulgeschichte, die fortwirken und Anregungen geben will, braucht Zeitzeugenarbeit und Originalobjekte und sie bedarf für Schüler und Kollegen heute vor allem der Kategorie des Erlebens, was weit über den intellektuellen Nachvollzug der Reformen hinausgeht.**

Reformpädagogik darf sich nicht in papierenen Veröffentlichungen von Außenstehenden und auch nicht in der Exegese der Texte einer schreibenden Minderheit unter den Aktiven der Zeit erschöpfen. Wie abstrakt sind doch die Erzählungen von erbrachten Leistungen und freiwilligen Arbeiten, wenn wir sie nicht sehen können und wissen, wie sie korrigiert und beurteilt wurden! Die Zahl unter einer Algebra-Arbeit im A5-Format bedeutete nämlich nicht die Note, sondern die Fehlerzahl. Einschätzen mußte man sich schon selbst, wenn regelmäßig in der nächsten Stunde die Arbeit zurückgegeben wurde. Besonders aber vor den Zeugnisterminen – für Zeugnisse, die zwar aus formellen Gründen geschrieben, aber in der Schule verwahrt blieben – war ehrliche Selbsteinschätzung gefragt. Konfrontiert mit einer Arbeit, die sein Lehrer korrigiert hatte, erzählte unerwartet ein Zeitzeuge bei einer Abendveranstaltung die Geschichte, wie sein Lehrer ihm damals ein „Ausreichend" eingetragen hatte, weil er sich aus Bescheidenheit, Selbstunsicherheit oder in der Hoffnung, vom Lehrer besser beurteilt zu werden, so eingestuft hatte, obwohl er vergleichsweise ein „Gut" verdient gehabt hätte. Der Kommentar des Lehrers soll damals gewesen sein, daß er noch lernen müsse, sich selbst richtig einzuschätzen.

Wenn dann auch Drückebergerei, Schuleschwänzen und Hausaufgaben-Notgemeinschaften wiederholt zur Sprache kommen, verliert Reformpädagogik allenfalls einen falschen Mythos. Sie gewinnt an Glaubwürdigkeit. Wenn der Sohn eines Reichstagsabgeordneten den Mut hat, nicht nur über seine umfangreiche Arbeit über Lessing, sondern auch über seine Schwänzerei und das anschließende Klassengericht zu berichten, so kann unsere Kenntnis von der Reformpädagogik davon nur profitieren.[17]

Ein verwandelbares Klassenzimmer und ein Animations-Mitspieltheaterstück schafften es, Reformen als menschliche Fortschritte, als bewußte Neugestaltungen von schulischer Wirklichkeit erlebbar und als mitbestimmungsfähige Prozesse erkennbar zu machen. Uns kam es darauf an, das festgefügte Gehäuse, in dem Unterricht herkömmlich stattfindet, zu knacken. Deckenhöhen, Lichteinfall, Fenstergrößen, Möblierung, Farbgebung, Dekoration und vieles andere sollten als Größen erfahrbar ins Bewußtsein gerückt werden.

Dafür mußte das in der Ausstellung nachgebaute Klassenzimmer leicht umzubauen sein, damit die Veränderungen allen Besuchern vorgeführt werden konnten. Zum Beispiel die in den 20er Jahren in vielen Reformschulen erfolgte Ersetzung der starren und festmontierten Bänke durch Stühle und bewegliche Tische, womit eine flexible Sitzordnungen ermöglicht wurde. Die auch heute noch in den alten Schulgebäuden vorhandenen sehr hohen Fensterunterkanten, die den Blick nach draußen nur in den Himmel erlauben, wurden in der Architektur abgelöst von Wänden, die sich wegschieben ließen und ermöglichten, den Klassenraum nach draußen zu öffnen, z.B. für einen Stuhlkreis im Freien oder ein Bewegungsspiel zwischendurch an der frischen Luft.

Mit Mitteln der Bühnentechnik gelang es unseren Kooperationspartnern von der technischen Fachhochschule sämtliche diesbezüglichen Wünsche haltbar und kostengünstig in die Tat umzusetzen. Und wenn dann in der Ausstellung die Decke auf das tatsächliche „neue" Höhenmaß der Klassenräume in der idealen Schule von 1968, der Walter-Gropius-Gesamtschule, heruntergefahren wurde, bekamen manche sogar ein bedrückendes Gefühl, so sehr hatten sie sich oft an die viel höheren Klassenräume Weimarer Reformschulen gewöhnt. Auch die Änderung der Beleuchtung war sichtbar und spürbar nachzuvollziehen. Die einseitige Beleuchtung – rechts der Flur und links die Fenster – wurde wie in der Wirklichkeit der Reformschulen als untragbar empfunden, sobald die frontale Sitzausrichtung aufgegeben wurde. Mindestens von drei Seiten forderten die Planer der zwanziger Jahre, zu denen auch Schüler gehörten, natürliches Sonnenlicht.[18]

Das in unserer Ausstellung installierte Klassenzimmer mußte noch in anderer Hinsicht variabel sein. Mal mit großem Gußheizkörper, mal mit Ofen und Kaiserbild an der Wand, mal furnierte Lehrmittelschrankwand á la Taut, mal orange-aktive Wandfarbe wie zu Zeiten der Selbstverwirklichung in den Nach-68er-Jahren. Eine ganze Wand war so auf

drehbaren Prismen dreifach vorhanden: Kaiserzeit, Reformzeit um 1928 und Gesamtschule von 1968. Dazu paßten feste Bänke, Tische und Stühle und für die Notzeit nach
1945 Gartenlokalmöbel aus Brauereibesitz, die in Schulen benutzt worden waren, ebenso
wie ein Einzelarbeitsplatz mit Holzstuhl aus der Erstausstattung der ältesten neuen Gesamtschule der Bundesrepublik in Berlin Britz-Buckow-Rudow. Die Möbel stammten
aus eigenen Beständen, waren Leihgaben des Schulmuseums Berlin oder der Walter-
Gropius-Schule und mußten alle so kunterbunt gemischt in dem Raum untergebracht
werden, weil wir sie nicht ständig – wie die Wände – ebenfalls verändern konnten. Das
scheinbare Durcheinander verfehlte seine Wirkung nicht. Sogar Einzelbesucher suchten
„ihren" Arbeitsplatz und nutzten ihn für eine kleine Pause.

Was sich bei der Anrede im Lehrer-Schüler-Verhältnis und in der Unterrichtsmethode
geändert hatte, sollte nicht nur nachgelesen oder bei einer Führung erzählt werden. Besucher und Klassen, die zum Mitspieltheater gekommen waren, konnten es erleben. Die
Anrede hieß in der Reformzeit „Sturm" und „Miethke" anstelle von „Herr Oberstudienrat
Dr. Sturm" oder „Ilse" für die Schülerin Ilse Miethke. Zwar wurde zwischen Schülern
und Lehrern das „Sie" ohne Amtsbezeichnung und Titel beibehalten, auf der Ebene der
Familiennamen aber völlige Gleichheit hergestellt, ohne Herr oder Frau davor! Noch
einen Schritt weiter ging man nach 1968. Dann hieß es schon manchmal „Wendula", statt
Frau Dahle, wenn die Lehrerin gemeint war. Das Theaterstück, das dies alles lebendig
werden ließ, hatte Christine Kernich von der Hochschule der Künste (Text) mit den
Schauspielern Ellen Roters und Holger Bruns aus biographischem Material entwickelt,
und beide haben in vielen Aufführungen in ständig wechselnden Rollen meisterhaft mit
Ausdauer und großem Engagement die Besucher immer wieder locker und unpädago-
gisch zum Mitmachen beim Gang durch die Reformschulgeschichte gewonnen.

**These 5: Im Prozeß der Ausstellungsgestaltung, bei der Erarbeitung von Führun-
gen oder beim Umgang mit Ausstellungsmaterialien entstehen für anstehende
Schulreformen wichtige Erkenntnisse.**

Modelle, Bausteine oder Bauzeichnungen helfen, Schule als gestaltbar „in Besitz" zu
nehmen. Nur ein Beispiel: Unser Modellbauer Manfred Bartz hatte gründlich alle Unterlagen für die idealen Schulen zusammengesucht und studiert, die er nachbauen sollte. Er
kam zurück mit der Erkenntnis, daß die Tautsche Planung für die Schule am Dammweg
zu groß sei. Die ideale Schule der 20er Jahre, die den Wünschen der Architekten, der

Schule, des Bezirksamts und der Fachwissenschaften entsprach und in vielfältigen Veröffentlichungen der Zeit und in der Architekturfachpresse gerühmt wurde, sei zu groß für die Ausstellung und zu groß für Schüler, behauptete er. Gewiß, sie wäre ideal für Leichtathletik, Schwimmen, Sprachen, Werken und die Naturwissenschaften. Aber für den Einzelnen, wo doch die Klassen wie Herden ständig von einem Fachraum in den anderen ziehen mußten? Vielleicht wäre sie auch ideal für die Abnehmer der Qualifikationen geworden, aber hätten die Schüler sich in den Gebäuden wohlgefühlt, die einige von ihnen mitgeplant hatten, oder hätten die Schmierereien an den Wänden schon 1930 zugenommen, wenn damals nicht wirtschaftliche Not den Bau dieser gesamten Großschulanlage verhindert hätte?[19]

Der gleiche Maßstab für alle vier Modelle von idealen Schulen hatte allen Beteiligten eine Erkenntnis vermittelt. Die Fläche war zu groß und die Schülerzahl von deutlich über 2000 Schülern ohne feste Klassenräume, nach dem Fachraumprinzip organisiert, ebenfalls. Die rationale Schule der Zeit nach dem amerikanischen Platoonsystem war auch bei Besucherklassen nach kurzer Diskussion meist ebenso out wie der fünfeckige Bauhaus-Industrie-Betonbau der 60er Jahre, die Walter-Gropius-Schule. Die Modelle waren zu Medien geworden, die zur Diskussion anregten. Sie setzten Empfindungen frei, die häufig in der Ausstellung zum spielerischen Gestalten einer Wunschschule aus Funktionsbausteinen führten oder zu Entwürfen, die dann in der eigenen Schule zu Zeichnungen verarbeitet wurden. Leider gelang keine Auswertung der auf diese Weise nach Vorentscheidungen über Schülerzahlen und Geschoßflächenzahl geschaffenen Entwürfe! Auch die in der Ausstellung gebauten Traumschulen konnten entgegen anfänglicher Planung nicht dokumentiert werden.[20] Wie mag sie heute aussehen, die ideale Schule? Flächensparend hoch? Kompakt wie die Bildungszentren der 70er Jahre? Oder im Schuldorf-Stil mit vielen kleinen Gebäuden? Für 200, 500 oder 1000 Schüler? Das waren Fragen, mit denen sich Klassen und ganze Kollegien an ihrem Studientag im Museum auseinandersetzten. Die einzige konkrete Utopie, die ökologische Schule der Zukunft, der geplante Ersatzbau für ein asbestbelastetes und abgerissenes Bildungszentrum der 70er Jahre, war als Wettbewerbsmodell für die Otto-Hahn-Schule vertreten. Es war eine Leihgabe. Die anderen sehr anschaulichen Modelle hatte Manfred Bartz für uns mit finanzieller Unterstützung der bezirklichen Abteilung Bauwesen gebaut: die Schule am Dammweg, die für Fritz Karsens Karl-Marx-Schulkomplex aus der Kaiserzeit neu gebaut werden sollte, die Walter-Gropius-Schule, die erste Gesamtschule vom Kindergarten bis zum Abitur, und den ersten Nachkriegsbau für die Kurt-Löwenstein-Schule, der ein internationaler Bauwettbewerb voraus gegangen war.

Sie alle regten an, sich mit der in Stein, Stahl oder Beton gefügten äußeren Hülle von Unterricht zu beschäftigen und auch die Gebäude als Ausdruck der jeweiligen Zeit und ihrer Ideale zu erleben. Andere Teile der Ausstellung kamen einfach an: weicher, sauberer Sandboden, schöne Holzlattenroste für die Wege, ein Strandkorb, helles Licht und schöne Fahrtenfotos stimmten im ersten Raum ein und halfen den Besuchern, sich zuerst einmal an die schönsten Schülererlebnisse zu erinnern. Fahrten müssen damals wie ein Traum gewesen sein. Viele waren auf Klassenfahrten, die häufig nach Rügen führten, zum ersten Mal aus der Arbeitervorstadt herausgekommen. Fotos vom Strandleben, von einem Lauschauftrag im Sand liegend, von Studienfahrten, von praktischem Unterricht unterwegs oder im Schulgarten, vom Kulissenbau und von Theateraufführungen säumten diesen Raum an einer Wand, wo in den letzten Ausstellungen schon traditionell die Galerie der Neuköllner zu finden war. Wieder erzählten viele ungefragt von ihren Erinnerungen an die große Wende in der Neuköllner Schulgeschichte. Einzelheiten, die wir auch weiterhin erforschen und einarbeiten wollen.

**These 6: Durch das gelungene Ausstellungsprojekt und die Fachveröffentlichungen sowie die erschienenen Besprechungen gelang es dem Heimatmuseum, eine schulgeschichtliche Sammlung aufzubauen, die vielleicht schon bald für Schüler, Lehrerseminare und Forschungseinrichtungen für den Bereich der Reformpädagogik unverzichtbar sein wird.**

Noch fehlen, nach dem Auslaufen aller Sondermaßnahmen zur Arbeitsbeschaffung, die Kapazitäten für weitere Arbeit. Doch warum sollte es in diesem so überaus wichtigen Bereich nicht gelingen, einmal exemplarisch eine wichtige Epoche der Schulgeschichte eines Bezirks möglichst weitgehend zu dokumentieren?

Dabei wären aussagekräftige Akten im SED-Parteiarchiv ebenso zu erfassen wie die vielen neu hinzugekommenen Nachlässe. Darunter befindet sich die wohl größte Sammlung von Schülerarbeiten aus der Zeit vor 1933. Das Museum könnte dann mit seiner Schulgeschichtlichen Sammlung und seinen Kenntnissen ein Dienstleistungsangebot machen, dessen Entstehung wir neben unseren Mitarbeitern den Zeitzeugen, Besuchern und

Spendern verdanken. Zum Entschluß, die begonnene Arbeit weiterzuverfolgen, hat uns auch das große Interesse von Fachbesuchern, Lehrerseminaren, Hochschullehrern, Hochschulseminaren und ganzen Kollegien ermutigt, die zu uns kamen, um sich Informationen und Anregungen für ihre Arbeit zu holen oder heute noch Materialien ausleihen oder Referenten zu sich einladen.

## Anmerkungen:

1    Erstveröffentlichung in: Mitteilungen & Materialien 47 (1997), hrsg. v. Stadtmuseum Berlin, Landesmuseum für Kultur und Geschichte Berlins. Berlin 1997; leicht veränderte Fassung.

2    So begrüßte Edith Galliner am 12. Mai 1993 im Heimatmuseum Neukölln den Autor dieser Zeilen.

3    Es sind drei Veröffentlichungen erschienen: Schulreform. Kontinuitäten und Brüche. Das Versuchsfeld Berlin-Neukölln 1912 bis 1945 (Bd. 1, 415 S.) und 1945 bis 1972 (Bd. 2 mit Verzeichnis und Biographien, 285 S.). Hrsg. v. Gerd Radde, Werner Korthaase, Rudolf Rogler, Udo Goßwald. Opladen 1993. Im folgenden zitiert als: Schulreform.- Stichwort Schulgeschichte. Dokumentation der schulgeschichtlichen Sammlung des Heimatmuseums Neukölln einschließlich der Bestände des Bezirksarchivs Neukölln. Sonderheft Nr. 3 der Mitteilungen und Materialien der Arbeitsgruppe Pädagogisches Museum. Erfaßt und bearbeitet von Karen Hoffmann. mit einem Schulverzeichnis des Bezirks von Swantje Ipsen und Rudolf Rogler. Berlin 1994.

4    Vgl. *Korthaase, Werner*: Neuköllner Schulpolitik im Dienste der Arbeiterschaft – Dr. Kurt Löwenstein als Kommunalpolitiker. In: Schulreform, Bd. 1 ,S. 130 ff.

5    Das Protokoll des Interviews vom 24. Februar 1992 in Berlin-Kaulsdorf liegt neben vielen anderen Interviews im Heimatmuseum Berlin-Neukölln; zu den Arbeiterabiturientenkursen vgl.: *Korthaase, Werner*: Die Neuköllner Arbeiter-Abiturienten-Kurse – Der Beginn des Zweiten Bildungsweges in Deutschland. In: Schulreform, Bd. 1, S. 161 ff.

6    *Dutz, Waldemar*: Einiges zur Geschichte der Walther-Rathenau-Schule. In: Der Schulfreund 2, Nr. 6 (Nov. 1928), S. 60-70; vgl. zum Autor auch das Nachwort zu einem Neuabdruck eines Referates von Dutz, in: Schulreform, Bd. 1, S. 213.

7    Herbert Crüger berichtet davon, wie er panische Angst davor hatte, verachtungswürdiger Lehrerliebling zu werden, nur weil sein Mathematiklehrer einen Hausbesuch machen wollte. *Crüger, Herbert*: Verschwiegene Zeiten – Erinnerungen an meine Schulzeit in den zwanziger Jahren. In: Schulreform, Bd. 1, S 82-92 (88).

8    *Szczygiel, Ingeborg*: vgl. Schulreform, Bd. 2, S. 49.

9    Vgl. zu Wilhelm Wittbrodt: Schulreform, Bd. 1 und 2 mit vielen Hinweisen.

10    Das Zitat stammt von Gerold Becker, der als Schulleiter der Odenwaldschule mit dieser Frage gute Erfolge hatte (gehört auf dem Pädagogischen Tag in der Stephan-Schule in Berlin-Tiergarten am 12. November 1994).

11    Vgl. Schulreform, Bd. 1, S. 233.

12    Information von Fritz Schubart; vgl. zur Schule am Boddinplatz, dem späteren Walther-Rathenau-Reformrealgymnasium: *Rogler, Rudolf*: Rätsel einer Schulhymne. In: Erinnerungsstücke. Das Museum als soziales Gedächtnis. Berlin 1992, S. 88 ff.; und *ders.*: Kleine Geschichte einer liberalen Schule – Die Walther-Rathenau-Schule am Boddinplatz. In: Schulreform, Bd. 1, S. 272-287.

13    Vgl. zum Klassen-, Mathe-, Physik-, Sportunterricht u.v.a. zu Lehrer Alfred Lewinnek den Aufsatz in: Schulreform, Bd. 1, S. 232 ff.

14    Vgl. *Lotzbeyer Philipp*: Schulreform, Bd. 1, S. 281.

15    Mein pädagogischer Respekt gilt einem späten „Reformpädagogen", meinem Volksschullehrer Rüger, der offenbar erst in jahrelanger sowjetischer Gefangenschaft für mich und viele Mitschüler verschiedener Jahrgänge eine große Erzieherpersönlichkeit geworden war. Daß er als ehemaliger Offizier in einer sozialdemokratisch geführten Stadt Einstellungsprobleme gehabt haben soll, habe ich erst 40 Jahre später nach seinem Tod erfahren. Meinem Vater, der mir auf der Straße alle Nazis zeigte, darunter auch viele Lehrer, war er offenbar nicht aufgefallen. Mit Lehrer Rüger waren wir regelmäßig auf spannenden Lehrwanderungen. Er unterstützte ein halbes Jahr lang kostenlos alle aus unserer Klasse, die zur Oberrealschule wollten und bereitete uns auf die Aufnahmeprüfungen vor, die dann meine ersten abscheulichen Schultage mit maßloser Anspannung werden sollten.

16    Durch ein Entgegenkommen des Verlags Leske und Budrich konnte das Material auf zwei Bände von zusammen 600 Seiten aufgeteilt werden.

17    Information von Pieter Siemsen, dem Sohn August Siemsens, welcher als Lehrer in Neukölln unterrichtet hatte und 1931 bis 1933 als Reichstagsabgeordneter seinen Sohn in die Schule von Fritz Karsen schickte. Vgl. Schulreform, Bd. 1, S. 234.

18    Diese Auskunft stammt vom damaligen Vorsitzenden der Schulgemeinde des Kaiser-Friedrich-Realgymnasiums, dem einstigen Schüler Felix Krolikowski, der damals auf Empfehlung des Klassenlehrers seiner katholischen Grundschule zur Aufbauschule gewechselt war. Er besuchte uns bereits zu DDR-Zeiten, nachdem er das damals dafür notwendige „Reisealter" von 65 Jahren erreicht hatte, und er brachte uns von ihm aufbewahrte Schätze seiner Neuköllner Schulzeit. Er hatte sie in Ölpapier gut verpackt im Garten vergraben und so über die Zeiten gerettet. Er berichtete, daß er damals mit Schulgremien sogar im Sommerhaus des berühmten Architekten Bruno Taut arbeiten konnte, als dieser ein neues Schulgebäude für Fritz Karsens Schule, die sog. Dammwegschule plante.

19    Ein Pavillon ist als Probebau noch heute erhalten. Vgl. *Taut, Bruno*: Schulreform, Bd. 1, S. 218 ff.

20    Das Heimatmuseum hält die Funktionsbausteine unseres Modellbauers in einer von Schülern im Arbeitslehreunterricht gebauten Kiste in seiner Nebenstelle in der Donaustraße noch zur Ausleihe bereit. Das Heimatmuseum veranstaltet weiterhin Lehrerfortbildungen mit Methoden der Reformpädagogik (zuletzt Reliefbau im Sandkasten) und Studientage für Kollegien.

# Auswahlbibliographie zur Reformpädagogik in Berlin

## I. Allgemeine Literatur zur Reformpädagogik

### 1. Auswahlbibliographie

HAUBFLEISCH, DIETMAR/LINK, JÖRG-W.: Pragmatische Auswahlbibliographie. In: Amlung u.a. 1993 (s.u.), S. 289-293

### 2. Gesamtdarstellungen und Quellensammlungen

FLITNER, WILHELM/KUDRITZKI, GERHARD (Hrsg.): Die deutsche Reformpädagogik. Bd. I: Die Pioniere der pädagogischen Bewegung; Bd. II: Ausbau und Selbstkritik. Düsseldorf/München 1961/1962 (Quellensammlung)

DERS.: Reform der Erziehung. Impulse des 20. Jahrhunderts. Jenaer Vorlesungen. München/Zürich 1992, 1996[3]

GÜNTHER, KARL-HEINZ U.A. (Hrsg.): Geschichte der Erziehung. Berlin 1987[14] (Kap. 9 u. 11)

*Dazu ergänzend:*

HOHENDORF, GERD: Das 20. Jahrhundert – das Jahrhundert des Kindes? In: Klein, Fritz/Aretin, Karl Otmar von (Hrsg.): Europa um 1900. Texte eines Kolloquiums. Berlin 1989, S. 327-337

DERS.: Reformpädagogik und Arbeiterbewegung. Oldenburger Universitätsreden Nr. 29. Oldenburg 1989

OELKERS, JÜRGEN: Reformpädagogik. Eine kritische Dogmengeschichte. Weinheim/München 1989, 1996[3]

*Dazu kritisch:*

ULLRICH, HEINER: Die Reformpädagogik – Modernisierung der Erziehung oder Weg aus der Moderne? In: Zeitschrift für Pädagogik 36 (1990), S. 893-918

RÖHRS, HERMANN: Die Reformpädagogik. Ursprung und Verlauf in Europa. Hannover 1980, Weinheim 1994[4]

SCHEIBE, WOLFGANG: Die Reformpädagogische Bewegung. Eine einführende Darstellung. Weinheim/Basel 1969, 1994[10]

## 3. Sammelbände

AMLUNG, ULLRICH U.A. (Hrsg.): „Die alte Schule überwinden." Reformpädagogische Versuchsschulen zwischen Kaiserreich und Nationalsozialismus. Frankfurt a.M. 1993

BERNHARD, ARMIN/EIERDANZ, JÜRGEN (Hrsg.): Der Bund der Entschiedenen Schulreformer. Eine verdrängte Tradition demokratischer Pädagogik und Bildungspolitik. Frankfurt a.M. 1990

LEHBERGER, REINER (Hrsg.): Nationale und internationale Verbindungen der Versuchs- und Reformschulen in der Weimarer Republik. Beiträge zur schulgeschichtlichen Tagung vom 17. – 18. November 1992 im Hamburger Schulmuseum. Hamburg 1993

DERS.: Schulen der Reformpädagogik nach 1945. Beiträge zur 3. schulgeschichtlichen Tagung vom 15. – 16. November 1994 im Hamburger Schulmuseum. Hamburg 1995

PAETZ, ANDREAS/PILARCZYK, ULRIKE (Hrsg.): Schulen, die anders waren. 20 Reformpädagogische Modelle im Überblick. Berlin 1990

WINKEL, RAINER (Hrsg.): Reformpädagogik konkret. Hamburg 1993

## 4. Reformpädagogik und Nationalsozialismus

FEIDEL-MERTZ, HILDEGARD (Hrsg.): Schulen im Exil. Die verdrängte Pädagogik nach 1933. Reinbek 1983

DIES.: Pädagogik im Exil nach 1933. Erziehung zum Überleben. Bilder und Texte einer Ausstellung. Frankfurt a.M. 1990

KEIM, WOLFGANG: Erziehung unter der Nazi-Diktatur. Bd. I: Antidemokratische Potentiale, Machtantritt und Machtdurchsetzung; Bd. II: Kriegsvorbereitung, Krieg und Holocaust. Darmstadt 1995/97. Bd. I, S. 117-123; Bd. II, Kap. über Jüdisches Bildungswesen und Exil, S. 220-313

KUNERT; HUBERTUS: Deutsche Reformpädagogik und Faschismus. Hannover 1973

LEHBERGER, REINER (Hrsg.): Weimarer Versuchs- und Reformschulen am Übergang zur NS-Zeit. Beiträge zur schulgeschichtlichen Tagung vom 16. – 17. November 1993 im Hamburger Schulmuseum. Hamburg 1994

## 5. Zur kritischen Auseinandersetzung mit der Reformpädagogik-Rezeption im geteilten Deutschland

KEIM, WOLFGANG: Reformpädagogik. Anmerkungen zu einem doppelten Verdrängungsprozeß. In: Pädagogik 5 (1989), S. 23-28

DERS.: Peter Petersens Rolle im Nationalsozialismus und die bundesdeutsche Erziehungswissenschaft. Kritische Anmerkungen zur Peter Kaßners Beitrag in diesem Heft. In: Die deutsche Schule 81 (1989), H. 1, S. 133-145

DERS.: Verunsicherung versus Wendehalsigkeit. „Reformpädagogik" als Thema ostdeutscher Erziehungswissenschaft im Vereinigungsprozeß. In: Himmelstein, Klaus/Keim, Wolfgang (Red.): Erziehungswissenschaft im deutsch-deutschen Vereinigungsprozeß (Jahrbuch für Pädagogik 1992). Frankfurt a.M. 1992, S. 247-264

DERS.: Reformpädagogik als restaurative Kraft. Zur Problematik der Reformpädagogik-Rezeption in Westdeutschland zwischen 1945 und 1965. In: Hoffmann, Dietrich/Neumann, Karl (Hrsg.): Erziehung und Erziehungswissenschaft in der BRD und der DDR. Bd. 1: Die Teilung der Pädagogik 1945-1965. Weinheim 1994, S. 221-247

LINGELBACH, CHRISTOPH: Schulwohnstube oder weltoffene Schulwerkstatt? Zur Diskussion der Schulmodelle Peter Petersens und Adolf Reichweins. In: Pädagogik und Schulalltag 52 (1997), H. 2, S. 166-178

PEHNKE, ANDREAS: Reformpädagogik – ein Stiefkind der historischen Historiographie in der DDR. Anmerkungen zum Umgang mit der Reformpädagogik vor der „Wende". In: Himmelstein, Klaus/Keim, Wolfgang (Red.): Erziehungswissenschaft im deutsch-deutschen Vereinigungsprozeß (Jahrbuch für Pädagogik 1992). Frankfurt a.M. 1992, S. 233-246

DERS. (Hrsg.): Ein Plädoyer für unser reformpädagogisches Erbe. Protokollband der internationalen Reformpädagogik-Konferenz am 24. September 1991 an der Pädagogischen Hochschule Halle-Köthen. Neuwied/Kriftel/Berlin 1992

DERS.: Möglichkeiten und Grenzen einer differenzierten Reformpädagogik-Rezeption im letzten DDR-Jahrzehnt. In: Pädagogik und Schulalltag 52 (1997), H. 2, S. 185-192

RÜLCKER, TOBIAS: Politische Reformpädagogik – eine verdrängte Dimension. In: Pädagogik und Schulalltag 52 (1997), H. 2, S. 157-165

UHLIG, CHRISTA: Gab es eine Chance? – - Reformpädagogik in der DDR. In: Pehnke, Andreas (Hrsg.): Ein Pädoyer für unser reformpädagogisches Erbe. Protokollband der internationalen Reformpädagogik-Konferenz am 24. September 1991 an der Pädagogischen Hochschule Halle-Köthen. Neuwied/Kriftel/Berlin 1992, S. 139-151

DIES.: Reformpädagogik contra sozialistische Pädagogik – Aspekte der reformpädagogischen Diskussion in den vierziger und fünfziger Jahren. In: Hoffmann, Dietrich/ Neumann, Karl (Hrsg.): Erziehung und Erziehungswissenschaft in der BRD und der DDR. Bd. 1: Die Teilung der Pädagogik 1945-1965. Weinheim 1994, S. 251-273

## II. Spezielle Literatur zur Berliner Reformpädagogik

### 1. Literatur vor 1933

BLUME, WILHELM: Die Schulfarm Insel Scharfenberg. In: Nydahl, Jens (Hrsg.): Das Berliner Schulwesen. Berlin 1928, S. 135-186

DERS.: Aus dem Leben der Schulfarm Insel Scharfenberg. Bilder, Dokumente, Selbstzeugnisse. In: Das Werdende Zeitalter. Sonderheft Oktober 1928

HILKER, FRANZ (Hrsg.): Deutsche Schulversuche. Berlin 1924

KARSEN, FRITZ: Deutsche Versuchsschulen der Gegenwart und ihre Probleme. Leipzig 1923

DERS. (Hrsg.): Die neuen Schulen in Deutschland. Langensalza 1924

PAULSEN, WILHELM: Die Überwindung der Schule. Begründung und Darstellung der Gemeinschaftsschule. Leipzig 1926

### 2. Literatur nach 1945

AMLUNG, ULLRICH: Adolf Reichwein 1898-1944. Ein Lebensbild des politischen Pädagogen, Volkskundlers und Widerstandskämpfers. 2 Bde. Frankfurt a.M. 1991

EBERT, NELE: Zur Entwicklung der Volksschule in Berlin in den Jahren 1920-1933 unter besonderer Berücksichtigung der weltlichen Schulen und Lebensgemeinschaftsschulen. Diss. A. Humboldt-Universität Berlin 1990 (unveröffentl.)

EHRENTREICH, ALFRED: 50 Jahre erlebte Schulreform. Erfahrungen eines Berliner Pädagogen. Hrsg. u. mit einer Einführung von Wolfgang Keim. Frankfurt a.M. 1985

FÜSSL, KARL-HEINZ/KUBINA, CHRISTIAN: Berliner Schule zwischen Restauration und Innovation. Zielkonflikte um das Berliner Schulwesen 1951-1968. Frankfurt a.M. 1983

HAUBFLEISCH, DIETMAR: Schulfarm Insel Scharfenberg. Mikroanalyse der reformpädagogischen Unterrichts- und Erziehungsrealität einer demokratischen Versuchsschule im Berlin der Weimarer Republik. Phil. Diss. Marburg 1998

HOFFMANN, VOLKER: Die Rütlischule zwischen Schulreform und Schulkampf (1908-1950/51). Berlin 1991

HOMANN, MATHIAS: Von der Heckerschen Realschule zur Kepler-Oberschule. Berliner und Neuköllner Schulgeschichte von 1947-1992. Berlin 1992 (unveröfffentl.)

KLEWITZ, MARION: Berliner Einheitsschule 1945-1951. Entstehung, Durchführung und Revision des Reformgesetzes von 1947/48. Berlin 1971

LEMM, WERNER U.A.: Schulgeschichte in Berlin. Berlin (Ost) 1987

RADDE, GERD: Fritz Karsen. Ein Berliner Schulreformer der Weimarer Zeit. Berlin 1973

DERS. U.A. (Hrsg.): Schulreform – Kontinuitäten und Brüche. Das Versuchsfeld Berlin-Neukölln. Bd. I: 1912-1945; Bd. II: 1945-1972. Opladen 1993

RICHTER, WILHELM: Berliner Schulgeschichte. Von den mittelalterlichen Anfängen bis zur Weimarer Republik. Berlin 1981

SCHMOLDT, BENNO (Hrsg.): Schule in Berlin. Gestern und heute. Berlin 1989

DERS. (Hrsg.): Pädagogen in Berlin. Auswahl von Biographien zwischen Aufklärung und Gegenwart. Hohengehren 1991

# Lebensdaten und Schriftenverzeichnis von Gerd Radde

## Zur Biographie von Gerd Radde[#]

Gerd Radde wurde 1924 in dem hinterpommerschen Dorf Nelep (heute Nielep) geboren, wo er zusammen mit den beiden Brüdern Willi (* 1920) und Siegwart (* 1926) seine Kindheit verbrachte. Sein Vater, Paul Radde (* 1889), hatte hier 1919 eine Landbriefträgerstelle erhalten, seine Mutter, Amanda (* 1894), war ihm dorthin gefolgt; sie arbeitete nebenbei als Schneiderin.

Der Umzug der Familie in die nahegelegene Kreisstadt Schivelbein (heute Swidwin) im Jahre 1930 bedeutete für Gerd Radde eine wichtige Zäsur. Hier besuchte er die ersten vier Jahre der Volksschule sowie die acht Klassenstufen der Rudolf-Virchow-Oberschule und legte im März 1942 die Reifeprüfung ab. „Jungvolk-" und „Hitler-Jugend-"Dienst forderten bestimmte, mehr oder weniger schwerwiegende Sozialisationsanteile, die zwischenzeitlich zu inneren Spannungen mit dem christlichen Lebensstil des Elternhauses führten.

Schon vor dem Abitur hatte sich Gerd Radde als Freiwilliger zur Kriegsmarine gemeldet, er wurde im Navigationsdienst ausgebildet, auf ein Minensuchboot kommandiert und vorwiegend in Geleitzügen nach Holland eingesetzt. Im Sommer 1944 absolvierte er einen Maatenlehrgang in der Steuermannslaufbahn, wurde danach einer neuaufgestellten Marine-Infanterie-Division zugewiesen und kam an die Oderfront gegen die Rote Armee zum Einsatz. Nach Rückzugsgefechten wurde er am 3. Mai 1945 bei Neustadt-Glewe in Mecklenburg von Soldaten der US-Army gefangengenommen. Aus einem Kriegsgefangenenlager in Holstein meldete er sich zum Minenräumdienst in der Ostsee, der bis zum Sommer 1946 dauerte.

Anschließend kam er nach Berlin-Neukölln und im November 1946 an die gerade gegründete Pädagogische Hochschule Groß-Berlin, die von Wilhelm Blume (bis November 1948) geleitet wurde. Hier arbeiteten damals führende Schulreformer der Weimarer Zeit, u.a. ehemalige Lehrer aus Fritz Karsens Reformschule in Berlin-Neukölln, die ihre päd-

---

[#] Auf der Grundlage von biographischen Aufzeichnungen Gerd Raddes vom 11.10.1993 und 26.2.1998 sowie einem Interview von Wolfgang Keim mit Gerd Radde am 1.10.1993.

agogischen Erfahrungen an die angehenden Neulehrer weiterzugeben versuchten. Die Anregungen, die Gerd Radde während der Ausbildung erhielt, konnte er anschließend an der von Fritz Hoffmann geleiteten Versuchsschule in Berlin-Britz (37.-38. Volksschule), die 1956 den Namen Fritz Karsens erhielt, umsetzen.

Von 1958 bis 1964 absolvierte er neben den beruflichen Verpflichtungen ein Aufbaustudium in den Fächern Erziehungswissenschaft, Philosophie, Geschichte und Germanistik, zunächst an der Freien Universität, später an der Pädagogischen Hochschule Berlin. 1973 promovierte er über Fritz Karsen. Schon von 1962 bis 1967 war er Hochschulassistent bei Wilhelm Richter, danach wurde er in der Schulverwaltung tätig, und zwar zunächst als pädagogischer Mitarbeiter beim Berliner Landesschulrat Herbert Bath, später als Oberschulrat in der Funktion eines Referenten für Erziehungswissenschaft beim Wissenschaftlichen Landesprüfungsamt Berlin (bis 1984). Dies war die Zeit des „kalten Hochschulkrieges" zwischen Teilen der Berliner Professorenschaft und bestimmten Abteilungen des Wissenschafts- und Schulsenators. Die damaligen Professoren haben Gerd Radde bis heute seine intensiven Bemühungen um Fairneß und Vermittlung zwischen den „Fronten" nicht vergessen.

Die während seiner Tätigkeit am Landesprüfungsamt gewonnen Kontakte mit Professoren und Dozenten führten zu Lehraufträgen und öffentlichen Vorträgen, überwiegend über Vertreter der Berliner Reformpädagogik vor und während der Weimarer Zeit oder auch zu aktuellen Themen, häufiger an der Otto-Suhr-Volkshochschule Neukölln und am dortigen Heimatmuseum. Kooperationspartner im Hochschulbereich waren vor allem Benno Schmoldt und Hansjörg Neubert (PH und FU Berlin), Bruno Schonig und Norbert Weber (TH Berlin), Rainer Winkel (Hochschule der Künste) sowie Wolfgang Keim (Universität-GH Paderborn). Bedeutsam für den wissenschaftlichen Austausch wurden darüber hinaus der Gesprächskreis mit Achim Leschinsky im Max-Planck-Institut in Dahlem sowie seit Ende der 80er Jahre der Oedelsheimer Kreis, mit dem Gerd Radde seit 1992 das „Jahrbuch für Pädagogik" herausgibt. Hervorzuheben ist darüber hinaus die vielfältige Tätigkeit Gerd Raddes als Anreger und Berater wichtiger Forschungsvorhaben, wozu ihn umfassendes schulgeschichtliches Wissen wie auch stets mitmenschliches Verständnis besonders befähigten. Viele der in diesem Band vereinigten Autoren und Autorinnen sind ihm dafür zu Dank verpflichtet.

Gerd Raddes wissenschaftliches Lebenswerk ist aufs engste mit dem Berliner Schulreformer Fritz Karsen verbunden. Sein bleibendes Verdienst ist es, den 1933 von den Nazis
aus dem Schuldienst entlassenen Reformer dem völligen Vergessen entrissen zu haben.
Es gelang ihm, ehemalige Lehrer(innen) sowie die in Amerika lebende Tochter Karsens,
Sonja Petra, ausfindig zu machen, zu befragen und zu Gesprächen zusammenzuführen,
zuerst anläßlich einer Gedenkfeier zu Karsens 80. Geburtstag im November 1965 in der
Aula der Fritz-Karsen-Schule. Einen gewissen Abschluß seiner Arbeiten stellt das vor
wenigen Jahren von einem Team im Auftrag des Bezirksamtes Neukölln, Abteilung
Volksbildung, erarbeitete zweibändige Werk „Schulreform – Kontinuitäten und Brüche.
Das Versuchsfeld Berlin-Neukölln" dar, an dessen Zustandekommen Gerd Radde maßgeblichen Anteil gehabt hat. Seine 1973 erschienene große Biographie über Fritz Karsen
gilt auch über 25 Jahre nach ihrem Erscheinen immer noch als *das* Standardwerk zu Karsens Biographie und schulreformerischem Wirken.

### Veröffentlichungen und Vorträge von Gerd Radde

Die Jugendbewegung als soziale Parallele der Lebensphilosophie. In: Berliner Lehrerzeitung, H. 2 (1964), S. 30-33

Verdienter Schulreformer trat in den Ruhestand. Zu Fritz Hoffmanns Abschied von der
Schule. In: Berliner Lehrerzeitung, H. 8 (1964), S. 186

Der Schulreformer Fritz Karsen. In: Bildung und Erziehung, H. 6 (1965), S. 453-456

Festschrift für Fritz Karsen. Im Auftrag der „Freunde der Fritz-Karsen-Schule". Hrsg. v.
Gerd Radde. Berlin 1966

Der Gedanke der Versuchsschule bei Fritz Karsen. In: ebd., S. 20-33

Fritz Karsen. Ein Berliner Schulreformer der Weimarer Zeit. Berlin 1973

Lehrerbildung an der Pädagogischen Hochschule Berlin 1946-1949. In: Neue Unterrichtspraxis, H. 2 (1981), S. 77-81

Die Karl-Marx-Schule in Berlin-Neukölln. Erste öffentliche Einheitsschule in Deutschland? In: Hilfe Schule. Ein Bilder-Lesebuch über Schule und Alltag Berliner Arbeiterkinder. Hrsg. v. der Arbeitsgruppe „Pädagogisches Museum". Berlin 1981, S. 148-151

Zeittafel zur Berliner Schulgeschichte (von den Anfängen bis 1980). In: Richter, Wilhelm: Berliner Schulgeschichte. Von den mittelalterlichen Anfängen bis zum Ende der Weimarer Republik. Unter Mitwirkung von Maina Richter hrsg. u. bearb. v. Marion Klewitz u. Christoph Berg. Berlin 1981, S. 189-202

Zur Auflösung der Berliner Reformschulen durch das NS-Regime. Öffentlicher Vortrag des August-Bebel-Institutes in Verbindung mit der Arbeitsgemeinschaft für Sozialdemokraten im Bildungsbereich am 8.2.1983 in der Fritz-Karsen-Schule. Unveröffentl. Mskr.

Die Fritz-Karsen-Schule als Einheitheitsschule. In: Zielkonflikte um das Berliner Schulwesen zwischen 1948 und 1962. Hrsg. v. d. Projektgruppe zur Schulgeschichte Berlins im Fachbereich Erziehungs- und Unterrichtswissenschaften unter Leitung v. Prof. Dr. Benno Schmoldt an der Freien Universität Berlin. Berlin 1983, S. 126-177

Das Ende des „Bundes Entschiedener Schulreformer". Vortrag an der Universität-Gesamthochschule Paderborn am 9.2.1983. Unveröffentl. Mskr.

Zur Reformpädagogik in den Lebensgemeinschaftsschulen in Berlin-Neukölln. Festvortrag zum 75jährigen Bestehen der Rütli-Schule am 13.10.1984. Unveröffentl. Mskr.

Dr. Kurt Löwenstein. Erziehungspolitiker zwischen Restauration und Klassenkampf. Festvortrag an der Kurt-Löwenstein-Schule am 18.5.1985 zum 100. Geburtstag des Namenspatrons. Unveröffentl. Mskr.

Ansätze eines Kursunterrichts an Berliner Lebensgemeinschaftsschulen in der Weimarer Zeit. In: Kursunterricht – Begründungen, Modelle, Erfahrungen. Hrsg. v. Wolfgang Keim. Darmstadt 1987, S. 177-193

Zum Kern- und Kursunterricht auf der differenzierten Mittelstufe an der Fritz-Karsen-Schule in Berlin (West). In: ebd., S. 290-326

Fritz Karsen – Streiter für die Einheitsschule. In: päd. extra, H. 7-8 (1987), S. 47-50

Zur Geschichte der Fritz-Karsen-Schule: Gründung, Aufbau und Pädagogik der Britzer Einheitsschule in der Ära Fritz Hoffmanns. Öffentl. Vortrag am 9.2.1988. Hrsg. v. Verein der „Freunde der Fritz-Karsen-Schule". Berlin 1988

Die Schulreformer Löwenstein und Karsen. In: Zehn Brüder waren wir gewesen. Spuren jüdischen Lebens in Berlin-Neukölln. Hrsg. v. Dorothea Kolland. Berlin 1988, S. 185-194

Demokratische Reformpädagogik in der Weimarer Republik am Beispiel der Berliner Versuchsschulen. Vortrag gehalten im August-Bebel-Institut, Februar 1988. Unveröffentl. Mskr.

Das „Gesetz für Schulreform" und seine Realisierung an der Fritz-Karsen-Schule in Berlin (West). Öffentlicher Vortrag am 1.6.1987 im Rahmen der Ringvorlesung „Schulen in Berlin – gestern und heute" an der Freien Universität Berlin. In: Schule in Berlin gestern und heute. Hrsg. v. Benno Schmoldt, unter Mitarbeit v. Hagen Gretzmacher. Berlin 1989, S. 87-108

Die Einheitsschule in Berlin. Ein Gesamtsystem und seine exemplarische Verwirklichung an der Fritz-Karsen-Schule im Bezirk Neukölln. In: Gesamtschul-Informationen, hrsg. v. Pädagogischen Zentrum Berlins, H. 1-2 (1989), S. 45-73

Verfolgt, Verdrängt und (fast) vergessen. Der Reformpädagoge Fritz Karsen. In: Erziehungswissenschaft und Nationalsozialismus – eine kritische Positionsbestimmung. Hrsg. v. Wolfgang Keim u.a. (Forum Wissenschaft, Studienheft 9). Marburg 1990, S. 87-100

Paul Heimann. Portrait eines Pädagogen. In: brennpunkt lehrerbildung. Hrsg. v. Zentralinstitut für Unterrichtswissenschaften und Curriculumentwicklung an der Freien Universität Berlin. Berlin 1987, S. 6-9. Wiederabgedr. in: Die Berliner Didaktik: Paul Heimann. Hrsg. v. Hansjörg Neubert. Berlin 1991, S. 35-44

Der Reformpädagoge Fritz Karsen. Verfolgt, verdrängt, doch nicht vergessen. In: Pädagogen in Berlin. Auswahl von Biographien zwischen Aufklärung und Gegenwart. Hrsg. v. Benno Schmoldt in Zusammenarbeit mit Michael-Søren Schuppan (Materialien und Studien zur Geschichte der Berliner Schule, Bd. 9). Hohengehren 1991, S. 249-271

Die Fritz-Karsen-Schule als Einheitsschule zwischen Reform und Realität. Ein schulhistorischer Exkurs. In: Reform und Realität in der Berliner Schule. Beiträge zu 25 Dienstjahren des Landesschulrats Herbert Bath. Hrsg. v. Hubertus Fedke und Gerd Radde. Braunschweig 1991, S. 93-103

Die Schulfarm Insel Scharfenberg. Eine schulhistorische Notiz. In: Knut Hickethier: Die Insel. Jugend auf der Schulfarm Insel Scharfenberg 1958-1965 (Berliner Schuljahre 1. Erinnerungen und Berichte). Berlin 1991, S. 32-39

Schulreform in Berlin am Beispiel der Lebensgemeinschaftsschulen. In: „Die alte Schule überwinden". Reformpädagogische Versuchsschulen zwischen Kaiserreich und Nationalsozialismus. Hrsg. v. Ullrich Amlung, Dietmar Haubfleisch, Jörg-W. Link u. Hanno Schmitt (Sozialhistorische Untersuchungen zur Reformpädagogik und Erwachsenenbildung, Bd. 15). Frankfurt a.M. 1992, S. 89-106

Schulreform in Berlin am Beispiel der Lebensgemeinschaftsschulen in der Weimarer Zeit. Öffentlicher Vortrag am 19.5.1987 im Rahmen der Ringvorlesung „Berlin als Stadt pädagogischer Reformen" an der Freien Universität Berlin. In: Berlin und pädagogische Reformen. Brennpunkte der individuellen und historischen Entwicklung. Hrsg. v. E. Kuno Beller. Berlin 1992, S. 83-101

Lebensgemeinschaftsschulen in Berlin-Neukölln. In: Ein Plädoyer für unser reformpädagogisches Erbe. Protokollband der internationalen Reformpädagogik-Konferenz am 24. September 1991 an der Pädagogischen Hochschule Halle-Köthen. Hrsg. v. Andreas Pehnke. Neuwied u.a. 1992, S. 186-198

Fritz Karsens Versuchsschule in Berlin-Neukölln als Beispiel demokratischer Reformpädagogik. Eine schulhistorische Notiz. In: Karsen, Sonja Petra: Bericht über den Vater. Fritz Karsen (1885-1951). Demokratischer Schulreformer in Berlin, Emigrant und Bildungsexperte (Berliner Schuljahre 3. Erinnerungen und Berichte). Berlin 1993, S. 29-34

Schulreform – Kontinuitäten und Brüche. Das Versuchsfeld Berlin-Neukölln. Bd. I: 1912-1945, Bd. II: 1945-1972. Hrsg. v. Gerd Radde, Werner Korthaase, Rudolf Rogler, Udo Gößwald i.A. des Bezirksamts Neukölln, Abt. Volksbildung/Kunstamt Heimatmuseum Neukölln. Opladen 1993

Lebensstätten der Schüler – Neuköllner Lebensgemeinschaftsschulen als Beispiel der Berliner Schulreform. In: ebd., Bd. I, S. 93-101

Fritz Karsens Reformwerk in Berlin-Neukölln. In: ebd., Bd. I, S. 175-187

Die Fritz-Karsen-Schule im Spektrum der Berliner-Schulreform. In: ebd., Bd. II, S. 68-84

Kontinuität und Abbruch demokratischer Schulreform. Das Beispiel der Einheitsschule in Groß-Berlin. In: Öffentliche Pädagogik vor der Jahrhundertwende: Herausforderungen, Widersprüche, Perspektiven. Red.: Karl Christoph Lingelbach u. Hasko Zimmer (Jahrbuch für Pädagogik 1993). Frankfurt a.M. 1993, S. 29-51

Neukölln als reformpädagogisches Versuchsfeld. Vortrag am 1.6.1993 anläßlich der Gedenkfeier zur Gründung der Arbeiterabiturientenkurse im Juni 1923 im Saal der Neuköllner Bezirksverordnetenversammlung. Unveröffentl. Mskr.

Aus dem Leben und Wirken des Entschiedenen Schulreformers Franz Hilker (1881-1969). In: Ambivalenzen der Pädagogik. Zur Bildungsgeschichte der Aufklärung und des 20. Jahrhunderts. Hrsg. v. Peter Drewek, Klaus-Peter Horn, Christa Kersting, Heinz-Elmar Tenorth. Weinheim 1995, S. 145-167

Anmerkungen zu: Katharina Reichau, Berlin: Meine persönliche Wende. In: Pädagogik und Schulalltag, H. 2 (1995), S. 155-158

Scheel, Heinrich: Vor den Schranken des Reichskriegsgerichts. Mein Weg in den Widerstand. In: Auschwitz und die Pädagogik. Red.: Kurt Beutler u. Ulrich Wiegmann (Jahrbuch für Pädagogik 1995). Frankfurt a.M. 1995, S. 344 ff.

Zum Gedenken an Heinrich Scheel (11.12.1915-7.1.1996). In: Pädagogik und Schulalltag, H. 2 (1996), S. 212 f.

Von der „pädagogik" zu „Pädagogik und Schulalltag". Rückblick auf 50 Jahre dieser Zeitschrift. In: Pädagogik und Schulalltag, H. 2 (1996), S. 253-262 (zusammen mit Andreas Pehnke)

Antifaschistisch-demokratischer Neuanfang als Aufklärung im pädagogischen Prozeß – der Weg eines ehemaligen Marinesoldaten in die Berliner Lehrerfortbildung (1946). In: „etwas erzählen." Die lebensgeschichtliche Dimension in der Pädagogik. Bruno Schonig zum 60. Geburtstag. Hrsg. von Inge Hansen-Schaberg. Hohengehren 1997, S. 45-55

# Verzeichnis der Autorinnen und Autoren

BATH, HERBERT (1926); bis zu seiner Pensionierung im Jahre 1991 Landesschulrat in Berlin.

BEUTLER, KURT, Prof. Dr. phil. (1937); seit 1978 Professor für Erziehungswissenschaft an der Universität Hannover; Arbeitsschwerpunkte: Allgemeine Erziehungswissenschaft / Methodologie / Geschichte der Pädagogik.

ELLERBROCK, WOLFGANG, Dr. phil. (1954); 1984-1987 Lehrer an der Gesamtschule in Berlin-Reinickendorf, 1987-1997 Lehrer an einer Grundschule in Berlin-Neukölln, seit 1997 Lehrer an einer Berufsschule in Berlin-Prenzlauer Berg; Arbeitsschwerpunkte: Schulentwicklung / Schulgeschichte / Zehlendorfer Bezirksgeschichte / Berlin nach 1945.

GEIßLER, GERT, Dr. paed. (1948); seit 1992 Wiss. Mitarbeiter beim Deutschen Institut für Internationale Pädagogische Forschung, Forschungsstelle Berlin; Habilitation 1988 zum Werk von F.A.W. Diesterweg bis zur Revolution von 1848; Arbeitsschwerpunkte: Geschichte der deutschen Schule im 19. Jahrhundert / Geschichte der Schule und der Erziehungswissenschaft in Ostdeutschland ab 1945.

HANSEN-SCHABERG, INGE, Dr. phil. (1954); Lehrbeauftragte am Fachbereich Erziehungs- und Unterrichtswissenschaften der TU Berlin; Arbeitsschwerpunkte: Reformpädagogik / Mädchenbildung und Koedukation / Berufsbiographien von Pädagoginnen / Exilpädagogik.

HIMMELSTEIN, KLAUS, Dr. phil. (1940); Erziehungswissenschaftler und Publizist in Dortmund; Arbeitsschwerpunkt: das Verhältnis von Politik, Ideologie und pädagogischer Wissensproduktion im 20. Jahrhundert, insbesondere in der Geisteswissenschaftlichen Pädagogik.

HOMANN, MATHIAS, (1958); Gymnasiallehrer für die Fächer Deutsch und Geschichte an der Deutschen Schule zu Porto (Portugal); Arbeitsschwerpunkt: Schulgeschichte der Weimarer Republik und der NS-Zeit.

KARSEN, SONJA PETRA, Prof. Dr. phil. (1919); bis zur ihrer Emeritierung 1987 Professorin für Hispanische Literatur/Südamerikanistik am Skidmore College in New York; lebt in New York (USA).

KEIM, WOLFGANG, Prof. Dr. phil. (1940); seit 1978 Professor für Erziehungswissenschaft an der Universität-Gesamthochschule Paderborn; Arbeitsschwerpunkte: Erziehung unter der Nazi-Diktatur und ihre Erforschung durch die deutsche Erziehungswissenschaft nach 1945 / historische und aktuelle Probleme der Bildungsreform / Gesamtschule / Reformpädagogik.

PREUSS-LAUSITZ, ULF, Prof. Dr. phil. (1940); Professor für Erziehungswissenschaft/Allgemeine Schulpädagogik an der TU Berlin; Arbeitsschwerpunkte: innere und äußere Schulreform / Kindheitsforschung / Integrationspädagogik / Sozialisationsforschung.

REISCHOCK, WOLFGANG, Dr. päd. (1921-1997); Redakteur pädagogischer Fachzeitschriften in der DDR, ab 1970 bis zur Pensionierung Dozent für Allgemeine Pädagogik an der Berliner Humboldt-Universität.

ROGLER, RUDOLF (1946); Hauptschullehrer; Pädagogischer Mitarbeiter und Museumslehrer am Heimatmuseum Berlin-Neukölln.

SCHEEL, HEINRICH. Prof. Dr. phil. (1915-1996); von 1961 bis zu seiner Pensionierung Professor für Geschichte an der Humboldt-Universität in Berlin, Mitglied der Akademie der Wissenschaften, von 1972-1984 deren Vizepräsident, von 1980 bis 1990 Präsident der Historiker-Gesellschaft in der DDR.

SCHMOLDT, BENNO, Prof. Dr. phil. (1920); bis zu seiner Emeritierung im April 1989 Professor für Erziehungswissenschaft an der Freien Universität Berlin.

SCHONIG, BRUNO, Prof. Dr. phil. (1937); Wiss. Bibliotheksangestellter (1965-1972), Professor für Historische Pädagogik an der PH Berlin (1972-1980) und an der TU Berlin (1980-1990); seit 1990 päd. Publizist mit den Arbeitsschwerpunkten: Geschichte der

Reformpädagogik / Lehrer- und Lehrerinnen-Biographik / Korczak-Pädagogik / Geschichten für Kinder.

SCHOLTZ, HARALD, Prof. Dr. phil (1930); 1971 bis 1995 Professor am Erziehungswissenschaftlichen Institut der FU Berlin; Arbeitsschwerpunkte: Späthumanismus und Aufklärung / Erziehung und Schule im Nationalsozialismus / Schulgeschichte des Grauen Klosters Berlin.

UHLIG, CHRISTA, Prof. Dr. phil. (1947); bis 1990 Professorin für Geschichte der Erziehung an der Akademie der Pädagogischen Wissenschaften der DDR; z.Zt. Privatdozentin an der Humboldt-Universität zu Berlin und Mitarbeiterin in einem DFG-Projekt; Arbeitsschwerpunkte: Reformpädagogik / frühe sowjetische Pädagogik / Bildungsgeschichte der DDR.

WEBER, NORBERT H., Prof. Dr. phil. (1941); Professor für Erziehungswissenschaft/Allgemeine Didaktik an der TU Berlin; Arbeitsschwerpunkte: Erziehungswissenschaft und Allgemeine Didaktik / Friedens- und Suchtpädagogik.

WIEGMANN, ULRICH, Dr. phil. (1952); Bildungshistoriker am Deutschen Institut für Internationale Pädagogische Forschung, Forschungsstelle Berlin.

# STUDIEN ZUR BILDUNGSREFORM

Herausgeber: Wolfgang Keim

Band  1  Rudolf Hars: Die Bildungsreformpolitik der Christlich-Demokratischen Union in den Jahren 1945-1954. Ein Beitrag zum Problem des Konservatismus in der deutschen Bildungspolitik. 1981.

Band  2  Martin Fromm: Soziales Lernen in der Gesamtschule. Aspekte einer handlungsorientierten Konzeption. 1980.

Band  3  Wilfried Datler (Hrsg.): Verhaltensauffälligkeit und Schule. Konsequenzen von Schulversuchen für die Pädagogik der "Verhaltensgestörten". 1987.

Band  4  Gernot Alterhoff: Soziale Integration bei Gesamtschülern in Nordrhein-Westfalen. Längsschnittuntersuchung zu Veränderungen verschiedener Aspekte im Sozialverhalten. 1980.

Band  5  Dietrich Lemke: Lernzielorientierter Unterricht - revidiert. 1981.

Band  6  Wolf D. Bukow/ Peter Palla: Subjektivität und freie Wissenschaft. Gegen die Resignation in der Lehrerausbildung. 1981.

Band  7  Caspar Kuhlmann: Frieden - kein Thema europäischer Schulgeschichtsbücher? 1982.

Band  8  Caspar Kuhlmann: Peace - A Topic in European History Text-Books? 1985.

Band  9  Karl-Heinz Füssl/ Christian Kubina: Berliner Schule zwischen Restauration und Innovation. 1983.

Band 10  Herwart Kemper: Schultheorie als Schul- und Reformkritik. 1983.

Band 11  Alfred Ehrentreich: 50 Jahre erlebte Schulreform - Erfahrungen eines Berliner Pädagogen. Herausgegeben und mit einer Einführung von Wolfgang Keim. 1985.

Band 12  Barbara Gaebe: Lehrplan im Wandel. Veränderungen in den Auffassungen und Begründungen von Schulwissen. 1985.

Band 13  Klaus Himmelstein: Kreuz statt Führerbild. Zur Volksschulentwicklung in Nordrhein-Westfalen 1945-1950. 1986.

Band 14  Jörg Schlömerkemper/ Klaus Winkel: Lernen im Team-Kleingruppen-Modell (TKM). Biographische und empirische Untersuchungen zum Sozialen Lernen in der Integrierten Gesamtschule Göttingen-Geismar. 1987.

Band 15  Luzius Gessler: Bildungserfolg im Spiegel von Bildungsbiographien. Begegnungen mit Schülerinnen und Schülern der Hiberniaschule (Wanne-Eickel). 1988.

Band 16  Wolfgang Keim (Hrsg.): Pädagogen und Pädagogik im Nationalsozialismus - Ein unerledigtes Problem der Erziehungswissenschaft. 1988. 3. Auflage 1991.

Band 17  Klaus Himmelstein (Hrsg.): Otto Koch - Wider das deutsche Erziehungselend. 1992.

Band 18  Martha Friedenthal-Haase: Erwachsenenbildung im Prozeß der Akademisierung. Der staats- und sozialwissenschaftliche Beitrag zur Entstehung eines Fachgebiets an den Universitäten der Weimarer Republik - unter besonderer Berücksichtigung Kölns. 1991.

Band 19  Bruno Schonig: Krisenerfahrung und pädagogisches Engagement. Lebens- und berufsgeschichtliche Erfahrungen Berliner Lehrerinnen und Lehrer 1914 – 1961. 1994.

Band 20  Burkhard Poste: Schulreform in Sachsen 1918-1923. Eine vergessene Tradition deutscher Schulgeschichte. 1993.

Band 22  Inge Hansen-Schaberg: Minna Specht – Eine Sozialistin in der Landerziehungsheimbewegung (1918-1951). Untersuchung zur pädagogischen Biographie einer Reformpädagogin. 1992.

Band 23 Ulrich Schwerdt: Martin Luserke (1880 - 1968). Reformpädagogik im Spannungsfeld von pädagogischer Innovation und kulturkritischer Ideologie. 1993.

Band 24 Kurt Beutler: Geisteswissenschaftliche Pädagogik zwischen Politisierung und Militarisierung – Erich Weniger. 1995.

Band 25 Barbara Siemsen: Der andere Weniger. Eine Untersuchung zu Erich Wenigers kaum beachteten Schriften. 1995.

Band 26 Charlotte Heckmann: Begleiten und Vertrauen. Pädagogische Erfahrungen im Exil 1934 - 1946. Herausgegeben und kommentiert von Inge Hansen-Schaberg und Bruno Schonig. 1995.

Band 27 Jochen Riege: Die sechsjährige Grundschule. Geschichtliche Entwicklung und gegenwärtige Gestalt aus pädagogischer und politischer Perspektive. 1995.

Band 28 Anne Ratzki/ Wolfgang Keim/ Michael Mönkemeyer/ Barbara Neißer/ Gudrun Schulz-Wensky/ Hermann Wübbels: Team-Kleingruppen-Modell Köln-Holweide. Theorie und Praxis. 1996.

Band 29 Jürgen Theis/ Sabine Pohl: Die Anfänge der Gesamtschule in Nordrhein-Westfalen. 1997.

Band 30 Wolfgang Keim/ Norbert H. Weber (Hrsg.): Reformpädagogik in Berlin – Tradition und Wiederentdeckung. Für Gerd Radde. 1998.